高等院校师范类专业系列教材

语文课堂教学技能与微格训练

（第二版）

CHINESE CLASSROOM Teaching Skills and Microtraining

张孔义 等◎编著

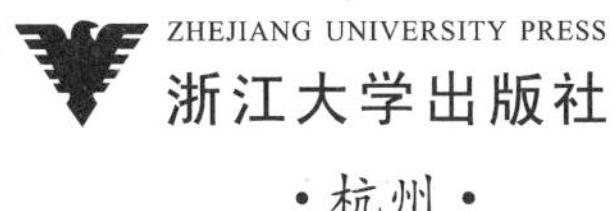

·杭州·

图书在版编目（CIP）数据

语文课堂教学技能与微格训练 / 张孔义等编著. —
2 版. —杭州：浙江大学出版社，2023.2(2025.2 重印)
ISBN 978-7-308-23142-8

Ⅰ.①语… Ⅱ.①张… Ⅲ.①中学语文课—课堂教学
—教学研究—高等师范院校—教材 Ⅳ.①G633.302

中国版本图书馆 CIP 数据核字(2022)第 189794 号

语文课堂教学技能与微格训练
张孔义 等编著

责任编辑 黄兆宁
责任校对 汪 潇
封面设计 春天书装
出版发行 浙江大学出版社
(杭州市天目山路 148 号 邮政编码 310007)
(网址：http://www.zjupress.com)
排 版 杭州青翊图文设计有限公司
印 刷 杭州宏雅印刷有限公司
开 本 787mm×1092mm 1/16
印 张 16.25
字 数 416 千
版 印 次 2023 年 2 月第 2 版 2025 年 2 月第 3 次印刷
书 号 ISBN 978-7-308-23142-8
定 价 49.00 元

浙江大学出版社市场运营中心联系方式：0571－88925591；http://zjdxcbs.tmall.com

目　录

绪　论

一、课程性质

课堂教学技能是教师必备的专业技能。早在1992年，国家教委印发了《高等师范学校学生的教师职业技能训练基本要求（试行）》，要求师范生“在校学习期间，必须积极、自觉、主动地进行教师职业技能的训练，掌握教师职业基本技能”，把具备教师职业技能作为师范生从师任教的基本素质。1994年，国家教委又颁发了《高等师范学校学生的教师职业技能训练大纲（试行）》，要求对高等师范学样学生切实加强教师职业技能训练，并且印发了《高等师范学校学生的教师职业技能训练基本要求（试行）》。由此，师范院校相继开设了有关课程，对师范生进行课堂教学技能的训练；教师培训机构也开展了对在职教师课堂教学技能的强化训练。

2021年4月，教育部办公厅印发《中学教育专业师范生教师职业能力标准（试行）》等五个文件，其中对“掌握技能”做出如下规定：“通过微格训练学习，系统掌握导入、讲解、提问、演示、板书、结束等课堂教学基本技能操作要领与应用策略。”①掌握课堂教学基本技能已成为师范生必须具备的职业能力之一，而不断提高课堂教学技能则成为职后教师专业发展的一项重要任务，是优秀教师形成教学特色乃至教学风格的坚实基础。

“语文课堂教学技能”就是在这样的形势下逐渐发展起来的一门有自身理论体系、在现代技术支持下的语文教师职业技能训练类课程。它具有基础性、实践性、技术性的特点。

所谓基础性，是指这是一门技能的初级训练课程。我们知道，技能是个体运用已有的知识经验，通过练习而形成的一定的动作方式或智力活动方式，它分为初级阶段和高级阶段。初级阶段技能，是指在一定的知识基础上，按一定的方式通过反复练习或由模仿而达到“会做”某事或“能够”完成某种工作的水平；当初级技能反复练习，使活动方式的基本成分达到自动化的程度，并且能够根据具体环境变化而灵活运用时，就达到了“善于”做某事或“巧于”做某事的阶段，这就是技能发展的高级阶段。师范院校学生在校训练课堂教学技能，由于训练时间有限，又缺乏具体的教学环境，不可能达到技能发展的高级阶段。因此，本课程主要

---

① 国家教委师范司．高等师范学校学生的教师职业技能训练基本要求（试行稿）［EB/OL］．（2017-08-18）［2022-09-20］．https://www.docin.com/p-1997907956.html.

是训练学生的课堂教学技能达到初级水平——"会做"或"能够"完成基本教学任务即可，以便将来走上工作岗位能够很快适应教学工作，然后经过一定的课堂教学实践和在职培训，能够迅速发展成为有熟练技巧的教学能手。

所谓实践性，是指这是一门在基本理论、基本方法宏观指导下的微观实践操作课程。我们知道，任何技能都必须通过实践训练才能获得。因此，这门课程既要学习必要的理论知识，以便指导技能的有效习得，减少技能训练的盲目性，同时也要注重案例示范，以便观察、模仿技能。并且，课程的教学实施应该以实践训练为核心，要在实践中不断练习而形成和完善学生的语文课堂教学技能。

所谓技术性，是指这是一门以现代技术为技能训练手段的课程。训练学生课堂教学技能的手段有很多，可以观摩真实的课堂教学实践，可以模拟课堂教学实践，但根据教学实际情况，目前最行之有效的手段是利用微格教学进行课堂教学技能训练，这样可以省时省力，在短期内帮助学生迅速而有效地获得课堂教学技能。

二、语文课堂教学技能含义与分类

要训练语文课堂教学技能，首先需要理解课堂教学技能的含义和分类。

(一)语文课堂教学技能的含义

什么是课堂教学技能？目前，对于课堂教学技能的解释主要有以下几种说法。

一是教学行为说。这种观点主要是根据微格教学研究成果而提出来的。如孟宪恺在《微格教学基本教程》一书中指出："教学技能是教师在教学过程中，运用与教学有关的知识和经验，促进学生学习的教学行为方式。"[①]这种教学技能观以行为主义心理学为理论依据，用外显的行为来界定教学技能，将教学技能视为可描述、可观察、可操作、可分解、可测量的教师的外显教学行为，这为教学技能的有效训练提供了客观依据。其客观性方面是值得肯定的，其可操作性也是值得借鉴的。然而，教师的教学行为是一个极其复杂的过程，它不仅具有外显性的一面，也具有内隐性和观念性的一面。因此，这种教学技能观忽视其内隐性和主观性的因素，没能全面揭示教学技能的实质，降低了教学技能在提高教学质量上的有效性。

二是活动方式说。这种观点主要是借鉴了认知心理学关于技能的界定。如1990年出版的《教育大辞典》第一卷，就将技能定义为"主体在已有的知识经验基础上，经过练习形成的执行某种任务的活动方式"[②]。认知心理学认为，技能是个体运用已有的知识经验，通过练习而形成智力活动方式和肢体动作方式的复杂系统。这种教学技能观看到了在教学活动中具有具体活动程序的技能，并且这种活动程序也存在于职业教育的教学活动中，如教师口语技能中的发音、板书技能中的书写、教师体态语技能以及教师必须具备的其他大量的专业操作技能等，因而这种教学技能观有其值得肯定的一面。但是，所谓的"活动方式"仍然以外显的动作技能来实现，而在教学活动中所需要的大量的心智技

---

① 孟宪恺.微格教学基本教程[M].北京：北京师范大学出版社，1992：23.

② 顾明远.教育大辞典[M].上海：上海教育出版社，1990：147.

能是不能完全用活动方式来表达的。该观点忽视了技能与知识的联系，未能揭示技能尤其是智慧技能与知识的本质联系。因此，在技能的训练方法上，势必导致机械模仿和重复练习。

三是结构说。这种观点试图把技能的外显行为和认知活动方式整合起来。如斯诺(R. F. Snow)认为“教学技能由与行为及认知有关的事项的结构系列组成”①。这种观点认为，教学技能不是单指教师的教学行为或认知活动方式，而是由二者结合而成的。这种观点对教学技能的认识由单纯强调外显行为转向注重外显行为与认知因素二者的结合，强调教学技能结构中各因素的相互关系，无疑比前两种学说要全面、科学一些。但是，它只描述了教学技能的构成要素，却未给教学技能以明确的规定，也未能全面揭示教学技能的内涵。

四是知识说。该观点借鉴当代心理学理论对知识的划分，将教学技能纳入知识范畴。在认知心理学派的广义知识观中，动作技能、智慧技能和认知策略均被视为不同形式的程序性知识，他们将知识、技能和策略都统一在知识范畴内。这种观点看到了知识与技能的联系和一致性，认为教学技能即关于教学的程序性知识，它包括动作技能、智慧技能和认知策略，这对技能心理机制的揭示具有积极的作用。但是，这种教学技能观混淆了知识与技能的概念，过分强调内部的认知结构，忽视技能的外显属性，难以说明教学技能的本质特征，并导致对教学技能训练的否定，不利于教师的职业训练。

上述四种教学技能观从不同的角度对教学技能进行分析，都具有一定的合理性，揭示了教学技能是一个既包括外显的动作技能，又包括内隐的心智技能的综合体，它是以认知为基础，以行为活动为外在表现并通过反复练习才能形成的综合性教学能力。胡淑珍、胡清薇在对各种“教学技能”的定义做深入辨析的基础上提出了自己的解释：“教学技能系指通过练习运用教学理论知识和规则达成某种教学目标的能力。”“它既包括在教学理论基础上，按照一定方式进行反复练习或由于模仿而形成的初级教学技能，也包括在教学理论基础上按一定方式经多次练习，使教学活动方式的基本成分达到自动化水平的高级教学技能即教学技巧。”②这一解释较好地揭示了教学技能的本质。

第一，从教学技能的属概念来看，如果将教学技能的属概念定位为“行为方式”或“活动方式”，虽然反映了教学技能具有可观察、可操作、可测量的外显教学行为特征，为教学技能的有效训练提供了客观依据，但是却忽视了教学技能也具有内隐性和主观性的因素。如果将教学技能的属概念定位为“知识”，认为教学技能即关于教学的程序性知识，它包括动作技能、智慧技能和认知策略，这在知识层面上把知识和技能统一起来，对技能心理机制的揭示具有积极的作用，但是却混淆了知识与技能的概念，过分强调内部的认知结构，忽视技能的外显属性，从而难以说明教学技能的实质，并导致对教学技能训练的否定。如果将教学技能的属概念定位在“能力”上，则能力是个体的心理特征，它是一个比知识和技能具有更大包容范围的概念，知识和技能都是能力结构的基本要素，它既具有外显的行为特征，又具有内隐的心理活动过程。

---

① 井上光洋.教师的实践能力与课堂教学[M].高教研究・中日教师教育交流专辑，1998:1.

② 胡淑珍，胡清薇.教学技能观的辨析与思考[J].课程・教材・教法，2002(2):25.

第二，从技能的类型来看，一般分为动作技能和智慧技能两大类。在当代认知心理学家看来，智慧技能有一般与特殊之分，特殊的智慧技能即认知策略。教学技能则包含动作技能和智慧技能。如板书、体态和操作等技能，多以一定的外显形式，通过肢体和肌肉运动来实现，具有可观察、可操作、可测量的外显性一面。然而，在复杂的教学活动中，大量的教学技能属于智慧技能。即教师面对教学现场，根据学情机智地处理教学内容，采取恰当的教学决策，然后通过外在的语言行为和非语言行为呈现出来。换言之，侧重于智慧技能类型的教学技能，例如导入、反馈、应变、结束等，是由内隐的认知活动来加工处理信息，由内隐的元认知加以调控，通过外显的行为动作来体现，依靠一系列教学活动的变化来推断和确证。因此，学习智慧技能，不仅需要注意观察呈现出来的外显的行为，更关键的是能感知到内在的认知过程和调控过程，这是学习的关键。

第三，就技能的来源而言，教学技能既表现为个体的经验，又是人类经验的结晶。它根植于个体经验，又不是个体经验的简单描述，而是在千百万名教师经验的基础上，经过反复筛选和实践检验而高度概括化、系统化的理论系统。它不是从肤浅的经验中拾来的互不联系的技巧，而是一种有前提性假设、有演绎、有归纳地建立的理论体系。这种在丰富多彩的经验基础上形成，又以简约化的形态呈现的教学技能体系，既源于教学经验，又高于教学经验，是个体经验与人类经验、理论与实践相结合的产物，反映了多样性与简约性的统一。

第四，就技能的形成而言，强调练习在技能形成中的不可替代性，是心理学界的共识，这对于认识技能与知识的区别是重要的，对于技能的训练也是不可忽略的。然而仅此还不够，不关注知识对技能形成的作用，不仅导致机械模仿和技能训练的盲目性，也难以从知识与技能的联系中揭示教学技能的实质。因此，在技能的形成上，强调练习的不可替代性和知识的不可或缺性应当等量齐观。

第五，就技能的熟练而言，自动化通常被视为技能的一大特征。技能一旦达到自动化程度，所进行的活动则不需要或很少需要意识控制，可以极大地提高活动效率。同样，具有娴熟教学技能的教师，其课堂教学往往组织得严谨有序、张弛适度、生动活泼，遇到偶发事件能从容不迫、应付自如，这样，教师能将有限的“工作记忆”容量用于创造性的活动，从而大大提高教学质量和效率。

从对教学技能的理解，我们可以引申出对语文课堂教学技能的定义。所谓语文课堂教学技能，指的是语文教师在其所从事的语文教学工作中，为了实现语文教学目标，在教学理论知识的指导下，通过反复练习而逐渐形成的顺利完成教学任务的能力。

(二)语文课堂教学技能的分类

要进行课堂教学技能训练，首先需要确定教师在教学工作中的技能的种类，也就是对课堂教学技能进行恰当分类。对课堂教学技能的分类，各国的师范教育工作者之间存在很大的差异，有着不同的分类思想和分类方法。不同的文化背景、不同的分类目的和角度又影响了分类的一致性。目前对课堂教学技能分类的方法主要有以下几种。

一是按微格教学的需要进行分类。1963 年，美国斯坦福大学的 D. W. 艾伦(D. W. Allen)等人利用摄像机拍摄受训者的教学行为并分析评价，研究短期内训练受训者掌握一定的教学技能的规律，并由此创设了“微格教学”课程，开始对复杂的课堂教学技能进行分类训练。他们将课堂教学技能分解为14种要素技能，它们是：刺激的变化、导入、总结、非语言表达、强化、提问的频率、提问的深度、高水平提问、发散性提问、确认、例证、运用教材、有计划的重复、沟通的完成等。我国自20世纪90年代开始推广微格教学后，加强了对教学技能的研究。在1992年出版的孟宪恺主编的《微格教学基本教程》中，按微格教学的需要把课堂教学技能设定为10项：导入、提问、讲解、变化、强化、演示、板书、结束、教学语言和课堂组织等技能。北京教育学院的李颖主编的《中学语文微格教学教程》根据微格教学的特点和语文教学技能构成，把微格教学中语文课堂教学技能训练设定为教学语言技能、导入技能、讲解技能、提问技能、结束技能、板书技能、变化技能、强化技能等。

二是按照教师教学能力构成因素进行分类。国家教委1994年下发的《高等师范学校学生的教师职业技能训练大纲(试行)》，把教学技能分为教学设计、使用教学媒体、课堂教学、组织和指导课外活动、教学研究5类技能。在课堂教学技能中，主要设定了9项基本技能，即导入、板书、演示、讲解、提问、反馈和强化、结束、组织教学、变化技能。周庆元主编的《语文教师职业技能训练教程》一书则将语文教学技能划分为语文教师基本技能训练、语文教学基本技能训练、教育管理基本技能训练3部分，其中包括口语、书写、读写、教学设计、课堂教学、教学训练、复习检测、活动辅导、教学媒体使用、教学研究、集体教育和个体教育等12种技能训练。饶杰腾、王问渔主编的《基础教育现代化教学基本功·中学语文卷》也按教学准备、教学过程、教学研究分为3部分，共27项教学技能。

三是按照教学程序进行分类。高艳的《现代教学基本技能》把教学技能分为：课堂教学的前期准备技能，即教学目标编订技能及教案编制；课堂教学的基本技能，包括导入、提问、讲授、讨论、演示、诊断、补救和结束技能8种。张铁牛把教学技能分为课前、课堂和课后教学技能三大类，然后设定为20项基本技能，分为：课前教学技能(确定教学目标、了解学生、分析处理教材、选择教学媒体、选择教学方法、进行教学设计)，课堂教学技能(导入、讲解、提问、演示、板书、强化、变化、应变、结束)，课后教学技能(复习、辅导、指导课外活动、教学测评和教学研究技能)。

以上对教学技能的分类都各有其道理，但也都存在一些问题。按照微格教学的需要进行分类，便于运用现代化的微格教学手段来训练教学技能，易于把握每种单项技能的基本特征与构成要素，但会排斥一些不便于利用微格教学手段训练的高度复杂和综合性强的课堂教学技能。按照教师教学能力和教学全过程来分类，追求科学性和全面性，涵盖了教学技能的方方面面，分类思路清晰，具体可感，便于初学者学习和理解。但把课堂教学前的教学设计技能和课堂教学后的辅导技能等包括在里面，存在分类求全求细、过于繁杂的毛病，既与“语文教学论”的课程存在较大的重叠，又无法在该门课程有限的时间内全面兼顾训练所有的教学技能。

我们认为，划分课堂教学技能，首先，要考虑教学技能的理论框架，划分出来的每一项教学技能应具有特定的内涵和外延，在同一层次上具有不可替代性，且具有合理性、相对独立性、可分解性和可操作性的特点，并能在实践中进行训练。其次，要考虑与相关课程的联系与区别，“语文教学论”与“语文教学心理学”等课程可以侧重于语文教学理论的学习，“语文教学技能”“语文教材分析”“三字一话”等课程可以侧重于语文教学实践的学习，“语文教学研究”等课程可以侧重于语文教学研究的学习，各有侧重，又互相联系成为一个整体，没有必要在一门课程中包罗万象，毕其功于一役。再次，要考虑学习对象的特点，学习本门课程的是没有教学经验的师范生，学习的时间非常有限，一般为每周 2 课时，一共为 38 课时，在初学阶段学习课堂教学技能不能求全求细，应该在有限的课程开设时间里，集中精力训练最基本的课堂教学技能。因此，我们借鉴微格教学研究的成果，运用教育技能学的理论框架，结合当前教育改革发展的新趋势，通过对优秀教师课堂教学各环节所需要的技能进行分析，从中抽取出影响教学效果的最基本的课堂教学技能，主要包括导入、讲授、示范、提问、组织教学活动、反馈与引导、应变、结束等技能。其中，“导入”“讲授”“提问”“应变”“结束”等技能是所有教学技能训练都包含的项目。语文课堂教学涉及许多内隐的智慧技能的学习。心理学研究表明，内隐的智慧技能学习需要示范教学以利于学生观察和模仿，而目前语文课堂教学普遍忽略技能示范的教学，影响了学生学习语文教学技能的效果。因此，应增加“示范技能”作为课堂教学基本技能。“组织教学活动”技能是为了适应 21 世纪课程改革发展的需要而增补的教学技能，这主要是指组织学生进行合作学习的技能和组织学生进行探究性学习的技能等，以帮助教师借助教学技能改变传统的教学模式，培养学生的参与意识、协作意识和创新精神，实现教学的创新，取得更好的教学效果。“反馈与引导”是课堂教学最主要的组成部分，是所有学习活动启动之后必须具有的后续促进措施，决定着课堂教学质量的高低，因而也是课堂教学的基本技能。而“板书”技能本来也是语文课堂教学的最基本技能之一，但该技能一般会纳入“三字一话”的课程内容中进行训练，故本课程就不再进行训练。其他更专门的教学技能可以在以后的教学实践和教师继续教育中再逐步学习和掌握。

本书具体阐述了这些基本课堂教学技能的含义、作用、理论视野、分类案例及其操作程序、迁移运用、微格训练要求、测评指标等，以便于在短时间内训练学生掌握基本的课堂教学技能，保证学生能基本胜任课堂教学任务。

三、语文课堂教学技能的形成与发展

语文课堂教学技能主要属于心智技能的范畴，它的形成遵循心智技能形成的规律。对于心智技能形成的规律，安德森用菲茨与波斯纳的动作技能形成三阶段来解释心智技能形成的过程：认知阶段、联结阶段、自动化阶段。[①] 也就是说，人们要掌握一项新技能时，首先要了解技能的操作模式（模型或一组步骤），然后形成这一技能的程序使之运用起来得心应手，最后通过内化或操练技能达到娴熟于心。语文课堂教学技能的形成也经历这三个阶段，其过程就是一个由不会教到会教的过程。在这一过程中，首先需要感知他人的课堂教学行为，知道怎么教，然后有意识地借鉴他人的教学经验尝试一步一步学习教学，再经过反复练习和反馈矫正，达到较为熟练地开展教学活动，进而会教的境地。这个形成过程从纵向上按其熟练程度同样可以分为认知、联结、自动化三个层次。

（一）认知阶段

任何技能的习得都必须经历认知阶段。所谓认知，是指在学习一种新的技能的初期，学习者通过指导者的言语讲解或观察他人的行为表现，认识技能的特征和操作过程。这一阶

---

① 冯忠良，伍新春．教育心理学[M]．北京：人民教育出版社，2000：402.

段的学习也称为知觉学习,其主要任务是理解技能的构成因素和基本要求,知道技能操作的活动程序。

在语文课堂教学技能的学习上,师范生在认知学习阶段,就是通过教师的讲解和观察优秀教师课堂教学行为,理解每一项课堂教学技能的概念、特征、作用、操作等因素,在头脑中建立起课堂教学技能运用的活动映像,即知道怎么开展课堂教学活动。需要注意的是,由于师范生没有教学实践经验,难以深刻领悟教学理论和教学技能,因此,在这一阶段的学习中,观察范例是非常重要的学习方式。观察范例,可以帮助师范生直观感知课堂教学技能,帮助他们更好地理解教学技能学习的目的、意义,掌握教学技能的构成和实施方法,在心理上建立教学技能的行为模式。由于课堂教学技能的获得是在知道技能是什么和怎么操作的基础上经过反复练习而形成的,学生对课堂教学技能的理解越深刻,后面阶段练习的正确性和稳定性就越好,掌握的熟练程度就越高。

(二)联结阶段

技能学习的重点不在于知,而在于行。从知到行,需要把技能的心理行为模式展现出来,这就进入了联结阶段。在这一阶段,学习的重点是把技能的心理行为模式进行一步一步演练,掌握局部动作,然后再综合成更大的单位,使之成为一个连续技能的整体。这一阶段又分为两个子程序:合成与程序化。

1.合成

所谓合成,是指学习者把知道的技能活动模式以心理的或外显的操作方式实施,先是演练一系列个别的技能动作方式,然后组合成一个前后连贯的程序。心理学研究表明,每种技能都是由多个要素构成的,技能的实施过程是依据各要素的功能及各要素之间内在的联系而形成一定的时序系列。只有掌握这种时序系列,才能把握各要素之间的动态联系。这就要求学习者不仅知道而且能顺利执行技能的程序,即知道先做什么后做什么,一个活动的完成就成为进入下一活动的信号,使技能的实施形成整体,并趋于协调稳定。

在语文课堂教学技能的学习上,处于这一阶段的师范生尝试执行课堂教学技能。首先回忆出有关技能的行为方式,以教学理论为指导,以示范为样板,按照技能的原则和要求进行心理模拟。然后根据技能的要求,选择适当的教学内容,设计教学技能运用方案,并在设定的情境中(如微格教学情境或模拟情境)进行实践活动,把设计方案变成具体的课堂教学行为。这一阶段的师范生操练教学技能往往表现出以下特征:在教学技能执行上,生硬地参照优秀教师的教学技能示范,依葫芦画瓢地进行尝试操作,动作迟缓,动作的正确性和稳定性很差,没有任何灵活性,动作与动作之间的相互联系不够协调,出现断断续续的现象;在意识监控上,对教学技能的所有行为细节都需要高度的注意力加以监控才能勉强完成执行;在自我感觉上,从始至终高度紧张,小心翼翼,有时还会不知所措,出现一些毫无关联的下意识行为。这需要通过多次的训练,逐渐促使教学技能的学习进入下一阶段。

2.程序化

所谓程序化,是指在执行技能的程序过程中将逐渐摆脱对技能动作的有意识的监控。在语文课堂教学技能的学习上,就是指师范生通过感悟、仿效和练习,把构成教学技能的一系列动作依其内在的联系,联结成一个整体,能够独立地、进行教学操作,并在多次的实践操作中获得反馈,这种反馈可以是教师的指导、小组讨论和自我反思相结合,从而使不规范的动作行为得到纠正，正确的行为得到强化。在这一阶段，师范生实施的课堂教学技能表现为动作比较稳定，各种教学方式的联系较为协调，相互干扰减少，多余动作逐渐消失；在整个技能实施过程逐渐减少有意识的监控；在自我感觉上，自信心有所提高，紧张心态有所放松。

合成与程序化都注重教学技能实施的整体性、协调性、正确性和稳定性；它们的区别主要是在意识的监控的程度上。在合成阶段，技能动作的运用需要意识监控每一步动作，即在做上一步技能动作时需要考虑“下一步做什么”。随着不断地练习，技能动作的运用进入程序化阶段，学习者逐渐减少有意识的监控。

从师范教育的角度看，由于师范生缺乏教学实践经验，不可能对课堂教学技能真正做到深刻理解、熟练掌握、灵活运用，师范生教学技能的学习应该定位在这一层次上，不可要求过高。要求师范生毕业后到中小学就能熟练地运用教学技能进行教学是不切合实际的。

（三）自动化阶段

自动化阶段比程序化阶段提高了一个层次。两个阶段有共同之处，那就是一连串的技能动作已经联系成为一个有机的整体并巩固下来，在实际运用中整个技能动作互相协调地、自动地完成，不需要有意识来监控其表现，不容易受到其他因素干扰。两个阶段也有区别，那就是：在程序化阶段，学习者对技能的运用虽然连贯而协调，但比较刻板；而在自动化阶段，学习者对技能的运用具有灵活性，能够根据环境的变化而随机变化。

在语文课堂教学技能的学习上，达到该层次的教师的教学技能具有以下特征：在不同的条件下都能够独立地熟练地执行教学技能，并表现为动作的连贯和协调，具有较高的正确性与稳定性，具有较好的灵活性；在意识监控上，表现为较少监控技能的执行，更多注意环境条件的变化，以便根据变化而灵活运用教学技能；在自我感觉上，常常轻松自如，从容不迫。

从我国教师的专业发展的实际历程来看，师范生毕业后到中小学任教，一般需要经过一轮教学周期左右（即 3～5 年），通过在教学实践中不断运用和反复调整，并通过在职培训，教学技能才有可能达到该层次。当然，教师的课堂教学技能还可以在以后的教学历练中继续不断得到提高，使教学技能最终发展为教学技巧、教学艺术的境界。

四、运用微格教学训练学生语文课堂教学技能

（一）微格教学的发展

微格教学（microteaching）是系统地训练师范生掌握课堂教学基本技能的一种教学方式。它以现代教育学理论和心理学理论为基础，以现代视听技术为手段，把课堂教学技能划分为一系列可操作的教学行为进行有控制的实践训练，帮助师范生真正掌握课堂教学的基本技能。

微格教学起源于美国，后来英国、澳大利亚等国家相继进行研究和实践，形成了具有各国特色的教学技能体系。

20 世纪 50 年代末，美国掀起了教育改革运动，为了提高教育质量，需要提高教师的教学

水平，于是，20 世纪 60 年代初，斯坦福大学的 D. W. 艾伦(D. W. Allen)和他的同事 W. 伊芙(W. Eve)开始研究运用现代科学技术来培训教师的教学技能。他们研发了一种装有摄像机、录像机等视听设备的微格教室，开创了系统控制下的课堂技能训练方法，其操作过程是：确定训练项目→学习理论→观摩示范→角色扮演练习→反馈评价→矫正重教。这种方法的特点是采用小规模教学活动的方式，每个角色扮演时间只有几分钟，针对某一项技能进行训练，同时运用现代录像、录音手段，即时反馈教学实况，当即进行评价与矫正。他们最初开发了精神诱导法，继而开发了提问技能，经过发展完善形成了 13 个项目技能训练体系的微格教学课程。

20 世纪 70 年代，英国诺丁汉大学的乔治・布朗将微格教学发展并改进，提出备课、感知(指师生相互作用的反馈信息的感知)、执教为微格教学的三个要素。在英国，有 90%以上的教师培训院校开设了微格教学课程。

与此同时，澳大利亚悉尼大学也积极移植并开设微格教学课程。1972 年，《悉尼基本教学技能》第一分册出版，全书(共五个分册)于 1978 年出版完毕。

我国从 20 世纪 80 年代初期引进微格教学，开始对教学技能进行研究和训练。20 世纪 90 年代后，我国对教学技能及其培训方法的研究进入推广普及阶段。到现在，全国绝大多数师范院校和其他教师培训机构都开展微格教学，培训职前和职后教师，并取得良好的效果。

(二)微格教学技术系统

目前，微格教学的技术系统已经发展得相当完善。该系统采用当前先进的数字化传输、数字化存储和网络应用技术，由一个总控室和多个微格教室组成，是集网络、数字、多媒体、声音、视频、存储、传输及视频监控技术于一体的全数字化网络系统，能够完成对采集的课堂信息的统一管理，并能对资源进行各种操作，具有网络化、智能化、数字化、自动化、系统化、交互式可视化、个性化的特点，在管理、操作方面更加容易、简便。

微格教学系统一般由控制室、微格教室、观摩研讨室组成。

控制室一般配置计算机信息采集系统、智能导播系统、实时录制系统、录播中控、直播系统、资源管理平台、服务器等设备。从微格教室送来的视频信号经控制室调控，送往录像机进行录像，同时送往观摩室供同步分析。在控制室可利用录播集中管理系统查看每个实训室中微格教学的进程，并且可以放大和实时观看某一个教室的训练过程。该管理系统可以对微格教学实训室进行批量开关机、实时监控，对微格教学实训过程实行数字化管理。

微格教室一般配备有计算机、投影仪、电子白板、黑板、图像定位系统、拾音器、录播系统等设备。拾音器和摄像系统通过定位系统自动跟踪实训活动；录播系统是集成的，受训者在微格实训室的实训过程中只需要按下操作面板的“录制”按钮，系统就能自动合成完整的教学视频。微格教室可以是一间，也可以是多间。

现代的微格教室如图 1 所示。

图 1 现代微格教室

观摩室是装有电视机的普通视听教室，把控制室中经视频切换器选择后的视频信号送到电视机上，即可实时同步播放微格教室的教学实训的情况，供指导教师现场评述，也可以让较多的学生观摩分析。

该系统实时性强，可以实时查看微格教室的现场教学情况，对各教学现场的学生、教师进行远程教学评估和观摩。授课教师在现场可以方便地将声音、视频信号切换到大屏幕电视机上并控制各种设备的各种功能。

该系统可以以录像存储方式保存微格教学内容，并采用非线性编辑系统对录像文件进行剪辑和合成；还可以随时查询并选取多媒体教学录像文件及相关资料进行播放。该系统运用于师范生的教学技能培训，突破了传统的课堂模拟形式，具有双控、监视、评课、示范、互相观摩、分控、巡视扫描、对讲、远程遥控、录像和倒计时等功能。该系统的观摩和评价系统均采用计算机设备，可通过交换机连接校园网或互联网。信息记录方式可采用硬盘存贮或刻录成光盘的方式，以便教师和执教者随时随地通过网络或光盘进行点播、测评与观摩。数字化微格教学系统凸显了微格教学中观摩反馈的重要功能。

(三)微格教学的优势与不足

目前，我国大多数师范院校和教师培训机构都广泛采用微格教学来训练师范生和初任教师的教学技能。有些还开展了相应的实验研究，这些实验研究都证明了微格教学在训练教师教学技能上有良好的效果。如仲玉英的研究表明，用微格教学模式培训师范生的教学技能不仅是必要的，而且也是十分有效的。① 雷体南开展的大范围推广训练的研究也证明，学生经过微格教学训练后，教学技能得到了很大的提高。② 这些研究说明，微格教学的引入，对改革教学法课程，实现师范生培训方法、手段现代化及提高培训质量和效率，起到了积极作用。微格教学很好地解决了师范生和新任教师教学技能培训中教学能力只能意

---

① 仲玉英.微格教学与高师学生教学技能提高的实验研究[J].高等师范教育研究，1998(5)：58-62.

② 雷体南，李文胜，彭中.应用微格教学方法大面积训练师范生教学技能模式的试验研究[J].电化教育研究，1998(3)：93-98.

会不能言传的困难，使受训者能较快地、熟练地掌握教学活动中的各种技能。吕飞飞将微格教学的作用与优点概括为四个方面。①

1.训练目标明确、具体，有利于发挥受训者的主观能动性

传统的教学技能训练方法以讲授为主，追求系统全面，受训者有所知而不能为，不能在短期内体验到成功的喜悦。而微格教学对复杂的教学技能进行分解训练，从简单的单项教学技能入手，制订出各项技能训练的具体目标及计划，使每一项技能要求都具有可操作性，便于受训者通过微格录像提供的教学行为表现逐项对照检查，及时调整自身的教学行为。这种目标单一而明确，注重技能的操作性的微格教学，既有利于受训者在操作层面上掌握教学技能，还可以让其直接看到自己的成功之处，从而得到自我肯定，能信心十足地弥补不足之处而尽快走向完善。

2.教学实践过程声像化，有利于训练规范的语言、自然的体态

微格教学中，声像设备把每一位受训者的讲课过程如实地记录了下来，受训者能及时获悉自己的教学语言及作为教师的形象。因此微格教学一方面真实地再现了受训者的语言现状，使他们在语言上发现问题，进一步加强语言规范化的训练。另一方面，微格教学还直观地拍摄了每位受训者的一举一动，如“手势”“目光”“身势”“服饰”以及身体的角度与整体的协调性等。有些在教学法课堂中反复强调的问题，如多余的口头禅、不够大方的习惯性动作，还会在微格教学中“重犯”，但是一旦观看录像后，其给所有受训者留下的印象都是极其深刻的，这有利于及时修正。观摩之后，受训者明白了教学中应掌握一套规范的语言，具有一副自然的体态，也懂得了教师的一举一动、一言一行应处处体现教育工作者应有的风貌。

3.反馈及时并进行反复训练，有利于强化有效的教学行为

技能学习需要反复训练，及时反馈，这样，技能行为经过一定的强化就能固定下来。微格教学就是采用反复训练的教学方式，给受训者及同伴更多的机会去尝试实践、发现错误、修正错误并不断提高自己的教学行为水平，以有利于其学会教学技能，并使良好的行为得以保持。

4.采用科学的视听设备记录，有利于获得较全面的信息量

现代教育学认为教师提高自己的教学技能必须不断地获得三种信息：①教学内容和教学方法的信息；②来自学生的反馈信息；③教师自身教学行为的信息。在其他培训模式中比较重视的是前两种信息，而微格教学能同时获得这三种信息。在微格教学中，三种信息都受到高度重视，尤其是学生的反馈信息，只有在运用视听设备的模式中才能获得。根据录像，受训者可以比较客观而全面地分析自己的教学情况，看到自己的优点和不足，从而主动地调节自己的教学行为。因此，微格教学强调导师、同伴一起观看录像，分析其中的优点和不足，使受训者能准确而迅速地找到改进教学技术的有效方法，逐步趋于完善。

当然，微格教学在实际运用中也存在一些问题，主要是：①微格教学理论的局限性。建立在行为主义理论基础之上的微格教学训练模式，忽视了技能学习的心理过程及理论内化对行为的指导作用，有较大的局限性。②缺乏对心智技能的培养和训练。微格教学对训练教态等具有可见行为的教学技能是最为有效的，而对讲解等需要思维积极参与的教学技能的培训效果就不那么显著了。③缺乏与实际课堂教学的紧密关系。有些微格教学训练割裂

---

① 吕飞飞.微格教学与师范生教学技能的培训[J].绍兴文理学院学报，2007(8)：52-55.

了教学行为与教学情景的密切关系，忽视了教学技能的具体学科运用，不能把教学技能与课堂教学密切结合。因此，在微格教学中，一定要注意发挥微格教学优势，克服其缺陷。

(四)运用微格教学训练教学技能的程序

根据技能形成的规律，经过几十年的教学实践，运用微格教学来训练课堂教学技能已经形成了较为成熟的教学模式，那就是：从课堂教学过程中抽取出一系列的教学技能，每项技能提出明确的要求，制定量化的评价标准，分类对师范生或初任教师进行分组训练，每组成员由6～10名学员组成，在导师的指导下选取短小而经典的教学内容，共同备课；一位学员就某一教学片段实施5～10分钟的教学，其他学员扮演学生，并进行教学实况录像；每位学员依次进行片段教学并录像，轮流扮演"教师"和"学生"的角色；在导师指导下集体观看录像，进行反思和分析；根据反馈修改教案，再次进行片段教学和录像。当每项单一的技能掌握之后，再综合运用到教学实践中去，形成课堂教学的综合能力。李玉宽、黄晨、张秀云等通过实践研究总结了运用微格教学训练师范生教学技能的过程①，如图2所示。

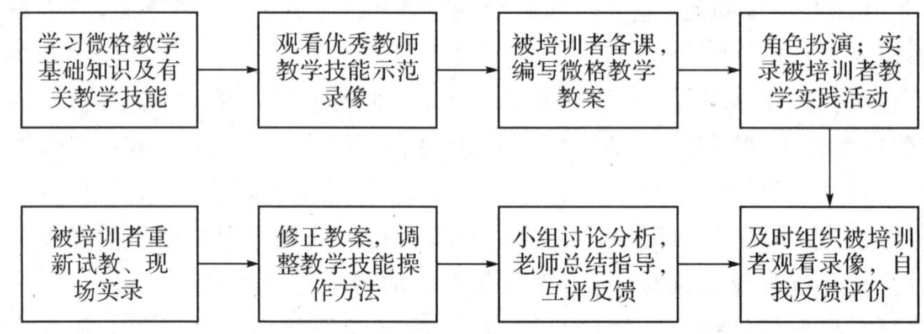

图2　微格教学训练的步骤

下面我们具体说明训练程序。

1. 理论学习

理论学习是教师在进行微格教学之前指导学生学习相关的基本理论，如有关教学目标、教学设计、教学技能的理论，尤其是对每项课堂教学技能进行充分的讲解，这包括教学技能的学习目标、作用与功能、运用原则、操作过程、注意事项等。理论学习是技能训练的前提，对技能一无所知当然谈不上自觉的训练，对技能只有笼统模糊的认知也不可能实施有效的训练。理论上认识越深刻，越有利于以后观察学习内容的同化与顺应，训练效果越好。

2. 观摩范例

观摩范例是教师播放优秀教师运用教学技能的课堂录像片段，增强学生对所培训的教学技能的形象感知。在学生观看录像的过程中，教师适时给予必要的提示与指导，解说优秀教师运用教学技能的特征，引导学生观察、吸收和消化他人的教学经验。这些生动、形象和规范的教学示范录像为学生提供了微格教学的感性认识和模仿依据。当然，教师也可以为学生提供反面案例，引导学生分析课堂教学技能运用时容易出现的问题，以利于今后实践时尽可能减少不规范行为的出现。

---

① 李玉宽，黄晨，张秀云，等.运用微格教学培养师范生教学技能的实践与研究[J].天津师范大学学报(自然科学版)，1999(3)：64-68.

这两个环节属于技能形成的认知阶段，主要是帮助学生获得技能的感性认识，理解技能的功能和要领，学习相关的背景知识和研究成果。认知方式包括符号方式和直观方式。学生阅读教材、听教师讲解关于技能的理论知识等属于符号认知模式，其特点是能简明揭示技能的要义和操作过程；观摩示范等属于直观认知方式，其特点是生动具体，易于模仿。在实际训练中结合运用这两种方式能充分认识技能，获得相得益彰的效果。

3. 编写教案

编写教案是学生根据既定的训练目标进行微格教学教案设计。微格教学的教案属于片段式教案，教学目标单一，教学内容集中，教学过程要突出单项教学技能的特点和操作过程，一般包括以下内容：教学目标、对象、内容，详细的教学片段过程（尤其要写明该教学技能应用的构想），所运用的教学技能的活动过程，可能出现的学生学习行为及对策等。

4. 微格实践

微格实践是学生分小组进行微格教学，并利用摄像、录像设备将教学实践过程记录下来。微格实践就是分角色模拟教学，一个学生充当教师角色，其他学生充当学生角色，就所要训练的课堂教学技能，按照预先设计的教案，进行教学活动。小组成员轮流模拟教师角色，进行 10 分钟左右的微格教学实践活动，并一一利用微格教学的设备准确记录教学活动的过程，以便活动后分析。

这两个环节属于技能形成的联结阶段，其核心是模拟实践，这是一个有明确目的和具体要求的反复实践的过程。在这一阶段，学习要注意形式的多样化和手段的现代化。师范生可以采用小组交流竞赛的活动方式来强化练习效果，初任教师可结合教学实践自我练习，也可参加培训有组织地练习。无论采用何种方式练习，都必须人人亲自参与实践，并用既定的目的和要求来检查督促，如此才能取得良好效果。

5. 反思与反馈

反思与反馈是微格教学最重要的一步。心理学的研究表明，机械重复性练习一般无助于增进技能，只有当练习者充分感知自己练习中的表现，并有意识地据此调整下一步行为时，练习才会有实质性进展。这充分说明了反思与反馈环节的重要意义。反馈可以分为三种类型：外部反馈——由他人提供教学反馈信息；内部反馈——由执教学生自己从训练中获得体验、领悟和认识；音像反馈——由录像、录音提供练习行为的反馈信息。在实际训练中尽量做到以上三条途径一起开通，以更全面、及时、准确地获得反馈，调整训练的进程与方法。因此，微格教学模拟实践活动结束后，指导教师应及时组织受训学生以小组形式一起观看录像，分析执教学生的教学行为，采用自我反思、同伴评议和指导教师点评相结合的方式，提出改进教学的方法。首先，执教学生对本次课题做简要的说明，阐明自己的教学设计意图，反思自己的教学得失和感受；然后，指导教师和小组成员对其教学过程进行集体评议，分析其实践过程是否达到了预设的目标，是否掌握了所培训的教学技能，赞赏优点，指出有待改进的地方；必要时，指导教师还可以针对受训学生需改进的教学行为亲自示范或指导其再次观摩范例，以利于受训学生真正感知到需要改进的行为和具体策略。

反思的维度可以参考田兰、张志祯、陈玉姣所提出的框架（见表 1）①。教师可以指导执

① 田兰，张志祯，陈玉姣. 视频促进师范生微格教学反思效果研究[J]. 现代教育技术，2015(10)：57.

教学生和观摩学生选择几个维度进行反思，也可以对所有维度进行全面反思。

表1 反思分析框架

维度	类别	定义	举例
反思内容指向	教学内容	指与学科相关的知识	"课文内容来自一本读本，通过讲授《论语》中孔子对子张和子夏的评价内容，向学生呈现孔子的思想"
	教学过程与方法	指总体教学过程以及教学方式与手段	"缺少学生和老师互动方面的活动"
	教学评价与反馈	指教师检验教学效果的方式以及对学生反馈的信息做出回应的方式	"教师给学生的反馈不是很恰当"
	课堂气氛	指课堂氛围以及师生之间的交互方式	"课堂气氛十分沉闷"
	教师基本功	指教师教态、语言、板书、媒体操作方面的表现	"讲授者语调、语速都没有太大变化"
	教师	指教师自身的特点	"教学者在讲课时缺乏激情和感染力"
	学生	指学生在教学中的表现	"学生没有尽好学生的责任"
	其他	指教学之外的其他因素	"拍摄的技术有些问题"
反思方式	描述性反思	描述教学事件或现象	"板书时挡住了黑板"
	评价性反思	对教学事件、活动或现象做价值判断，通常只给出观点或结论	"教师教态很好"
	解释性反思	对观察或者发生的事情进行解释推论	"板书内容太少，不能起到提示学生调整本节课思路的作用，可以在讲授重、难点时适时写下板书，给予学生提示"

6. 修改教案

修改教案是学生根据教师和同伴在反思与反馈阶段提出的意见，结合自我的感受对原教案进行修改，切实吸取他人的有效建议，也便于进行第二次微格教学训练。

7. 再次实践

再次实践是学生改进教学方案后进行第二次微格教学，也可以把训练中初步掌握的教学技能付诸教学实践。这既是检验学生对教学技能运用不足的改进情况，也是对教学技能的反复练习，以期达到较为牢固掌握的程度。

后三个环节是技能训练深化、升华的环节，主要为了促进技能学习进入自动化阶段。通过反思、调整、再实践，加深对技能的理解，突破练习中的难点，自觉地矫正行为，升华实践经验，技能运用方能达到娴熟程度。

以上这种运用微格教学训练课堂教学技能的方式，体现了理论学习与实践训练相结合的特点，是个人实践与集体智慧相结合的过程，符合技能形成的规律，对激发学员主动寻求规律、掌握方法以至形成技能至关重要。通过微格教学，可以帮助师范生具体可感地了解、分析自己的教学行为，加快掌握教学的基本技能，还可以为初任教师提供技术上的支持，大量减少在真实教学环境中由于经验不足而带来的教学失误，缩短了新手教师成长的周期。当然，运用微格教学培训课堂教学技能，其具体培训方式应根据培训对象的不同有所区别，对师范生应侧重于基本教学技能的学习训练，而对于初任教师则应侧重于对教学技能的研讨、优化、完善。

第一章　导入技能

✲ 学习目标

1. 理解导入技能的概念。

2. 了解导入的作用。

3. 理解“有意义学习”“学习兴趣”“学习动机”“注意”等理论观点及其对导入的指导意义。

4. 学会分析各种类型的导入案例。

5. 能够设计几种导入文案，并能进行模拟导入教学实践。

一、导入技能简介

在语文教学中，导入新课极为重要。俗话说：“万事开头难”。上课也一样，一堂课怎么开始，也考验着每一位教师的教学智慧。设计一堂课的开头，我们称之为导入，这是一种课堂教学技能，是指教师在一个新的教学内容或教学活动起始阶段，通过某些教学行为，唤起学生的注意，激发学习兴趣，或让学生明确学什么，为什么要学，或建立新旧学习内容之间的内在联系，引导学生转入学习新课。导入如同音乐定调，调子定低了，会压着嗓子唱不出来，调子定高了，又可能会唱到一半就唱不下去。而好的开头，犹如精彩亮相、美丽的“凤头”、响亮的“爆竹”，引人入胜，情景皆出，进而点燃学生思维的火花，使学生思维向广阔性、深刻性和灵活性发展。

下面，我们先来看看两位教师在教刘成章的《安塞腰鼓》一文时是怎么设计导入的，各具什么特点。

【例 1-1】《安塞腰鼓》课堂教学实录片段一

师：这节课我们将在作家刘成章的带领下，欣赏来自黄土高原的安塞腰鼓。（投影安塞腰鼓简介。）安塞腰鼓是一种独具魅力的民间大型舞蹈艺术形式，具有 2000 年以上历史，可由几人或上千人一同进行表演。其磅礴的气势、精湛的表现力像在黄土地上掀起的狂飙，展示着陕北高原农民悍勇威猛的个性。安塞腰鼓有“天下第一鼓”的美称，1986 年荣获首届中国民间舞蹈大赛最高荣誉大奖。1995 年陕西省安塞县（今延安市安塞区）被文化部（现文化和旅游部）命名为“腰鼓之乡”。

师：请大家看注解①，课文发表于 1986 年，正是安塞腰鼓获得大奖的那年。同学们看过安塞腰鼓表演吗？我们先来感受一下它那独特的氛围。（播放安塞腰鼓表演视频短片。）

师：感觉怎么样？

生 1：气势磅礴。

生 2：震撼人心。

生 3：惊心动魄。

……

师：下面请同学们自由朗读课文。

【例 1-2】《安塞腰鼓》课堂教学实录片段二

师：美的艺术能带给我们美的享受。今天，让我们一起走入艺术的殿堂，去领略那撼人心扉的鼓点，去欣赏那豪放火烈的舞蹈。在此之前，先考考大家：身为土家儿女的你们，家乡的什么民间艺术最让你们难忘？

生（抢答）：摆手舞。

师：那你们来表演一下，好吗？

（七八名学生到台前表演，教师拍桌子打节奏，学生拍手掌。）

师：真棒，大家很熟悉家乡的艺术。我们的摆手舞是以柔为美。今天我们一起来学习一种完全不同的民间艺术——安塞腰鼓。（教师开始伴着音乐，有感情地朗读，要求学生在欣赏画面和文字的同时，将能给自己带来强烈震撼的词和句子分别做上记号。）

（生听完后，情不自禁地鼓掌。）

师：谢谢大家的掌声！此时此刻，大家是否也想像老师这样大声地放怀读课文？

生（齐声高喊）：想！

师：好！机会是属于大家的。现在就请大家用自己喜欢的方式，大声地、纵情地朗读。

（学生自由朗读课文。）

比较上面两例的导入可以看出明显差异。例 1-1 那位教师以介绍安塞腰鼓的特点和观看视频导入，看似是为了激发兴趣，其实限制了学生阅读想象的发挥。我们知道，阅读教学最大的特点是通过阅读语言文字来理解文本的含义，包括想象文本所描绘的情境，但是学生还没开始阅读，教师就介绍了安塞腰鼓的特点，并播放了安塞腰鼓的表演视频，这样，学生带着教师给予的认知图式再去阅读课文，就会限制想象的张力。这样学生就不是通过阅读和交流去感悟有关安塞腰鼓的特点，也不会去想象安塞腰鼓表演的雄壮场景，而是把语言文字的细微感悟变成了简易的视频欣赏。这样的导入可以激发学生的兴趣，但不能激发学生的阅读期待，没能为后续的教学奠基和蓄势。

例 1-2 的教师导入则更符合真实阅读的样态，而且较为丰富深入。问学生“家乡的什么民间艺术最让你们难忘”，这是了解学生的学习起点，激活学生原有的相关知识经验，以便和后面要学习的内容联系起来；提示学生关注摆手舞和安塞腰鼓两种艺术的不同特点，在对比中学习感悟会更深；最后教师顺势进行配音朗读，由于男教师所特有的雄浑高亢的嗓音，把对文章的初步感受推到了第一个小高潮，教师朗读完后，学生给予热烈的掌声，并尝试模仿朗读。这样的导入，真正激发了学生的兴趣，学生在此基础上深化兴趣，使兴趣成为学习课文的背景知识经验。导入教学过程环环相扣，步步深入，形成对比，具有认知上的本质联系。

可见，教师如能用三五分钟的时间精心设计导入语，激发学生的学习兴趣，拨动其思维之弦，让他们以最佳的兴奋状态投入学习活动，就能充分调动学生的积极性和求知欲，吸引学生进入学习新课的良好气氛中，以便尽快地接受新的知识。具体地讲，导入的作用如下。

首先，激发学生的兴趣，引起学习动机。兴趣是入门的向导，是学习的重要内驱力。学生对学习产生了兴趣，则会触发学习动机，从而积极主动地投入学习，提高学习效率。所以，善导的教师，在教学之始，总会千方百计设计恰如其分、新鲜有趣、引人入胜的导入，以激发学生的学习兴趣和求知欲，使学生有一种力求认识世界，渴望获得知识，不断追求真理的心向。

其次，集中学生注意力，引入学习情境。学生良好的心理状态是提高课堂教学效率的基本保障。课前，学生可能从事了各种活动，上课伊始，学生情绪稳定性不足，注意力分散，大脑的兴奋程度不尽相同，还可能沉浸在课前的活动中，所以，上课伊始，导入给学生较强的、较新颖的刺激，可以帮助学生收敛课前活动的各种思想，在大脑皮质和有关神经中枢形成对本课新内容的兴奋中心，把学生的注意力迅速集中起来，并指向特定的新的教学任务，为完成学习任务做好心理上的准备。

再次，明确学习目标，形成学习期待。明确学习目标，既是为教学起到定向和导向作用，也是确保学生积极主动学习的必要前提。如果学生不知道学习目标是什么，就不知道应该学什么，更谈不上如何主动学习。因此，在教学导入时，教师可通过直接展示或间接提出问题等方式，向学生明确学习目标，使每个学生都了解他们这节课应该做什么、怎样做，以及这节课的学习应达到什么样的目的，以便学生能够按照自己的特点安排好学习的进度，积极主动投身学习，并有意识地调控自己的学习过程。

最后，创设学习情境，联系旧课新知。学习总是发生在一定情境之中的，教师如果能在导入阶段创设真实的学习情境，架起新旧知识联系的桥梁，则有利于学生学习新知识、新概念、新原理、新技能，提高学生的学习效率。

二、导入技能的理论视野

课堂教学导入有许多理论支撑。这里我们主要从有意义学习理论、动机理论、注意理论三方面加以说明。

（一）有意义学习与导入

美国心理学家奥苏贝尔提出了“有意义言语学习理论”[①]，这一理论为导入方法的设计

① M.P.德里斯科尔.学习心理学——面向教学的取向（第三版）[M].王小明，等译.上海：华东师范大学出版社，2007：98.

提供心理学依据。

奥苏贝尔从两个维度对学习进行阐述：一个维度是学习进行的方式，由此把学习划分为接受学习和发现学习；另一个维度是学习内容（学习材料与学习者原有知识的关系），由此把学习划分为机械学习和有意义学习。所谓机械学习就是逐字记诵，学习者没有在已知的内容和要记忆的内容之间建立真正的联系；所谓有意义学习是指以实质性的和非人为的方式将潜在有意义的信息与学习者已知内容联系起来的过程。实质性联系和非人为性联系，这是有意义学习的两个密切相关的指标。所谓实质性，指表达的词语虽不同，但却是等值的。所谓非人为性，指有内在的联系，不是任意的联想、联系，指“这些观念与学习者认知结构中原有观念的适当部分”的关联。有意义学习有三个必要条件。第一，学习者必须对学习任务采取一种有意义学习的心向。第二，要学习的材料必须是潜在有意义的，即学习任务和学习材料应该是相互关联的、有组织的。第三，学习者对所学内容有一定的了解，并能够把这些已知的知识和要学习的新内容联系起来。

课堂教学的导入，就是在学习的开始阶段，通过明确学习目标，激发学生学习兴趣和动机，设法引导学生形成有意义学习的心向。通过诊断学生的学习起点，激活学生原有知识经验，联系以前学过的相关知识，提供学习新知识的背景材料，建立起一座把学生的已知信息和将要呈现的信息连接在一起的桥梁，形成有意义学习的条件。这样，学生具有愿意把新学的内容与原有的知识建立起联系的倾向，并且能够把新旧知识联系起来。在认知结构中，新旧知识的相互作用导致新旧知识的同化，从而不仅使新知识获得了意义，而且原有知识经验也因此得到了修改而获得新的意义。

（二）学习兴趣、学习动机与导入

学习兴趣、学习动机是学习积极性中很现实、很活跃的心理成分，它在学习活动中起着十分重要的作用。中小学生的学习积极性往往以自己的学习兴趣和学习动机为转移。

所谓兴趣是积极探究某种事物或进行某种活动的倾向。学习兴趣是学生对学习对象的一种力求认识或趋近的倾向。这种倾向是和一定的情感联系着的，是形成学习动机的重要因素。当一个学生对教学内容发生兴趣时，他总是积极主动、心情愉快地去学习，在学习过程中，他能灌注全部热情，兴致勃勃，津津有味，甚至会达到对所学知识迷恋不舍的地步；在学习后，他会产生满足感，觉得书是他的良师益友，自己从中受到了启迪，并由此产生欢快、惬意的心情。否则，学生只是形式化地、勉强地去学习，会觉得学习是一种沉重的负担。所谓“知之者不如好之者，好之者不如乐之者”，就是这个道理。

所谓学习动机是激发个体进行学习活动、维持已引起的学习活动，并致使个体的学习活动朝向一定的学习目标的一种内部启动机制。[①] 动机分为外部动机和内部动机。如果学生是受到外部因素（如奖励、惩罚或社会压力）的影响而采取行动，这就是出于外部动机。相反，如果学生的行为完全是由个人兴趣、好奇心或是获得快乐体验这一目的而引发的，这就是出于内部动机。内部动机和外部动机在课堂教学中都非常重要，这主要表现在：①促使学生的学习行为朝向具体的目标。具有某种动机的学生会自己设定某种目标，并使自己的行为朝向这些目标。②促使学生为达到目标而努力。缺乏动机的学生往往觉得学习枯燥而不

① 冯忠良，伍新春．教育心理学［M］．北京：人民教育出版社，2000：217．

愿意完成任务，有动机的学生在学习过程中遇到困难往往能坚持下去，并克服困难，努力完成学习任务。③激发和维持学习活动。缺乏学习动机的学生不会为学习付出必要的努力，具有强烈学习动机的学生会全身心投入学习过程中。④提高信息加工水平。动机影响着加工何种信息以及怎样加工信息。具有学习动机的学生注意力更集中，更倾向于进行有意义的学习，力求理解所学习的内容。

因此，教师在上课的开始阶段，应针对学生年龄特点、心理特征，精心设计导入教学环节，例如使用生动而新颖的相关学习材料，把教学内容和学生的生活联系起来等，诱发学生产生兴趣和好奇心，使他们从原来的“要我学”转变为“我要学”。一旦“我要学”这种发自内心的愿望被诱发出来，就会形成学习的内部动机——学生全身心地投入课堂学习活动，有意识地去获取课堂活动所指向的知识和技能，从而表现出令人满意的行为，取得令人满意的学习成绩。

(三)注意与导入

注意状态是学习的必要条件，而分心则是学习的大敌。注意是指意识的指向性与集中性。所谓指向性，是指意识指向某一对象或活动而离开另一对象或活动。注意的指向性使人能够选择对个体具有意义的外界信息，并在头脑中对它继续加工。所谓集中性，是指注意对所指向的对象保持高度的紧张性。注意还具有维持的功能与调节的功能，使人的活动在一定的时间内处于持续的紧张状态。[①] 注意分为有意注意和无意注意两种。有意注意经常是由无意注意引起的。心理学认为：引起无意注意的重要原因是客观刺激物的特点。从刺激物来看，强烈的刺激，如巨大的声音，对比突出的事物，如声音的突然升高和降低，变化的刺激物，如闪烁不定的灯光等，都容易引起人们不由自主的注意，但关键在于刺激物的新奇性。任何新奇的东西都容易成为注意的对象，而刻板的、千篇一律的习惯性刺激物就不易引起人们的注意。引起无意注意的另一类原因是外部刺激物符合人的内部状态，凡是能满足一个人兴趣需要的事物，都容易成为无意注意的对象，凡是能激起某种情绪的刺激物都容易引起人们的注意。课堂教学的环境虽然已是经过人为控制的环境，隔绝了一定的干扰学习的因素，但也并非真空世界，仍然存在各种刺激，有的刺激是属于重要的学习内容，有的刺激是属于次要的学习内容，还有的刺激与学习内容毫无关系，甚至有的刺激会干扰当前的学习活动。学生要正常地开展学习，就必须提起注意，选择与学习有关的重要信息，忽视与学习无关的信息。注意就像心灵的窗户，知识的阳光必须通过注意才能照射到心灵中来。因此，在教学的初始阶段，不少老师在导语设计上细细揣摩、再三斟酌，以便通过某些教学行为来消除其他课程的延续思维或课外活动形成的心理杂念的干扰，把学生的注意力迅速集中到本课的学习内容上来，使学生饶有兴味地投入新的学习情境。

总之，导入要成功，兴趣、动机、注意这几个因素缺一不可。可以说，兴趣是学习的先导，动机是学习的驱动力，注意则是学习的门户。有效的教学导入所获得的结果就是：学习兴趣→学习动机→集中注意→自主学习和有意学习。

---

① 彭聃龄，张必隐. 认知心理学[M]. 杭州：浙江教育出版社，2004：105.

三、导入技能案例分析

导入有一定的规律，但没有固定的方法。由于教育对象不同、内容不同，开头不会相同；即使是同一内容，不同的教师也会有不同的处理方法。教学实践告诉我们，语文课堂教学导入的方法是多种多样的，教师可以根据教学任务和内容、学生的年龄特征和心理需要设计适宜的导入。下面我们介绍一些导入的方法，供大家参考。

（一）目标导入

教师上课必须有明确的教学目标，这是不容置疑的问题。但是，教学目标是否要让学生知道，这在课堂教学实践中存在不同的看法。有的人认为，教学艺术就如同剥笋，应该在引导学生一步一步深入学习的过程中，最后让学生豁然开朗，发现这节课学习的是什么。有的人认为，上课开始阶段就应该让学生明确这节课学习的目标是什么，然后主动地研讨学习内容，完成学习目标。从现代教育理论上来看，上课开始阶段让学生明确学习目标，有利于发挥学生学习的主动性。例如，加涅就主张告知学生学习目标，这样做可以促使学生为学习做好准备；克劳尔也认为，学习目标有利于将学生的注意力指向某些信息而忽视某些信息。[①] 因此，需要教师研究的问题在于：上课时怎样向学生呈现学习目标才是最有效的。下面我们具体分析几种呈现教学目标的方法。

【例 1-3】《小麻雀》课堂教学实录片段

师：今天我们学习《小麻雀》这篇课文，主要是指导同学们学习自己读书。自己读书当然不是随便看看就完了，而是要有目的、有要求地认真读、认真思考，以求深刻理解，学到本领。今天我们就来试一试。

这一课的学习要求是：第一，学习作者是怎样写小麻雀的；第二，体会作者在写小麻雀的过程中寄托了什么样的感情，也就是要领会这篇文章的中心。这一堂课我们先来解决第一个问题，第二堂课我们再讨论第二个问题。

例 1-3 的教师直接讲述这节课的教学目标，先是说明学习这篇课文的整体学习目标，然后说明学习这篇课文需要两节课，并分别说明每节课的学习目标，每节课都是以一个学习目标为主，这样，学习目标集中突出，教师的陈述语言简明扼要。当然，教师也可以通过板书或多媒体等方式呈现教学目标。

【例 1-4】《统筹方法》课堂教学实录片段

师：学习这篇课文，老师准备教会大家哪件事呢？（学生七嘴八舌，老师边重复边板书：

---

① M. P. 德里斯科尔. 学习心理学——面向教学的取向（第三版）[M]. 王小明，等译. 上海：华东师范大学出版社，2007：50.

“学习重点：1. 字词——万事俱备，只欠东风；不无裨益。”）

师：大家听我喊“预备——起”，用一分钟看课文下面注释，然后自问自答，可以出声。（学生迅速翻开书看。）

师：我暂时不提问，下面做第二件事，老师想领着咱们思维的“战舰”驶向何方呢？（学生边思考边说，教师板书：“1. 字词：万事俱备，只欠东风；不无裨益。2. 学习用图表说明事物的方法。3. 读懂全文，会说、会写、会用。”）

在例 1-4 的课例中，教师通过引导学生思考并自己确定学习目标，在学生提出的众多的学习目标中挑选符合教师心目中的教学目标作为本节课的学习目标。确定教学目标的权利从教师转移到学生，更能体现以学生为主的教学思想，让学生感觉到学什么是自己的兴趣，有利于学生形成学习主人公的心态。

【例 1-5】《荷塘月色》课堂教学实录片段

师：上课前先请问大家一个问题：这篇课文的学习重点是什么啊？

生：（教室里一片沉默，看来没有人课前思考过这个问题。教师准备进一步引导时，突然，后排的一个同学举手）本课的学习重点是整体感知，揣摩语言。

师：非常正确！你怎么知道的？

生：在教材第 5 页上，是有单元学习重点说明的。

师：好！都用的是同一本语文书，可××同学就比大家会读。他知道不但要读单篇的课文，而且还要读单元前面的说明，从中发现课文的学习重点。——好，请同学们打开书第 5 页。（单元提示：“本单元的学习重点是整体感知，揣摩语言。揣摩语言，是在一定的语境中，如联系中心意思，联系上下文，对语言的深层次含义、感情色彩等，进行辨析、品味。”）

师：大家对这几句话有没有什么疑问，或者说从中看出什么问题没有？（生沉默。）我就有问题，现在问大家——既然“学习重点是整体感知，揣摩语言”，那么，接下来就应该先解释什么叫“整体感知”，再解释什么叫“揣摩语言”，但为什么书上却根本不讲什么叫“整体感知”，而直接就解释什么叫“揣摩语言”呢？（学生们惊讶：“咦？我为什么没发现这个问题呢？”）注意：从无疑处发现问题，这是一种重要的读书方法。好，大家现在就来思考这个问题吧！同桌之间可以讨论一下这是为什么。

（两分钟过后，请几个学生站起来交流他们的看法。）

生 1：“整体感知”谁都懂是什么意思，所以不用解释。

生 2：“揣摩语言”则不太好懂，所以要解释。

生 3：“整体感知”是要达到的目的，而“语言揣摩”则是达到目的的手段。

生 4：其实，看起来没解释“整体感知”，但实际上解释“揣摩语言”就解释了“整体感知”，比如书上不是写了吗？“联系中心意思”，“联系上下文”，这就是“整体感知”了。

师：都有道理。重要的不是标准答案，而是善于提出问题并对这些问题进行思考。不过，我这儿要对“揣摩语言”做些补充性解释。揣摩语言一定要联系语境。所谓“语境”，包括外部语境与内部语境。外部语境指社会背景、文化背景、人际关系等等。比如，外国人看宋丹丹和黄宏的小品就不知道中国人为什么要笑；又如，我们今天读鲁迅的文章，对有些语言也觉得不理解。这就是对外部语境不熟悉。而内部语境，就是指文章的中心思想、上下文的照应等等。这是同学们很容易理解的。同学们注意：所谓阅读，就是要通过揣摩语言去整体感知文章的内涵，体会作者的思想感情，进而走进作者的心灵。下面我们就去揣摩这篇课文的语言，进而整体感知文章的内涵。

在例 1-5 的课例中，教师引导学生自己根据课文特点和单元要求来确定学习目标，但和例 1-4 有所不同。例 1-4 教师问学生要学什么，学生根据初步感觉做出不同的表述，教师从中加以选择来确定教学目标。这里需要注意的是，学生当时思考确定学习目标时具有一定的随意性，虽然确定了学习目标，但由于教师没有问“为什么”，多数学生对学习目标的确定只知其然，不知其所以然。例 1-5 则不同，教师问要学什么，学生回答了，教师不满足于此，而是再追问“你怎么知道的”，也就是让学生理性思考确定学习目标的依据。问“为什么”，促使学生为学习目标的确定寻找理由，分析依据，学习也就从下意识的随意性的活动发展为有意识的有理由的活动，从感性上升到理性，如果教师经常引导学生进行这样的思考，学生就会逐渐形成自我确定学习目标的能力，当学生离开教师，课外自学时，就能自主确定学习目标。

(二)复习旧知识

学习是一个循序渐进的过程，经常运用已有知识可以使旧的知识不断得到巩固、保持，并有利于获得新知识。有经验的教师很注意引导学生温故而知新，在每堂课开始时，通常采用复习以前学过的相关知识作为导入新课的方法。这种方法，便于学生巩固已学的知识，便于将新旧知识逻辑有机地联系起来，也便于教师循序渐进地开展教学。我们来看看下面通过回忆旧知识导入的课例。

【例 1-6】《水调歌头·明月几时有》课堂教学实录片段

师：同学们，以前我们背过很多诗词，现在请大家回忆，在我们背过的诗词中，有哪些是描写月亮或月光的？

生 1：“床前明月光，疑是地上霜。举头望明月，低头思故乡。”

师：这是谁的诗？表达什么感情？

生众：李白的《静夜思》，表达思乡之情。

生 2：“雁字回时，月满西楼。”

师：这又是谁的诗？

生众：李清照的《一剪梅》，表达思亲之情。

生 3：李白的《闻王昌龄左迁龙标遥有此寄》中“我寄愁心与明月，随君直到夜郎西”，表达思友之情。

师：(启发)月落乌啼霜满天……

生 4：江枫渔火对愁眠。

师：这表达了……

生 4：失意怅惘之情。

生 5:柳永的《雨霖铃》"今宵酒醒何处? 杨柳岸,晓风残月",表达离愁别恨。

生 6:"无言独上西楼,月如钩",这是南唐后主李煜的《相见欢》,表达凄婉忧郁之情。

师:(启发)明月松间照……

生 7:"清泉石上流。"这是王维的《山居秋暝》,表现幽静和谐的环境和气氛。

生 8:"晨兴理荒秽,带月荷锄归。"陶渊明的《归园田居·其三》,表达悠然闲适之情。

生 9:"疏影横斜水清浅,暗香浮动月黄昏。"林逋的《山园小梅·其一》,表现朦胧幽雅的环境气氛。

师:太好了! 通过复习,大家知道我国的文人常用月亮、月光表达对故乡和亲人、友人的思念之情,或者离愁别绪、凄婉之情,或者幽静闲适之情,今天我们再来学习一首写月的词,请看课题(板书:《水调歌头·明月几时有》)。我们来看看这首词表达的是什么情感。

例 1-6 的这位教师执教宋代名家苏东坡的名作《水调歌头·明月几时有》,不是指导学生仅仅就该词进行解读,而是引导学生回忆以前学过的有关描写月亮的诗词,建构起中国传统文化中"月亮"的丰富内涵,在更广阔的时空背景下去研读该诗词,其起点就更为高远。我们知道,我国文人对月亮情有独钟,尤其是在中国古典诗词中,诗人们常常借月抒怀,月亮不仅仅是光照人寰的一个普通星体,更是通脱淡泊的一种文化象征。"月亮"意象负载着民族深刻的文化内蕴,流转在诗人广阔的心灵空间里。这位教师在教学的起始阶段引导学生回忆以前学过的有关描写月亮的诗词,目的是帮助学生建构起有关月亮的文化内涵。由于学生群体思维会有一种互相暗示的导向,因此教师需要适时加以启发,引导学生思维多向发散。例如,教师要求学生回忆学过的描写月的诗词,学生很自然想起最熟悉的《静夜思》,从而形成了思乡、思亲、思友的回忆思路;教师在学生完成这一月亮意象回忆后适时进行启发,给学生提示新的思路"月落乌啼霜满天",从而引导学生换一个回忆思路,进入离愁别绪和忧郁的意象回忆;然后,教师又在适当的时候提示"明月松间照",再次引导学生转换回忆思路,于是又进入了清幽闲适的意象回忆思路。正是在教师的恰当启发下,学生形成了古诗词有关月亮的丰富多彩的文化意象,既把原来零散的知识建立起网状的认知结构,又形成了学习新内容的厚实的基石——《水调歌头·明月几时有》中的月亮的文化意蕴是什么? 激起学生探究的兴趣。

【例 1-7】《卧看牵牛织女星》课堂教学实录片段

师:在中国,牛郎织女的故事可谓是家喻户晓。同学们听说过有关牛郎织女的民间传说故事和诗词佳作吗? 听说过吗?

生:听说过(齐声)。

师:在唐代啊,刘禹锡在《浪淘沙》一词中写道……让我们来齐读一下:"九曲黄河万里沙",1、2……

师生:"九曲黄河万里沙,浪淘风簸自天涯。如今直上银河去,同到牵牛织女家。"

师:我国现代诗人郭沫若也曾在他的《天上的街市》一诗中这样写道:"你看,那浅浅的天河,定然是不甚宽广。那隔着河的牛郎织女,定能够骑着牛儿来往。"千百年来人们一直盼望着牛郎织女能够鹊桥相会,从此过上自由幸福的生活。可是从天文学的角度看,牛郎星和织女星真能如人们所愿年年相遇吗？带着问题今天我们就来共同学习叶至善的一篇科学小品文《卧看牵牛织女星》。

在上面的课例中，教师要求学生回忆旧知识，目的不甚明确，处理较为简单。从刘禹锡的《浪淘沙》到郭沫若的《天上的街市》，再到科学小品文《卧看牵牛织女星》，其中有什么联系呢？是某事物发展过程，还是不同的文章体式对相同的事物的不同表达方式？教师只是简单点了一句“从天文学的角度看牛郎星和织女星”，但后面的教学内容却一点也没有涉及从文学角度如何看“牛郎星和织女星”，从天文学角度如何看“牛郎星和织女星”，学生没有这两者的对比，也就无法建构起新旧知识在本质上的联系。因此，简单回忆一些看似相关的知识，而不引导学生认识到这些新旧知识在什么角度上相关、如何联系，则难以形成一定的知识结构，导入的旧知识也就不可能成为吸取新知识的基础。

(三)介绍背景知识

所谓背景知识，是指与课文相关的背景材料，如作者生平、时代背景、写作缘起及社会影响等。阅读心理学研究表明，阅读理解是背景信息(即学生原有知识经验)和课文信息交互的结果，背景信息、课文信息是决定阅读理解的重要因素。由于语文教材选文广泛，课文信息丰富多彩、包罗万象，而处于成长阶段的学生头脑中的背景信息则具有明显的局限性，尤其是有些文章写作时代或所写的内容与学生距离很远，学生往往缺乏理解这些文章的相应的背景知识，为此，教师常常会在阅读教学中引入背景知识以弥补学生背景信息的不足，使背景知识成为连接背景信息和课文信息的桥梁。

我们来看看下面的课例。

【例 1-8】 《赤壁赋》课堂教学实录片段

师：讲《赤壁赋》不能不讲“乌台诗案”(板书)。苏轼与王安石处于同一时代，两人私交甚厚，但苏轼反对王安石变法，尤其“不敢默视”新法推行中的流弊，时时“缘诗人之义，托事以讽”。王安石罢相后，几个监察御史从苏轼诗文中深文周纳，罗织罪状，弹劾苏轼“指斥乘舆”“包藏祸心”，于元丰二年(1079)把他从湖州逮捕，投入监狱，勘问他诽谤朝廷的罪行，酿成北宋有名的文字狱“乌台诗案”。

生 1(脱口而出)：为什么会叫“乌台诗案”？

师：这一案件先由监察御史告发，后在御史台狱受审。汉代时御史台外柏树上有很多乌鸦，所以人称御史台为“乌台”，也戏指御史们都是“乌鸦嘴”，所以此案称为“乌台诗案”。由于宋朝有不杀士大夫的惯例，所以经过四个月的折磨后，苏轼免于一死，但被贬为黄州团练副使。被贬黄州后，苏轼经常游赏赤壁矶，在被贬第四年即 1082 年，一口气写下了《念奴娇·赤壁怀古》和前后《赤壁赋》三篇传世名作，由此，他从政治低谷转而登上了文学创作的巅峰。今天我们要学的前《赤壁赋》正记录了苏轼从失意矛盾中超脱的心路历程。

师：现在同学们一起来看课文标题“赤壁赋”，同学们对“赋”了解多少？

生 2：刚学的《诗经》“六义”有赋、比、兴。赋者，敷也，敷陈其事而直言之者也。是铺陈排比。

师：说得非常好。"赋"原先是一种文学表现手法。到汉朝发展成为一种文体，"赤壁赋"的"赋"是古代的一种文体。汉有大赋，铺陈扬厉；六朝骈赋，铺陈对仗；唐朝律赋，铺陈对仗，平仄用韵。至此"赋"被层层束缚，已无法写了。于是宋朝文人对"赋"进行改革，产生了文赋，突破声律对仗，自由挥洒，杂入大量散句，故称文赋。但文赋仍保留汉赋主客问答的形式。"客"多是虚拟的，用于流露作者思想的一个侧面，"主"则用于表现作者的主导思想，他们共同反映了作者思想的矛盾困惑。

师：标题"赤壁赋"其实可以理解为"赋赤壁"，即用"赋"的形式写赤壁。假设我们同学游览了赤壁，让你们来写赤壁，你们觉得可以写哪些内容？

生（纷纷答道）：自然风景、历史人物……

师：那么，《赤壁赋》有没有写自然风物和历史人文？如果有，请找出相关段落。

生（纷纷答道）：第一段写自然景观……

师：同学们齐读第一段。（生齐读。）那么有没有写历史人文的？

生（纷纷答道）：第三段前半部分写历史人文……

师：同学们齐读第三段。（生齐读。）

课例1-8的教师以相关背景知识作为导入。首先，教师先简单介绍写作背景。教师指出："讲《赤壁赋》不能不讲'乌台诗案'。"学生疑惑："为什么会叫'乌台诗案'？"这说明学生缺乏相应的背景知识，而获得这一背景知识有利于理解作者的人生变化和思想感情的发展。然后，教师介绍有关"赋"的文体知识，学生对"赋"的理解源于《诗经》"六义"，有所知，但不全面，为此，教师对表现手法、文体发展及其主要特征做了介绍，以便学生从赋的文体特点上理解文章内容。最后，教师提示学生："'赤壁赋'其实可以理解为'赋赤壁'，用'赋'的形式写赤壁。假设同学们游览了赤壁，让你们来写赤壁，你们觉得可以写哪些内容？"这是在帮助学生初步形成理解文章的图式。教师在这里所导入的背景知识既是学生所缺乏的，也是理解文章所必需的，与课文新信息具有一致性。

【例1-9】《老王》课堂教学实录片段

师：钱钟书和杨绛都是德高望重的作家，他们的作品《围城》和《洗澡》在文学界有很高的知名度，但是他们的生活却鲜为人知：杨绛的女儿在1979年不幸离世，1998年钱先生也离开了人世。面对生活的种种不幸，杨绛却乐观豁达，在92岁那年，杨绛拿起笔写下了《我们仨》。

（幻灯出示照片：一家三口的照片，女儿居中，钱、杨各居左右。）

（幻灯出示字幕：开卷的瞬间，恍若中国的一个世纪，与这个风烛残年却依旧美丽如昔的老人并肩同行。）

（生齐读字幕。）

（幻灯出示课题：《老王》　杨绛）

（生齐读"绛 jiàng"字音两遍。）

（幻灯出示字幕：杨绛生平。）

生：（指名读字幕的“杨绛生平”。）杨绛（1911— ）①，钱钟书夫人，本名杨季康，著名的作家、评论家、翻译家、学者。祖籍江苏无锡，生于北京。1932年毕业于苏州东吴大学。1935—1938年留学英法，回国后曾在上海震旦女子文理学院、清华大学任教。1949年后，在中国社会科学院文学研究所、外国文学研究所工作。主要作品有长篇小说《洗澡》、回忆录《我们仨》、散文《干校六记》、随笔集《将饮茶》、译作《堂吉诃德》等。

（幻灯出示：时代背景。）

生：（齐读“时代背景”。）文章作于1984年。这是一篇回忆性的散文，作者记叙了自己从前同老王交往中的几个片段，当时正是“文化大革命”时期，那是一个荒唐动乱的年代，作者夫妇被认为是“反动学术权威”。但是，任何邪风对老王都没有丝毫影响，他照样尊重作者夫妇。由此与老王的交往深深地印刻在了作者的脑海之中。

师：下面请同学们默读课文，注意3个问题……

课例1-9的教师也以介绍背景知识作为导入，先介绍作者一家人的概况，然后介绍作者的生平，再介绍文章的写作背景。在这些背景知识中，家人概况虽然可以吸引学生注意力，激发兴趣，但从阅读理解的角度而言，这些信息与理解课文无直接联系，在此引入这些陌生的信息会分散学生学习本课的注意力。比如，可能就会有学生心里发问：《围城》和《洗澡》写什么的？这样就形成了学习的冲突效应。作者生平对扩大学生的知识面有积极的意义，但内容枯燥不足以引发学生兴趣，而且与课文信息没有一致性，对理解课文没有促进作用，属于冗余信息。只有写作背景与课文信息具有一致性，才能对理解文章起到促进作用。如果学生不了解“文化大革命”的历史背景，就难以深入理解文章中所写的人与事，因此，帮助学生建构相应的历史背景知识是理解本文所必需的。从上面的分析可以看出，教师介绍背景知识缺乏选择性，而这种现象在教学中较为常见。有的教师介绍背景知识，从作者生平、时代背景，到写作缘起、社会影响等，不管与课文信息相关程度如何，只要与课文有关的各种内容都一网打尽，其中有些与课文信息具有一致性，有些与课文信息无直接关联，有些甚至与课文信息冲突。在阅读的过程中，所有的背景知识（包括与课文信息无直接关联的信息）都进入学生的工作记忆，学生需要首先吸收背景知识，并将其暂时存储在短时记忆中，然后再去阅读课文信息，并利用背景知识去试图解读文本。这时就会出现以下情况：阅读能力一般的学生无法区分有效信息和无效信息，不知道该选用哪些信息来帮助解读课文；而阅读能力好的学生也需要剔除无关信息的干扰，这样便导致其信息加工时间的延长，降低理解效率。因此，从广义的角度而言，所有的背景知识虽然或有利于扩大学生知识面，或能激发学习兴趣，是有一定好处的，但在有限的课时中，背景知识作用的最大化是值得思考的。如果再从与阅读理解的关系而言，与课文信息无关的内容应该尽量不要引入课堂，因为会抑制阅读理解。

（四）诊断起点

著名心理学家维果茨基提出了“最近发展区”的理论②，他认为，学生有两种不同的发展水平：实际的发展水平和潜在的发展水平。实际的发展水平是指学生当前的智力水平和解

① 杨绛先生于2016年去世。

② 理查德·I.阿兰兹.学会教学[M].丛立新，等译.上海：华东师范大学出版社，2007：340.

决当前具体问题的能力。潜在的发展水平是指学生在老师或同伴的帮助下能够达到的能力水平或取得的成就。而位于学生当前发展水平和潜在发展水平之间的一个区域就是最近发展区。他还认为,教学如果处于最近发展区内,在老师或更有能力的同学提供的适当挑战和帮助下,学生就能获得发展。要确保教学处在最近发展区,就需要教师在备课时真切了解学生的当前能力现状和发展的需要,在教学过程中运用教学诊断能力不断诊断学生的现有发展需要和水平,并根据学生当前微观的学习起点和变化,确定教学目标和教学重点,灵活选择教学内容和教学策略,真正促进学生"知、情、意"的发展。因此,在导入阶段确切诊断学生学习本课教学内容的学习起点是非常重要的。下面我们来分析教师在导入阶段对学生学习起点的诊断课例。

【例 1-10】《今生今世的证据》课堂教学实录片段

师:我记得一位名人说过,"读书是一种冒险"。这是就书的内容而言的,是否恰当,另当别论。但刚刚学过《前方》这篇课文的阅读经历告诉我们:读书,对我们来说常常是一种挑战,考验着我们的耐心、意志和求索的坚持。今天要学的《今生今世的证据》,将再一次挑战我们的读书勇气。在课前,我请同学们先阅读这篇课文,努力形成自己的理解,你们读过了吗?(学生答"读过了"。)读懂了吗?(学生沉默。)大家不要紧张。其实,不要说你们,就是我,尽管读过几遍,也对自己的理解不是很有把握。我们还是随便聊聊吧,读这种作品,很难说谁的理解就完全正确,更没有什么标准答案。就算是交流读书心得,大家谈谈自己的理解,可好? A 同学,你的阅读面比较广,你先来谈谈?

生 A:说实话,我读不大懂,搞不清这篇作品到底说的是什么;从作品字面上看,好像是说要珍惜往昔的生活,但看课文的编排,又把它放在"月是故乡明"这个人文主题里。这两样内容我很难把它们"拧"到一起,总之是稀里糊涂的。

师:这不奇怪,我读书时也常常有这样的情形,有些文章,往往是听了人家的理解之后受到启发,才慢慢读懂的。你看平时发言积极的同学今天都低着头,情况大概跟你差不多。但我想还是应该有自认为读懂了的同学。下面,谁再说说?

生 B:这篇散文,讲的是故乡对一个人生命的意义。作者认为当故乡在一个人的记忆中不再存在时,他的生命也就是历史,就会成为一片虚空,没有了根,没有了归宿,也就没有了通向未来的方向。

师:你是读了课文获得的印象呢,还是参考了别的书的说法获得这个印象的?

生 B:我先读课文,读不懂,我就去看教学参考书,觉得它的说法有道理,就再去读课文,这才理解了课文。

师:不要紧,读不懂课文,看看参考书再来读课文,这是常有的事。我们做老师的也要看参考书的。只是参考书仅仅是参考,我们还应该有自己的理解。还有谁愿意谈谈?

生 C:我觉得,如果不考虑书页边上"月是故乡明"的人文主题,我觉得大致读懂了课文,但一联系"月是故乡明",跟 A 同学一样,就给搅糊涂了——

师:我打断一下,你先别考虑书页边上的话,那是编者加的。课文是作者写的,你只谈对课文的理解。

生 C:我觉得课文写的是作者对人生的一种看法。在作者看来,世上万物都会消失,消失了以后那曾经存在的一切都像梦似的，使人们怀疑它存在过的真实性。这样，作者就想到，存在过的一切就需要证明。我们经历过的童年、少年、青年时代的生活，我们的快乐、孤独等都应当成为我们存在的证据，这对我们今后的生活都是有意义的。

（纷然议论，很多同学表示赞同）

师：看来，C同学说出了很多同学的想法。还有什么不同的意见吗？

（学生沉默。）

师：刚才三位同学的发言，代表了我们全班对课文的理解的三种情况：一种是像C同学那样，凭自己的努力已经形成了比较确定的看法；一种是像B同学那样，起先读不懂，看了参考书再读课文，感觉到自己读懂了；还有一种是像A同学那样，怎么都读不懂。无论在感觉上是懂了还是没懂，只要大家认真读过、想过，就已经完成了作业；大家或是带着自己的理解，或是带着问题，就已经为上课做好了必要的准备。那么，刚才C和B两位同学的意见哪个正确呢？得请最高权威来裁决。谁最权威呢？

（学生众："课文！"）

师：对！对课文的理解，必须要有原文做根据：对文章基本内容的理解，要有文章的基本思路和写作背景的依据；对句子和词语的理解，要有原文和它的上下文的依据。我们已经读过课文，现在，请同学们试着"竖读"一遍，将课文的基本话题整理出来。

（学生阅读活动……）

在上面的课例中，教师首先需要对学生的现有能力状况进行细致而深入的了解。这种了解包括教学设计时了解学生的基本特征，如学生的学习动机和兴趣、个人对学习的期望、认知成熟程度、学习风格、经验背景、社会文化背景等等；还包括教学开始时了解学生对所学的内容理解的当前状态（知识、能力和态度的现状）。前者一般是宏观的大致的了解，可以适用于所有教学内容；后者一般是微观的具体的了解，需要根据不同的教学内容而做动态的诊断和分析，这是因为学生对不同的教学内容理解的当前状态是不同的。因此，对学生当前阅读能力现状的诊断和分析也就显得更为重要和更为困难。在本课例中，教师在教《今生今世的证据》一课的起始阶段要求学生"谈谈自己对课文的理解"，也就是说说自己到底哪些地方不懂，或者说哪些地方感到困惑。学生纷纷说出自己的初步阅读感受，有的学生说"读不大懂，搞不清这篇作品到底说的是什么"；有的学生先读课文，读不懂，就去看教学参考书，觉得它的说法有道理，就再去读课文，这样理解了课文；还有的学生对课文形成自己的看法。总的来看，学生对课文的理解存在困惑，这种理解的困惑不在读不懂的字词句这些微观理解的层面上，而是从对全文的整体理解这一宏观层面上来说的，这正反映了他们对这篇课文理解的当前能力状态。这就是在实施教学前对学生理解学习内容的当前能力进行细致的动态的诊断和分析。在对学生学习起点进行诊断的基础上，教师再根据学生理解的当前能力状态来确定教学目标和教学过程。在课堂教学过程中，虽然教师会在备课时预设教学目标，但最终的有效的教学目标和教学过程应该是根据当时的诊断分析而动态生成的。根据诊断分析，了解学生的当前能力状态，根据学生的当前状态与目标状态的差异构成了学生学习需要，从学生学习需要出发动态生成教学目标和教学过程，这就是课堂教学动态生成的意义和价值所在。本课例的教师根据学生对教材编者的编辑意图的误解和对课文理解的困惑，发现其主要原因是"难以把整篇课文的内容串起来理解"，因此确定接下来的教学活动是指导学生采用“竖读”方法，引导学生梳理课文的内容，分析课文内容之间的联系。这是激活学生合适的阅读图式，以便能够以正确的阅读图式解读课文，从而达到对课文的理解。

(五)激活生活经验

阅读是读者运用已有知识经验去解释文本所提供的信息，从而建构意义的过程。激活学生的原有知识经验，是启动阅读进而达到理解的关键因素。从信息交流来看，人类的各种活动可以有许多共性，给人以相似的感受，这些共性和相似点是不同时代不同区域的人们能够相互沟通和交流的基础，也是文本构成的核心内容。唤起学生的生活经验，是学生进入文章的写作情境、领悟课文内容的必要条件。从文学欣赏来看，在阅读文学作品时，读者的思想情感或生活经历，与作品中的人物所具有的相通或相似之处，使其更容易被深深打动，形成一种强烈的心理感应状态，这就叫作共鸣。共鸣有三种情况：①物我相融。读者把自己的经历、经验融进艺术形象之中。②移情现象。读者把自己的情感外射到作品的事物上去，使后者似乎有了自己的情感。③表同现象。读者把自己比拟成作品中的人物，悲欢与共。经过设身处地，实现心理认同与同化，达到物我两忘、物我融合。所有这些都以读者启动原有知识经验为基础。因此，教师可以在上课开始阶段，引导学生回忆已有生活经验，寻找原有知识经验中与文本所表达的思想感情相通或相似之处，以便进一步与文本进行深刻对话。

下面我们来看看几则激活学生原有知识经验的课例。

【例 1-11】《兰亭集序》课堂教学实录片段

师：同学们，我想你们曾不止一次参加过郊游、远足、野外聚会，你们能说说自己当时的感受吗？

生 A：这样的活动我们从小学时就有了。走出课堂，不再受功课的压力，在旷野中自己做饭吃，做各种有趣的游戏，非常轻松愉快。这种快乐是平时在学校里根本感受不到的。

师：你的感受主要在新鲜，还有点“三味书屋”的孩子们来到“百草园”那种味道。还有吗？

生 B：可以呼吸大自然中的新鲜空气，饱览山水的美丽景色。登临高山，远眺大海，还有一种世界实在太大、自己太渺小的感觉。

(其他学生纷纷谈了自己的不同感受，从略。)

师：你们刚才都谈得很好。把你们的感受概括起来，大致上有这样三个方面：一是卸了课业压力的轻松感，二是在陌生野外活动的新鲜感，三是大自然会引发你产生一些思考。其实，前面两种感觉不一定就来自野外，只要不上课不做作业，到一个陌生的地方搞活动就能得到。但第三个感觉只能来自人与大自然的接触。人处在寥廓旷远的天地之间，人世的一切都退隐到脑后了，我们直接和天地对话了，从广大的天地这个视野来感受自己的存在，心胸一下子变得开阔并且纯净起来了。所以，经常到大自然中去感受，不仅有利于身体健康，也有利于灵魂的纯洁。古人喜欢登高望远，喜欢到山水间聚会，不是没有缘由的。今天我们学的《兰亭集序》，就有这方面的内容。我们且看看王羲之到底想的是什么。

课例1-11的教学起始阶段，教师就请学生回忆郊游、远足等野外聚会活动的体验。这样的活动体验多种多样，有深有浅，教师通过概括整理，抽取出能够和课文的写作情境对接的生活经验，如"世界实在太大，自己太渺小"和"我们直接和天地对话了，从广大的天地这个视野来感受自己的存在"这样的生活体验。这种体验，凡是参加过郊游的学生都曾有过的，但是，这种体验交错在郊游所获得的各种感受之中，需要加以启发才能被提取并突显出来，成为实现和课文写作情境对接的条件。因此，在上课的第一环节导入中，教师的主要工作便是唤起学生的郊游体验，然后从学生众多的感受中加以导引和提炼，引出"经常到大自然中去感受，不仅有利于身体健康，也有利于灵魂的纯洁。古人喜欢登高望远，喜欢到山水间聚会，不是没有缘由的"这种生活体验，从而具备了理解课文的主要内容和体会作者写作情境的基本条件，这样教学就转入第二个阶段——进入课文解读。

【例1-12】《看戏》课堂教学实录片段

师：人们对文明的追求，对艺术的热爱，有时会焕发出无限的热情和浑身的力量。今天，在我们的"课前五分钟听说训练"中，请同学们来描述一番你的父辈看戏、看电影的有关经历或场面，欢迎踊跃发言。

生1：我常听我妈妈讲她小时候看电影的事儿，那时候，没电视，年轻人只要听说方圆一二十里内有电影、有戏，就会像传播"南京解放了"的消息一样，很快把村子热闹得沸腾起来。于是"喊我""一路儿"的声音就满村子里东奔西走。

师：好，"东奔西走"，生动极了。

生2：我妈妈讲她年轻的时候，最爱跟着她的舅舅们跋山涉水看电影。尤其是半夜回家时，满山路上、峡江中的火把交相辉映，蜿蜒游动，简直就是一条游龙。晚了找不到路回家的小孩子，也不要紧，就跟着火把走，火把就是路。岔道口那些道别的话，你一听就知道自己是哪部分的，赶快跟上大部队。看一次电影，光是这段经历，就能让人兴奋好几天，回味好一阵的。

师：很好。"游龙""火把路""哪部分""大部队"，描写得形象生动，让人身临其境。

生3：我爸爸上有两个哥哥，下有两个弟弟，他说自己在家中起着"承上启下"的作用。队上一年一度的电影或戏班的到来，就更加巩固了他的地位。他扛上两条长板凳，早早地来到目的地，一字儿摆开，为父母兄弟的"会师"，开辟好一块牢固的"根据地"……

师：(忍俊不禁)好！好！三个同学绘声绘色，精彩纷呈，愿很多人的练笔本中有这么精彩的一段。

师：看戏曾是人们向往无比的一项群众性文娱活动。京剧是我国戏曲中的精品，有着悠久的历史、光辉的成就，更是我们的国粹。《看戏》这篇课文描绘了首都人民观看我国著名的京剧表演大师梅兰芳先生演出《穆桂英挂帅》的动人场面。现在请同学们快速阅读这篇课文，然后说说自己对这篇文章的感受。

例1-12的导入设计非常巧妙。现在的学生多数不喜欢看戏，没有亲临戏院感受其中氛围的经历，更不可能感受到20世纪50年代劳动大众翻身得解放后蜂拥至大广场观看著名京剧大师表演的热烈场面。像《看戏》这类作品所反映的社会生活与学生所熟悉的生活有很大距离，教师怎样激发学生的原有知识经验去解读课文呢？本课中的教师提供了一个很好的范例：要求学生去采访与作品所描写的生活有类似经历的长辈，了解当时类似的生活情境，然后在班上进行交流，这样就把他人的生活经验转化为自己的生活经验，进而构成解读文本的原有知识经验。

【例 1-13】《皇帝的新装》课堂教学实录片段

师：老师在上课前想先了解一个问题：在我们的生活经历中，你有没有被别人骗过？如果有的话，请举手说说。

生 1：别人打电话叫我到班主任老师那里去，去了后，原来没有这回事。

生 2：我去买东西，那人找了零钱，我回家一看是一张假钞。

师：刚才两位同学说的是被别人骗，那我们现在反过来说，你有没有骗过别人？

生 3：在愚人节的时候，我打电话告诉别人有什么活动，但别人去了，实际上没有。

师：由此可见，在我们的日常生活中，骗人或者被人骗的现象也确实客观存在。今天，我们就来欣赏一下由丹麦著名童话作家安徒生写的一篇文章《皇帝的新装》，其中对皇帝骗到了什么程度呢？下面请同学们把书翻到第 134 页《皇帝的新装》。

例 1-13 的教师也试图激发学生原有的生活经验，但所激活的学生的原有生活经验却与课文信息无法对接。学生日常生活中的“受骗”或“欺骗”，更多的是一种善意的玩笑；而课文所写的一个皇帝、几个大臣和两个骗子之间上演的骗与被骗的滑稽喜剧，揭示的是皇帝及其臣民的愚蠢、虚伪，突显他们的自私人性。这两者在本质上是不同的。在阅读理解过程中，如果教师所激发的学生原有知识经验与课文信息仅表面上相似，实质上却存在本质上的差异，那么，不但不能让学生顺利解读课文信息，反而会误解课文信息，甚至歪曲课文信息。

（六）创设情境

创设情境就是在教学过程中为了达到既定的教学目的，从教学需要出发，以学生原有的认知水平和无意识心理特征为基础，利用形象的画面、逼真的场景、生动的情感等方式，创设与教学内容相适应的具体教学氛围，从而感染学生，诱发好奇心，激发兴趣，点燃他们求知的火花，帮助学生迅速而正确地理解教学内容，从而提高教学质量。

下面我们观看几则创设情境的课例。

【例 1-14】《登高》课堂教学实录片段

师：同学们愿意听电影故事吗？

生：愿意！

师：不过，这不是一个欢乐的故事，而是一个凄楚悲凉的故事，大家可能心情会很沉重。我还给大家提个要求。因为是电影故事，请大家边听边在脑海中把这个故事幻化成电影画面。我相信大家都是杰出的“电影摄影师”，一定能够把画面在大脑中构想得场景逼真，而且身临其境。能做到吗？

生：能！

师：我开始讲述。（语调低沉，语速缓慢，满怀感情。）1200 多年前，一个秋天，九月初九重阳节前后。夔州，长江边。大风凛冽地吹，吹得江边万木凋零。树叶在天空中飘飘洒洒，漫山遍野都是衰败、枯黄的树叶。江水滚滚翻腾，急剧地向前冲击。凄冷的风中，有几只孤鸟在盘旋。远处还不时传来几声猿的哀鸣。这时，一位老人朝山上走来。他衣衫褴褛，老眼浑浊，蓬头垢面。老人步履蹒跚，跌跌撞撞。他疾病缠身，有肺病、疟疾、风痹，而且已经"右臂偏枯半耳聋"。

重阳节，是登高祈求长寿的节日。可是这位老人一生坎坷，穷愁潦倒，似乎已经走到了生命的冬季。而且此时，国家正处在战乱之中，他远离家乡，孤独地漂泊。

面对万里江天，面对孤独的飞鸟，面对衰败的枯树，老人百感千愁涌上心头……

（放音乐《二泉映月》，老师在乐声中满怀深情地朗诵《登高》全诗。课堂中气氛凝重，有些学生流下泪来。）

师：这个老人是谁呀？

生：是杜甫。

生：老师，请您再朗诵一遍吧！（她红着脸，噙着眼泪。全体学生都应声附和。）

师：老师朗诵得好吗？还没听够呀。

生：好！还想再听！

（师再朗诵，学生跟读。）

师：大家读得相当棒！我猜一定比平时读得好。知道这是为什么吗？

生：老师，你很动情。你感染了大家，我们在不知不觉中被感动了。

师：那么，老师为什么很动情？

生：你很理解杜甫，很理解这首诗。

师：对，要想读好，首先得理解诗的作者，理解诗的内涵，必须走进作者的内心。我有这样一个观点，就是要想读好一首诗或一篇文章，你就把你自己当成作者，化身为其人，就当这首诗或这篇文章是你自己写的。老师在读这首诗时就真是这样想的，我想我就是杜甫，就是那个老病孤独的杜甫。我就站在长江边上，衣衫褴褛，蓬头垢面，登高望远，怀想家乡，思念亲人，牵挂祖国，同时更凄凉地想着自己的人生，想自己这一辈子。

所以，读好一首诗，理解——这是首先要做到的。注意，所谓理解，就是理性地把握。（板书"理性地把握"）这应是高效朗诵的一个前提。下面我们一起来深入理解杜甫《登高》这首诗歌。

在上面的课例中，教师以语言描述的方法创设教学情境。上课伊始，教师要描述一个故事给学生听，激发起学生的学习兴趣，同时要求学生"边听边在脑海中把这个故事幻化成电影画面"，这是化抽象为形象，在此基础上教师深情朗读诗歌，学生受到情绪的感染，并把这种情感体验自然转移到对课文的体验上，从而生发出具有共鸣效应的情感波澜，对课文的学习，也就不言自明了。

【例 1-15】《周总理,你在哪里》课堂教学实录片段

一位教师在教《周总理,你在哪里》一文时,考虑到学生远离那个时代的生活情境,就插放了一段录像,用电视屏幕把学生带到 1976 年 1 月 11 日长安街上催人泪下的场面实况,让学生目睹总理逝世后首都人民群众不顾"四人帮"百般阻挠为总理举行各种悼念仪式的场景,让学生体会当时全国人民无限悲痛的心情和对周总理真挚的情感,这样给课堂营造了一种哀痛、悲凉的气氛,使学生的感情与作者产生了共鸣。在此基础上,教师不失时机地调动了学生的思绪和情感:假如你就是站在为总理送行队伍里的"红领巾",当看到灵车载着总理的遗体渐渐远去的时候,你会怎么想,怎么说,怎么做呢?

生甲(眼含热泪):我会说,敬爱的周总理,您为国家、为人民日夜操劳,鞠躬尽瘁,死而后已,我们永远怀念您!

生乙(深情地):敬爱的周总理,我们不会忘记您对我们少年儿童的关怀,不会忘记您在生与死的紧急关头,把生的希望送给小扬眉,把死的危险留给自己。(已学课文《一个降落伞包》的情节)……

师:"周总理,你在哪里",这首诗的题目不是一般的询问,而是反映了全国人民对总理的思念之情,作者这一呼唤,扣人心弦地激起人们的感情共鸣……

例 1-15 的教师通过多媒体方式创设教学情境,学生既能够穿越时空,"观古今于须臾,抚四海于一瞬",置身于历史事件的情境之中,又被激发出了深沉怀念和无限悲愤的情感。接着,教师又在激发学生情感的基础上,导入了主动活动的境界,做了"假如我也在为总理送行"的全新建构,调动学生丰富的想象力,让大家自由地各抒真情。最后再适时解释题意"这首诗的题目不是一般的询问,而是反映了全国人民对总理的思念之情",这样就对解释诗文,激发学生对周总理的崇敬、爱戴和怀念的感情起到了很好的作用。

(七)提取大概念

学校学习逐渐从关注大量具体的事实知识走向关注统领事实知识的抽象概念,这就是所谓的大概念,即从大量的事实基础上抽象出来的、指向学科核心内容、反映学科本质、将较大范围内的相关知识和能力联系起来的最关键的观念。从大概念入手开展教学,可以将各个零散的知识点联系起来,把所学的知识和技能有效地整合为有机的整体;学生掌握学科大概念,可以减少记忆数量,便于形成融会贯通的学习效果,利于知识的提取和迁移,从而提高教学效果。

下面我们分析教师在教学的起始阶段怎样引导学生提取本单元的"大概念"。

【例 1-16】 七年级下册第六单元课堂教学实录片段

师:我们阅读教材每个单元的课文,可以先从单元前的提示开始,从中可以了解到本单元学习的主要要求。下面请同学们阅读单元要求,每段话提取出最重要的概念。

学生默读以下单元提示:

"探险,是人类对未知世界的探寻,也是对自身的挑战。探险过程中的任何艰难险阻,都

抑制不住人类探索未知世界的激情，阻挡不了人类迈向全新领域的脚步。而科学幻想，依据科学技术的原理、发展趋势以及科学假说，展示了人类对未来的大胆想象。本单元主要选取探险与科幻方面的文章，希望你能从中触摸到探险者的精神世界，并激发出探索自然世界和科学领域的兴趣与想象力。”

“本单元重点学习浏览。浏览时，可以一目数行地扫视文段，迅速提取字里行间的主要信息。另外，还要在阅读文章的基础上有所思考和质疑。”

师：从中我们可以提取哪些重要概念？

生：第一段的重要概念是“探险与科幻”，第二段的重要概念是“浏览”。

师：“探险”的含义是什么？“科幻”和“浏览”的含义又是什么？

生：探险是指人类在危险的情境中探索未知世界；科幻是指人们依据科学技术的原理、发展趋势以及科学假说去想象科学的未来发展；浏览是指一目数行地扫视文段，迅速提取字里行间的主要信息。

师：理解得很正确。这一节课我们就学习运用浏览的阅读方法迅速提取探险文章所写的主要内容。怎么浏览呢？“一目数行地扫视文段”，也就是眼睛注视每一页的中间，视线从上而下移动扫视。怎么迅速提取主要信息呢？可以根据记叙文的特点，迅速找到时间、地点、人物、事件，把这些信息提取出来，这是“文体特点引导下的浏览”。也可以寻找段落的总括句，从总括句中把握主要信息，这是“寻找关键句的浏览”。还可以把标题改为问题，依据问题迅速寻找答案，这是“问题引导下的浏览”。

例 1-16 是大概念视野下单元整体教学起始课导入案例。首先，教师通过引导学生阅读单元提示，从中提取本单元重点学习的大概念；接着，教师引导学生理解大概念的含义；然后，教师准确、简明地讲解大概念操作运用的过程，让学生明确学习重点内容；最后，在大概念统领下，教师引导学生理解具体的单篇课文内容。（参读第八章《教学结束技能》中的“整理大概念图谱”）

课堂教学导入还有许多方法，例如品味题目、观图联想、讲述故事、运用名言、巧猜谜语、设计问题、引发讨论、运用类比、进行对比等。只要能够激发学生学习兴趣，形成强烈的学习动机，搭建从学生原有知识起点到新知识之间的桥梁，都是成功的导入。

四、导入技能的灵活运用

导入虽然只占一节课的 5 分钟左右，但不少教师的导入也会灵活组合多种方法，以取得更好的教学效果。下面的课例较好地运用了多种导入方法，为学生学习新课奠定了扎实的基础。

【例 1-17】《胡同文化》课堂教学实录片段

师：事实上生活中的文化现象很多，只要我们留心观察，定会有很多收获，课前已经给大家布置了一些搜集任务，不知你们找到哪些？

生（众）：吃文化、酒文化、茶文化、服饰文化……

师：能不能说得具体一点？

生：比如吃文化，我们中国是一个美食王国，饮食讲究色、香、味，烹饪强调刀工火候，吃东西用筷子，轻挑慢夹。那西方人就不同了，牛排、咖啡，刀子、叉子一齐上。（众生笑。）每种吃法就代表了一种文化。

师：说得精彩，那你是否注意过文化的本质特征呢？

（生面露难色。）

师：不要紧，拿出词典看看，词典上是怎样给文化定义的？

生：（查词典）人类在社会历史发展过程中所创造的物质财富和精神财富的总和……

师：我也对生活中的文化现象进行过一些考察，发现人类的这种物质和精神财富大致有3种类型：①精神型的。这容易理解，我们平时所接触的小说、诗歌、散文、戏剧等精神文化产品就是。②物质型的。主要指凝聚着人类文化的物质产品，如（点示）我穿的西服，他穿的中山服，她穿的和服（众生笑）。这每一种服饰就代表着一种文化。③心理型的。比如，吃文化、酒文化就较为复杂，主要指人们通过某物某事所表现出来的一种心理定式。

师：下面我们选择一个更加具体的对象来试试。胡同大家见过吗？

生（众）：见过！

师：胡同能不能称为一种文化？

生（众）：能！

师：那么它应该属于哪一种文化类型？

生（私语）：物质型的，心理型的。

师：请申述理由。

（生热烈地讨论。）

师：静一静，说它是物质型的，一定强调的是胡同的——

生（众）：建筑形式、建筑风格。

师：心理型的呢？（沉默，教师随意点一学生作答。）

生（迟疑地）：可能着眼于胡同里人的生活吧。

师：汪曾祺写有一篇《胡同文化》，下面我们看看作者笔下的胡同到底属于哪种文化，好不好？请大家翻开书，读课文1、5两段，思考我提出的问题。

例1-17的教师运用了查找相关资料、联系生活、提供先行组织者①等方法来导入教学，取得良好的教学效果：一是形成学习支架，为学生搭建坚实的学习新知识的基础；二是造成认知冲突，激发好奇心和探究热情。

学生学习新知识，总是在具备一定的知识经验基础上去吸取、消化，学生如果缺乏学习新知识所必须具备的知识基础，学习就会出现困难，难以建构起新的意义。因此，教师在教学前，需要了解学生学习新知识可能会缺乏哪些必需的前提知识经验，并设法引导学生获取这些相应的知识经验，以便建构起从学生原有知识经验顺利过渡到新知识的桥梁。阅读《胡同文化》这样的课文，学生对文化可能只具备零碎的、肤浅的认识，为了弥补原有知识经验的缺陷，深刻理解课文，教师逐渐给学生搭建起感性认识支架和理性认识支架。首先，教师在

① 奥苏贝尔认为，先行组织者是在比要学习的新材料更抽象、更一般、更包容的水平上呈现的。

上课前让学生搜集有关中国文化的资料;上课起始引导学生交流收集到的资料,使学生获得有关文化的感性认识,从而搭建起学生学习课文的感性认识支架。接着,教师要求学生思考"文化的本质特征",这就是从感性认识引向理性认识,学习难度增加,形成了认知挑战;在学生难以解决学习问题时,教师提示了解决问题的策略,即"拿出词典看看,词典上是怎样给文化定义的",学生从词典获得的"文化"的定义比较抽象简单,教师又及时补充了有关文化分类的知识,使学生对文化有了比较全面的认识。

在学生对文化有了初步感性和理性认识的基础上,教师引导学生思考:"胡同文化属于哪一种文化类型?"这造成了学生认知上的冲突,有的学生认为属于物质性的文化,有的学生认为属于心理性的文化,教师要求学生说明理由,从而激发学生的好奇心和探究热情,自然而然地把学生引导到对课文的深入阅读和研讨上。

【例 1-18】《中国石拱桥》课堂教学实录片段

师:前面我们让大家观察了桥(教师板书,下同),下面请同学们说说你见过哪些类型的桥。

生:独木桥、水泥预制桥、钢梁桥、石拱桥、铁索桥……

生:江河大桥、立交桥、过街天桥……

师:大家见过的桥确实不少,那么你们能否用一句最简洁的话说说桥的特征?

生:架在河面上,用水泥、钢筋作为材料的建筑物,如枝城长江大桥。

生:不对,有的桥也用木材作为材料,如独木桥。

生:还有,有的桥不是架在河面上,而是架在空中的,如立交桥。

师:大家说得很有道理,看来要把握事物的特征,还必须找到同类事物的共同点。下面大家想想:哪些才是形形色色的桥所共同具有的特点,可以查词典,看看词典是怎样说的。

生:(查词典)架在河面上连接两岸的建筑物。

师:根据我们前面的讨论,大家想想这样概括桥的特点是否准确。

生:不够准确。前面已经说过,立交桥就不是架在河面上的。

师:看来时代在发展,词的含义也在发展,大家修改修改。

生:架在水面或空中,用来连接两端的建筑物。

师:我们一起回顾一下刚才讲到的抓事物特征的方法。事实上桥用什么材料,千差万别,不是共有的特点;桥的作用——架在水面上或者空中连通两地供通行才是其共同具有的。抓特征就是要找出同类事物的共同点。

师:下面我们把桥的范围缩小,局限于石拱桥。按照上述抓特征的方法找找石拱桥的特征,看看石拱桥有什么共同点。

生:桥洞呈弧形就像虹。

生:桥身全由石料构成。

师:说得较好,不过同学们所看到的还只是桥的外部特点,事实上我们在分析事物特征时,有时情况并不像现在这样显而易见,所以还需要我们仔细研究。下面我们把桥的范围再缩小,来研究中国石拱桥有什么特征,可能难度就会增大。请同学们翻开课文《中国石拱桥》,先看课文写到石拱桥的哪些特点。(学生浏览课文,找中国石拱桥的特点。)

例1-18的教师也是综合运用多种导入方法，取得良好的教学效果。教师课前让学生观察各种类型的桥，积累一定的生活经验。这是把学生的生活体验引入课堂，使之成为学习新知识的基础。上课时在学生交流各种类型桥梁的基础上要求学生“用一句最简洁的话说说桥的特征”，这既是引导学生把直觉感受转换成言语形式，也是对感性认识的概括和提升，学习从直接经验中总结出一般规律的方法；学生从感性认识中抽象出一般规律有一定难度，在学习活动中，学生产生了分歧，教师对这种分歧没有简单地肯定或否定，而是让学生在争论中互相驳难和补充，同时，教师提供词典解释作为参照，让学生认识到时代在发展，词的含义也在发展，即使权威解释也需要根据社会发展不断修订，认识是一个不断完善的过程。在学生达到初步共识的基础上，教师再引导学生“把桥的范围再缩小，来研究中国石拱桥有什么特征”，进入对课文的研读。导入，就是给学生搭建理解新知识的桥梁，建构意义的坚实起点，不断造成学生认知的落差，激发学生探究的热情。

【例1-19】《梦回繁华》课堂教学实录片段

师：最近学校在筹办社团节，我们就运用《梦回繁华》这篇文章作为材料，举办一场《清明上河图》主题展。大家先讨论：策划展览需要做哪些事？

师生讨论明确策划展览的过程：根据主题选择展览的项目，按照项目确定展览内容；编制内容纲要，编写展览内容；进行具体图文编制，充实展览内容；拓展内容，布置展览；安排参观顺序（把项目学习和说明文阅读过程结合起来）。

师：为方便观众参观，《清明上河图》主题展需要设计导览图。请同学们快速浏览课文，然后讨论交流，思考完成以下任务：展览流程怎么布置，分设几个展板？

师生讨论后确定展板共分为七块：历史背景、画卷总体内容、画卷局部内容、画卷艺术特色、画家及艺术成就、画作的源流、作家及写作意图。分七个小组再次仔细阅读文本，设计各自展板布局，撰写展板的解说词。

例1-19的导入和前面的导入例子有明显的区别。前面的导入主要是为了激发学生学习兴趣，然后过渡到新课的学习，一旦进入新课学习，基本就和导入没有多大联系了。而本课例的导入是创设一个拟真的学习情境“运用《梦回繁华》这篇文章作为材料，举办一场《清明上河图》主题展”，接下来讨论怎样策划展览，确定展板，然后学生分组研读文本，筛选和重组文本有关信息，设计各展板的布局和解说词，完成学习任务。这是一种项目学习或任务驱动学习。教师导入所创设的学习情境不仅仅是为了引入新学内容，而是设计一项学习任务，整个学习过程都在这个学习情境下展开。所创设的学习情境，或者说学习项目（学习任务）贯穿学习始终。

这种学习情境（学习项目、学习任务）的创设和传统的导入有巨大的差别。首先，学习情境必须是真实的、可感的、可实施的。真实，可以指真实的生活情境，也可以是拟真的学习情境，但必须是促使学生真实地获取、运用、迁移知识的情境。例如本课例中创设的主题展览学习项目，促使学生在任务驱动下去研究、选择、重组相关信息，达到获取、运用、迁移知识的目的。其次，学习情境贯穿整个学习活动的始终：创设学习项目情境，明确学生需要完成的学习目标和任务；分组开展项目学习探索，教师给学生搭建原有知识经验和新学内容之间的桥梁，提出问题促进学生对学习内容进行深度思考；完成学习项目、制作出学习成果和展示交流；引导学生反思和评价，既要关注学习结果，也要关注学习方法和过程。整个学习过程都在所创设的学习项目情境下进行，学生在解决项目问题的过程中获取新知识，运用新知识，增长经验。

可以说，创设有效的项目学习（任务驱动、解决问题）情境，是新时期教师一种非常富于挑战性的教学策略，这种导入技能对新任教师要求是很高的（参读第五章《组织活动技能》中的“项目式学习案例”。）

五、导入教学设计

（一）语文课堂教学导入的设计要求

语文课堂教学导入的设计要求具体包括以下几点。

1. 目的明确

导入要有较强的目的性，让学生明确将要学什么、怎么学、为什么学，不能含糊其词，随意发挥。

2. 新颖有趣

导入设计要新颖，可以是内容新颖、材料新颖、方法新颖、手段新颖，以便满足学生的好奇心理，吸引学生的注意力。导入设计还要有趣味性，或形象生动，或活泼幽默，或形成悬念，做到引人入胜。这样能最大限度地引起学生的兴趣，吸引注意力，形成学习动机，促使学生以最佳的心理状态投身到学习活动中去。

3. 富有启发

导入设计要有启发性。启发性的关键在于启动学生的思维活动。可以通过激发好奇心，促成探究心理，造成认知矛盾，营造问题情境等方式，启动学生新旧知识联系的思维，运用原有知识经验去解读文本的思维，探究问题、解决问题的思维。这样的导入，为学生顺利地理解新的学习内容创造了前提条件，使课堂教学获得好的教学效果。

4. 包含知识

导入设计要具有科学性。设计导入在知识上要和教学内容相吻合，并形成知识间的联系，要能用最短的时间让学生了解学什么、怎样学。切忌虽有知识但互不相关，仅是凌乱的知识片段，或脱离教学内容，为了趣味而趣味，甚至低俗而没有知识含量。

5. 联系紧密

导入的各项内容与新课内容要有较好的相关性。或以旧带新，或联系生活，或提供恰当材料，与新课衔接自然，没有无关信息。

6. 语言准确、优美

导入设计还要讲究语言艺术。语言艺术的前提是准确性和条理性，即清楚明确而又有条理地表达教学内容，语调有节奏、有停顿，这是教学的起码要求。语言艺术的更高要求是优美，或形象生动，或言简意赅，语言丰富又富于变化。切忌过多的口头禅，说话有气无力，即兴笑料，低级庸俗等。

(二)导入设计的方法

导入设计的方法具体包括六点。

1.明确教学目标

导入是整个课堂教学过程中的一个组成部分,是实现课堂教学目标的起始点。因此,导入的设计,首先必须明确整堂课的核心教学目标是什么,然后考虑导入怎样为整堂课的教学目标服务。只有紧扣教学目标设计导入,才能保证课堂教学的效率。例如,柳宗元的《小石潭记》这一名篇的教学就有如下主要教学目标:一是着力点集中在文言文语言的学习,譬如"掌握常用文言实词、虚词的意义和用法""了解常见的文言句式特点""翻译课文""疏通、理解本文的意思"等;二是侧重于山水游记的学习,譬如"欣赏山水景色之美""学习对景物入微地观察并抓住特点写景""学习写景状物,借景抒情的方法"等;三是重点体会作者的思想感情,譬如"领悟作者借景所寄寓的情感""体会作者思想感情的变化""理解作者在贬居生活中孤独凄凉的心境"等;四是将重心移到理解古代文人的情感背后所反映的一个时代的文化精神特征,譬如"体验柳宗元深层的情感""感悟柳宗元人生的态度"等。主要教学目标不同,导入的具体方法也会有所不同。

2.研究教学内容

导入虽然简短,只占一节课的十分之一时间,但却为学生建构起学习课文的第一个支点,影响着后续学习活动的展开。有效的导入必须和教学内容保持一致,这需要教师在设计导入前深入研究课文,思考课文属于什么文体,内容、结构以及语言上具有什么特点,根据这些特点来设计相应的导入,或温故知新,或从生活到文本,从而成为学生学习课文的有效支点。

3.了解学生起点

导入的关键之一是激发学生的学习兴趣,调控学生注意力和课堂气氛,这就需要教师真切了解学生的学习起点,认识所教学生的一般情况和学习所教内容的准备情况,以便设计出适合学生需要的导入。

4.收集相关资料

导入往往是从课外引导到课内的教学活动过程,这需要教师在设计导入时收集、选择与所教课文相关的、能激发学生兴趣的课外资料。课外资料的收集,可以采用平时广泛收集和备课时专项收集相结合的方法。也即在平时阅读书报或上网浏览时,发现有趣、有用的资料都广泛收集,备课时可以围绕课文选择关系密切的资料作为导入依据。

5.确定教学切入点

课堂教学需要一个切入点,也就是课堂中师生理解课文的起点。好的切入点,能激发学生的学习兴趣、研究的欲望、思维的火花。教师就是通过导入引出理解课文的切入点,然后从这一起点出发指导学生一步一步地深入理解课文,进而串起对全文主旨的把握。好的切入点具有提纲挈领、统领课堂的作用,有利于引导学生快速而深入地掌握课文重点内容,突破理解的难点。还是以《小石潭记》为例,有人曾以"石"为切入点,从潭中石到岸边石,串起对课文的阅读理解;也有人曾以游踪为切入点,从"发现石潭"到"潭中景物",再到"小潭的源流",最后到"潭中的气氛",串起了对课文的阅读理解;还有以"清"为教学的切入点,通过概括小石潭"清"的特点,达到对文本整体感知的目的;通过景"清"而引出作者的即时心境——

“乐”；通过“过清”而探究作者历时的心境，成功地串起全文的教学活动。切入点不同，选择导入的具体方法也会不同。

6. 安排导入内容和方法

导入也是一个简短的教学活动过程，一般可以形成“引例—展开—对接”的教学活动。“引例”就是引入课内外学生熟悉的、与课文有紧密联系的例子，以激发学生的学习兴趣；“展开”就是引导学生对例子稍微展开讨论；“对接”就是通过讨论引导学生把例子联系到将要学习的新内容上来。

六、导入技能评价

运用表 1-1 评价导入的教学效果。

表 1-1　导入技能评价

课题：　　　　讲课教师：　　　　评价者：

项　目	优	中	差
目标明确，学生知道学什么、怎么学、为什么要学	5	3	1
联系紧密，或以旧带新，或联系生活，或提供恰当材料，与新课衔接自然，没有无关信息	5	3	1
新颖有趣，能激发学生学习兴趣，吸引注意力，形成学习动机	5	3	1
有启发性，能启动学生思维，造成认知矛盾，促成探究	5	3	1
语言清晰、有条理	5	3	1
满怀热情，神态自如	5	3	1
导入时间掌握得当，教学节奏紧凑	5	3	1
能面向全体学生	5	3	1
合计			

注：请听课后根据各项评价指标评出等级（在相应的等级上打钩），总分 1～10 为差，11～20 为一般，21～30 为中等，31～40 为优良。

【微格训练】

一、案例分析练习：仔细阅读下面的导入课例，分析其优缺点。

例 1：《人生寓言》

师：爱尔兰剧作家萧伯纳有句名言“人生中有两大不幸，一是没有得到他心爱的东西，二是得到他心爱的东西”，不知大家是否赞同？

生 1：我不赞同。没有得到心爱的东西感到不幸情有可原，但得到了心爱的东西应该庆幸才对呀！

生 2：我也不赞同。这两句话似乎自相矛盾。

师：我和大家也有一样的疑问。看来，萧伯纳这句名言真有问题。今天带着这个问题我们来思考人生的两大难题:如何对待幸与不幸。下面请大家随着著名哲学家周国平走进他的《人生寓言》。

师:说起寓言,你知道哪些寓言故事呢?

生1:拔苗助长、掩耳盗铃。

生2:狐假虎威、东施效颦。

师:大家知道的可真不少,看来平时积累很重要。大家喜欢这些寓言故事吗?

生3:喜欢。因为寓言读起来既有趣又发人深省。

生4:寓言,它总是以比喻性的故事寄寓意味深长的道理,言在此而意在彼,给人以生活上的启示。

师:那么从"东施效颦"这个寓言故事中你得到了哪些启示呢?

生5:告诉我们不要盲目地模仿别人。

师:作家严文井将寓言比作一个魔袋,袋子很小,却能取出比袋子大得多的东西。现在再读"东施效颦"这个故事,除了这个带有普遍意义的寓意外,换个角度看,你会有什么新的发现呢?

生6:爱美之心,人皆有之。

师:瞧,这就是魔袋,我们取出了比袋子要大的东西。一个寓言故事只要你用心去读,就可以读出许多理趣,读出许多智慧。下面请欣赏第一个魔袋《白兔与月亮》,你能取出哪些东西来呢?

例2:《死海不死》

师:今天要和同学们一起阅读的是一篇说明文。先请同学们打开课本,看一下目录的第一页,这一页共列出两个说明文单元,我们要阅读的说明文就在这两个单元里,同学们还不知道是哪一篇,现在给你们一个条件:这篇文章的标题很能引起人们阅读的兴趣,你们猜是哪一篇?看谁猜得快、猜得准。

(学生看书后纷纷举手。)

师:看来同学们都知道是哪一篇了,你们真聪明!好,你来说。

生1:《死海不死》。

师:完全正确!但你能说明一下为什么你猜的是这一篇吗?

生1:这个题目叫"死海不死",既然是"死海",可又为什么说它"不死"?这就在读者心里形成悬念,引起了阅读的兴趣。

师:刚才好多同学都举手了,你们猜的也是这一篇吗?有猜别的课文的吗?

生(众):也是这一篇。

师(指一学生):那你同意刚才那位同学的意见吗?

生2:同意。我认为这个标题本身包含着一对矛盾:"死海"和"不死",使读者产生疑问,急于想去读文章,弄明白究竟是怎么回事。所以这个题目对读者有吸引力。

师:有不同意见的同学请举手(无人举手)。有补充意见的同学请举手(无人举手)。哦,"英雄所见略同",看来你们一个个都是小英雄!(笑)不过,我还有个问题想考考各位英雄:标题上有两个"死"字,它们的意思是一样的吗?

生3:前一个"死"字指没有生命,第二个指淹死、死掉。

师：完全正确。你课前有没有看过这篇课文？（生摇头。）那你怎么能回答得这样正确？

生3：我在地理课上学到过。

师：啊，真好！地理课上学到的知识，用到了语文课上，这叫知识的“迁移”（板书“迁移”）。学习中经常注意“迁移”，知识就学得活了。现在请同学把书合拢，暂时不要看课文，大家来回忆一下地理课上学到的关于死海的知识，比一比谁的记忆力好。（指一正在偷偷看课文的学生。）哈，你违规了，不许偷看！

（学生思考、回忆，片刻后陆续举手。）

师：为了使回忆有条理，请按照以下几点逐一来说。（板书：1. 地理位置；2. 得名原因；3. 海水趣事。）

生1：死海的位置在约旦和巴基斯坦……（众插话：巴勒斯坦。）巴勒斯坦中间。

师：巴勒斯坦在亚洲西部，巴基斯坦在亚洲南部，和我们中国接壤。这两个国家的中文译名只差一个字，而且都是亚洲国家，很容易记错，建议这位同学课外去找世界地图或亚洲地图查一查，以后就不会再搞错了。谁来说“得名原因”？

生2：死海的海水含盐量特别高，水里各种动植物都不能生存，所以叫死海。

师：哦，死海的海水含盐量高，这是它的特点，由于有这个特点，就出现了一些有趣的现象，谁能说说是什么现象？

生（七嘴八舌）：人不会淹死。

师：为什么会出现这种现象？

（无人举手。）

师：我估计同学们都知道，只是暂时还没有找到合适的语言来表达，是吗？（指定一学生。）这位同学戴着眼镜，看起来挺有学问，你来给大家说说看。

生3：人在死海里不会下沉，即使不会游泳的人也淹不死，因为……因为海水含盐量高，所以人不会下沉。

师：为什么海水含盐量高，人就不会下沉？你总得讲出点道理来。

生3：海水含盐量高，它的质量就大。

（这里应该是指密度。这是学生课堂上出现的错误，也是正常现象，可惜在接下来的教学过程中，教师没有指出学生的错误，也没有引导学生修正错误。——编者注）

师（追问）：那如果扔进海水里的是一块铁呢？它会下沉吗？

生3：我想会下沉的。

师：那么人为什么不下沉？光说海水的质量大，恐怕还不够吧？我知道你心里明白，问题是怎样把心里明白的道理准确地表达出来。

生3（思考片刻）：海水的质量比人体的质量大。

师：说对了。但表达上还有一点点不足，想一想，在数学里如果一个数比另一个数大，是怎样表达的？你这句话如果能用数学的语言来表达，那就更好了。

生3：海水的质量大于人体的质量。

师：那么铁块为什么会下沉？

生3：因为海水的质量小于铁块的质量。

师：好！“大于”“小于”的“于”怎么解释？“大于”“小于”一般用在什么情况下？

生3：“于”是“比”的意思，一般在两个数作比较的时候用。

师：说得真好！我说你有学问嘛，果然没看错人！（众笑。）

师：关于死海的知识，同学们都已了解；这篇课文属于说明文，关于说明文的知识，估计同学们也已经知道了不少。你们已经知道的东西，如果还要老师重复地教，你们觉得有劲吗？（众：没劲!）是呀，我也觉得没劲。因此，我想我们在决定这篇课文里哪些知识需要老师教之前，先请同学们讨论一下"什么知识可以不教"。现在请同学们打开课本，把这篇《死海不死》看一遍，然后根据课文后面练习题的要求想一想：练习题要求我们掌握的知识哪些可以不教？前后左右的同学可以小声讨论一下，互相交流。

例 3:《散步》

师：（导入）看这幅画面，给这两幅画面起名或用一句简短的话做概括。（老师用多媒体出示画面，手指画面，示意学生看图作答。）

生 1：这幅图描述了一位小朋友在与他的老爸亲吻，体现出了浓浓的亲情。它可用两个词作为图片的标题，一是"亲吻"，二是"亲情"，我觉得这两个标题比较合适。

（同学们做评价，结果都认为他回答得不错。）

生 2：老师，我想做补充，我认为这幅画表现了一位军人回家与自己的儿子见面时的亲吻，也是亲情的最好体现。

生 3：我想用"离别后的相见"为题目，这样写出了父子离别后非常想念对方，相见时抱在了一起亲吻的情景，体现了他们之间血浓于水的亲情。

师：好！同学们的表达很精彩，我们鼓掌向他们表示称赞！好，再来看一张。

出示画面：

师：谁来描述这幅画面？

生 1：晚上妈妈在灯下陪同她的孩子做作业，其乐融融，也体现了亲情。

生 2：昏黄的灯光下，亲爱的妈妈看着孩子们做作业，孩子们有时还向妈妈提出问题，真好。这幅画面让我感到暖暖的。我想用“亲情”两个字做这幅画面的标题。

师:好,同学们回答得真好。是啊,生活中出现浓浓亲情的画面还少吗?同学们还想看吗?

生(齐):想!(热情很高。)

师:进入下一张幻灯片。(画面空白,学生没得看了,发出了嘘声。)

师:好,同学们,今天我给大家带来了一个特别的礼物,那就是用文字写成的画面。——莫怀戚的《散步》,大家想不想看?

生(齐):想!

师:快速地翻到课本第123页,看一看那是一幅怎样的画面,读时,用圆珠笔或铅笔画出自己不认识的生字词,好不好?

例4:《台阶》

师:同学们,昨天这篇课文我们都已经预习过了。今天,老师想请同学们给这篇课文配个插图,你们会怎么配?

师:哇,陆陆续续有同学举手了。嗯,这位同学举得很高,那就你先说。

生1:嗯,我觉得这幅插图应该是:我和父亲一起坐在台阶上,父亲在抽烟,他被烟雾环绕着。

师:有什么用意?

生1:就是突出父亲觉得自己老了,非常忧愁。

师:和“我”坐在一起,然后很忧愁。嗯,好,请坐。还有吗?

生2:我想象的是我父亲背着一担柴,手里拿着一袋屋基卵石,正走在回家的路上。

师:行,为什么要这样描写呢?

生2:就是为了突出父亲为了造新房子和新台阶付出了很大的努力。

师:还有吗?

生3:我认为,就是在那个三级的台阶上,父亲坐在下面的门槛上(意思是父亲坐在门槛上,前面是三级台阶——编者注),我站在父亲的旁边,父亲正在抽烟。因为我认为,那时候父亲已经老了,我站在他身边,看着他。表达父亲有坚持不懈的精神,就是不服输,不认为自己老。

师:好,那我最后请一个同学回答。

生4:嗯,我认为就是,应该是父亲用左手扶着自己的腰,然后弯着腰在自己新房子的台阶上艰难地行走,但是脸上还露出一丝微笑。

师:好,嗯,请坐啊。刚才同学们根据自己对课文的理解,给这篇文章配了一幅插图。现在老师给大家看一幅画。大家有没有发现,刚才在同学们的描述过程当中都有一个人物,那是谁?(父亲。)但是现在老师给我们同学带来的这幅画面却是母亲坐在门槛上慢悠悠地做着针线活,目光恬静地看着趴在青石板上的孩子们。作家李森祥说,这是他童年里记忆最深刻的一幅画面,正是这一幅司空见惯的画面,使他创作了《台阶》这篇小说,让我们感到很惊讶的是,这个画面里却没有父亲。父亲在哪里呢?为什么这个没有父亲的画面,却让他创作了以父亲为主要人物的《台阶》呢?下面,我们就一起来“爬爬台阶”,看一看这究竟是一位怎样的父亲。

二、微格模拟练习:从下面各题中选择一题,进行导入设计,然后在微格教室中进行导入练习,分析其中的效果。

1.选择一篇散文体裁的课文,进行导入部分的教学设计。

2.选择一篇小说体裁的课文,进行导入部分的教学设计。

3.选择一篇诗歌体裁的课文,进行导入部分的教学设计。

4.选择一篇说明文体裁的课文,进行导入部分的教学设计。

5.就七年级上册第六单元的语文综合性学习“文学部落”设计可实施的项目学习情境(比如开展“文学微信公众号”的设计和推送的项目学习,考虑应该怎样具体设计学习任务)。

第二章 讲授技能

✲ 学习目标

1. 理解“讲授”的含义和长处，认识“讲授”的不足之处并能采取一定补救措施。
2. 理解“图式理论”“接受学习理论”的主要观点及其对讲授的指导意义。
3. 学会分析各种类型的讲授案例的优缺点。
4. 能够设计几种讲授文案，并能进行模拟讲授教学实践。

一、讲授技能简介

讲授，一直是课堂教学的一种重要形式。它是教师通过口头语言(有时结合运用各种教学媒体)，向学生描述情景、叙述事实、解释概念、论证原理、阐明规律的教学行为。或者是在学生充分感知感性材料的基础上，教师通过分析、归纳、综合和概括，形成概念、原理、规律、法则等，使学生从感性认识上升到理性认识。

讲授教学方法往往被作为注入式教学的代表而受到较多的批判。确实，教师运用讲授教学方法，容易照本宣科，变成“满堂灌”，学生被动接受，师生之间、学生之间互动不足，不利于激发学生的学习兴趣，不利于调动学生的积极性和主动性。教学往往集中在低水平的认知活动上(记忆)，不利于发展学生的高水平思维能力，尤其是创造性思维能力。讲授过程常常比较枯燥乏味，需要学生有很强的注意力。

但是，自人类社会教学活动产生以来，讲授式教学一直是一种最基本的教学形式和方法，它经过几个社会发展阶段都不曾被淘汰，即使是在大力提倡发现法、探究法的今天，纵观全国各级各类学校，讲授教学方法仍然被广大教师采用。这是因为目前学校的主要教育目标之一还是获取知识，主要的学习方法是记忆；教材的编制、课堂教学的展开、测试的方式都是以知识为主要内容，而讲授是传授知识的有效手段，讲授可以帮助学生理解、记忆新知识，扩展学生的知识结构，培养学生倾听和思考知识的习惯。尤其是在教学重点、难点、小结、解惑和归纳上都离不开讲授法的点睛之笔，这说明了讲授方法有其存在的优势。具体来说，讲授在教学中的作用主要体现在以下几方面。

首先，教师通过讲授，可以在较短的时间里，系统而准确地传授较多的知识。教师的讲授比学生的发言更具有权威性，也更全面、完整，可以省去在回答、讨论中补充、订正的时间。所以，讲授与谈话、讨论等方法比较起来，更为经济而高效。讲授教学方法能在短时间内传递大量的信息，提供系统的知识结构。能够在较短的时间内，将一门学科的知识集中、系统地传授给学生，让教师有更多时间专注于所确定的目标内容上。

其次，讲授教学方法容易学习和掌握，便于教师控制，尤其对于新教师来说，由于缺乏驾驭课堂的交流技能，如果采用讨论等方法，则可能难以处理学生因意外反应而提出的发散问题，而讲解可以按照教师预先准备好的材料按部就班地推进教学，便于控制课堂进程，增强安全感，所以被多数教师广泛使用。

再次，讲授也是育人的一个重要措施。教师向学生系统地讲解自己对教材的理解的同时，总是在讲授中融入教师的见解和情感，不仅使学生感受到教师对教材中有关知识的鲜明态度，从而更深刻、更具体地感知教材，学到知识，而且教师讲授中的情感也能引起学生的共鸣，使其受到感染和启迪，对学生的思想意识产生深刻的、潜移默化的感化作用。

最后，讲授也可以培育学生的学习能力。不论教师是描述所讲对象还是叙述事实，不论是准确说明还是严密论证，讲授语必须条理清晰、准确明白、逻辑严密。这对学生的语言发展和思维能力的提高有积极的影响。教师在讲授中运用启发式的教学方法，引导学生积极思考，这样在讲授知识的同时，也可以传授学生获得知识和技能的方法。

讲授法也确实有一定的机械性和被动性。因此，如何既保持课堂讲授方式系统性、高效率的优点，又克服“满堂灌”的缺陷，是教学改革一直在探索的问题。教师通过运用启发式的讲授，或把讲授与提问、讲授与讨论等结合起来，通过深入浅出的讲授，启发学生思考，可以促进学生学得更积极、更主动，并不断把问题引向深入，使学生能力得到提高。由此，讲授的过程就成为将知识转化为学生认识的“桥梁”和“纽带”。

二、讲授技能的理论视野

(一)图式理论

1781 年，伊曼纽尔·康特(Immanuel Kant)首先提出了图式论(schema theory)，他认为新信息、新概念及新思想只有在与个人已经具有的知识有关联时，才会产生意义。这个理论后来受到巴列特(Barlett，1932)的重视并进一步发展。经过实验，巴列特认为图式是对先前反应或经验的一种积极组织，也就是说图式是由过去的经验组成的。皮亚杰在 20 世纪 40 年代初通过研究儿童认知的发展，进一步丰富了这一观点，他认为，儿童在发展的过程中习得了一些特定的知识结构(如儿童对物质与社会因果性的认识)，这些特定的知识结构是人的学习的综合性产物，同时也是认知结构组织的最基本单元。他把这种知识结构称作“图式”。20 世纪 70 年代后期，美国人工智能专家鲁梅哈特(D. E. Rumelhart)等做了大量研究，把图式的概念发展成一种完整的理论。

鲁梅哈特认为，图式是“表征记忆中业已贮存的有关类概念(generic concept)的资料结构”，这些类概念可以相互激活。图式是对过去的概括，但又在不断地改进着，并不断地对现有的事物发生着适应性的反应。换言之，图式就是储存在大脑中的过去获得的知识结构，或者说是认识构架，是人们认识新信息的参照物。每个人依据过去的经历、所受的教育及影响，在脑中记录下了无数知识(即背景知识)，这些知识在大脑中按情景分门别类，组成了图式。这些图式分为三大类：形式图式(formal schema)、内容图式(content schema)以及语言图式(language schema)。形式图式包含有关语法结构或有关不同类型原文的知识。内容图式是主要储存有关事物、事件内容的知识图式。语言图式则是指读者对原文语言的掌握程度。一个人的图式对他理解新事物有重大影响。人们必须把储存于头脑中的、已有的背景知识与新事物联系起来，依靠这些图式去理解和解释新事物：当输入的信息与头脑中的图式相吻合时，理解取得了成功；反之，则理解失败。理解失败的原因可能有三种情况：①不具备与新知识相适应的图式，在这种情况下就不可能理解新知识。②虽然具有与新知识有关的图式，但环境没有提供足以激活图式的线索，图式没有发挥应有的消化新知识的作用。③激活与新知识不相适应的图式，并据此去解释新知识从而产生误解。[①]

(二)接受学习理论

第一章已经介绍了奥苏贝尔从两个维度对学习进行的阐述。从学习内容维度上把学习划分为机械学习和有意义学习，从学习进行的方式上把学习划分为接受学习和发现学习(见图 2-1)。所谓接受学习，是把学习的内容以定论的形式传授给学生，要求学生把教学内容加以内化，以便将来再现或运用。所谓发现学习，是学习的主要内容未直接呈现给学习者，所呈现的只是一些提示性的线索，学生须进行有指导性的发现，然后才能将发现的结论内化到认识结构中去，以便日后运用。这比接受学习多了一个环节——发现。这两个维度互不依赖，彼此独立。并且，每一个维度都存在许多过渡形式。无论是接受学习还是发现学习，都有可能是机械的，也有可能是有意义的。如果教师的讲授富于启发性，则会形成有意义学习；如果发现学习只是让学生机械记忆解决问题的步骤，而不了解正在做什么，为什么这样做，就会出现机械学习。[②]

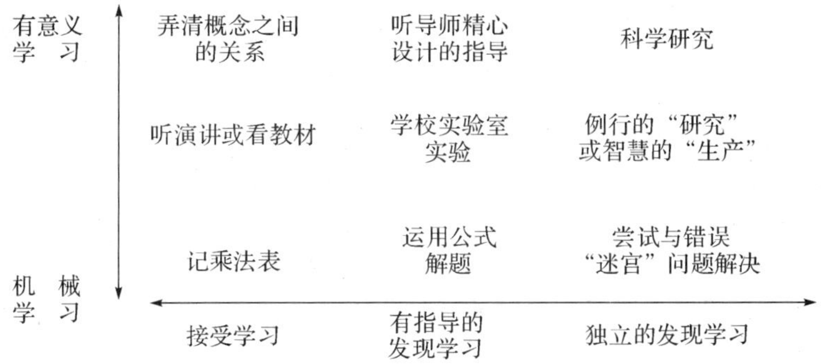

图 2-1　分布于有意义学习—机械学习、接受学习—发现学习之间的学习举例

奥苏贝尔强调有意义的接受学习与有意义的发现学习，在教学中，教师应把有意义的讲授与有意义的引导发现结合起来。而事实上学生在学校学习，有许多知识是通过接受而获

---

① Singer H，Ruddell R B. Theoretical Models and Processes of Reading. 3th edition[M]. International Reading Association，Newark，1985：722-750.

② 王本法. 奥苏贝尔学习类型划分的理论及其意义[J]. 教育理论与实践，1996(4)：57-60.

取的，因为这是学习前人积累的大量知识的捷径，而有些知识则要通过发现学习来实现。学校教学应该是接受学习和发现学习的有机结合。

（三）图式理论、接受学习理论与讲授

图式理论和接受学习理论对于讲授教学的启发，一是讲授要在学生原有知识的基础上展开。学生的原有知识在很大程度上决定着他们从学习情境中学到什么新知识。对要学习的任何新内容，学生或多或少都已经知道一些东西，这就是学生认识新内容的图式。学习是用原有图式去解释新的信息，这就是在已有知识和要学的新知识之间建立起内在的联系。但是，学生往往不会自动地激活其图式，也不会自动地正确运用图式去解释信息，而是倾向于把要学习的信息看作孤立于且区别于原有知识，因而采用机械学习方式来接受新信息，这样，就不能将新信息同化到相关的原有知识中去。因此，教师讲授就需要设法激活学生的原有知识，并设法在新学习情境中运用原有知识，促使学生积极运用原有的图式去解释新的学习内容，又在理解新内容的基础上形成新的图式。

二是讲授的内容对学生必须要有潜在的意义。如果学生没有认识到所学习的新内容的潜在意义，就难以激活和运用原有知识，因为不知道哪些原有知识是和新信息相关的。为了让学生了解所学内容的意义，可以采用精加工策略帮助学生深刻理解所学内容：让学生知道所讲授的内容“是什么”，即能正确地描述所学知识的内容，不是简单地、感性地描述现象，而是达到科学概括的程度；知道“为什么”，即能解释说明事物和现象的因果联系，揭露事物内在的逻辑依据和本质联系；能用自己的语言流畅地、合乎逻辑地表述，并用自己举出的例子来说明；能融会贯通地纳入自己原有的知识结构，构成新的知识体系，形成新的见解。

三是讲授的内容要有良好组织。讲授的内容如果是凌乱的知识碎片，则学生难以把它们联系起来形成知识结构。讲授的内容如果是系统的“知识群”，学生则易于理解，也便于学生主动利用自己认知结构中适当的原有知识来“类属”新的学习材料，这种“类属”过程就是新旧知识的意义联系和相互作用的同化过程，其结果是使学生形成了进一步分化和巩固的知识结构。

三、讲授技能案例分析

讲授的方法是多种多样的，教师可以根据所要讲授的内容、学生的特征，选择合适的方法进行讲授。下面我们用具体的讲授例子来分析讲授方法的运用。

（一）提示性讲授

提示性讲授，可以是在学生开始学习活动之前提示学习的要求，以便让学生明确学习目标，知道学习活动是什么，怎么开展学习活动；也可以是对课文所反映的内容的时代背景做几句提示性的交代，让学生在学习课文时能联系当时的时代背景和环境来领会；还可以是在学生学习遇到困惑时简单提示思维的方法或线索，以便学生找到思考问题的路径，走出思维的泥潭。这类提示性的讲授，虽然往往只是三言两语，但却是很有必要的，起着把学生引上路的作用。

【例 2-1】《读报常识》课堂教学实录片段

师：这是一篇知识短文，怎么学习？我们应该掌握一些学习方法。因为本文对读报的常识解释得很通俗、很具体，完全可以自己学懂，不用老师多讲了。关键在于掌握学习这类文章的方法，因为掌握了学习方法之后，我们课下就可以举一反三地自学同类课文，所以这节课我主要教给同学们学习知识短文的方法。

第一种方法叫提纲法。（板书：提纲法）什么叫提纲法？就是给课文的每一个段落添加一个小标题，课文主要写的是什么内容，一看小标题便清楚了。下面请同学们给这篇课文列个简明的提纲。

（众生边翻书边思考，有的用笔在写。）

师：第一段应怎样拟小标题？

生 1：报纸可以提高认识，获得知识和能力。

生 2：报纸的作用。

生 3：报纸是一个重要的渠道。

生 4：报纸是信息的来源。

生 5：报纸对民众起宣传教育作用。

师：你们所说的"提高认识，获得知识和能力"以及"信息的来源"，其实都可以用"作用"来概括。第一段向我们介绍了报纸的作用。（板书：作用）

课堂教学主要是由一系列学习活动所组成，每次开展学习活动之前，教师首先需要讲明学习活动的要求。本课例中，教师先说明本课的特点是"知识短文"，"对读报的常识解释得很通俗、很具体，完全可以自己学懂，不用老师多讲了"，因此，确定的教学目标是"掌握学习这类文章的方法"，第一个学习活动的要求是学习第一种方法——"提纲法"。然后介绍什么是提纲法，该方法有什么好处。在这些提示性讲授的基础上再指导学生练习掌握提纲法。这段提示性讲授简明扼要、提纲挈领，为学生后面的学习活动指明方向，保证学习活动有效开展。

值得注意的是，由于课堂教学中教师讲授各个学习活动的要求大多不是课前仔细设计出来的，而是临场动态生成的，因此也容易出现各种问题。有时可能会出现教学要求与学生实际活动指向不一致的问题。例如，有一位教师在开展某一教学活动前对学生做如下讲授："现在请大家打开课本，我们来欣赏一下这篇课文的录音朗读。在听的过程中，请大家注意课文的字词注释。待会儿我们要做一个小小的词语测试。"教师设计本次学习活动应该是"欣赏课文的录音朗读"，但学生真正进行的学习活动是"注意课文的字词注释"，这样，学习活动要求和最终的学习活动相背离了。又如，一位教师教《散步》时在一个学习活动中要求学生"以小男孩的身份复述故事情节"，当几位学生进行复述后，教师引导学生评议"复述的详略怎样"，这样，评价背离了原先所确定的"变换角色复述"的要求。可见，教师在课堂教学中临时动态生成的学习活动要求的讲授，可能有时会因为缺乏仔细斟酌而出现随意性，降低了教学的效率。

【例 2-2】《读〈伊索寓言〉》课堂教学实录片段

师：从这三则寓言看，我们大致可以获得这样的印象：寓言故事和作者所说的社会现象根本是两回事。作者"纠正"这些寓言，目的何在？

生 1：重点不是讲寓言，而是为了引出下面对社会现象的议论。

师：那么下面的六则寓言呢？现在，我们以很快的速度默读下面的六段文字。

（学生读课文。教师请最先读完、很有信心地等待发言的学生谈看法。）

生 2：我看下面的六则寓言和前面的三则完全一样，重点都在寓言后边的议论。

……

师：这就触及本文的写作动机了，就是说，作者写这篇文章，到底想干什么。

生 3：我看"醉翁之意不在酒"，在"评论社会"。

生 4：我看作者是借此抨击社会上那些丑恶现象。

师：你们都说得很肯定，我无法反驳你们的意见。但是我觉得，这样获得的认识结论虽然说是有根据的，但总觉得还不够牢靠。要牢靠，需要拉开阅读距离，把这篇文章放到写作背景里来看。要了解写作背景，比较方便的办法是看这篇文章收在作者的哪本集子里，那是一本什么样的集子。这篇文章是从哪里选出来的？

生（齐）：《写在人生边上》。

师：《写在人生边上》收了作者 10 篇文章。作者在序言里是这么说的：人生是一本书。一种人没读几页就发了一大堆评论了，还有一种人，他用消遣的方法读，偶尔有些感触，就随手在书边上写几个字。作者说自己的这些文章也就是写在书边上的那几行字。你们猜猜看：《写在人生边上》这本书是讲什么的？

生 5：大概是讲对人生的感触的。

师：如果你们心里还没底，那我告诉大家这个文集都讲了些什么东西。第一篇《魔鬼夜访钱钟书先生》讲魔鬼来访问他，与他谈论人性。还有一篇是《论快乐》。什么是快乐？快乐是由人的精神决定的。再有一篇是《吃饭》，有些人根本不吃饭，他是冲着菜吃的。接着就是这篇《读〈伊索寓言〉》。此外还有《论快乐》《释文盲》《论文人》……总共 10 篇。《写在人生边上》这本集子的大环境应该能够帮助我们准确判断《读〈伊索寓言〉》是讲什么的。如果大家有兴趣，到图书馆里去借来看看。我看过，很有意思的。

（学生交头接耳，议论纷纷……）

孟子曾说："颂其诗，读其书，不知其人，可乎？是以论其世也。"[①]也就是说，要深入理解作品的内容，除了需要理解作品的词句外，还需要对作者的生平思想及其所处的时代有一定的认识，结合这些方面来对作品进行考察，才比较周全，这就是知人论世。语文教学历来就重视引导学生了解作者的生平、思想、文学主张以及作品的写作背景后再去分析研读作品内涵。可惜，后来演变成公式化的"时代背景分析"和"作者介绍"，成为一个独立的知识点，而没有被纳入文本学习的框架之中。本课例在学生研读课本、基本理解作品的写作意图的基础上，教师提示性讲授写作背景，以加深学生对作品的理解。值得注意的是，教师不是不

① 孟子[M].万丽华，蓝旭，译注.北京：中华书局，2006：236.

加选择地从作者生平到创作概况、艺术风格等一一加以讲授，而是紧扣对课文的理解，介绍收在同一本集子里的其他作品，一方面以其他作品的特点印证对课文的理解，另一方面激发学生课外阅读的兴趣。由此可见，教师介绍作家的生平思想和作品的写作背景，在时机上和内容上都应该有所选择，最好是融会到对文本的理解中去，这样才可能起到良好的教学效果。

（二）描述性讲授

描述性讲授是通过形象生动的语言描述，或叙述故事、刻画人物，或描述场面、渲染气氛，或展现过程、举例说明等，把抽象化为形象，把深奥变为通俗，以便学生理解课文的内容。文学作品阅读的一个重要过程就是再现过程，即读者凭借自身经验将文字符号再现为具体可感的形象。这就要求教师在教学中注意引导学生认真分析课文所描写的具体形象和生动画面，理解作者是如何想象的，并把课文的内容用自己的语言形象地描述出来。科技作品虽然写的是抽象事理，但如果能够把其中的某些抽象内容化为形象具体可感的东西，则会便于学生理解。需要注意的是，描述性讲授不是复述课文：一是要对教材原文进行删、增、改，即删去与讲授任务无关的内容，增加必须补充或更新的内容，使学生更容易理解；二是需要进行语言转换，就是把教材语言、教案语言转换成讲述语言——变繁为简，变深为浅，变抽象为具体，变呆板为生动，变书面语言为口头语言，变一般交际语言为学科讲述语言。

【例 2-3】《登高》课堂教学实录片段

师：同学们，我先给大家讲个故事，大家要认真思考，听出这个故事渲染的是一种怎样的情境，并希望大家把故事的中心用简明、连贯的语言记录下来。

一千二百多年前的一个秋天，重阳节前后。在夔州，长江边上，秋风凛冽地吹着，吹得万木凋零，漫山遍野是衰败、枯黄的树叶。江水急剧地翻滚，孤鸟在空中久久地盘旋，远处还不时传来几声猿的哀鸣。这时，有一位老人，衣衫褴褛，蓬头垢面，步履蹒跚，跌跌撞撞地朝山上走来，他疾病缠身，有肺病、疟疾、风痹，而且“右臂偏枯半耳聋”了。

重阳节，是登高祈求长寿的日子。可是，这位老人，一生坎坷，穷愁潦倒，似乎已走到生命的晚秋。此时，国家正处在战乱之中，他远离家乡，孤独地漂泊。

面对万里江天，面对衰败的枯树，老人百感千愁涌上心头……

（师深情地朗读。）

风急天高猿啸哀，渚清沙白鸟飞回。无边落木萧萧下，不尽长江滚滚来。万里悲秋常作客，百年多病独登台。艰难苦恨繁霜鬓，潦倒新停浊酒杯。

（幻灯同时映出诗句和作者，让学生自由朗诵。）

师：这情境是——

生 1：是凄楚、悲伤的情境。

生 2：是悲凉、忧伤的情境。

生 3：是凄楚、孤独的情境。

生 4：是悲凉、孤单的情境。

师：都说得很对。那么，要读懂这首诗，最好从哪方面入手？

生5：从情境入手。因为诗中人物悲凉、孤独的感觉是通过情境来表现的。

生6：应该从人物入手。因为诗中悲凉、孤独的情境是通过诗中人物的情感表现出来的。

师：两位同学从不同的角度得出不同的结论。但都肯定了——

生5：情境与人物是交融在一起的。

生6：情境与人物是统一的。

师：都说得很好。领悟这首诗的内容，就是要把握好情境与人物的关系。请同学们根据自己的领悟，自由地朗读这首诗。

诗歌、散文等文学作品最突出的特点是意境美，意境是情景交融、主客观统一的艺术境界，能把读者引入想象和联想的艺术空间。阅读这类作品，如能引导学生进入意境，再现意境，触动学生的感情，放飞他们想象的翅膀，就会取得意想不到的教学效果。本课例中，教师教杜甫的《登高》，没有孤立地解说诗句和重点分析表现手法，避免了把这一完美的诗篇分割得支离破碎，讲成一些干巴巴的概念，而是运用形象生动的语言，描述诗歌的意境，使学生步入云淡天高、鸟飞猿啼、寒风瑟瑟、落叶纷飞的深秋，目睹长江浩浩汤汤、气势磅礴的景象，在领略境界广大深远、景象寥廓萧森、气魄宏伟激昂的基础上，体会诗人那种韶华易逝、壮志难酬的感觉，感受诗人常年漂泊、老病孤愁的苦难人生历程。在此基础上，根据诗歌的跳跃性，抓住其借景抒情的特点，通过反复朗读，启发学生想象，让其逐渐深入感受诗人的情感。

【例2-4】《中国石拱桥》课堂教学实录片段

师：大家看“赵州桥非常雄伟”这段。这段共谈了四个特点，我们看第三点：“大拱由28道拱圈拼成，就像这么多同样形状的弓合拢在一起，做成一个弧形的桥洞。”“大拱由28道拱圈拼成”是怎么回事，理解不理解？

生1：我认为是在大拱的两边各有14个拱圈。

生2：我认为是在大拱底下一个挨一个地由28道拱圈拼成。

师：看来你们还没搞懂这句话。要想理解这句话，一定要结合下文考虑。“就像这么多同样形状的弓合拢在一起”，要注意这句话。什么叫“拱”呢？（用手画弧。）这就叫作“拱”。那么什么叫“拱圈”呢？这样的单独的一个拱就叫一个拱圈。假如我的一个手指就代表一个拱圈（一手指弯曲成弧形），代表一个一米宽的拱圈，假如就用这么一个一米宽的拱圈架一座桥，这么窄的桥只能走一个人，要是一辆车就过不去了。怎么办呢？再来一个同样宽的拱圈，把两个拱圈合并在一起（两个手指并排弯曲成弧形），就比原来宽一倍了，这样就能过车了。还得过大型车辆呢，还得错车呢，这样就一道拱圈一道拱圈地往上合并（三个手指、四个手指、五个手指并排弯曲成弧形），一直增到了28道拱圈。换句话说，也就是28道小窄桥合并成了一个大宽桥。因此课文写道有一道拱圈坏了，不会影响桥的承重。这是为什么呢？因为这28道拱圈，一个个是独立的，合起来又是一个整体。坏了一道拱圈，不会影响其他拱圈，其他拱圈照样承担重量，照样发挥作用。只要避开那道坏的拱圈，车辆照样能过去。只有弄懂这一点，才能更好地理解赵州桥为什么如此坚固。

在例 2-4 中，“大拱由 28 道拱圈拼成”这句话似乎简单，其实是学生理解的一个难点，从接下来的两位学生的回答可以印证这一点。教师对这一难点问题的讲授语言十分精彩，用并排的手指弯成弧形，直观形象；再配以联系实际生活的通俗的解说，就使学生的疑难迎刃而解了。这样就把疑难问题讲解得形象生动、通俗易懂。

(三)解说式讲授

解说式讲授是通过解释、剖析去传授知识的方法。使用这种方法：或是运用学生所熟悉的事例或现象，引导学生从情境中接触概念，从而理解概念；或是把已知的知识与未知的问题联系起来进行比较，发现和把握事物的本质属性和基本特征；或者从部分到整体，先分解说明再综合成整体认识；或者先举例再概括，由近及远，由易到难，由已知到未知，由具体到抽象；或者由学生自己分析理解，再由教师指点；或者把所要传授的知识，分解为若干颇具启发性、引人入胜的问题，使学生在回答这些问题的过程中掌握知识；或者先将新知识的主要部分，有重点地解析之后，再让学生去读教科书自己去理解；等等。在教学过程中，教师一般不把现成的结论告诉学生，尽量让学生通过对例子的分析或师生共同讨论得出结论。

【例 2-5】《明湖居听书》课堂教学实录片段

师：现在，我们品一品描写王小玉的文字，看看下面的句子：“那双眼睛，如秋水，如寒星，如宝珠，如白水银里头养着两丸黑水银……”你们觉得这句话好在哪里？

生：用很多比喻描绘王小玉眼睛之美，体现她的气质。

师：不过，用这一连串的比喻是不是嫌啰唆了些？写一句“眼如秋水”不行吗？

(学生七嘴八舌，有说“行”的，也有说“不行”的。教师指定一学生回答。)

生 1：我觉得可以写简单些，不是说简洁是一种境界吗？“眼如秋水”已经写出了王小玉眼睛的美，后面就不必再重复了。

师：你认为后面几句是画蛇添足？(该生点头。教师又请另一位学生发言。)你的看法呢？

生 2：我说不准。不过，既然刘鹗是大文学家，我想他的文章一定不会有问题吧？(学生大笑，该生有些难为情。教师示意学生安静下来。)

师：你这种猜想有一定道理，文学大师笔下确实不会有太多问题。但猜测是没有说服力的，我们必须从语句本身去找根据。刚才有同学说这里用了很多比喻，请你说说比喻的基本特征。

生 2：本体和喻体之间有相似点。

师：秋水与眼睛的相似处在哪里？

生 2(顿悟)：这句话是用秋水比喻眼睛的清澈纯净。

师(追问)：那么，“寒星”有何特征？

生 2：非常明亮！

师：“宝珠”呢？

生 2：有美丽的光泽。

师:“白水银里头养着两丸黑水银”呢?

生2:黑白分明。

师:仅此而已?

生2(补充):圆润灵动。

师:分析得多好啊!我们把刚才的分析综合一下看看效果怎样:这双眼睛,像秋水一般清澈纯净,像天宇中的寒星一样晶莹明亮,像宝石一样闪烁着美丽动人的光泽,它黑白分明,像白水银中的黑水银一样圆润灵动。你们看后面几个比喻是“蛇足”吗?(生笑。)这是用几个比喻从不同的角度进行描写,每个比喻各自侧重一个方面,这就是一种博喻。作者用一组比喻把一双眼睛描绘得如此动人。“巧笑倩兮,美目盼兮”,动人的眼睛是最美的风景。

在例2-5中,教师讲博喻,没有直接从概念入手,而是从讨论例子抽象出相应的概念。教师先分析例句的表达效果,通过对比博喻和简洁描述的表达效果的区别,同时复习比喻的特点,把理解各句比喻的侧重点作为台阶,然后综合在一起,上升到对博喻的理解,讲解过渡自然、结构严谨,学生很容易在心理上接受深层次的知识。

(四)分析性讲授

分析性讲授是以概念、规律、原理、理论为中心内容的讲解,通过解释和分析教学内容中的规律、定理和法则等,使学生掌握有关规律性的知识。讲授侧重于发展学生的抽象思维能力,重在解释、说明、剖析,适用于释概念、明义理、示方法、传知识、练技能等为内容的教学。

例如,一位教师在教《祝福》时,引导学生理解文章通过多次描写祥林嫂的眼睛来表现她的悲剧性命运,理解“典型化”文学创作原理,就采用了分析性讲授。

【例2-6】《祝福》课堂教学实录片段

师:鲁迅说:“要极省俭地画出一个人的特点,最好是画他的眼睛。”如果把鲁迅的“画眼睛”艺术仅仅看作描写人物的眼睛,只算是狭义的解释。其实,鲁迅的所谓“画眼睛”是形象的比喻,是一个理论上的概括,意思是指艺术创作中典型化的一种手段或准则。现在,请大家列举鲁迅其他作品中典型化写法的例子。

生1:祥林嫂四次发出“我真傻”的喟叹,用来表现她凄惨无告的精神状态。

生2:《白光》中作者让封建科举制度的殉葬品陈士成三次产生“这回又完”的幻觉,用来表现他陷入疯癫的绝望心理。

生3:《孔乙己》中孔乙己反复地说“窃书不能算偷”,刻画出他的迂腐性格;《故乡》中用“细脚伶仃的圆规”来刻画杨二嫂这个病态的畸形儿……

师:通过这些例子,我们可以获得什么结论?“画眼睛”这种典型化手法在鲁迅小说中运用得相当广泛,归纳起来有三种情况:一是让人物反复其语言或行动,以显示其灵魂;二是抓住人物关键性语言,显示其思想本质;三是捕捉人物外貌、性格、行为的特征,显示人物的心灵世界。

典型化创作手法是一种文艺创作理论，如果单纯就概念讲概念，或仅就课文一个例子讲概念，学生都有可能一知半解。例 2-6 的教师首先简单解释概念含义；然后要求学生联系以前学过的文章为概念提供丰富的例子说明，在此基础上再从这些不同的例子中抽取共同特征形成规律性知识。这样的教学，既根据定义和上层概念的联系来阐明概念的含义，还把新概念的意义和学生头脑中的例子联系起来，促进学生主动参与，丰富他们的理解，强化了概念。

（五）补充性讲授

补充性讲授是在学生经过自学和交流，对一些问题有一定理解的基础上，教师对学生的理解做进一步的补充、发挥，以便丰富、完善学生的理解。学生在课堂上进行的语文学习，不是从无知到有知，而是从知得不多到知得越来越多、越来越丰富、越来越深刻。当学生经过读书、思考、讨论对文章有了一定的理解，但还认识不全或领会不深时，教师要做补充性的讲解。

例如，一位教师引导学生理解文章的丰富内涵时，在学生交流理解的基础上做了较好的补充性讲授，丰富了学生的理解。

【例 2-7】《第一次抱母亲》课堂教学实录片段

师：谁接着来读第二段？（一学生读第二段。）

师：请坐。看这儿，“她是用八十多斤的身体，去承受那么重的担子”，刚才我说了，会读书的人能透过字面看到文字内在的意思，请你想一想：母亲肩上挑的重担仅仅是那一百多斤的东西吗？你对这个“重担”是怎么理解的？

生 1：我的理解是，母亲不只是承受一百多斤的担子，还把我和妹妹辛辛苦苦养大。

师：辛辛苦苦养大，不仅是养育儿女啊，还有什么？

生 2：还有各种各样复杂的家务劳动。

师：是啊，为了家庭，为了生活，她要做多少事情啊！

生 3：“我们长大后，可以干活了，但逢有重担，母亲总让我们放下，让她来挑。”

师：你是怎么理解这句话的？

生 2：就是我们长大了，已经可以干活了，但要是有重的家务劳动，或者是背重的东西，母亲还是叫我们放下，她自己来干。

师（转向另一名同学）：你呢？你是怎么理解这句话的？

生 4：母亲很关心我们，虽然我们可以干活了，但是母亲还是要自己干一些重活。

师：说得多好啊！这就是“重担”的含义。同学们，“乳哺三年娘受苦，移干就湿卧娘身”，说的是母亲养育儿女的艰辛；“儿病恨不将身替，调理汤药不离身”，说的是母亲在儿女生病的时候的焦虑和对儿女的照料；“昔孟母，择邻处，子不学，断机杼”，说的是母亲为了教育子女所做出的巨大贡献；“慈母手中线，游子身上衣。临行密密缝，意恐迟迟归”，说的是母亲对远行的儿女的体贴和牵挂。同学们，母亲的重担里面装的东西实在太多太多，母亲所挑的不是一百多斤的重担，她挑的实际上是大半个天！同学们，当我们这样理解了“重担”的意思之后，再回过头来看前面这句话，“翻山越岭”，母亲仅仅是翻过一座座山、一道道岭吗？这个

“翻山越岭”你现在是怎么体会的？

生4：可能是辛辛苦苦地养育自己的儿女。

阅读文学作品，有的词句看似简单明白，但如果展开思维、上下文联系，就可以透过字面理解到更多的意思。像本课例中的“重担”一句，教师引导学生联系上下文和生活经验进行解读，此外，在学生理解的基础上，教师又联系课外其他资料进行补充性讲授，使学生对文本的理解从肤浅到深刻、从片面到全面、从单一角度到多角度。教师的补充性讲授在引导学生“学”的过程中，起着提高和深化的作用。

总而言之，讲授的教学方法经过长时间演变已经发展为比较完备的教学方法，除了上面介绍的几种讲授方法外，还有许多可供选择的讲授方法。在中小学日常课堂教学中，教师运用讲授方法可以从不同角度、不同侧面帮助学生理解教学内容的要点和基本含义，帮助他们将新知识与旧知识联结起来，纳入自己的知识体系。当然，要有效运用讲授方法，需要根据教学内容的特点、学生的特点、教学环境的特点、教师的特点，灵活选择合适的讲授方法加以运用。这里既有科学性，又有很大的艺术性。

四、讲授技能的灵活运用

讲授方法常常因教师讲、学生听而被指责为“以教师为中心”的教学，为了改变这种被动接受的教学方式，许多教师不断改变讲授方法，例如，注意讲授的启发性，即在讲授过程中注意激发学生的思维活力，向学生提出各种问题，诱导学生根据讲授的线索进行思考，引导学生把旧知识与新知识紧密地联系起来。又如，讲授和多媒体手段结合，把抽象的、概括的、间接的知识用直观的方式呈现出来，让学生运用多种感官接受信息。

一位教师教冰心的小诗《纸船》时，在引导学生理解诗歌感情的基础上，进一步引导学生再现诗歌的意境。教师先运用讲授方法再现诗歌的意境，这是给学生做示范；然后让学生再现自己对诗歌意境的理解，这是从教师的讲授迁移到学生的讲授。

【例2-8】《纸船》课堂教学实录片段

师：刚才我们一起感受了诗歌的感情，学习诗歌不但要入情，还要入境。就是进入诗歌所创设的意境，感受诗人所处的情境，体会诗人此时此刻的心境。老师来朗读这首诗，请大家闭上眼睛，用心去体验、去感受，展开想象，在你的脑海中构思一幅幅画卷。

（师配乐朗读。）

师：老师初读这首诗时，被诗人真诚的情感打动了，老师试着用笔记录下了自己脑海中的画面：海浪滔滔，天风吹卷，遥遥的海岸越来越模糊了，但心中依然清晰的是母亲泪光闪闪的双眼。我轻倚栏杆，精心地将一只只用思念与泪水折成的纸船抛到茫茫的大洋之中。但这天风、这海浪又怎能知晓我的心愿？它们无情地将我的船儿翻卷回我的身边。船儿啊，求你，平安地驶去，将我的思念、我的爱带到母亲的身边。（屏幕展示，教师朗读。）

师：老师的文字只是想给同学们一点启发，让我们拿起笔抒写、描述诗歌带给你的情境。（学生写作）

师：哪位同学读读你所写的文字？

生 1：浪花在大海母亲的怀抱里撒着娇，而我却孤独地倚着那凉凉的栏杆。望着一望无际的大海，不觉模糊了双眼，将那小小的船儿抛在这无边无际的大海之中，希望能将我的思念带给母亲。海浪却无情地将它打湿了；海风欢笑着吹卷起来，又唱着欢乐的曲子离开了。我仍在不断地叠着叠着……大海呀，请您休息一会儿吧，让我那心之船顺利到达母亲的身边；大海呀，求您了，让船儿带我的悲哀远去吧！

师：老师从你的朗读中听出了深切的呼唤。

生 2：海风呼啸，海浪无情地拍打着礁石。怒吼的是离别的歌，低吟的是忧伤的情。我小心翼翼地把我那沉沉的思念放进白船儿，却又怕这些纸船太小太小，无以承载我的哀愁。残酷的海风与海浪啊，我求你，求你平静一会儿吧，哪怕只一会儿。我求你们，让我的心之船顺利到达母亲的身边。

师：你的语言很具有诗的意境。

生 3：海岸总是那么模糊，我翘首观望，却怎样都看不见。母亲，你可知道你的女儿对你是怎样的思念。飒飒的海风不停地向我扑来，扑向我这颗哀愁的、无助的心。我不知该怎样做，这浪涛总是带给我遥远与不安。这时，我所寄托的只有一只只小小的船。我把我的心、我的情、我的思念全托付在这儿，只希望有一只能把我的心意传达。然而，海浪总是那么残酷，当我每一次坚定地把一只纸船投入海中时，浪涛总是把它淹没，淹没载着我的爱和思念的纸船。但我依然坚信，这纸船一定会载着我真切的思念飘到母亲的身边。

师：同学们的朗读深深地打动了老师，看来同学们都能入情入境地感悟诗歌。让我们一起深情地背诵这首诗。（学生齐背。）

师：这节课我们学习了一种赏析诗歌的方法——入情入境地感悟诗歌，这样我们才能走进诗歌，走进作者的心灵，体味诗歌的美。最后推荐大家阅读冰心先生的诗集《繁星》和《春水》。

“诗无达诂”，诗歌的欣赏是个性化的解读。在例 2-8 中，教师虽然已经对诗歌的意境做了讲解，但那只是属于教师心中的意境，并不能取代所有学生心中的意境。正因为需要个性化解读，所以，教师在讲解的基础上，也让学生学着讲解，把自己心目中的意境和同学交流。而学生的讲解是在教师“搭建阶梯”的基础上实现的：一是再现意境。教师要求学生在听和朗读这首诗时，“请大家闭上眼睛，用心去体验、去感受，展开联想和想象，在你的脑海中构思一幅幅画卷”。在诵读和吟咏中再现情境，并沉浸其中，这是进入诗歌意境的关键。二是教师示范。“老师初读这首诗时，被诗人真诚的情感打动了，老师试着用笔记录下了自己脑海中的画面。”老师以自己的“下水”作为引导，这是蓄势与蕴情。三是再造意境。教师要求学生“试着用笔记录自己脑海中的画面”，这是一个个性化的创造过程，恰如“接受美学”所主张的那样，作品的创作，最终是在读者的手中完成的，学生进入《纸船》的意境，是发挥“联想与想象”，再造一个他们自己心中的《纸船》。这里由教师的讲授顺利地转移到学生的创造。

五、讲授教学设计

任何教学方法的运用，要想获得良好的效果，都需要仔细的设计。下面介绍课堂讲授设计的要求和具体设计的方法。

(一)语文课堂教学讲授的设计要求

具体包括以下几个方面。

1.讲授内容对学生来说是新颖的

学生听课,对新知识、新观点、新材料、新角度,以及新的动态、新的方法、新的语言等总是感兴趣的。唯其新,才具有信息刺激的强度,引人注意。因为新,才易于对原有信息进行修正、扩充、生成。

2.讲授要有中心,有重点

首先,讲授要紧扣主旨,突出重点和难点。其次,要运用"强调"技术,即通过语音、语言等重复向学生提醒重要信息,如"要记住……""这是重要的"。认知学习认为,学生通过注意信息开始加工信息,"强调"能加强注意。研究表明,"强调"能提高成绩。

3.讲授要条理清楚,层次分明

首先,讲授内容的各部分之间要有合理的联系,即符合教材知识本身的顺序和学生认知发展的年龄特征的顺序,如围绕事物发展内在联系组成讲授的基本线索,通过条分缕析、"层层剥笋"的方式来组织教学语言,从而使讲授的思路按照逻辑顺序推进。

其次,讲授要注意将讲授的新知识和学生的已有知识联系起来,即在讲授新知识前,启发学生从原有知识经验储备中提取与将要讲授的内容相关的知识,通过温故知新的方式联系起来。或者新的知识讲授结束后,及时把新知归类到旧知的相应网状结构的节点上,构成知识体系。

最后,讲授过程中恰当使用内容转换的标志语,即讲授过程中在一部分内容结束、另一部分内容开始时使用鲜明的转换词语。讲解杂乱的主要原因,一是以不恰当的顺序呈现,二是加进讲解的信息没有清楚地表明和主旨的联系。

4.讲授的语言要准确规范、丰富生动、简明易懂

教师课堂讲授语言是学生了解、熟悉和直接模仿、学习、运用语言的活样板。教师课堂讲授语言对学生的语言熏陶最直接、具体。教师讲授语言分基础要求和高级要求。基础要求是正确、规范:讲普通话,遣词造句合乎语法规范,停顿恰当,力戒用语含糊。高级要求是丰富、生动:选词用语鲜明、准确、生动,具有较强的修辞能力;词汇丰富,句式多样,根据教授内容、情境和学生特点灵活运用讲解语、阐释语、提醒语、幽默语、诙谐语、激励语、加重语等;表情神态亲切优雅。

5.讲授过程要有启发性

在讲授过程中,教师要注意激发学生的学习兴趣,调动学生学习的主动性,诱导学生根据讲授的线索进行相应的思考,传授相应的思维方法和处理问题的方法,提高学生的创造力。教师可以边讲授边向学生提出各种问题,引导学生把旧知识与新知识紧密地联系起来,诱导学生沿着讲授思路来理解教材内容(教材思路)并转化为自己的学习思路;要避免简单灌输、记忆、复述的方式。

6.讲授要及时反馈和调整

教师备课虽然会考虑学生因素,但总带有一定的主观性。因此,在实际教学过程中,要从动态的、综合的角度考察学情,根据教学中的实际情况(如学生的表情、学生回答问题时所

提供的反馈信息)及时调节讲授的内容和节奏。一是调控讲授的内容,如学生已经理解了要顺势结束,学生还感到迷惑则考虑增加正反例子,或改变内容。二是调控讲授的节奏,过快则学生的接受和理解可能跟不上,过慢则学生会因学习能力得不到满足而厌烦,注意力不集中。三是调控讲授的语音,音量、音调变化等要适当,注意运用停顿来控制学生的注意力。四是调控讲授的情绪,如果教师对讲授内容有浓厚兴趣,则易吸引学生的注意力,相反,没有激情的讲授会令学生感到枯燥乏味,当然,过多的激情会把学生的注意吸引到教师身上而忽略讲授的内容。同时还要注意,一次讲解的时间不能太长,长的讲解可分段进行,时间控制在 5～10 分钟。

(二)讲授设计方法

讲授教学的设计可以分为五步。

1.深入研究教材

教师教学的第一要务是研究教材,全面而深入地理解教学内容,确定课堂教学重点和难点,不但要知道是什么,还要知道为什么是这样,知道其前后联系怎样,适用于什么条件,什么内容容易混淆等。只有对所讲的内容知之越多越深,才能讲得越清楚。

2.分析学生的原有知识

有意义的接受学习必须和学生的原有知识联系起来,促使新、旧知识建立起联系。教师只有了解学生对所学内容所具备的原有知识,讲授才有针对性。如果教师讲授的新知识与学生的原有知识无法产生联系,学生的学习要么变成机械学习,要么所学的知识支离破碎。

3.确定讲授的内容和目标

根据课堂教学的重点和难点,以及学生对学习内容所具有的起点知识来确定教授的内容和目标,明确学生要知道、理解或能做什么。在此基础上挑选或准备讲授的例子。如果讲授的是抽象的知识,就需要寻找能说明抽象知识的例子。挑选好的例子是很困难的。什么样的例子是好例子?好的例子要能充分说明知识的特征。如果教一个概念,例子要能说明所教概念的特征;如果教一组概念,例子要能说明概念之间的联系。有些知识,还需要使用正反两方面例子来防止学生混淆相近概念。正面例子告诉学生概念是什么,反面例子告诉学生概念不是什么。选择正面例子时这一系列例子要能从不同角度全面说明概念的所有特征,如果只反映部分特征,那么学生对概念的理解是不完全和不正确的。有些知识很难用例子说明,还需要通过定义来说明。学生对该定义理解的程度又依赖于定义的质量和背景知识。如果仅用定义,学生可能会只记忆定义而没有理解。除了讲授概念和概括外,讲授教学法主要用于教事实。对于事实知识的教学,要特别注意把这些知识按照逻辑和相互联系的方式组织起来。

4.设计讲授程序

应根据教学的目的要求、教材内容特点和学生的实际情况,设计讲授的程序和确定讲授的形式方法。设计讲授程序要循序渐进。从哪里讲起,哪里是重点、难点,要心中有数。课前可设计一个讲授计划,讲授时,按准备好的内容和次序逐项进行,不可随意插入无关的内容。一般来说,讲授顺序可以这样安排:首先,引入话题。可以是讲明讲授目标,或呈现引导材料,也可以了解学生对讲授内容认识的情况等,注意吸引学生注意。接着,展开讲授。讲授知识,要解释清楚概念,梳理知识之间的联系;讲解作品,要字、词、句仔细斟酌推敲;对争议的疑难问题，不仅要罗列各方观点与材料，还要有明确的看法，切忌此亦可、彼亦可，弄得学生无所适从。学生需要的是清楚、明晰的信息，而不是似是而非、含混杂乱的讲解。展开讲授也要注意其顺序：可以先讲核心内容，后讲附属内容；先讲连续性过程，后讲阶段性概念；先讲具体事例，后讲抽象概念；并列概念同时讲授；先强调重要内容，再进入正式讲授；先讲整体概貌，后讲具体细节等。最后，总结强化。注意对重点内容进行强调，可以通过交互活动检查学生对新知识理解的情况，并强化、拓展他们的思维技能。

5.课前感知和试讲

新教师或对讲授教学方法掌握还不是很熟练的教师，最好课前练习试讲，这样可以及时发现问题，进行改进，保证讲授的质量。通过微格训练，可以回顾和反思自己讲授内容的清晰性和逻辑性等，进而监控自己的讲授。这是改善讲授的好方法。

（三）讲授的实施

具体包括以下几方面。

1.引入话题。

可以讲明讲授目标，或呈现引导材料，或了解学生对讲授内容认识的情况等。

2.展开讲授。

要采用有组织的、一步一步的方式来呈现信息。可以采用“总—分—总”“总—分”“分—总”的方式。讲解分点内容时，要在讲解每一分点内容之前恰当地使用标明内容转换的标志词，例如，“首先”“其次”或“第一”“第二”等，以便听者迅速把握讲解内容之间的联系。

3.总结和运用。

对讲授的重点内容进行复习和总结，即：在开始时告诉学生要学什么，在结束时要求学生回忆学到了什么，引导学生从记忆中搜寻信息，这样有利于记忆；通过交互活动检查学生对新知识理解的情况，并强化、拓展他们的思维技能；还要鼓励学生反思和运用所学到的知识。

六、讲授技能评价

运用表2-1来评价讲授的教学效果。

表 2-1　讲授技能评价

课题：　　　　　　　　讲课教师：　　　　　　　　评价者：

项　目	优	中	差
讲授目标明确，内容准确、简明（没有错误，没有废话）	5	3	1
讲授重点突出，层次分明	5	3	1
表达有条理，讲授的各部分内容之间有联系，注意和学生原有知识联系	5	3	1
讲授语言正确规范，语音、语调、语速有变化（切忌平淡、毫无变化）	5	3	1
讲授语言丰富生动，有感染力	5	3	1
讲授有启发性，和学生有互动	5	3	1

续表

项　目	优	中	差
讲授时间掌握得当，根据学生的反应做出一定的调节	5	3	1
恰当使用体态语、媒体、板书等手段配合讲授	5	3	1
合计			

注：请听课后根据各项评价指标评出等级(在相应的等级上打钩)，总分1～10为差，11～20为一般，21～30为中等，31～40为优良。

【微格训练】

一、讲授案例分析：仔细阅读下面的讲授课例，分析其优缺点。

例1：《察今》中介绍背景

师：今天我们学习文言文《察今》。(板书课题)“察今”是什么意思？课文从哪儿选来的？请同学们打开课本，先阅读课本注释①。

生：是从《吕氏春秋》里节选来的。

师：《吕氏春秋》是一部什么样的书？

生：《吕氏春秋》又名《吕览》，是秦国的相国吕不韦请他的门客编写的。书的内容，课本注释未做介绍，请老师介绍一下。

师：好。我就《吕氏春秋》的内容做点补充。这部书还比较有名。全书二十六卷，分十二纪、八览、六论共一百六十篇，二十余万字。因书出于众人之手，思想庞杂，几乎包容了儒、道、墨、名、兵、农、阴阳各家学说，汉朝学者把它列入杂家。它基本上是一部学术汇编，主要价值在于保存了很多秦以前各家的思想资料。《吕氏春秋》的文章都比较短，但组织严密，运用了许多比喻、神话传说和寓言故事来说明道理，很讲究逻辑修辞。据《史记》记载，这部书编成以后，吕不韦曾把它悬之国门(咸阳城门上)，声称：有谁能增减一字，便当众赏赐千金。后来便用“一字千金”这个成语来称誉文辞精妙。这篇课文对原文做了删节。下边请同学说说课文题目“察今”是什么意思？

生：“察今”是明察当今实际情况的意思。

例2：《荷塘月色》讲授“作者心情的不宁静”

师：有人把这篇文章所表现的思想感情概括为“淡淡的喜悦，淡淡的哀愁”，我认为是很贴切的。但作者的感情底色是“不宁静”。

生：李老师，作者的心情为什么会“不宁静”呢？

师：这个问题问得好极了！不过我也不知道，因为这可能永远是个谜。但是，正因为这是个谜，所以，它为无数读者提供了品味、解读、思考的无限空间。关于朱自清心情“不宁静”：有人认为是源于对蒋介石“四一二”反革命政变的愤懑，联系到朱自清当时的思想背景和这篇文章的写作时间，这不能说没有道理；也有人认为是缘于作者的思乡之情，因为结尾作者说“这令我到底惦着江南了”；还有人认为缘于作者作为一名小资产阶级知识分子，面对人生十字路口而产生的苦闷、彷徨；甚至还有人根据一些史料，认为朱自清的“不宁静”是缘于家庭生活的不和谐等等。我认为，在这个问题上，没有必要规定权威性的唯一答案，应该允许仁者见仁、智者见智。而且也正因为如此，《荷塘月色》成为一首耐读的"朦胧诗"，过去、今天和未来的每一位读者都会因年龄、阅历、所处时代等因素，从同一篇《荷塘月色》中读出属于自己的一片"荷塘月色"。这就是创造性阅读，这就是阅读名作的乐趣！

例 3:《荷塘月色》中讲授"通感"

师：在描写景物的时候，作者用得最多的修辞手法是什么？

生 1：比喻，拟人。

师：不错。这里所使用的一连串比喻，描写了些什么本体？

生 2：荷花、荷叶、清香、颤动。

师：它们的喻体呢？

生 3："一粒粒的明珠"，"碧天里的星星"，"渺茫的歌声"，"闪电"，"凝碧的波痕"。

师：很好！不知道大家注意没有，在刚才这些比喻中，本体与喻体之间的关系有特别的一点。——看出来没有？

生 1："微风过处，送来缕缕清香，仿佛远处高楼上渺茫的歌声似的"一句，有些特别。

师：哪儿特别？

生 1：一个是闻到的，一个是听到的。

师：对，本体和喻体，一个是嗅觉形象，一个是听觉形象。有些比喻，本体和喻体在表面差距很大。台湾诗人余光中，写了一首诗《乡愁》，诗中的比喻用得很好。他是这样写的：

小时候/乡愁是一枚小小的邮票/我在这头/母亲在那头
长大后/乡愁是一张窄窄的船票/我在这头/新娘在那头
后来啊/乡愁是一方矮矮的坟墓/我在外头/母亲在里头
而现在/乡愁是一湾浅浅的海峡/我在这头/大陆在那头

师：写得好吗？

生（齐答）：好！

师：诗里边把乡愁比作什么？

生 2：邮票、船票、坟墓、海峡。

师：这些比喻为诗作增添了活力。它们追求的不是事物形体的表面的相似，而是强调它们内在的本质的相似，以及情绪上的联系。用得好，就会给人新颖的感受。这类比喻还有一个特点，就是能以简洁的形式，从多方面去丰富读者的感受。像课文中的例子，把人的嗅觉和听觉连通起来了，这在修辞上叫作"通感"，就是沟通感觉。这个句子是比喻和通感的融合，或者说比喻中有通感。

例 4:《赤壁赋》中讲授"赋"

师：现在同学们一起来看课文标题"赤壁赋"，同学们对"赋"了解多少？

生 2：刚学的《诗经》"六义"有赋、比、兴。赋者，敷也，敷陈其事而直言之者也。是铺陈排比。

师：说得非常好。"赋"原先是一种文学表现手法。到汉朝发展成为一种文体，"赤壁赋"的"赋"是古代的一种文体。汉有大赋，铺陈扬厉；六朝骈赋，铺陈对仗；唐朝律赋，铺陈对仗，平仄用韵。至此"赋"被层层束缚,已无法写了。于是宋朝文人对"赋"进行改革,产生了文赋,突破声律对仗,自由挥洒,杂入大量散句,故称文赋。但文赋仍保留汉赋主客问答的形式。"客"多是虚拟的,用于流露作者思想的一个侧面,"主"则用于表现作者的主导思想,他们共同反映了作者思想的矛盾困惑。

例5:《阿Q正传》关于"阿Q"姓名的讲授

师:古人字可以改,号可以改,但是姓和名绝不能乱改。姓代表的是宗族血统,是身世身份;名是父母郑重给取的,代表的是父母之命。有一句俗语叫"大丈夫行不改名,坐不改姓",说的就是这个意思。乡间的男人和他人赌咒时常说:"如果……我就不姓……!"拿自己的姓当赌注,这是最高的赌注了。阿Q因为从小没有父母,地位又卑微,所以搞不清楚他的名字,他自己也"渺茫"。他原本姓赵,可是赵太爷用暴力剥夺了他姓赵的权利,阿Q在未庄也就彻底成了孤魂野鬼。吴妈有姓,而阿Q没姓,阿Q又如何配得上吴妈?阿Q此后的悲惨命运,也就成了必然的了。

例6:《土地的誓言》学生朗读后的讲授

师:同学刚才的朗读让人听起来有一种自豪感。可是,语速相对来说快了一些,特别是停顿,还不够注意。其实,为了使我们的朗读锦上添花,我们要注意句子与句子之间的停顿,特别是在一个长句子里,尤其要注意。大家来看看这里的四个分句里面的第三个分句,它描写了很多的景物,不但描写了高粱、豆粒这些植物,还描写了山雕、鹿群等动物,脸庞、眼睛,这是在写谁啊?人物,对不对?最后呢?煤块、足金,那些资源。所以刚才我们在读的时候,大家把它连成一片了,这样就没有了层次感,也读不出那份自豪感了,是吧?我们把这句话再来读一读。"我想起红布似的高粱,金黄的豆粒"这里在写植物;"黑色的土地";接着写人物了,然后写动物了,最后写资源了,一起把这句话再来读读看。"我想起……一二齐。"(再次朗读。)对了,这样读的话,可能我们就更能体现出作者的那份自豪。望着天上流浪的流云,迎着撩人的秋风秋雨,端木蕻良,他在关内遥望着自己的家乡。而家乡的那一切,又如一个又一个组合起来的画面,像电影镜头一样,在他的脑海当中闪现。

二、讲授微格模拟训练:从下面各题中选择一题,进行讲授设计,然后在微格教室中进行讲授练习,分析其中的效果。

1.讲解柳宗元的《江雪》的意境。("千山鸟飞绝,万径人踪灭。孤舟蓑笠翁,独钓寒江雪。")

2.讲授柳宗元《捕蛇者说》一文的写作特点——蓄势。

3.假设你在教鲁迅的《故乡》,正开始分析杨二嫂这个人物,突然一个调皮的学生没有举手就站起来问:"老师,杨二嫂为什么叫豆腐西施?"学生哄堂大笑。在这种情况下,请你设计一段讲授内容。

4.假设你在教《论语十则》,一个学生问道:"'士不可以不弘毅,任重而道远。仁以为己任,不亦重乎?死而后已,不亦远乎?',老师,'仁'是什么意思?"请你设计一段讲授内容解决这个问题。

第三章　示范技能

✲ 学习目标

1. 理解“示范教学”的含义及其特点。

2. 理解“观察学习理论”、“智力形成的活动阶段”学说、“元认知理论”的主要观点及其对示范教学的指导意义。

3. 学会分析示范教学的案例。

4. 学习撰写示范教学的微型教案，并尝试模拟示范教学实践活动。

一、示范技能简介

《义务教育语文课程标准(2022 年版)》明确指出：“注重课程内容与生活、与其他学科的联系，注重听说读写的整合，促进知识与能力、过程与方法、情感态度与价值观的整体发展。”①不少教师难以把握，指导方法简单，往往采用尝试错误学习的方式开展教学，学生学习屡屡受挫，教学效果不佳。

我们先来看看一位教师的教学片段。

【例 3-1】 《秦俑漫笔》课堂教学实录片段

师：同学们已经预习了课文，对课文的内容基本了解了，我要检查一下大家了解的程度怎么样，用几句话口头复述一下本文的主要内容。听清楚了吗？用几句话复述本文的主要内容。同学们看书，看看哪些关键性的词句我们要把它抓住，哪些段落的内容我们要把它的中心句找出来，开头、结尾的内容不要放过。

(学生学习，教师巡视。)

---

① 中华人民共和国教育部．义务教育语文课程标准[M]．北京：北京师范大学出版社，2022：3.

师：有的同学觉得有些困难了，老师提示一下啊，地点在哪里，注意一下，什么时间发现的，发现的这些秦俑有什么样的特点，发现的这些秦俑有什么价值，人们是怎样评论的。五个方面，重点是特点，不一定要用文中的话来说，自己归纳一下就可以了。

（学生学习，教师巡视。）

师：前后同学可以互相讨论，把自己最好的想法提出来。（停一会儿）时间、地点、秦俑的特点、有什么价值、人们怎么评价的。（停一会儿）我看到有的同学用笔在画了，很好的。有什么问题没有？找到了吗？（停一会儿）我们来讨论一下看看，交流一下，五个方面如果有的同学感到为难了，那么你就说一两点也可以，大家互相补充，全班同学形成一个合力把这个问题解决了。说一两个方面也可以。哪位同学先说？

生：作者参观位于临潼县（今陕西省西安市临潼区）东约十里（5千米）并于1974年发现的规模巨大的兵马俑，这些兵马俑个个栩栩如生，成为中国艺术宝库之明珠，世界艺术史上壮丽的一页。因此被称为世界上独一无二的第八大奇观。

师：不错，请坐。（指另一个学生）你说说看还有什么补充。

生：秦俑的发现是研究中国古代政治文化军事艺术及秦代历史的最真实的资料，弥足珍贵，秦俑的发现是20世纪最壮观的考古发现，它震撼了世界。

师：把这几句加上去你觉得恰不恰当？

生：我觉得它应该再加上时间。

师：加上时间？什么时间？

生：是今春三月。

师：今春三月？嗯……

生：还有是作者陪同北京的几位作家驱车来到这个秦始皇兵马俑博物馆。

师：好的，请坐，对不对？你说。

生：前面说到特点，但只说到每一个武士、勇士的特点，没有说到庞大的军阵。

师：补充这一点是吧，嗯……刚才同学说了还应该补充一个时间，对不对？

生（众答）：不对。

师：不对？为什么？

生：因为今春三月是今年春天的三月份，而作者这个文章不是今年写的，所以这个今春三月不应该……

师：不应该把它看成发现秦俑的时间，是这样理解的吗？你说呢？

师：同意他的看法，没关系的，老师刚才说要找出时间，那么这个时间词有几个地方，这个时间有两个，一个是发现秦俑的时间，哪一年啊？

生（齐答）：1974年。

师：一个呢，是作者去参观这个地方的时间，发现时间和参观时间必须要清楚，对不对？有可能刚才老师的问题没有提清楚，不怪大家，后面几个同学补充得也很好，时间抓住了，地点抓住了，特点抓住了，特别是讨论这个特点的时候我们同学补充得非常恰当，特别是那个军阵的气势、队列补充进去，好的，价值、评价抓住了。

同学们想想看，老师为什么要大家做这样一个作业？对我们学习课文有什么启发？（稍停）练习做得很好，做这个练习有什么目的？你说说看——

生：这样练习可以使我们对文章有更清楚、更深一层的了解了。

师：更清楚的、更深一层的，对不对？好，请坐。最主要的是更清楚更全面地了解课文的主要内容。

从例 3-1 的课例中我们可以看到，教师的教学目标是明确的，那就是："用几句话口头复述一下本文的主要内容。"这是指导学生运用复述的智力活动来促进对课文的理解。教师也对教学活动做了简要说明："同学们看书，看看哪些关键性的词句我们要把它抓住，哪些段落的内容我们把它的中心句找出来，开头、结尾的内容不要放过。"但从教学的实效来看，学生开展学习活动并不顺利，出现了多次挫折。在开始阶段，教师布置学习任务，学生开始学习活动，教师巡堂观察学生学习时，发现学生学习出现困难，于是教师返回讲台进行提示："有的同学觉得有些困难了，老师提示一下啊，地点在哪里，注意一下，什么时间发现的，发现的这些秦俑有什么样的特点，发现的这些秦俑有什么价值，人们是怎样评论的。五个方面，重点是特点，不一定要用文中的话来说，自己归纳一下就可以了。"在教师提示下，学生再次开展学习活动，教师第二次巡堂观察学生学习，发现提示仍然没能解决学生学习的困难。于是，教师第二次返回讲台要求学生利用另一个学习活动来帮助原来的学习活动："前后同学可以互相讨论，把自己最好的想法提出来。"在学生讨论一会儿后，教师第三次提示学生注意"时间、地点、秦俑的特点、有什么价值、人们怎么评价"等因素。经过多次提示，少数学生才勉强进行复述这一智力活动。

以上教学现象，在语文课堂教学中涉及培养能力、落实过程与方法的教学目标时，是比较常见的。教师提出学习要求，学生尝试完成学习任务，遇到重重困难，教师反复指导，经过种种挫折后，学生才勉强完成学习任务。为什么会出现这种现象呢？一是在语文教学中，有关能力、过程与方法的教学目标，本来就是相对较难的，学生学习出现困难也是正常的。二是采用"尝试错误学习"的方式来完成有关能力、过程与方法的教学目标，效果不佳。能力、过程与方法的教学目标，属于智力技能范畴，具有实践性、操作性和内隐性的特点。所谓实践性就是必须在具体的情境中进行某种活动，所谓操作性就是在其活动过程中需要遵循一定的程序，所谓内隐性就是所进行的活动及其程序是无法观察到的，是发生在大脑里面的内在认知过程。尝试错误学习是学习者在遇到新的情况或问题时，尝试本身所具有的各种反应方式，在进行许多错误尝试中偶然获得成功，通过强化把成功的反应固定下来，从而学习到正确的行为。这对于学习可以观察得到的外在行为或比较简单的内隐认知活动是有一定效果的；而对于学习较为复杂的内隐智力技能，由于学习者无法观察到其活动过程，也难以对其所尝试的种种活动分辨出哪些是正确的、哪些是错误的，也就无法从各种尝试活动中选择出正确的反应加以固定和强化。学习这些较为复杂的内隐的智力技能，需要让学习者感知到这些智力技能是怎样操作的，也就需要富有经验的教师通过示范把它们外化成学生可以观察或感觉到的操作规程，以便在头脑中建立起智力技能的操作过程和方法，这样学生才可能有效地学习和掌握。也就是说，采用示范教学方法进行学习，其效果会较为理想。

什么是示范教学？示范，是指教师指定学生或者借助投影仪、网络教学系统一步一步地演示并讲解正在开展的规范的学习活动过程，以便学生观察、讨论、理解进而模仿该学习活动的操作步骤和方法。在学习过程中，通过标准行为来指导学习者学习，可以减少不必要的尝试与错误，提高学习的效率。

示范教学方法在学习具有较强的外显行为的操作性学科教学中，如体育运动技巧、自然实验、科技制作、信息技术等，是一种重要而非常有效的教学方法。学生通过观察标准行为的示范，在头脑中形成所要学习的动作的清晰表象，了解所学动作的结构、要领的方法，并使之内化，经过思维的加工，建立起正确的动作概念。这样有利于促进新行为的学习，或消除已形成的不适当的行为。这种教学方法不仅能够很直观地让学生从教师的示范操作中学到操作方法，提高掌握动作要领的效率，还可以提高学生学习兴趣，营造一种跃跃欲试的心理气氛；激发学生积极参与学习活动，形成学习的自觉性，有利于培养正确的动作定型。

有的教师认为，示范教学只适用于外显行为的教学。其实，在包含复杂的内在认知技能的学科中，示范性教学同样也是一种非常有效的教学方法。如在数学教学中，数学教师就很重视示范内在的运算技能。语文的阅读和写作也有大量的内在的智慧技能需要学习，这些智慧技能是怎样操作的，同样需要富有经验的教师通过示范把它们外化成学生可以观察或感觉到的操作规程，以便在头脑中建立起智慧技能的操作过程和方法，这样学生才能有效地学习和掌握。可惜，语文教师在进行内在的语文智力技能教学时往往忽略了示范教学，较多地采用尝试错误学习方法，从而影响到语文能力、过程与方法这些教学目标的有效达成。

二、示范技能的理论视野

示范教学的合理性和有效性，既有课堂教学实践的例证，也有理论研究的充分阐述。这可以从观察学习理论、智力形成的活动阶段理论、元认知理论等方面得到证实。

（一）观察学习理论

1963年，美国心理学家阿尔伯特·班杜拉（Albert. Bandura，1925—2021）等人出版《社会学习和个性形成》，提出了观察学习理论，并在后来的研究中不断完善这一理论。① 班杜拉认为，人类的学习，多数是在社会交往中，通过对榜样的示范行为的观察、模仿而进行的。在此过程中，人们首先观察到榜样的活动，观察的结果在人的头脑中形成一种意象，这种意象指导着人们在处于与榜样的活动相似的情景中时，做出与榜样相似的活动。通过观察过程，人们形成各种各样的行为，从而形成自己的个性。

班杜拉把观察学习分为三种基本类型：一是直接的观察学习，也称行为的观察学习，指的是对示范行为的简单模仿。日常生活中大部分观察学习属于这种类型。二是抽象性观察学习，是指观察者从他人的行为中获得一定的行为规则或原理，以后在一定条件下观察者会表现出能体现这些规则或原理的行为，却不需要模仿所观察到的那些特殊的反应方式。三是创造性观察学习，指的是观察者通过观察可将各个不同榜样行为特点组合成不同于个别榜样特点的新的混合体，即从不同的示范行为中抽取不同的行为特点，从而形成一种新的行为方式。创造性表现在观察者通过观察，受他人行为的启发，把自己原有的行为成分进行新的排列组合，从而形成一种新的反应方式。

班杜拉把观察学习过程划分为四个阶段。①注意过程：对榜样的知觉。为了能够依靠观察进行学习，人们需要注意榜样行为的重要特征，并加以正确的知觉。人虽然经常置身于大量的示范的影响之下，但是从中深入观察什么，能够吸取什么，是被注意过程决定的。观

---

① 班图拉. 社会学习理论[M]. 陈欣银，李伯黍，译. 沈阳：辽宁人民出版社，1989：133.

察经验的类型和数量，是根据制约注意过程的许多因素进行调整的。影响注意过程的因素有：一是榜样呈现的性质，如行为的复杂性、基本行为的鲜明性、榜样的权威性。二是观察者的特征，如个性特征、能力特征等。三是诱因条件，与需要满足或强化相关。②保持过程：示范信息的储存。这一过程是为了把榜样的示范行为，以印象和言语形态保存在记忆中，成为记忆编码，以便在以后实行这种行为时起向导作用。③运动再现过程：记忆向行为的转变。这是把以印象和言语形态保存在记忆中的行为表象转换为行为的过程，也就是行为的实行过程。班杜拉把这种行为的实行，分解为反应的认知组合、反应的最初表现、对反应的监控、依据信息反馈进行的精心练习等环节。④动机过程：从观察到行为。人们并不把学到的行为全部表现出来，因此，这一理论把行为的习得和行为的表现区分开来。示范行为如果导致有价值的结果，就会增强观察者产生同样行为的倾向；如果导致惩罚或无报偿的结果，就会抑制或削弱观察者发生这种行为的倾向。直接强化、替代强化和自我强化，对由观察而学会的行为的表现，都具有动机作用的功能。

观察学习的价值或作用可归结为如下几点：①依据直接经验的所有学习，都可以通过对他人的行为及其结果的观察来实现。人的思想、情感和行为，不仅受直接经验的影响，而且也受观察的影响。因此，在教育中，榜样的示范作用是不可忽视的。②人类具有通过观察来学习的能力，通过观察和模仿可以迅速掌握大量的复杂的行为方式，不必依靠单调的反复尝试错误的方法一点一滴地去获取复杂的行为。③观察学习不仅可以使习得过程缩短，而且还可以避免由直接尝试的失败带来的重大损失或危害。

观察学习为示范教学方法提供很好的理论说明。示范就是通过观察别人来模仿怎样学习的行为。观察学习则是学生通过对学习对象的行为、动作以及它们所引起的结果进行观察，获取信息，而后经过学习主体的大脑加工、辨析、内化，再将习得的行为在自己的动作、行为、观念中反映出来的一种学习方法。示范教学是把内隐的智力技能通过语言外化为可以感受、观察得到的活动过程，以便学生模仿学习。确实，人类的大部分行为是通过观察学习而获得的，小孩模仿父母的声音和行为，少年模仿明星的发型和服饰，学生模仿教师的学习行为等。正因为人类具有观察学习的能力，所以人们才能在短时间内学到大量的复杂的行为。

（二）加里培林的“智力形成的活动阶段”学说

加里培林认为，智育目标是学校最主要的教育目标，学校里的许多教学活动都属于智力活动。所谓智力活动，是指在人脑内部，借助于内部言语，以简缩的形式对事物的映象进行加工、处理的过程。智力不表现在知识、技能、熟练的程度上，而是表现在获得这些知识等的活动动态上，即在掌握知识、技能、熟练的过程中表现出来的快慢、深浅程度、巩固程度等。他们的研究表明，智力活动具有以下特点：①活动对象的观念性。技能操作活动的对象是物质，具有客观性；智力活动的对象是客体在人脑中的映象，是对客体映象（观念）的加工、处理的活动。②活动过程的内隐性。智力活动是在头脑中借助内部言语默默地完成的。③活动结构的简缩性。其活动过程可以合并、省略、简化某些动作。加里培林还研究了儿童智力形成的过程：①原型定向阶段（外化），是指学生了解该智力活动的方式、结构、操作程序。学生的学习任务：一是确定智力技能的操作程序，二是使这种程序在头脑中得到清晰的反应。这些在教学中靠教师的示范和讲解来实现。②原型操作阶段，是指学生进行实际的智力操作活动。操作时要以展开的方式，按顺序执行每个动作，保证操作的正确性。③原型内化阶段，智力操作脱离外在客体而转向头脑内在活动，即操作监控从外部言语转向内部言语，过程由展开到简缩。①

根据我国心理学家冯忠良的研究，儿童智力技能的培训也必须分三个阶段进行：①原型定向。所谓原型定向，就是指了解智力活动的物质化的操作程序，如智力活动的基本操作、智力操作的顺序和智力操作的要求等，并形成关于智力活动的物质化的操作程序的清晰的表象。为了使学生更好地进行原型定向，教师要注意以下几点：首先，教师示范要正确，要让学生清楚地了解每一步操作的具体的操作方式；其次，教师对智力技能的操作程序的讲解要确切，使学生不仅了解操作的程序，还要了解操作程序的必要性，以提高学生学习的自觉性；再次，教师发出的动作指令必须十分明确，要使学生听到指令，就知道该怎么做。同时，教师发出的动作指令，还要尽可能简练，以便于学生记忆。②原型操作。所谓原型操作，就是根据原型定向阶段所形成的智力操作的程序，以物质的或物质化的操作，加以实施，以形成智力活动的动作的经验。在原型操作阶段，智力技能训练的要求是：首先，所有的智力操作必须以展开的形式进行，不能有任何遗漏。这样做的目的是保证学生形成完备的动作表象，同时也能及时了解学生智力活动的结果，以便及时调整智力技能训练进程。其次，要适时地变更活动的对象，使智力活动在直觉的水平上得以概括，使智力技能的适用范围具有更大的广泛性。最后，由于智力技能是靠内部言语来调节的，而内部言语是以外部言语为基础的，因此，在进行原型操作时，要注意操作活动与言语相结合。一边操作，一边用言语来标志和组织操作的进行，有利于智力操作的内化。在原型操作达到一定的熟练程度以后，要适时地向下一阶段过渡。③原型内化。所谓原型内化，就是指智力技能由外在的物质活动或物质化活动向内部的心理活动转化。在进行原型内化时，必须注意以下几点：首先，智力操作的进行，必须由出声的外部言语到无声的外部言语，再到内部言语。这个程序不能省略或颠倒。其次，要适时地将原型中的操作进行压缩和简化。最后，要变换智力活动的具体对象，使智力活动的操作得到进一步的概括，以便于广泛地适用于同类课题。

示范教学正是按照学生智力技能形成和培训的规律来设计的。它是教师展现（示范）学习技能（智力技能）运用的步骤、思维活动的过程，让学生可以感觉得到、观察得到，进而模仿学习。这是属于认知的示范，也就是教师把人们从事智力活动的思维通过出声言语外化为学生可以感觉得到的意象行为，就如外在行为学习一样，通过直接演示行为以便模仿，认知示范也是演示智力活动过程以便模仿。

（三）元认知理论

对元认知的研究源于20世纪70年代早期对元记忆（metamemory）的研究。弗拉维尔（J. H. Flavell）等人研究了儿童有关记忆是怎样进行的知识。这些研究引发了对元认知的研究，并迅速和学科的教学研究结合起来，为课程、教学的改革和提高教学质量提供了一个新的思考角度。20世纪80年代后期，元认知研究已由实验进入课堂教学的运用阶段。教学的各个领域都开展了元认知作用的研究。从思维教学到技能训练，从常规教学到特殊教育，从自然学科到社会学科，都注意到元认知对培养学生能力、发展学生智力的作用。

---

① 冯忠良.结构化与定向化教学心理学原理[M].北京：北京师范大学出版社，1998：284-312.

所谓元认知，主要是指学习者对自己的认知过程，如注意、记忆、思维等过程的自我意识和自我监控。它由元认知知识和元认知技能两部分组成。

元认知的知识就是有关认知的知识，即指学生了解认知活动过程及其特点，知道影响认知活动的因素。这包括：一是关于自我的知识，指认识到自身知识、能力特点；二是关于认知任务的知识，指理解学习任务的要求及难易程度；三是关于策略的知识，指知道进行有效的认知活动所需要的认知策略，以及各种认知策略在不同环境中的效果。学生是认知的主体，学生在认知经历中不断了解到自己对不同的认知活动的能力，形成自我概念；同时感受到各种认知任务的特点和难度，知道各种认知策略在不同的学习环境中的效果，从而当面临新的学习任务时，能根据自身特点、任务特点来选择有效的认知策略，实现认知目标。元认知知识的形成对于学生成为积极的有效的学习者又起到关键的作用。如果学生意识到有效的学习需要做什么，那么，他们就有可能采取更恰当的步骤去适应学习任务的要求。如果学生没有意识到自己学习中的局限性和所进行的学习活动的复杂性，那么，他们就很难预先采取有效的措施去面对学习任务。

元认知技能是指学生在认知过程中运用元认知知识对自己的认知活动进行相应的监控和调节。它包括：在学习前，对认知活动进行计划，选择恰当而有效的认知策略来促进认知活动的进行；在学习过程中，检查认知活动是否有效，是否指向认知目标，当认知活动出现困难时及时采取纠正策略，修改认知活动；在学习结束后，评价认知结果是否符合认知目标。元认知技能是不易意识的。成熟的学习者监控其认知活动，经过多次重复后，这种监控的过程就变为自动化。换言之，虽然成熟的学生对其认知活动进行监控，但也往往是在无意识状态下进行的。只有认知活动出现困难时，如学习的新知识与学生原有的知识产生矛盾，或学习的新知识过于困难时，学生才会在有意识的状态下运用元认知技能，放慢认知活动速度，用更多的时间计划处理学习困难的地方，对认知活动进行更严密的监控。也正因为如此，学生有时能够顺利完成学习任务，但却很难清楚地解释说明他们的学习过程是怎样进行的。而差生则更少意识到对认知活动进行监控，他们难以从认知活动中学会怎样学习。

元认知知识和元认知技能这两者是紧密联系、相辅相成的。学生具有元认知知识，也就能主动地选择有效的认知策略，对认知活动进行更有效的监控和调节，而在对认知活动的自我监控过程中又进一步丰富元认知知识。可以说，元认知知识来源于对认知活动进行监控的过程，元认知技能又是通过自觉运用元认知知识来实现的。这两者的有机结合构成了一个统一的整体——元认知。①

示范教学吸收元认知研究的成果，在培养学生的智力技能时注意引导学生发展元认知，即引导学生反思和总结其智力技能的操作过程，使学生认识到智力活动的开展，进而监控其活动的顺利进行。这主要表现在：一是定向目标，即在智力活动开始前明确活动目标，以便按照目的来开展合适的活动。二是策划活动，即认识到智力活动开展的过程、步骤，选择有效的活动策略。三是监控与调节，即检查正在进行的智力活动效果如何，在智力活动出现困难时，知道应该采取什么补救措施确保其顺利进行。四是评价效果，在智力活动结束后能自我评价活动效果是否符合目标要求，以获取反馈信息。

---

① 杜晓新，冯震．元认知与学习策略[M]．北京：人民教育出版社，1999：10-14.

三、示范技能案例分析

示范教学在外显行为和内隐智力技能教学中起着重要的作用。通过示范教学，第一次学习某种技能的学生看到和听到该技能的操作过程，从而深刻理解其特征，便于顺利地学习和模仿所学的技能。那么，示范教学怎样展开才能帮助学生认识和理解技能的操作过程呢？我们来看看一位优秀语文教师的示范教学实例。

这位语文教师教初一学生学习《孙权劝学》，这篇文言文故事性强，简短易懂，教师没有把教学的主要目标放在文言知识学习上，而是确定感悟的阅读技能作为主要教学目标。教师首先引导学生朗读并初步理解课文，然后指导学生学习感悟的阅读技能。在指导学生学习感悟阅读技能时，教师采用了示范教学的方法。

【例 3-2】 《孙权劝学》课堂教学实录片段

师：同学们对这篇文章已经基本理解了。这篇文章，事实上是一篇经典文章，我们来看，它选自《资治通鉴》这本书。其实这本书最初的名字不叫《资治通鉴》，叫《通志》。但是后来皇帝发话了，宋神宗说："鉴于往事，有资于治道。"意思就是说，把历史当作镜子，来让我们学习治理之道。现在我把这句话改了一下："鉴于课文，有资于明道。"什么意思呢？就是把课文作为借鉴，有利于我们明白道理、明白事理。所以说，我们今天就请同学们看看，能不能从这篇文章中获得一些感悟，并且是从多方面来获得感悟，好，这就是我们今天要做的事。

老师在同学们做这个事之前，也给大家做一点示范，我先提供一个表达这种感悟的句式："……告诉我们……"就是："这个内容告诉我们什么东西。"注意，大家针对原文进行感悟时，先要确立角度。什么意思呢？那就是说，我们必须用一定的角度来感悟，那这个角度可以是人物，如孙权、吕蒙、鲁肃，也可以是事情，如它的起因、经过、结果，还可以从具体的细节上。就是说这一角度让我有所启示，或从这一方面得到一些感悟。这就是说，我们在感悟前，一定要确立好一个角度。

老师写了两条感悟，不妨先介绍给同学。第一句："士别三日，即更刮目相待。"我是选择了吕蒙这个角度，通过他说的一句话，得到的感悟是："告诉我们要以发展的眼光看待别人。"也就是说，从这个点上，我得到了我的感悟。第二个，我是从鲁肃这个角度，也就是从他的事情、从他的行为上来写的："鲁肃发现吕蒙通过学习增长才干后，即表尊敬并与之结为朋友，这件事告诉我们应该敬重有才能的人。"我是从他的这件事中，得到了后面这个感悟。那么，从这两条大家可以看出，老师在写感悟的时候，首先要紧扣原文。你看，我这两条感悟：一个是"士别三日"，一个是前面那个事情，全部是从原文中得出来的。并且确立好角度：到底是从人的角度，还是从事的角度？是从哪个人的角度？是从他这个人，还是语言、行为这个角度？而且，我们还要注意，要抓住文章中哪个点给自己带来的感悟，要捕捉住这个"感点"。

大家明白了吧？阅读一篇文章，尤其是经典的文章，我们可以得到很多的感悟。好，下面就请同学来做这件事，好不好？写在书上，要求两条以上，要求同学们写出多方面的感悟。

（学生在教师指导下开展感悟阅读练习。在学生基本学会后，教师引导学生进行总结和反思。）

师：同学们刚才已经从中得到了不同的启示，就这么一则小故事，我们可以得到很多的启示，关键在于我们同学有时候是凭空地思考问题或者满足于一种大致的感觉，没有找到思维的路径。好，我们这么多同学讲过了以后，我们想想看：以后拿到一篇新文章，怎样从文章中得到感悟？应该注意什么？有什么要求，可以让我们得到感悟？来，你来说。

生 1：应该注意文章中的人物，作者描写这个人物的语言、动作、神态、心理。

师：就是我刚刚说的要确立你的感悟的角度，对吧？很好！还有什么要求？

生 2：我觉得首先要理解文章（师：对，理解，刚才我们一开始是理解文章）理解透了以后就知道作者写这篇文章到底要表达什么。

师：对，要找到这个"感点"，感悟的出发点，很好。好，老师归纳一下。我们应该注意什么？第一条，紧扣原文。这是同学们平常谈感悟的时候最容易出现的一个错误。你看，刚才这些，我们看的全部都符合原文吧？这是非常重要的一条。第二条，要确立角度，如果不知道路径，不知道从哪个角度去讲，可能你就只能泛泛而谈。泛泛而谈常常说不准。第三条，捕捉"感点"。第四条，也是重要的，要准确表述。怎么准确表述？最好就是你写好了以后回到原文看看符合不符合原文。明白吗？

那么我们今天就通过这篇文章学习了这个方法，希望同学们以后在做阅读题时或者看了一些课外书以后，从中得到一些东西。其中的启示就是我们应该得到的东西。

例 3-2 的教学活动可以说是一个示范教学的范例。

首先，教师为教学定向：①明确告诉学生学什么，即"从这篇文章中获得一些感悟"。②让学生知道为什么学，即"古人把历史当作镜子，学习治理之道；我们把课文作为借鉴，有利于明白道理、明白事理"。③给学生指明学习适用于什么情境，即"阅读经典文章"。我们知道，每堂课的语文学习内容都比较丰富复杂，既有理解文章的内容，又有学习阅读的智力技能，还需要学习相应的语文知识，感受其中的思想情感等等。示范教学主要适宜于学习智力技能的学习目标。如果在教学中不预先让学生明确将要学习什么智力技能，学生可能会被丰富复杂的学习活动的其他因素吸引注意力，没能把注意的焦点聚集在要学的智力技能上，从而影响学习的效果。因此，在开展示范教学之前，应该让学生非常明确地知道接下来要学习的是什么具体的智力技能，以便学生在示范教学中把注意力聚焦在相应的智力技能上。在学习前让学生明确学习目标，认识到掌握所学技能的用途，有利于激发学生积极主动的学习心态。

接着，教师用出声思维的方式示范感悟的阅读技能：①告诉学生感悟的方式，即"……告诉我们……"；②引导学生确立感悟的角度，或是人物，或是事情，或是细节；③解释和说明怎样生发感悟；④解释说明怎样表达感悟。教师把自己阅读感悟的全过程一边用语言描述，一边做演示，把内在的智力活动外化为学生可以感觉得到的认知活动过程。这是示范教学的关键步骤。教师按顺序一步一步解释该阅读技能的操作过程，说明每一步做什么，为什么做这一步，引导学生一步一步地学习该智力技能，在操作过程中明确每一步骤，并了解做每一步骤的理由。这就是把内在的智慧技能操作过程外化为语言，便于学生感知到内在的认知活动过程，进而观察、体验和模仿，为以后的练习运用和调控学习智力技能操作步骤奠定基础。

最后是反思与总结。由于教师的示范和学生的练习活动是断断续续的，其间还掺杂其他非相关因素，为了让学生最后获得完整的感悟阅读方法的操作过程，教师在示范教学后，引导学生进行智力技能活动的总结和反思。“你想想看，以后拿到一篇新文章，应该怎样从文章中得到感悟，应该注意什么？有什么要求，可以让我们得到感悟？”这是引导学生认识自己的认知活动。“老师归纳一下，我们应该注意什么？第一条，紧扣原文。第二条，要确立角度。第三条，捕捉感点。第四条，也是重要的，要准确表述。”这是让学生归纳、总结出有关要学习的阅读技能的特征，说出学习阅读技能操作时头脑里的思维活动过程，明确技能操作过程的关键步骤，使之成为整体。同时，总结性的交谈和写作使内在的思维通过语言化来增强学生对思维过程的意识，为以后控制自己的思维奠定基础。整个学习过程经历了从感性认识到理性认识，再到实践操作，最后抽象规律的过程。

从上面的课例我们可以看到，示范教学是帮助第一次学习该语文智力技能的学生看到和听到它的内在操作过程，从而深刻理解其特征，便于顺利地学习和模仿其内隐活动程序。示范的核心是有效运用出声思维，即把内在的认知操作活动通俗易懂地说出来。

我们再来看另一位教师的课堂教学活动。

【例 3-3】《斑羚下渡》课堂教学实录片段

师：斑羚的“飞渡”写得实在是太精彩、太感人了！对了，我告诉你一个提高口才的方法——凡是精彩感人的文章，你都尽量复述下来，讲给别人听，这样既感染了别人，又提高了自己口才。下面请你复述斑羚飞渡的情景，也就是第 9、10 自然段。我先做点指导：第一，复述要注意动作，这里飞渡的动作是重点，动词要具体。你认为哪几个动词必须用上？

生：……飞奔……快速起跑……纵身一跃……头一钩……蹿跃……猛蹬……钻……

师：对，不是“跑”，是“飞奔”……羊发狠的时候，往往是把头一“钩”，很形象啊……第二，文中有几个比喻句，最好用上。哪几个？

生：就像两艘宇宙飞船在空中完成了对接一样……在老斑羚宽阔结实的背上猛蹬了一下，就像踏在一块跳板上……而老斑羚就像燃料已烧完了的火箭残壳，自动脱离宇宙飞船……在半大斑羚的猛力踢蹬下，它像只突然断翅的鸟笔直坠落下去。

师：这些比喻句最好用上，只有一种情况例外，什么情况？

生：创造得比它更好。

师：对，能创造更好的，就不用他的。第三，复述，包括简略复述、详细复述、创造性复述。你对哪种最感兴趣？

生：创造性复述。

师：好，下面请你创造。怎么创造？

生：我把自己当成一只老斑羚或者小斑羚，以小斑羚的口吻复述……

师：你真有创造性！这就更新颖、更有趣了。

生：我一边说，一边用动作比画，还模仿斑羚的叫声。

师：好，那就加上了体态语和“效果”，更生动形象、有声有色了。

生：我觉得作者写彩虹写得不好——彩虹不可能只有六米，也不可能一头连着伤心崖一头连着对岸。我让斑羚先看到山上的云彩，受这个启发，把云彩当跳板……

师：好！你真有创造性。

生：我复述时用景物描写渲染悲剧气氛，开头写："阴霾笼罩着伤心崖……"

师：真好！我说你是才女嘛！真是才女！

生：我给每只斑羚起个名字。落崖的那只就叫它"落崖"吧……（笑）

师：那落崖的有好几只，得叫"落崖一号""落崖二号"。（笑）

生：被救的那只叫他"希望"……

师：啊，有创造力，起名字也要学问的。

生：我觉得"在半大斑羚的猛力踢蹬下，它像只突然断翅的鸟笔直坠落下去"并不好，不如说像块石头一样落下去，形容摔得重。

师：有道理。

生："就像踏在一块跳板上，它在空中再度起跳"这一句，应该加上一句"跳板反弹了一下"，因为平时跳远时跳板是要反弹的……

师：哎哟，你真注意观察生活！我估计你将来也能写小说，当作家。……可能还有别的创造性方案，就先说到这里吧。

在例 3-3 的教学中，教师运用复述这一智力活动促进对课文的理解，在教学方法上，教师注意让学生明确学习活动目标"复述斑羚飞渡的情景"，也向学生说明该智力活动的适用情境和好处，即"提高口才的方法——凡是精彩感人的文章，你都尽量复述下来，讲给别人听，这就既感染了别人，又提高了自己口才"。在智力活动方法的指导上进行了一定的示范："第一，复述要注意动作，这里飞渡的动作是重点，动词要具体。你认为哪几个动词必须用上？""第二，文中有几个比喻句，最好用上。""第三，复述，包括简略复述、详细复述、创造性复述。你对哪种最感兴趣？"当学生回答要"创造性复述"，教师再引导学生讨论怎样创造复述。教学的问题出在复述方法指导上。三种复述方法在操作上存在较大差异，简略复述和详细复述都要求领会全文中心，把握文章结构，紧扣文章主要内容，两者差异在于复述详略的不同。创造性复述可以脱离文章主旨和主要内容，就其一点生发出去。因此，复述方法的指导，应该是先确定采用哪种方法复述，然后才有针对性地指导怎样复述。从本课例看，教师所做的第一、第二点复述指导，适合于紧扣课文的简略复述或详细复述，而第三点指导，则适合于创造性复述。由于教师在学生讨论后没有要求他们进行具体的复述活动，所以看不到实际的教学效果。但这样的教学设计不够严密，学生难以真正学会有效的智力活动操作方式，教学活动看似活跃，但学生学到的是凌乱的知识，而不是具有良好组织的智力活动过程。

由此可见，教师进行内在的智力技能教学时，应该目标明确，紧扣该智力活动的核心技能操作开展教学，对于比较复杂的学生学习时容易出差错的智力活动，教师要尽可能运用出声思维进行示范教学，把内在的智力活动外化为学生可以感知并能够模仿的意象行为。当然，示范什么、怎样示范等都要根据教学任务、教学步骤以及学生可能接受的具体情况而定。一般来说，如果教授新的比较复杂的智力技能，为了使学生建立完整的动作概念，可先做一次完整的示范，让学生先观察，了解整个动作的形象、结构和操作过程，然后结合教学要求，把动作分解，用慢速或常速做重点示范。这样，完整的示范就为重点操作动作的示范做了必要的铺垫，并使重点示范的动作更加鲜明、突出，以帮助学生较快地理解教师讲授的内容，达到预定的教学目的。

四、示范技能的灵活运用

示范教学一般都是由教师对智力技能活动进行解释和示范，然后结合学生的练习和反馈来教知识和技能。这往往容易形成教师中心的教学活动。换言之，整个教学意味着教师为学生确定学习目标，解释概念，示范技能。为了促进学生在教学活动中的积极参与，对于某些比较容易学会的智力技能，或面对年级更高的学生，我们可以改为引导优秀学生示范和讲解，或在教师指导下学生自己探究其中的智力活动开展过程，然后再进行总结。这样，学生积极参与了学习活动的过程，由最初简单提示到探究活动的开展，再到练习和掌握。下面一位教师的课堂教学就较好地进行了这样的尝试。

【例 3-4】《读〈伊索寓言〉》课堂教学实录片段

师：现在，我们来讨论预习时请大家思考的两个问题：这篇文章是讲什么的？作者写这篇文章的目的是什么？

（学生发言，教师点拨……）

师：把刚才的发言加以梳理、概括：一种认为本文是批评某些社会现象的，另一种认为是用寓言谈教育孩子的问题的，还有一种意见认为课文是纠正寓言的幼稚和简单的。但在一篇短文里不可能有这么多不同的核心话题。也就是说，这些意见不可能都符合作者的本意，肯定有一些理解是不准确的。这就需要我们自己去检测——理解的过程也是自我检测的过程——为自己的理解寻找根据。怎样检测呢？第一步，是看文章的思路。怎样看思路？要学会竖着读。我们习惯于横着读，就是一个字、一个词、一个句子地读过去。横读是阅读的基础。但很多时候，仅仅横读是不够的，还需要竖着读，就是按照前后顺序，把文章的话题一个一个串起来，连成有机的整体，这就是全文的思路。现在，我们试着“竖读”：这篇文章有哪些话题？它们是怎样串成一个整体的？

（学生进行“竖读”尝试。）

师：现在，我请一位同学谈谈这篇文章有哪些话题，是怎样串起来的。

生 1：课文先讲现在有些女性对待比自己年轻得多的女性比较宽容，而对年龄相近的就很刻薄，接着讲古代相当于小孩子时期。然后……然后，讲我们有必要纠正《伊索寓言》，接着就举了纠正的例子——

师：共举了几个例子？

生 1：九个。最后，作者说《伊索寓言》不适合作为现代儿童的读物。

师：刚才这位同学除了在一个地方卡住，别的都谈得很利索。有补充或者不同意见的吗？

生 2：我认为第三段说的是《伊索寓言》至少给了我们三方面的安慰，然后得出结论，说我们要对它加以纠正。

师：你说得很好。只是，第三段和上文有什么联系吗？

（学生看书，思考。）

生 2：有的。作者说前面两段话，就是为了引出第三段。

师：你这样说，有什么根据吗？

生2：有。作者在第三段的开头就说："这些感想是偶尔翻看《伊索寓言》引起的。"然后推出了三重安慰。

师：你说得太好了！你终于看到这两个话题之间的联系了。这可是个重要的发现啊！

生3：第一位同学(生1)对第二段的理解有些含糊。作者明明说我们思慕古代只是因为我们比古代进步得多，像大人喜欢小孩子那样宽容。前面两段差不多是一个话题。既然古代是"小孩子"，《伊索寓言》也就是这样的"小孩子"，我们需要宽容地纠正它的"浅薄见解"。

师：你说得太好了！最可贵的，是能够把这些段落很自然地融在一起，脉络清晰。现在，我请一位同学在刚才发言的基础上，把全文的思路顺畅地加以陈述。

(学生发言。)

师：这样看来，全文的重心就落在第三段带出的对《伊索寓言》的批评上，说它太简单了，把孩子们的脑子都教简单了。全文思路，证明我们很多同学的理解是有根据的。

(很多学生现出欣慰的笑容。)

师：但是，仅有这样的检测是不够的，我们还需要深入原文，深入中心内容，看看作者到底说了些什么，怎么说的。我们看看，作者"纠正"九个寓言的浅薄，有什么共同点吗？

(学生看书。)

生4：有共同点，每段都先说寓言，然后再纠正它的浅薄。

师：你这么快就能发现特点，真不错。现在，我们先来看看作者对第一个寓言的"纠正"。你们看过这则寓言吗？(学生摇头。)这则寓言原文的题目叫《蝙蝠与黄鼠狼的故事》。一只蝙蝠被黄鼠狼逮住了，这只黄鼠狼最恨兽类了，要吃它。蝙蝠说："我不是兽类，我是鸟。"黄鼠狼于是就放过了蝙蝠。后来，这只蝙蝠又被另一只黄鼠狼逮住了，那只黄鼠狼最恨鸟类，要吃它。蝙蝠说："我不是鸟类，我是兽类。"那只黄鼠狼也放过了它。最后，寓言告诉人们：随机应变，能使我们转危为安。

生5：我发现《伊索寓言》原文意思和课文说的有些不一样，而且下面作者所说的也和原寓言根本不是一回事。

师：你的反应真快！的确不是一回事。但作者所说的现象就是现在我们也能够看到，有些人为了某种目的，专门到外行人那里去充内行，招摇撞骗，形象十分丑恶。

(教师引导学生讨论后面的几则寓言……)

师：从这三则寓言看，我们大致可以获得这样的印象：寓言故事和作者所说的社会现象根本是两回事。作者"纠正"这些寓言，目的何在？

生6：重点不是讲寓言，而是为了引出下面对社会现象的议论。

师：那么下面的六则寓言呢？现在，我们以很快的速度默读下面的六段文字。

(学生读课文。教师请最先读完、很有信心地等待发言的学生谈看法。)

生7：我看下面的六则寓言和前面的三则完全一样，重点都在寓言后边的议论。

师：你的阅读不仅很快，而且很有效，能很快形成结论。我还想告诉大家一件很有意思的事情：课文中的第六则，原题目叫《青蛙与牯牛》，现存的《伊索寓言全集》357则寓言中没有这个故事，而在《拉封丹寓言诗全集》和《克雷洛夫寓言》中倒可以见到。这可以说明什么问题？

生8：作者在写这篇文章时没有仔细核对原文。

生 9:我看作者根本不关心所写的是不是《伊索寓言》里的故事。

师:这就触及本文的写作动机了,就是说,作者写这篇文章,到底想干什么?

生 10:我看"醉翁之意不在酒",在"评论社会"。

生 11:我看作者是借此抨击社会上那些丑恶现象。

师:你们都说得很肯定,我无法反驳你们的意见。但是我觉得,这样获得的认识结论虽然说是有根据的,但总觉得还不够牢靠。要牢靠,需要拉开阅读距离,把这篇文章放到写作背景里来看。要了解写作背景,比较方便的办法是看这篇文章收在作者的哪本集子里,那是一本什么样的集子。这篇文章是从哪里选出来的?

生(齐):《写在人生边上》。

师:《写在人生边上》收了作者十篇文章。作者在序言里是这么说的:[人生是一本书。一种人没读几页就发了一大堆评论了,还有一种人,他用消遣的方法读,偶尔有些感触,就随手在书边上写几个字。]作者说自己的这些文章也就是写在书边上的那几行字。你们猜猜看,《写在人生边上》这本书是讲什么的?

学生 12:大概是讲对人生的感触的。

师:如果你们心里还没底,那我告诉大家这个文集都讲了些什么。第一篇《魔鬼夜访钱钟书先生》讲的是魔鬼来访问他,与他谈论人性。还有一篇是《论快乐》。什么是快乐?快乐是由人的精神决定的。再有一篇是《吃饭》,有些人根本不吃饭,他是冲着菜吃的。接着就是这篇《读〈伊索寓言〉》。此外还有《论快乐》《释文盲》《论文人》……总共 10 篇。《写在人生边上》这本集子的大环境应该能够帮助我们准确判断《读〈伊索寓言〉》是讲什么的。如果大家有兴趣,到图书馆里去借来看看。我看过,很有意思的。

(学生交头接耳,议论纷纷。)

师:现在,同学们对这篇课文的基本内容和写作目的都有自己的看法了,原先对文章的理解都得到某种程度的修正了。只是,恐怕还有个遗憾:老师没有把这篇文章的主题写在黑板上,没有明确告诉大家这篇文章应该怎么理解。应该怎么理解,这不是我最关心的。能够形成自己的理解,并且能够检测和修正、完善自己的理解才是最重要的。现在,我请同学们总结一下这节课所学的检测方法。第一点,看什么?

生(齐):文章的思路。

师:对。怎么看?

生 13:竖着读,看话题是怎样发展的,把它们连成一个整体。

师:嗯。然后呢,该怎么做?

生 9:靠近文章,仔细阅读原文,品味原文的语言,分析作者的写作意图,像我们刚才分析作者"纠正"《伊索寓言》那样。

师:如果感到还没有把握呢,该怎么做?

生 9:再拉开距离,看作者的写作背景,看文集里其他文章的相关内容,看文章的环境。

师:谈得很好。对阅读来说,学会读书远比记住结论重要,学会检验自己的理解,一时理解错了也不要紧,只要懂得方法,自己会纠正过来的,钉子碰多了,慢慢就成熟起来了,理解的水平也就逐步提高了。下课之后,请同学们认真地品读《读〈伊索寓言〉》,好好欣赏作者的幽默。然后,再找几篇难一点的文章来读一读——我建议大家去读钱钟书的《写在人生边上》,形成自己的理解,然后检测自己理解的可靠性,不断完善自己的理解。

在例 3-4 课堂教学中，教师面对理解能力比较强的高中学生采取较为灵活的“竖读”认知活动的教学。

首先，让学生意识到真实的需要解决的问题情境：同学们对课文的理解互不相同，但作者写一篇文章不可能有这些彼此矛盾的意思，“这些意见不可能都符合作者的本意，肯定有一些理解是不准确的。这就需要我们自己去检测——理解的过程也是自我检测的过程——为自己的理解寻找根据”。

接着，向学生描述解决问题的策略，即“看文章的思路”“要学会竖着读”。“我们习惯于横着读，就是一个字、一个词、一个句子地读过去。横读是阅读的基础。但很多时候，仅仅横读是不够的，还需要竖着读，就是按照前后顺序，把文章的话题一个一个串起来，连成有机的整体，这就是全文的思路。”这里，老师向学生简明扼要地描述了“竖着看”(即梳理文章思路)的操作规程，这是非常可贵的教学策略。我们知道，智慧技能、学习方法和学习策略等程序性知识是一种内隐的认知活动，要让学生学会这些活动，必须把这些内隐的认知活动外化为学生可以感知、观摩和模仿的活动，而教师描述、示范解决问题的策略运用过程就是很好的外化手段，使第一次学习“竖着看”阅读策略的学生看到和听到该策略的特征和思维操作过程，便于后面顺利地学习和模仿所学的“竖着看”策略。

然后，指导学生运用策略解决问题，既实现对课文的理解，同时也促使学生掌握相应的程序性知识。“我们试着‘竖读’：这篇文章有哪些话题？它们是怎样串成一个整体的？”在教师的引导下，学生尝试着梳理思路，调整各种阅读距离，参看本文所收的《写在人生边上》集子里的其他文章，然后修正自己的理解。在此过程中，教师为学生的学习提供及时的反馈，用表扬的方式强化学生的行为。从始至终，教师都没有说自己是怎样理解这篇文章的，但学生通过自己的探究自然形成了自己的理解——尽管彼此有差异，但大致不离文本。同时学生也基本掌握了相应的学习策略。

最后，引导学生反思和总结程序性知识。“现在，我请同学们总结一下这节课所学的检测方法。”在教师的引导下，学生总结了刚才学习时所进行的认知活动：“看文章的思路”“看话题是怎样发展的，把它们连成一个整体”“靠近文章，仔细阅读原文，品味原文的语言，分析作者的写作意图”“再拉开距离，看作者的写作背景，看文集里其他文章的相关内容，看文章的环境”。学生能够完整地总结这堂课所学的程序性知识，说明他们对自己的认知活动过程具有自我意识和自我监控能力，也就是所谓的元认知能力。这样的反思和总结是非常必要的，因为这些程序性知识是学生在一节课的学习过程中一点一滴探索感悟到的，如果不注意引导学生进行反思和总结，他们就有可能只获得碎片式的知识，使程序性知识以陈述性知识的特性储存在大脑里。而反思和总结则是让学生归纳、总结出所学习的程序性知识的特征，说出其操作时头脑里的思维活动过程，明确其操作过程的关键步骤，把碎片式的知识整理为系统性的知识，使之成为整体。这样，既增强学生对其思维过程的意识，也为学生今后自主运用这些程序性知识并监控和调节运用的效果奠定基础。

五、示范教学设计

(一)语文课堂教学示范的设计要求

具体包括以下几方面。

1. 要突出智力技能的学习目标

每堂课的语文学习内容都比较丰富复杂,就以阅读教学为例,既有理解文章的内容,又有学习阅读的技能,还需要学习相应的语文知识等等。示范教学主要适宜于学习智力技能的学习目标。如果在教学中不预先让学生明确将要学习什么智力技能,学生可能会被丰富复杂的学习活动的其他因素吸引注意力,没能把注意的焦点聚集在要学的智力技能上,从而影响学习的效果。因此,在开展示范教学之前,应该让学生非常明确接下来学习的是什么具体的智力技能,以便学生在示范教学中把注意力聚焦在相应的智力技能上。

2. 要演示并解释清楚该智力技能的操作过程

智力技能是一种认知操作,它有具体的操作步骤,能用例子来说明它,可以通过练习来发展。示范教学的关键是清楚演示和解释智力技能的操作过程。操作过程的演示要简明,要突出重要环节,尽量减少关系没那么密切的一些环节。比较复杂的活动或操作程序应该把它分解成几个部分,先分别示范每个部分,学生理解后再完整地示范一次。示范的速度要适当,保证学生的观察和理解能够跟上。当学生理解出现困难时,可以反复示范,也可以增加例子示范。

3. 要结合具体的语文学习内容展开示范教学

智力技能只有在解决真实的学习问题时才具有生命力,脱离具体学习任务的智力技能,就如没了血肉的骨架,只有标本意义,没有现实意义。因此,示范智力技能要结合具体的语文教学内容来展开,是运用智力技能解决某一真实的语文学习问题。切忌把它变成抽象、孤立的一系列操作步骤介绍给学生,把智力技能的学习变为操作规则的记忆。

4. 要提供练习的机会

智力技能教学的一大目标是达到自动化,即通过一定的练习使智力技能的运用达到不需要有意注意、监视就能操作的地步。这样可以减少容量有限的工作记忆的负担,以便把工作记忆的有限空间用于需要更多思考的其他智慧活动。因此,智力技能的学习和掌握离不开一定的练习。可以通过教师指导下的练习,或同伴互助的练习,或个人独立练习等方式,让学生在示范后亲自动手做一做,检查学生的理解和掌握程度。可以说,示范让学生能理解操作过程,练习让学生通过解决同类问题来获得过渡学习机会,以便促使智力技能达到自动化程度。

5. 要阐明学习该智力技能的用途,引导学生灵活运用它

智力技能教学的另一个目标的迁移,即把在一种学习情景中获得的智力技能灵活运用于不同的学习情景,解决新的问题。学生只有认识到智力技能的有效用途,才会积极学习和掌握它,并主动运用它。智力技能对学生的学习或生活来说越有用,学生就越会经常运用它。运用得越多,迁移就越容易发生。但是,在教学中,迁移不会自动发生,这需要三个方面的条件:一是学生真正理解并掌握了智力技能,二是学生深刻认识到智力技能的用途,三是

教师给学生提供运用智力技能的机会。

(二)示范教学的设计

具体包括以下几方面。

1. 要明确教什么语文智力技能

分类教学理论研究表明①,教学目标或任务、教学策略或方法、教学评估三者之间达到良好的适配,才会取得高效的教学结果。也就是说,不同类型的教学目标需要不同的教学方式,即需要不同的学习活动方式和不同的师生互动方式;相同类型的教学目标要求相同或相似的教学方式。为了高效实现教学目标,在某一特定的教学时间内,可以针对某一具体的知识教学目标(知识与能力目标、过程与方法目标、情感目标),采取与之相适应的教学策略。正如前面所述,示范的教学方式用于教授智力技能更为有效。因此,教师采用示范教学,首先必须明确要教什么具体的语文智力技能。这需要教师认真研究语文课程标准,研究教材,了解有关语文智力技能研究的发展状况,从中选择适合所教学生需要的某一具体的语文智力技能作为某一课的教学目标。

2. 要深入理解所教的语文智力技能

对所教的语文智力技能没有深刻的理解,就不能对其进行有效的教学。正所谓"以其昏昏",不可能"使人昭昭"。可以从以下几个方面去理解所教的某一具体的语文智力技能的特征:一是知道它是什么,即该语文智力技能的规范术语是什么,如何科学解释其含义,分析它由哪些因素构成等。二是知道它是怎么操作的。智力技能是一种内隐的操作过程,对于熟练操作者来说它是自动进行的,但许多人往往没有认识到它是如何操作的,这正是教师教学和学生学习的最难之处,需要教师在教学前仔细研究,深刻理解其活动过程、步骤、发展规律,这样才能对它做清楚的演示和解释。三是知道为什么学习它,即该语文智力技能可以适用于什么情境,效果如何。

3. 设计示范教学开展

示范教学是帮助第一次学习该语文智力技能的学生看到和听到它的内在操作过程,从而深刻理解其特征,便于顺利地学习和模仿该内隐活动程序。示范的核心是有效运用出声思维,即把内在的认知操作活动通俗易懂地说出来。示范的教学过程一般包括三个小阶段:一是目标定向,即向学生说明要学习的具体的语文智力技能,它的名称是什么,含义是什么,由哪些因素构成,有时还可以说明它的用途等。二是解释与演示,即教师按该语文智力技能的操作顺序一步一步解释其操作过程,说明每一步做什么,为什么做这一步。教师一边演示,一边及时归纳、总结其特征、规则,把操作过程外化为语言,便于学生观察、体验和模仿,为以后按照操作步骤正确练习和运用技能奠定基础。初次学习应注意分析,讲清其主要的操作步骤。要注意,对操作步骤划分以适宜学生理解和掌握为准,不宜分得太粗,也不宜分得太细,步骤太粗学生不容易掌握,步骤太细又会因过于繁杂而引起学生学习的厌烦心理。三是反思与总结,即让学生反思、归纳、总结出所教的语文智力技能的特征,说出学习其操作时头脑里的认知活动过程,明确其操作过程的关键步骤,使之成为整体。同时,总结性的交谈和写作使内在的思维语言化,增强学生的思维过程意识,为以后控制自己的思维奠定基础。

---

① 盛群力.21世纪教育目标新分类[M].杭州:浙江教育出版社,2008:4.

4.设计合适的练习例子和迁移运用的例子

设计练习例子，就是选择与示范教学相同类型的学习材料、问题情境，让学生在教师指导下尝试运用该语文智力技能去解决类似的问题，经过多次的练习，熟练掌握了规律，达到自动化操作的程度。设计迁移运用例子，就是把在此情境中学会的语文智力技能运用到另一个相似的新情境中去，甚至运用于另一个差别很大的新情境中去，当学生在新情境中运用技能而遇到一定障碍时，为了消除障碍不断地修改操作规则，最终解决问题，总结出适应面更广泛的灵活性更强的规律性知识。这就是“实践—调整、修正—再实践—形成规律”的智力技能学习规律。

六、示范技能评价

运用表3-1评价示范的教学效果。

表3-1　示范技能评价

课题：　　　　　　　　讲课教师：　　　　　　　　评价者：

项　目	优	中	差
目标明确，学生知道将要学习哪一种具体的智力技能，如名称、含义、构成因素等	5	3	1
简明而清楚演示和讲解智力技能操作过程，重要步骤突出，有分解，有整合，速度适当	5	3	1
给学生提供练习机会，或在教师指导下练习，或同伴互助练习，或个人独立练习	5	3	1
学生练习时，教师注意到学生的困难，并及时提供帮助	5	3	1
让学生明确该智力技能的用途	5	3	1
给学生提供灵活运用的机会	5	3	1
紧扣语文教学内容进行示范、练习、运用	5	3	1
能面向全体学生进行教学	5	3	1
合计			

注：请听课后根据各项评价指标评出等级（在相应的等级上打钩），总分1～10为差，11～20为一般，21～30为中等，31～40为优良。

【微格训练】

一、示范案例分析：仔细阅读下面的示范课例，分析其优缺点。

例1：诗歌教学节录

（教师有感情地朗读诗歌。）

师：今天我想告诉大家一些如何读懂诗歌的方法。刚才我朗读的诗歌看起来好像只是一首简单的小诗，但作者却对每字每句都倾注了许多感情。今天我们来学习如何阅读诗歌，如何理解作者表达的潜在含义。首先让我们选出这首诗歌的关键词。

(引导学生选择关键词的学习活动。)

师:很好。我们找出了认为对理解这首诗非常重要的一些词——这是学习的第一步。第二步我们在词典上查一查这些词中我们不认识或不确定的词的含义。

(指导学生通过查词典来理解难解的词的学习活动。)

师:我们接下来思考一下,用自己的话说出作者在诗中表达的潜在意思。

(引导学生对话,互相补充对诗歌的理解。)

师:现在我们进入学习的第四步,让我们试着将刚才的理解和自己的经历联系起来。

(引导学生联系自己的生活谈感受。然后讨论刚才翻查词典的难词,结合诗意确定义项。)

师:现在,我们把刚才讨论的所有意见放在一起,谈谈这首诗到底要讲的是什么。

(引导学生做总结性发言。)

师:很好。现在我们小组继续学习这单元的其他诗歌。我将发给每个小组长一张纸,上面印着的诗都不相同,然后由小组长朗诵给他的组员。接着每个小组按照刚才学习那首诗的四步法进行讨论,最后理解诗歌的内容。我将把四步法写在黑板上。20分钟后,我将请每组分别朗诵他们的诗歌并解释诗歌的含义。为此,每个小组选出一个代表发言。

例2:《胡同文化》课堂教学实录片段

师:胡同内的生活是怎样的?下面我们深入阅读课文,随作者"走进"胡同看一看。请大家注意课文6~7段。找一位同学朗读,然后一起来讨论几个问题。(点生朗读,读后问。)

阅读课文应该从语言入手,要抓中心句、关键词。大家想一想,这两段文字的中心句应该是哪句?可以讨论。

生:北京文化是一种封闭文化。

师:这句话中有一个词对于我们理解胡同文化的内涵最为重要,这个词应该是?

生(齐):封闭!

师:这"封闭"怎么讲?(教室里一阵轻微躁动。)我不希望大家简单地从字面上解释,而是要你们阅读课文,读后想想北京市民的哪些生活内容可以反映他们过着一种封闭生活。

生(欣喜地):舍不得挪窝、住家是独门独院。

师:北京人的"窝"是"金窝",还是"银窝"?他们不忍割舍。

生(笑):不是!房屋很旧,也不太好,而且还有经常坍塌的。

师:那胡同里的居民为什么不愿意搬家?

生:那是因为他们祖祖辈辈住在那里,住惯了,恋旧,图安逸。

师:噢,也就是说他们愿意过那种封闭守旧的生活。北京人理想的住家是独门独院,也就是说北京人深居简出,彼此从不交往。

生:也不是!北京人很讲究"处街坊",随一点"份子"。

师:那么,这能说北京人封闭吗?

生:能!北京人平常的日子,过往不多,只是街坊里道,谁家婚丧嫁娶的时候,才随一点"份子",而且是为了"合礼数"。

师:我明白了,北京人的交往不是主动的而是被迫的。(众生笑。)我们一起总结一下刚才的学习方法(师生一齐):读课文;找中心句,抓关键词;透过语言文字"看出"相关联的生活现象。

下面大家就用这种方法自读课文第8段。

例3:《荷塘月色》课堂教学实录片段

师:课文的语言值得我们好好揣摩品味。而揣摩品味的第一步就是朗读,那种“把自己放进去”的朗读。现在请同学们自己朗读一遍课文。注意,在朗读时你就是朱自清!

(学生自由读。抽一学生读,读得结结巴巴,掉字、换字不少,且读得很快。)

师:同学们,他读得怎么样?

生:他读得太快了,而且还读错了一些地方。

师:对。读得太快了。给人的感觉,朱自清不是在散步,而是在跑步(生笑)。哪位给同学们示范一下?(一生读,吐字清晰,很有感情。)

师:这篇文章的话语方式是自言自语。因此,同学们在读的时候,要把这种语气读出来。怎么才能读出这种语气呢?关键是把自己当作朱自清,进入他的内心,把文章的语言变成自己的心声自然而然地流淌出来。下面我给大家示范一下。(师读第一段。一边读一边停下来讲解。)“忽然想起日日走过的荷塘,在这满月的光里,总该另有一番样子吧。”像这一句,是朱自清的想象,就应该读得缓慢些,读出一种向往的味道。又如,“妻在屋里拍着闰儿,迷迷糊糊地哼着眠歌”。这是多么静谧的情景,“迷迷糊糊”一定要读得低沉、缓慢,读得“迷迷糊糊”。下面,同学们再自己读一遍。按刚才李老师说的,把自己当作朱自清,读出韵味。

(学生各自朗读了。学生自读完了,又抽学生起来读。)

例4:《芦花荡》学习批注的教学环节

师:古人云,不动笔墨不读书。经典著作,只有反复研读,深入思考,才能够融会贯通。我们这节课干什么呢?围绕课文,读读写写;精彩批注,精致品读。

师:批注是我国常用的读书方法,那我们班的同学以前有没有用过呢?某同学(男),你在遇到不认识的字和难懂的词的时候,是怎样做的?

生:我会去查字典,然后我会在书上做批注。

师:某同学(女),在课堂上,老师归纳了段落大意、中心思想什么的,你通常把它记在哪里呢?

生:老师归纳的段落大意就记在每个段落的后面。

师:你的习惯真好。把课文的提要记在我们的书上,同样也是一种批注。当然,假如我们在读课文的时候,有了自己的想法,或者说疑问,你把它随手记在书上的空白之处,其实,这也是一种批注。最能体现我们同学的个性的批注,其实就是第三种,精彩的批语。今天,我带来了广东的三位同学做的批注,他们都批注了我们课文的第四段。(PPT出示第四段课文。)

师:下面我展示的是第一位同学的批注,请大家看屏幕。认真观察,看看第一位同学是怎样做批注的。

生:“干瘦得像老了的鱼鹰”,概括了老头子的特点。

师:这是你的批注,说说他是怎么做批注的。

生:用了比喻?

师:他干了什么?他画了一条——

生:线。

师:他还写了三个字,请你把这三个字读一下——

生:"写得好。"

师:"写得好",可我实在觉得他批注得不好,大家也发现了,他画了一条线,写了三个字:"写得好。"

师:再看第二位同学的。同学们,看看他是怎样做的,谁来告诉我你的发现?

生:他把词用点点出来,边上写上:"运用了描写,生动地写出了这个老头子的特点。"

师:好,我们再来看第三位同学的批注。我们一起来把他的批注读一读。

生:"运用了比喻,生动形象地进行外貌描写,突出了老头子虽然又老又瘦,但是却老当益壮,警觉干练,像个经验丰富的老刑警队长。"

……

师:通过刚才的这些批注,我们大致已经知道了怎样做批注。我们先来归纳一下。做批注可以从哪些方面来入手呢?第一是品读关键的词句;第二是分析修辞手法的妙用,如比喻、拟人、排比、反复等等;第三,鉴赏表达的技巧,描写、议论、抒情等等。根据批注内容的不同,批注可以分成四种:疑问式批注,写出自己在读课文时的疑问;感想式批注,写出自己在读文章时的感想;联想式批注,由文章的内容联想到生活中的内容或者说其他的经典著作;评价式批注,对文章中的人物或事物,发表自己的评价。为了让批注做得又快又好,我们通常还会运用以下几种方法:第一种,用圆点,画出文章中的关键词;第二种,用横线或波浪线画出文章中精彩的句子;第三种,用问句的形式写出自己的疑问;第四种,在有感想的地方画上三角号,在三角号后面写上自己的感想、联想评价;等等。

师:好,接下来我们再来看一看老师怎么做批注。老师在做批注的时候呢,有两个小窍门,这是我的独家秘诀,你们可要好好地把它记下来。第一个,深入细节,联想情景。第二个,进入角色,品味情理。这两个小窍门怎么用呢?接下来我要做一个示范,我们一起来看一看这个示范。以课文的第 33 段为例,我去读,发现了一个细节,什么细节呢?这段话只写了一个字"谁"。

师:我把它圈起来,在下面标上小圆点,然后在旁边写上自己的分析。一个字的疑问,它突出了大菱的受伤给老头子带来的震惊。老头子几乎不敢相信自己会失手,所以,从中可以看出,这是一个极度自信的老英雄。好,经过这个批注,我再回过头去读这一段,我觉得这个"谁"呢,应该这样读:语调压低,语气急促,是焦虑的疑问,而不是大声责问,或者说是柔声反问。当然,在读课文的时候,老师也有疑问,在课文第 42、43 段中,都写到老头子的目光,前面写是"明亮的",这里写是"直直的",为什么会有这样的变化?

生:老头子目光"直直的"是因为他受挫了,受到了打击。

生:他没有脸见人是因为他自尊心太强了。

师:对,说明他非常自负。

师:好,下面大家来一个实战演练。从文中找出一到两个你感触较深的句子,反复朗读、品味,对重点词句进行批注。老师为大家出具的温馨提示。(出示 PPT:"一,品味精当语句,动词、形容词等。二,分析修辞妙用,比喻、拟人、排比等。三,鉴赏表达技巧,人物描写有外貌、语言、动作、神态、心理等。景物描写有渲染环境气氛、烘托人物心情、衬托人物性格、推动情节发展等。”)

师：下面请大家结合手中的批注方法，还有屏幕上的批注样本，分头行动，找一到两个句子。好，开始行动。

二、示范教学微格模拟训练：从下面各题中选择一题，进行示范教学设计，然后在微格教室中进行示范练习，分析其中的效果。

1. 以《济南的冬天》为例，设计“揣摩语言”的示范教学片段。
2. 以《天上的街市》为例，设计“联想和想象”的示范教学片段。
3. 以《驿路梨花》为例，设计“略读”的示范教学片段。
4. 以《太空一日》为例，设计“浏览”的示范教学片段。

第四章　提问技能

✲ 学习目标

1. 理解“提问”教学技能的含义及其作用。

2. 理解“布鲁姆的教育目标分类”“启发式教学”等理论的主要观点及其对提问教学的指导意义。

3. 学会分析提问教学的案例。

4. 学习撰写提问教学的微型教案，并尝试进行模拟提问教学实践活动。

一、提问技能简介

“提问”，就是提出问题求答。课堂教学提问，是指在课堂教学中，教师根据一定的教学目的要求，针对有关教学内容设置问题，要求学生思考回答，以促进学生积极思维的教学方式。

课堂提问作为课堂上沟通教与学的桥梁，是教师在课堂教学中应用最为广泛的教学行为和手段，是教师教学能力和教学技能的集中反映，直接影响着课堂的教学质量。

我们先来看两位教师在教学《土地的誓言》时的提问设计。

【例 4-1】《土地的誓言》课堂教学实录片段一

师：今天我们一起来学习第九课《土地的誓言》，请大家打开书翻到第 59 页，我们先将课文朗读一遍，老师读第一段，同学们接下去读第二段。听老师读或自己读时都要投入感情，好好体会作者笔下是怎样的一片土地。

（师以充满激情的范读带动学生的有感情朗读。）

师：读了文章你感受到什么？在作者的眼里这是一片怎样的土地？请大家结合文中的语句用“这是一片________的土地，从________可看出”的句式来表达。

生：这是一片美丽的土地，从那碧绿的白桦树、笔直漂亮的白桦林可看出。

生:这是一片富饶的土地,从红布似的高粱、金黄的豆粒、黑色的土地可看出。

生:这是一片可爱的土地,从那一个个修饰语可看出。

生:这是一片宁静的土地,从狐仙姑深夜的谰语、原野上怪诞的狂风可看出。

生:这是一片丰饶的土地,从第二段“粮车拉粮回来,麻雀吃厌了,这里那里到处飞”可看出。

生:这是一片神奇的土地,从白桦林、高粱、煤块……还有狐仙姑的谰语可看出。

生:这是一片生机勃勃的土地,从马群在奔跑,蒙古狗在嗥鸣,鹿群在奔驰,人们在劳动可看出。

生:这是一片被敌人占领的土地,从“土地,原野,我的家乡,你必须被解放”中可看出。

生:这是一片遭受耻辱的土地,从“我将用我的泪水,洗去她一切的污秽和耻辱”中可看出。

生:这是一片时刻呼唤着我回去的土地……

生:这是一片养育我成长的土地……

生:这是一片我要为她付出一切的土地……

【例 4-2】《土地的誓言》课堂教学实录片段二

师:今天我们一起来学习第九课《土地的誓言》,现在我们先来看一组有关东北大地的图画(幻灯展示画面)。

(学生看图画,为美丽的画面所吸引。)

师:《土地的誓言》课文就描写了美丽的东北景色。这是一片怎样的土地呢?请大家用“这是一片________的土地”的句式来表达。

生:这是一片美丽的土地。

生:这是一片富饶的土地。

生:这是一片可爱、神奇的土地。

……

例 4-1 是浙江省特级教师吴丹青的课堂教学实录。在师生朗读课文后,教师提出了“读了文章你感受到什么?在作者的眼里这是一片怎样的土地?”这两个问题,学生研读课文时不仅圈画出作者具体描写土地的词句,而且也感受到作者所表达的思想情感,所以当他们进而用“这是一片________的土地,从________可看出”的句式来回答时,都能先用一个概括的词语来表达自己的感受,然后再用文中的词句来解释,教学效果很好。而例 4-2 是一个青年语文教师的教学设计,虽然也用了“这是一片________的土地?”这样的提问,而且学生也得出了“这是一片美丽、富饶的土地”这样的答案,但这答案并不是因认真阅读课文所得,而是来自美丽的画面观赏,语言学习活动变成了看图说话。教学内容和教学手段都偏离了阅读教学的目标。

这两个案例的比较告诉我们,语文课堂教师的提问质量:一是取决于教师对教学目标和教学内容的准确定位,二是取决于教师对学生认知心理的深度把握。吴丹青老师的提问指向性明确,主要目的是引导学生从课文的具体描写中获得阅读感受,关注的是课文的语言和作者的思想情感，同时也是一种学法的指导："在作者的眼里这是一片怎样的土地？"——"作者眼里"，意味着必须尊重作者、尊重文本，问题的答案必须从文本细读中来；"你感受到什么？"——意味着对阅读主体的尊重，学生阅读时要融入自己的主观情感，要读出自己的感受，而问题答案是开放的；"这是一片________的土地，从________可看出"——给学生一个阅读过程和表达阅读感受的思维方向，这也是符合语文阅读思维规律的；回答问题前的课文朗读也很重要，它使学生的答题有了实实在在的阅读的基础。可见，课堂提问是很有讲究的，提问的目的、提问的内容、问题的指向、提问的时机、提问的方式等都直接影响着提问的质量，影响着课堂教学效果。

从例 4-1 和例 4-2 的分析中我们可以看出，提问在教学中具有重要的作用。

第一，提问可以诱发学习动机。在课堂教学中，当学生意识到每个人都有可能被教师提问，他们的注意力就有可能集中在所要学习的内容上；他们如果能够在教师的帮助下正确回答问题、体验学习成功的快乐，将会倾向于更努力地思考问题、回答问题。不但如此，教师有技巧的提问能创设与教学内容相和谐的教学情境，激发学生的好奇心、想象力，诱发学生的学习动机，促使他们积极地去解决问题。

第二，提问是推进教学进程的重要手段。课堂教学中教师的提问往往能作为承前启后的课堂教学环节的联结点，用于推进课堂教学的进程。巧妙设计课堂提问可以把课堂教学内容串成有意义的链条，形成意义流，而层递性的问题更是可以将学生的思维和情感逐渐引向深入。

第三，提问可以引导思维方向。教师对于教学内容是熟悉的，但学生可能是未知的。因此，在课堂上，学生的思维往往是肤浅的，并处于分散状态，课堂提问能给学生提供某种线索，使他们注意教材中的某些特点、信息。这种有意学习行为能促使学生的思维从分散走向集中，从肤浅走向深刻，并逐步学会学习。

第四，提问可以培养质疑思辨能力。思维从问题开始。课堂提问的教学价值不仅仅在于让学生获得知识，更重要的是培养学生思维的习惯、质疑的勇气。培养学生质疑思辨的能力首先要注重学生问题意识的培养。学生的问题意识来自教师的问题意识，教师的提问教学给予学生学习质疑思辨的示范；来自教师对学生的提问习惯、学生质疑态度的培养。许多优秀的教师善于把提问的机会留给学生，让他们在质疑、释疑的过程中提高思辨能力。

第五，提供了一种练习的机会。提问的另一个很重要的目的在于为学生创造听、思、读、说、写、练习的机会，以提高他们的思维能力和口头语言表达能力。课堂提问将学生置身于与教师、同学对话交流的特殊的位置上，他要面对教师和全体同学，准确理解问题的指向并用自己的语言有条有理、有根有据地阐述自己的思想。这样不仅促使学生有意识地学习熟练地组织语言，准确表达自己的观点，而且很好地锻炼了他们语言表达的逻辑性和灵活性。

二、提问技能的理论视野

（一）布鲁姆的教育目标分类与提问的认知水平

在阅读教学中，提问是促进学生思考、深入理解课文的一种有效手段，恰当运用提问技能，对于提高教学质量有着重大的意义。正因为如此，国内外对教学中提问的理论研究经久不衰，不断深入。其中，有关教师所提问题的认知水平与学生学习成果的相关研究，推动了教师把提问的重点从学习和记忆知识转移到发展学生思维上来。

所谓问题水平，是指学生在回答问题时所进行的认知活动的特征。有的问题只要求学生重复或辨认教学时呈现的某些信息，这类问题被称为知识、事实或字面问题，它涉及的认知过程是简单的识记，属于低水平问题。有的问题则要求学生在头脑里重组获得的信息来创造答案，或用逻辑推理出证据来支持答案，这类问题被称为高水平问题，它涉及了解释、综合、推理等复杂的认知过程。对问题的认知水平的划分有10多种，其中影响较大的有以下几种：一是根据布鲁姆的教育目标分类把教师的提问分为六级水平：①知识性问题，要求学生辨认或回忆文章所呈现的信息，如"谁做什么事"。②了解性问题，要求学生用自己的语言来说明文章表达的意思，如"作者运用这个词语表达了什么意思"。③运用性问题，要求学生把文章中的概念、观点、价值等运用于新的情境中，如"约翰已经病了几个星期了，我们应做什么来帮助他，表现我们对他的关心呢"。④分析性问题，要求学生分析事实、结论、价值及其联系，如"你认为作者在文章中表达的政治观点是什么"。⑤综合性问题，要求学生把各部分的内容进行抽象和概括，如"文章的主旨是什么"。⑥评价性问题，要求学生对文章的思想内容做出评价，如"你对文章中写的越南战争有什么看法"。二是阿斯纳把教师提问分为记忆性问题、推理性问题、创造性问题和评价性问题四种。三是格斯雅克(Guszak)把教师提问划分为辨认问题、回忆问题、解释问题、推理问题、推测问题、评价问题和转化问题。教育理论工作者普遍认为，教师在教学中提的问题的水平越高，则能诱发学生进行越复杂的认知活动，从而促使学生对文章进行更深入、更完全的信息加工，加深对文章的理解，取得更好的学习成绩。亨尼斯(Hunins)对以上的假设进行了验证研究，以确定各种问题类型与学生的学习成绩是否有联系。他把学生分成两个实验组，进行了一个月的教学。对一组学生侧重提知识性问题，对另一组学生侧重提分析和评价性问题，然后按布鲁姆分类的六个方面问题进行测试。结果发现，在包含知识、了解、分析、综合等问题的分测试中两组没有差异，而在包含运用和评价问题的分测试中，分析与评价组的学生得分高于对比组，差异显著。①

根据已有研究，结合语文教学实际情况，对问题的认知水平做如下分类。

1. 低级认知水平的问题

低级认知水平的问题一般是指记忆性问题。这是要求学生识记和回忆文章中有关的事实和知识。例如教师问："《福楼拜家的星期天》这篇课文写了哪几位大作家?"学生回答："福楼拜、屠格涅夫、都德和左拉。"这是复述了课文的内容。

教师运用低认知水平问题来了解学生的背景知识，促使学生记忆和回忆所学的重要信息，为讨论高水平问题建构信息平台。

2. 中级认知水平的问题

具体包括以下几方面。

(1)解释性问题

这是要求学生用自己的语言来说明文章表达的意思。例如："你能解释'荡漾'的意思吗？本义是什么，在诗中的意义是什么？你的心情荡漾过吗?"(《再别康桥》)

---

① 张孔义.西方阅读教学中有关阅读提问的心理学研究[J].心理发展与教育，1998(1)：49-50.

(2)分析性问题

这是要求学生分析事实、结论、价值及其内在联系。例如:“文章可以划分成几部分?它们之间具有什么样的联系?”“《皇帝的新装》一文中两个骗子并不高明,他们的谎言只要有一点点头脑,便可识破,而为什么会有这么多的人受骗?这些人受骗的原因是什么?”

(3)比较性问题

这是要求学生比较多个事物、观点的异同。例如:“在和一位战士的对话中,三次写到他的笑,这三次笑有什么异同?”(《谁是最可爱的人》)“文中多次写到‘我’的流泪,每次流泪的感情是否相同?”(《背影》)

(4)整合性问题。这是要求学生把文中不同部分的内容概括起来,使之成为有意义的连贯的整体,如:“这段话的主要内容是什么?”“《北冥有鱼》讲述了一个怎样的故事?”

(5)推测性问题。这是要求学生推论出含蓄的言外之意。例如:“家里很穷,为什么还要‘衣冠整齐’地去散步?”(《我的叔叔于勒》)

3.高级认知水平的问题

具体包括以下几种。

(1)运用性问题

这是要求学生把文章中的概念、观点、价值等运用于新的情境中去。如:“世界上还有哪些动物属于两栖动物?”(《两栖类》)“壶口瀑布的哪些特性和中华民族的特性有相似之处?作者的联想思路是怎样的?从作者的联想思路中你学会了怎样的从写景到抽象和概括道理的方式?”(《壶口瀑布》)

(2)评价性问题

这是要求学生对文章所写的内容做出评价,如:“应当怎样评价‘父亲’这个人物形象?”(《台阶》)

(3)创造性问题

这是要求学生展开想象,重新组织文章的一些信息来获得创造性的答案。“这里面让人想象的地方是非常多的。那么同学们觉得哪些地方是值得我们去想象的呢?请大家把自己的想象写在纸上。”(《夸父逐日》)“文章结尾,写小麻雀‘身子长出来一些,头挂得更低,似乎明白了一点什么’,小麻雀到底明白了什么呢?”(《小麻雀》)

教师运用中、高认知水平的问题促使学生把原有知识和新知识进行整合,或引导学生对抽象概念进行解释和提供例子,或要求学生思考作者的动机、意图、看法,陈述自己的观点,或要求学生创造性解决问题。

如前所述,教师在教学中提问题的水平越高,则学生就会被诱发进行越复杂的认知活动,从而促使学生对文章进行更深入、更完全的信息加工,加深对文章的理解,取得更好的学习成绩。当然,这并不意味着教学完全排斥低认知水平的问题,提什么认知水平的问题要根据具体的学习情境来确定。例如:若文章写的内容是学生初次接触的,很多知识都是全新的,那么多提低水平问题;若文章所写的内容学生很熟悉,甚至有过一定的钻研,则可以多提高水平的问题。若阅读是为了浏览文章,搜集某方面的资料,则多提低水平问题;若阅读是为了深入研究文章的内容,则多提高水平问题。此外,还应根据文章的体裁选择恰当的问题类型。

4.启发式教学与提问

启发式教学在我国有着悠久的历史,其源头可以追溯到我国古代著名教育家孔子,孔子启发式思想要义体现在他的名言中:“不愤不启,不悱不发,举一隅不以三隅反,则不复也。”(《论语·述而》)意思是说,学生在学习过程中,不到苦思不解的时候,不去开导,不到想说又不能恰当说出来的时候,不去提示。如果老师讲出一方面的道理,他不能类推出其他方面的道理来,就不再教了。朱熹解释说:“愤者,心求通而未得之意。悱者,口欲言而未能之貌。启,谓开其意;发,谓达其辞。”就是说,如果学生在学习过程,未能达到“愤”“悱”的心理状态,教师则不宜越俎代庖;只有在学生“心愤口悱”的情况下,教师才能启而发之,以收举一反三的效果。孔子在教学实践中也身体力行实施启发式教学的主张。他提出了具体的启发方法:“吾有知乎哉?无知也。有鄙夫问于我,空空如也,我叩其两端而竭焉。”(《论语·子罕》)这种“叩其两端”(即从问题的两端去问,这样问题就可搞清楚了)的方法,与苏格拉底在教学中采用的“产婆术”有异曲同工之妙。他还指出:“言未及之而言,谓之躁;言及之而不言,谓之隐;未见颜色而言,谓之瞽。”(《论语·季氏》)这是从反面告诫人们,不要急于说,不要在该说的时候却不说,更不要盲目地说。颜回说:“夫子循循然善诱人,博我以文,约我以礼,欲罢不能。”(《论语·子罕》这是孔子根据每个学生的个性特点进行引导以促进他的发展。

孔子之后,孟子也说:“君子引而不发,跃如也。”(《孟子·尽心上》)《学记》的作者也提出:“君子之教,喻也。道而弗牵,强而弗抑,开而弗达。道而弗牵则和,强而弗抑则易,开而弗达则思。和易以思,可谓善喻矣。”这就是说教者善于启发引导学生主动学习,不牵着他们走,可以使师生关系、教学关系亲密和谐;给学生学习过程和学习成果以必要的强化,激励而不使学生精神受到压抑、不使思维受到抑制,就会使学生心情愉快,乐于学习;开启学生的思维、指点学习门径和内容端倪,而不把现成知识和盘向学生端出,这样就会给学生留有思考的余地。如果教师能为学生创设和谐的情境,使他们在愉悦中开启思维,主动认识和解决问题,这就是最好的教学。这些都进一步阐发了启发式教学思想。

西方启发式教学源于古希腊时代的“问答法”,其创始人是著名思想家、教育家苏格拉底,他用“产婆术”来启发学生独立思考以探求真理,也就是运用启发式提问法,激发学生自己寻找正确答案,当学生学习出现错误的时候,他也不直接进行纠正,而是提出补充问题,把学生进一步引向谬误,从而促使学生认识和纠正错误。17 世纪的捷克教育家夸美纽斯、后来的瑞士教育家裴斯泰洛齐、德国教育家赫尔巴特等都强调启发教学,重视调动学生学习的主动性。尤其是第斯多惠提出的“一个坏的教师奉送真理,一个好的教师则是教人发现真理”,成了启发式教学的名言。

可以说,提问正是教师在课堂教学中启发学生学习的最重要的手段之一。

三、提问技能案例分析

课堂提问不仅是课堂的一种智力调动行为,也是启动非智力因素的一个重要手段,其教学价值是多维度、多方面的。下面我们根据语文教学的特点从其诱发学生学习动机、引导学生思维方向、推进课堂教学进程、培养学生质疑思辨能力、为学生提供练习机会等方面来分析其在语文课堂教学中的作用。

(一)诱发学习动机

在课堂教学中,当学生意识到每个人都有可能被教师提问,他们的注意力就有可能集中在所要学习的内容上;他们如果能够在教师的帮助下正确回答问题,体验学习成功的快乐,将会更努力地思考问题、回答问题。不但如此,教师有技巧的提问能创设与教学内容相和谐的教学情境,激发学生的好奇心、想象力,诱发学生的学习动机,促使他们积极地去解决问题。已有研究也证实学生对教师引导的问答活动参与程度最高。

【例 4-3】 吴丹青《咏雪》课堂教学实录片段

师:前天看了一天的雪,大家都很高兴吧,那么,“白雪纷纷何所似?”(师板书:白雪纷纷何所似)“何所似”的意思就是像什么,请同学们说一说,纷纷扬扬的白雪像什么?

生:像鹅毛。

生:像蒲公英。

生:像棉花。

生:像棉花糖。

师:同学们的比喻都不错,但都是静态的描写,请注意我的问题是:“白雪纷纷何所似?”(强调“纷纷”二字,提醒学生从动态方面展开想象。)

生:像翩翩飞舞的白蝴蝶。

生:像慢慢投入大地母亲怀抱的蒲公英。

生:像随风飞扬的棉花。

生:像天上落下的散冰。

师:大家说得很形象。想不想知道东晋时代的两个小孩子是怎样回答的?他们的答案和我们的答案谁的更好呢?

“白雪纷纷何所似”是课文《世说新语》中谢安让他的侄儿、侄女回答的问题。吴丹青老师基于学生的生活积累,以此为这篇课文教学的第一个问题,巧妙地创设了与课文学习内容相和谐的教学情境。在学生联系他们自己的生活见闻畅所欲言地回答之后,老师再抛出“想不想知道东晋时代的两个小孩子是怎样回答的”来引入课文的学习。这样的提问就很好地诱发了学生学习课文的兴趣和学习动机,激起了他们强烈的求知欲。

(二)引导思维方向

教学内容对于教师来说是已知的,但对于学生而言是未知的,在课堂上学生的思维往往是肤浅的,并处于分散状态,课堂提问能给学生提供某种线索,使他们注意教材中的某些特点、信息。这种有意学习行为能促使学生的思维从分散走向集中,从肤浅走向深刻,并逐步学会学习。

【例 4-4】 吴丹青《祖国啊,我亲爱的祖国》课堂教学实录片段

师:不同的语调可以表现不同的情感,诗歌是情感的艺术,接下来我请同学们读一读诗

歌的第一节，注意有感情地朗读，把握作者的情感基调。

（学生齐读第一小节，师板书：情感。）

师：老师听出来了，你们读第一段诗歌时声音低沉，读到最后一句"祖国啊"，用的是降调，为什么这样读？

生：因为这里写了中国屈辱的历史。

生：因为这里描写了祖国贫穷的困境，读到这一段的时候感觉伤心。

师：那你是从哪些词语看出来的？

生零散回答：破旧、老水车、蜗行摸索、疲惫……

师：你们见过老水车吗？

生集体：没有。

师：那我们来看一看。（PPT 出示"老水车"的图片）这就是老水车，这是老师在旅游景点拍下来的老水车。同学们如果到旅游景点游玩，看到景区里这样的老水车的时候，你的心里会觉得沉重悲哀吗？

生集体：不会。

师：怎么被舒婷写进诗歌，你读的时候就悲哀起来了呢？看来舒婷诗中的老水车已经不是客观存在的老水车了，这水车上边有着诗人的情感，她已经赋予这水车一定的思想内涵。这种倾注了诗人或者作者具体情感的具体物象，我们称之为——意象（板书：意象）。比如，当你思念家乡的时候，你常常会想到什么？

生：家乡标志性的事物。

师：说到我们祖国的伟大，你就会想到什么？

生：万里长城、天安门。

师：这些都成为祖国的象征。"举头望明月，低头思故乡"，这轮明月也就成了我们思乡的一个具体物象，这就是意象。诗人写诗，常常会通过意象来表达情感。那我们读诗该怎么读呢？要理解这些意象的内涵，领悟作者的情感。今天我们就这样去学习这首诗歌，我们来阅读第一节，看看诗人写了哪些意象，这些意象有哪几个让你最有感触，你看到这些词语，会联想到什么，你的眼前会出现怎样的画面。在头脑里想一想再说。

诗歌是情感的艺术，意象是诗歌的核心，语言是理解意象、领悟情感的入口。教师对诗歌创作和诗歌解读的通道了然于心是诗歌教学的前提，然而怎样让学生也能领悟诗歌学习之道呢？教师的课堂提问引导着学生的思维方向："你为什么这样读？""从哪些词语看出来？"把学生的注意力从朗读引向课文的语言。"诗人写了哪些意象？这些意象哪几个让你最有感触？你看到这些词语，会联想到什么？你的眼前会出现怎样的画面？"这些问题引导学生品读意象和品读意象的思维方式——联想，描绘画面，体验感情。这样的思维方向体现了诗歌学习的特点，对学生诗歌的学法是一个很好的指导。

（三）推进教学进程

课堂教学中教师的提问往往能作为承前启后的课堂教学环节的联结点，用于推进课堂教学的进程。巧妙设计课堂提问可以把课堂教学内容串成有意义的链条，形成意义流，而层递性的问题更是可以将学生的思维和情感逐渐引向深入。

【例 4-5】 孔晓玲《小石潭记》课堂教学实录片段

师：齐读前三段，要求：第一，读准字音；第二，思考写了哪些景物，分别是怎样具体描写的，找出文中的语句。

……

师：刚才我们熟悉了文章的前三段内容，这种翻译破坏原文的意境，古文的韵味消失了。其实，翻译可以融合我们独特的情感，可以表现我们的文学积累和素养，请同学们用优美的语言来再现小石潭的美景。（幻灯出示例句。）老师这样写：小石潭的水是活的，叮叮咚咚演奏着自然的乐章，又如君子身佩玉环的清鸣，在澄澈的心灵和水墨的山水之间久久回荡。同学们可以参照这种方法：第一句话总括景物的特点，然后找到表现景物特征的原文词句，第二句用想象性的语句对景物进行具体的描述，最后一句可以表现自己的情感。试着写写潭中的其他景物。

（学生练笔。）

生 1：小石潭的鱼是灵动的，在阳光洒满的小石潭里，时而佁然不动，时而又俶尔远逝，它们轻快敏捷的样子惹人喜爱，仿佛游到人的心里，十分快活。

生 2：小石潭的鱼是幸福的，虽然生活在小石潭里，却像天空中的鸟儿一般，拥有广阔的天地，自由自在地生活在水里，灵动的身影忽远忽近，在阳光下怡然自得。

生 3：小石潭中的鱼游起来灵活敏捷，由于潭中的水清澈见底，鱼儿游动就无所束缚、自由自在，像在天空里一般。有些鱼儿看似呆呆的，但在水里却敏捷得很，忽然游向远处了，就像精灵一般。

生 4：树是害羞的，树枝藤蔓两兄弟互相遮掩，还摇晃着脑袋，不肯露出自己的脚，但微风吹过，谁都隐藏不了，都随着微风动起来。

生 5：小石潭的石是奇的，它们用不同的方式唱响自然的篇章，像小岛、高山、岩石，擦出美的火花。

师：美的景色当然要用美的声音来朗读，请一位同学来朗读，老师给配音乐。

（生读。）

师：徜徉于这么优美的景色中，听着如鸣珮环的水声，看鱼儿在水中嬉戏穿梭，这时候柳宗元脸上会有怎样的表情？

生 1：开始是郁闷，看到景色后慢慢笑了，过一会儿则开怀大笑。

生 2：惊讶。

生 3：豁然开朗，心旷神怡。

生 4：一开始愁眉苦脸，然后眉头打开。

生 5：带着微微的笑，心情平静。

师：微笑，嘴角微微上扬，沉醉在景色中，非常宁静。他微笑着坐在潭边。（出示课文第四段。）一起读"坐潭上……"（生齐读。）

师："凄神寒骨，悄怆幽邃"是什么意思？

生：心神凄凉，寒气刺骨，弥漫着忧伤的气氛。

师：此刻他的表情是怎样的？

生：收起原本的微笑，沉浸在往事中。

师:回到自我的世界里去了。

生1:皱着眉,眼睛闭着,在叹息。

生2:眼睛没有神韵,悲伤。

生3:触景生情,愤懑之情无处发泄,忧伤,心都凉了。

师:面对同样的美景,为什么一下子心境会发生这样的变化?他的心境的转变是从哪个环节开始的?我们回顾他游小石潭的经过:闻水声—见小潭—观游鱼—望水源—坐潭边,他的心情到底是在哪一个环节上、在什么时候开始发生了改变?

生:望水源的时候。

师:为什么偏偏是望水源的时候?"望"能否改成"见"和"观",为什么?

生:不能,"望"有向远方眺望的意思,文中说"不可知其源",柳宗元一直在望水的源头在哪里,但是一直望不到。

师:"望"有远近关系。

生:"见",无意识地看见,"望",希望看到水源,但是看不见,失望。

师:看来,"望"比起其他字,有别样的情怀。我想起了《登幽州台歌》,"前不见古人,后不见来者,念天地之悠悠,独怆然而涕下"。在诗歌里出现了"见",但是我想,诗人登上幽州台后的视觉动作肯定是"望",望到了什么?什么都没有,只会勾起穿越千古的苍凉和孤独。柳宗元望到什么了?

生:毫无尽头的水源,他个人的历史。想到自己的过去和未来,但看不到。

师:迷茫。

生:这一段话,曲曲折折,使他想起自己的过去,不知道自己为了什么而生活。

师:潭水像北斗星一样曲折,像蛇一样蜿蜒前行,忽隐忽现,就像他的人生。岸势就像狗牙一样参差不齐,不可知其源。他一直沉浸在小石潭的世界里,突然抬头居然看到这样的场景,禁不住悲从中来。

当时的柳宗元处在怎样的现实中?(幻灯出示柳宗元介绍。)

(请一生读。)

师:柳宗元被贬谪永州,永州地处湖南、广西边界,非常荒凉,自古以来就是官员贬谪之地,柳宗元被一纸诏书贬到了离长安城两千多里(一千多公里)的永州,那一年他33岁,他以为马上就能回长安,没想到这当中皇帝连下三道诏书:任何一次大赦都不能赦免当时的"八司马"。他在永州一待就是十年。

在困境中苦苦挣扎的柳宗元本来可以沉浸在小石潭边,如鱼儿一般自由嬉戏,但是,他以"其境过清,不可久居,乃记之"而去,他为什么要离开?

生1:虽然景色美,但有点阴森。

生2:本来以为美景可以让他忘怀过去,无意中发现景色凄凉,触痛内心。

师:这个时候很想跟柳宗元说说:你为什么不学学欧阳修,"醉翁之意不在酒,在乎山水之间也";或者学李白,"相看两不厌,只有敬亭山",至少还有敬亭山和他做伴。中国文人自古以来和山水有着割不断的情怀,你们看,欧阳修、李白与山水之间的距离怎样?

生:近。

师:很近,甚至融合在里面,柳宗元呢?

生:很远,他是以观者的身份去看小石潭,而没有融入其中。

生：他为了摆脱郁闷的心情，而不是像那两人那样是真爱山水。

师：连山水也走不进柳宗元的内心啊！

……

我们试着梳理一下孔晓玲老师的问题教学思路："写了哪些景物？分别怎样具体描写水、石、鱼、树？"这是引导学生在问答过程中熟悉课文前半部分的内容并为进而用优美的语言来再现小石潭的美景做好铺垫。而"徜徉于这么优美的景色中，听着如鸣珮环的水声，看鱼儿在水中嬉戏穿梭，这时候柳宗元脸上会有怎样的表情？"这一问题的出现非常巧妙地推进了课堂教学的进程。"这时候柳宗元脸上会有怎样的表情？""'坐潭上……凄神寒骨，悄怆幽邃'时，他的表情又是怎样的？""面对同样的美景，为什么一下子心境会发生这样的变化？他的心境的转变是从哪个环节开始的？"这一串问题引导学生想象柳宗元表情的变化，仔细揣摩心境发生转变的关键点，不仅对作者的游踪"闻水声—见小潭—观游鱼—望水源—坐潭边"做了梳理，更重要的是将学生的思维与情感从文学表层的境界领悟引向对深层意蕴的探究——由一个"望水源"的"望"引导学生走近柳宗元。作者情感的转折、课堂分析的转折就从这一"望"开始，学生从这个环节开始细细品析人物内心。课堂教学上升到一个新台阶：透过文本抓住人物的灵魂，以文解人同时又以人解文，教师以其对文本独特而深刻的挖掘让文章有了厚度，让课堂有了厚度，让学生的品读有了一定的深度和高度。孔晓玲老师就是这样通过问题来架设学生与文本之间的思维桥梁，使学生在优美的意境以及丝丝入扣的文本细读中领悟到作者孤寂的内心。

(四)培养质疑思辨能力

"学须先疑"，思维从问题开始。疑问是思维的第一步。课堂提问的教学价值不仅仅在于传授了知识，更重要的是培养学生思维的习惯、质疑的胆识。培养学生质疑思辨能力首先要注重学生问题意识的培养。学生的问题意识来自教师的问题意识，教师的提问教学给予学生学习质疑思辨的示范；来自教师对学生的提问习惯、学生质疑态度的培养。许多优秀的教师善于把提问的机会给学生，让他们在质疑释疑的过程中提高思辨能力。

【例 4-6】 吴丹青《祖国啊，我亲爱的祖国》课堂教学实录片段

师：前面两节诗读后，老师心里有一个困惑，舒婷诗歌里的祖国，和我们同学看到"祖国"这个词想到的祖国好像很不一样，沈梦婷、赵勇、何震三位同学在预习的时候也提出了这样的问题(PPT 出示学生问题)：诗人对祖国充满了深情，应该写祖国的繁荣昌盛，可为什么用那么多的词句描写祖国的苦难？

生：因为诗歌写于 1979 年，从新中国成立算起，发展的时间很短，而且那段时间可能是中国最贫困的岁月。

师：诗歌前两节写的是 1949 年到 1979 年这个阶段吗？你们到诗中找一找表示时间的词语。

生集体：数百年。

生集体：千百年。

师：还有一个词表示时间更早。

生集体：祖祖辈辈。

师：那就是说指称了中国的历史。中国历史有几千年，舒婷就说了几千年。在你们的思想中，中国五千年的历史都是贫穷、落后，让人悲哀吗？

生：不是。

生：新中国成立后，祖国越来越繁荣富强。

生：我觉得在汉朝，西汉时期都是非常富强的，而不是只有新中国成立之后才富强起来。

生：古代有四大发明。

师：那么应该说"我就是古代的四大发明，我就是你大汉盛世"，可是舒婷为什么只是选择反映我们祖国贫穷、落后、衰败的老水车这样的意象来写祖国的历史呢？你觉得解决这个问题要从哪几个方面入手？

生：先要弄懂这一段的意思，然后从词语入手，理解诗歌的意思。

生：还要联系上下文。

师：确实，不仅要从这一段的词句入手，还要联系全文来解决这个问题。我们班有些同学在其他段落里也抓住一些关键的句子，提出了这样的一些问题(PPT 出示问题)：为什么说"我是飞天袖间千百年未落到地面的花朵"？——梅皓艾、丁子杰。

"神话的蛛网"指的是什么？是否指"文化大革命"的错误？——张军军、陈艳、丁子杰、陈伟、李华杰。

"你以伤痕累累的乳房喂养了我"，这时都 1979 年了，作者为什么还要写"伤痕累累"呢？——赵勇、杨振。

"我"为什么是"迷惘的、深思的、沸腾的"？三个词是以怎样的顺序排列的？——夏雪、季鑫、鲁晓桢、冯静。

师：对"飞天袖间千百年未落到地面的花朵""神话的蛛网""伤痕累累的乳房""我"这四个意象的解读能帮助我们解答刚才的问题。先看第二个，"神话的蛛网"指的是什么？

生：封建时候的旧思想。

师：怎样的一种旧思想呢？

生集体：迷信。

师：迷信什么呢？

生：我根据上下文来理解"神话的蛛网""簇新的理想从神话的蛛网里挣脱"，这也许是指焚书坑儒之类的文化摧残运动，但是，最终，"簇新的理想"还是得到了真正的解放。

师：你真是一个思想深刻的女孩子。如果就像你所说的那样，从古至今我们都被某种思想观念所抑制，联系到舒婷诗中所写的这些意象，那我们想想，应该是哪些思想观念呢？

生集体：自夸地大物博，封闭，不开放，故步自封，闭关自守。

师：那么从神话的蛛网里挣脱的一个时代性的标志是什么？

生集体：1978 年，党的十一届三中全会，改革开放，经济建设。舒婷这首诗就是写于 1979 年。

师：了解创作的时代背景对于解读这首诗歌应该是有帮助的。

生：我觉得也许和舒婷自身的经历有关。因为她的父亲就是著名作家老舍，就是在"文化大革命"中受尽屈辱跳湖而死的。

师：老师纠正你的一个说法，老舍不是舒婷的父亲，但老舍确实有令人非常悲哀的经历。“文化大革命”中有很多知识分子遭到迫害，那是一个是非颠倒、黑白不分的年代。不过老师很赞赏你的一种解读方法——联系诗人个人的经历去理解诗歌。也就是说读诗除了从文中的意象去理解诗人的情感外，还可以知人论世(板书：知人论世)，联系创作背景，联系作者的个人经历。

上面这一教学片段表现出这样的理念：教师并不仅以知识的传授为目的，而是以激发学生的问题意识、质疑意识，加深思维的深度，探求解决问题的办法等为手段，特别是以形成自己对解决问题的独立见解为目的。而伴随解决问题的对话式讲解，是通过学生从具体到抽象、从一种问题情境向另一个问题情境转移的思维流程来实现的。教师以问题情境的设置引领学生联想、推论，以问题解决的目标提示启发学生对材料进行判断、评价。这个思维流程有一个问题逻辑的层层展现过程，学生在这一过程中始终保持积极的思维状态。

“诗人对祖国充满了深情，应该写祖国的繁荣昌盛，可为什么用那么多的词句描写祖国的苦难?”“为什么说‘我是飞天袖间千百年未落到地面的花朵’”?“‘神话的蛛网’指的是什么？是否指“‘文化大革命’的错误?”“‘你以伤痕累累的乳房喂养了我’，这时都1979年了，作者为什么还要写‘伤痕累累’呢?”“‘我’为什么是‘迷惘的、深思的、沸腾的’?”“三个词是以怎样的顺序排列的?”这些来自学生的问题，成为课堂讨论的内容，不仅尊重了学生的阅读期待，而且能够强化学生的问题意识，激发质疑动机和精神，促进后续学习。这些内容促使学生逐步形成善于质疑、乐于探究、勤于动脑、努力求知的积极态度，使语文文本信息得以进入学生建构的层面，并在质疑思辨、探究体验的过程中发现真知灼见、发展思辨能力。

(五)提供练习的机会

教学提问的一个很重要的目的在于为学生创造听、思、读、说、写、练习的机会，以提高他们的思维能力和口头语言表达能力。课堂提问将学生置于与教师、同学对话交流的特殊的位置上，他要面对教师和全体同学，准确理解问题的指向，并用自己的语言有条有理、有根有据地阐述自己的思想。这样不仅促使学生有意识地养成熟练地组织语言，准确地表达自己的观点的习惯，而且很好地锻炼提高了他们语言表达的逻辑性和灵活性。请仔细阅读下面的课堂实录，尤其关注由问题引出的学生活动。

【例 4-7】 吴丹青《小院》课堂教学实录片段

一、充分地说——给学生一双自信的翅膀

师：今天我们学习《小院》。这是一个怎样的小院呢？请大家以“小院”为中心语，在它的前面加上一些修饰语，“什么什么的小院”，并对所加的内容稍作解释。

生1：生机勃勃的小院。文中写道：“窗台上、台阶上摆满鲜花，它们排行整齐，错落有致，使小院显得生机勃勃。”

师：用课文中的词语概括，聪明。文章读得仔细。

生2：回归自然的小院。“檐间悄悄响着鸽子的咕咕声，梁上燕语呢喃，伴我入梦”。这一描写充满了乡土气息，很温馨。

师：哦，很温馨。小院让你体会到乡土气息，“回归自然”这个词语用得有创意。

生3：富有雅趣的小院。小院中那些花盆都是旅客们丢弃的物品，稍加整治后，成为艺术品，说明小院很有趣味。

生4：花香盎然的小院。“四下看去，发现自己正在花的包围之中。”“窗台上、台阶上摆满鲜花。”

生5：设备齐全的小院。“可不，大锅里有温水，只管舀来洗就是了；暖瓶里有热茶，美美地喝就是了。愿睡软床还是硬板儿，抑或暖炕？悉听尊便。”

师：“设备齐全”，确实。这段描写还可以用什么词概括？

生齐：温馨。

师：不错。那么“悉听尊便”是什么意思？（师生共同回答：“悉”，都。“尊”，对人的尊称。“悉听尊便”，随您的方便）说明这里住宿条件——

生齐：方便，舒适。

生6：很小的小院。“四合院严丝合缝，四面全是屋，正房厢房各两幢，门被挤到临巷的西南角。登堂入室后居然望不见它。”

师：“门被挤到临巷的西南角”，“挤”字写出了“小”的特点。文中还有一个比喻句也写出了这个特点。

生齐：“台怀镇上的小店星罗棋布，而这家旅店只是其中的一颗小星星。”

生7：苍翠浸润的小院。“草木掩映，浸润得整个小院绿莹莹、蓝汪汪。”

师：这个修饰语反映出小院四周景色和小院的关系。

师：这个问题我们就讨论到这里。大家加的修饰语都不错，解释得也不错，同学们的发言合起来就较全面地概括了小院的特点。

二、尽情地读——给学生一双聪慧的眼睛

师：不过，我们要真正了解这个小院，一定要认识小院的主人，是谁呀？

生齐：小大嫂。

师：小大嫂又是怎样的一个人呢？请同学们认真阅读课文，找到文中描写小大嫂的语句。把直接描写小大嫂的语言、动作、神态等的语句和间接表现小大嫂的品性情怀的描写都画出来，并在旁边加注，写上使用了什么描写方法，从这些描写中可以看出小大嫂是一个怎样的人。（生认真阅读课文，师巡回指导。）

师：好。就看到这里，我们逐段来讲好不好？

生8：“我抬眼望去，看见一个怀抱孩子的‘小大嫂’，站在人丛边上，冲着游客们招手，却没有一声言语，仅是亮亮的眼神、甜甜的笑靥。”这里的神态和动作描写表现了小大嫂的善良淳朴。

师：除了善良淳朴，这样的小大嫂还给人什么感觉？

生9：真诚，值得信赖。文中作者的话也告诉了我们这一点。

师：我们一起把作者的这一抒情性的议论句读一遍。（生齐读：“凭直觉，这是值得信赖的眼神，这是发自内心的笑靥。”）

师：这“亮亮的眼神、甜甜的笑靥”给人一种真诚、淳朴、善良的感觉；难怪作者要抒发出这发自内心的感受，也难怪作者和几个同行跟着小大嫂就走了。

师板书(多媒体荧屏)：

“第一印象

亮亮的眼神

甜甜的笑靥(神态)”

下面，我们来看小大嫂给作者的第二印象。

生10：“大锅里有温水，只管舀来洗就是了；暖瓶里有热茶，美美地喝就是了，愿睡暖床还是硬板儿，抑或暖炕？悉听尊便。”这是间接描写，表现小大嫂非常勤劳。

师：仅仅是表现小大嫂的“勤劳”吗？从中还可以看出小大嫂——

生齐：招呼客人非常周到。

师：这一段写得非常好，请大家齐读。

生齐读：“可不……伴着我入梦。”

师：这是对小旅店的住宿条件的描写，同时间接表现出小大嫂对旅客的招待热情周到，难怪旅客的感受是——

生齐：宾至如归。

师：作者也是这样认为的，文中的话是——

生齐：“这儿就是你的家。”

(荧屏)：“第二印象

这儿就是你的家：

温水、热茶、暖炕

鸽子咕咕，燕子呢喃”

师：下面我们来看第三印象。

生11：“四下看去，发现自己正在花的‘包围’之中——窗台上、台阶上摆满鲜花，它们排行整齐，错落有致，使小院显得生机勃勃。”这是间接描写，可见小大嫂很爱养花，很爱生活。

师：爱花的人往往是热爱生活的人，我们从这满院的鲜花，可看出院主人对生活、对美的追求与创造。这里除了对花的描写之外，还有——

生(个别)：花盆。

生12：“细瞧花盆，那千奇百怪的模样令人忍俊不禁：废暖瓶壳，破旅行杯，掉提手的小塑料桶，用过的可口可乐罐……这些游客丢掉的废弃物，稍加整治，居然变成艺术品，而且那么自然，那么富有雅趣。”可见小大嫂心灵手巧，富有雅趣。

师：是啊，废弃物居然变成了艺术品，真可见小大嫂的心灵手巧，富有雅趣。

(荧屏)：“第三印象

空气格外纯净

鲜花香味馥郁

花盆富有雅趣　(间接描写)”

师：好，下面我们来看对小大嫂的第四印象的描写。

生12：“她淡淡地说：‘没什么，昨晚这伙年轻人不小心碰破了一面镜子。’说完，又甜甜一笑。”可见小大嫂对旅客的理解和宽容。

师：最好把这件事的前因后果说一下。

生12(继续)：旅客把她家的镜子打破了，她并不计较。她的答话极为简洁，然而蕴含了多少理解与宽容啊!

师:如果文中没有作者这一抒情性的议论句子,我们能看出她的宽容与理解吗?从哪里看出?

生齐:"甜甜一笑。"

师:从这"甜甜一笑"中可见小大嫂对镜子被打破一事是真的不在意,这是对小大嫂哪方面的描写?

生齐:前文是语言描写,这是神态描写。

师:这一段还有对小大嫂其他方面的描写吗?

生 13:"小大嫂款款而来",这是对她的神态描写。

师:是神态描写吗?

生 13(继续):是动作描写,描写小大嫂的美。

师(笑):哪个词可看出"美"?

生齐:款款而来。

师:"款款"是什么意思?

生 14:从容地,不慌不忙地。

师:好的。谁再来补充?

生 15:"她夜里忙着烧茶送水,今晨又早早起床,脸上留下几缕明显的倦意。"说明小大嫂勤劳热情、服务周到。

师:这里描写的是小大嫂——

生 15(继续):动作,神态。

(荧屏):"第四印象

款款而来

淡淡地说

甜甜地笑　(动作、语言、神态)"

师(小结):作者就是这样通过对小大嫂的动作、语言、神态的描写,对小大嫂的间接描写,表现了小大嫂的品性情怀。那么小大嫂是一个怎样的人呢?请综合前面我们的阅读感受,用一段话来谈谈对小大嫂的总体印象。准备两分钟。

(生认真看书,或边写边念念有词。)

师:好,开始。

生 16:洗完脸,喝完热茶,我来到小院中。在小院里,我被那一盆盆生机勃勃的鲜花吸引住了,我闻着花香,脑子里闪现出昨晚所见的小大嫂那亮亮的眼神,甜甜的笑靥。那笑靥是绽自内心的,那眼神是多么真诚。我感到她是一位非常淳朴真诚的人。那些经过小大嫂精心加工而成的花盆,是多么富有雅趣。这时小大嫂款款而来,她手中提着一个畚箕,里面装着碎玻璃。"我忙问怎么回事,她淡淡地说:'没什么,昨晚这伙年轻人不小心碰破了一面镜子。'说完,又甜甜一笑。"再次让我感到她是一个真诚纯朴的人。

师:这位同学是从"次日早晨""在小院中""被鲜花吸引住"然后想到小大嫂说起的,这种思路很新颖,说得也很好。

生 17:小大嫂是一间旅店的主人,她那亮亮的眼神,甜甜的笑靥,总让人感到淳朴、善良、真诚。她照顾旅客样样周到,温水、热茶、暖炕都准备得妥妥帖帖,让旅客感觉宾至如归。她还是十分热爱生活的人，旅客丢掉的废弃物，经过她的巧手变成一个个花盆，花盆上绽满了美丽的鲜花，散发着馥郁的花香。她还是个宽容理解旅客的人，旅客们闹腾到很晚，不小心打破了镜子，她却淡淡地说“没什么”。她那亮亮的眼神，甜甜的笑靥，总让人感觉到非常美好。

师：这位同学先说小大嫂是怎样一个人，然后用课文中的具体描写，如小大嫂的神态、动作、语言等来说明，说得也非常好。

三、自由地思——给学生一些精彩的想法

师：从同学们的发言中可以看出大家对小大嫂的了解是较深刻的。大家发言中引用文中的语句都是前七段的，对第八段几乎没有涉及，为什么？（生迟疑了一下。）

师：第八段写什么？

生（齐）：写景。

师：写什么景？

生（齐）：小院四周的景色。

师：写作内容好像已经离开小院，是吧？

生（齐）：不是。

师：那么，四周景色跟小院有什么联系？请一位同学把第八段读一读。同学们认真思考四周景色与小院的联系，可以对照这幅图。（幻灯展示：书上的插图。）（一生读课文第8段）

师：读得很流利，也较有感情。好，我们来看这一幅图画。这是一幅风景画，如果让美术老师来说，他会告诉你小院与周围景色的关系。这是（师指图中的小院）——

生齐：主体。

师：（指图中四周景色）这是——

生（齐）：背景。

师：我们设想一下，如果只有这个小院，没有背景，会怎样？

生（陆续）：单调、乏味，非常孤立，没有现实感……

师：是啊，可见背景往往有突出主体的作用，而且这幅图画中的四周景色与小院还有特殊关系，课文中有一个词语就很好地表现了这个特殊关系。

生齐：浸润。

师：“浸润”是什么意思？

生（齐）：液体渐渐渗入。

师：文中是指液体的浸透渗入吗？

生：不是，是指山色。

师：山色浸润到小院。请一位同学上来描述一下这四周的景色，说说四周景色与小院的关系，可以用课文中的词语，也可以加以创造，谈谈自己的感受。给同学们两分钟时间准备。（生默默思考）

生18（上黑板前，教鞭指着图）：小院的前方突兀一峰，这是有名的菩萨顶，郁郁的松林荡漾着一片青苍，间或有黄色一闪，那是寺庙的檐角。山在碧蓝的天空下，显得异常青翠，寺庙的后方另有一番景致，是黛螺顶，顶上郁郁苍苍，草木掩映，浸润得小院绿莹莹、蓝汪汪的。

师：总体上不错。这位同学有没有说得不够准确的地方？

生 19:小院的后方是菩萨顶,这才是黛螺顶。(指图。)

师:纠正得好,再请一位同学。

生 20(上黑板前,指着图说):小院前突兀一峰,是黛螺顶,间或金黄一闪是寺庙的檐角,在碧蓝的天空下格外青翠耀眼。小院后面有名气更大的菩萨顶,寺庙众多,松林青翠,浸润得整个小院绿莹莹、蓝汪汪的。

师:刚才两个同学在描述四周景色时和作者一样,都说了一个共同特点:山色青苍一片,草木掩映,浸润得小院绿莹莹、蓝汪汪的。不过,老师这幅画有一处画得不好。

生 21:寺庙画得太多、太大了。

生 22:特别是小院前方的黛螺顶的寺庙,文中是"闪出一角",而这儿不止一角了。没有画出"间或一闪"这个词的表现力。

师:那么"闪"字在这儿起到什么作用呢?

生 23:"闪"字可以表现出山色浓密。

师:对,这一个"闪"字显出松林密密,青苍一片,而且与前文"荡漾"呼应,可以想象出——

生齐:有风。

师(点头):这一段的描写让我们感觉到小院是在大山的怀抱中,在大自然的怀抱中。五台山台怀镇上的小院确实不同于我们龙泉城内的任何一个小院,它处在风景优美的环境中,贴近自然,充满乡土气息。所以"我"面对四周山色,不禁油然而生醉意。不曾游山,心儿先自"醉"了(板书:"醉")。同学们,想一想,作者仅仅是因为四周山色而醉?

生 24:不是,还有"花映香熏的人家","苍翠浸润的小院"。

师:是啊。我们假设一下,当作者站在院子里,除了面对四周美丽的山色,眼前还应该有哪些画面?(生思考,师板书"花映香熏的人家""苍翠浸润的小院"。)

生 25:小院浓郁的乡土味。

生 26:小大嫂忙碌的身影。

生 27:小院中人与人之间和谐温馨的关系。

生 28:小大嫂的品性情怀。

生 29:小大嫂时不时的微笑。

生 30:小大嫂热情待客的情景。

生 31:小大嫂款款而来的形象。

师(充满感情):假设此刻你正处在这小院花的包围中,而眼前又时不时出现小大嫂款款而行、忙里忙外的身影,还有她亮亮的眼神,甜甜的笑靥,再听听她淡淡的然而又蕴含着多少宽容与理解的话语,再听听她指着四周的景色,向你介绍她家乡的美景,此时此刻(轻缓优美的音乐响起),你的心也不禁会陶醉,你一定会情不自禁地感叹:"啊,这花映香熏的人家,苍翠浸润的小院。"让我们带着些醉意,以优美的感情,优美的嗓音,朗读课文最后两段。

(生伴音乐而读,沉浸其中。)

师:听着同学们的朗读,老师的心也不禁醉了。因为我从同学们的朗读声中感受到同学们已领略了"这苍翠浸润的小院"的景色美,这"花映香熏的人家"的人情美(板书:"景色美,人情美")。《小院》是一篇叙述性散文,作者综合运用了记叙、描写、抒情、议论的表达方式,融叙事、记人、写景为一体,达到了内容美和语言美的统一。这篇美文的作者是——

生齐:"阳关。"(师板书:"阳关")。

四、快乐地辩——给学生一次情感的升华

师：文章发表在什么时候？

生（齐）：1987年5月22日。

师：1987年，离现在已有12年[①]了。12年过去了，我们想想，五台山台怀镇上的小院还在不在？如果在，又有什么变化呢？为何变化？请同学们展开想象来回答。

生32：我觉得这样的小院还是在的，或许这些年经济发展很快，小院已变成很大的旅馆了，或许小大嫂的钱已挣多了，但那小院和谐、温暖的人际关系还是存在的。

生33：我认为现在不存在了，现在将进入21世纪了，现在是市场经济时代，俗话说"有理走遍天下"，现在都成了"有钱走遍天下"。如今，五台山上的台怀镇也有了很大变化，人与人之间应该有了一层金钱隔膜，我觉得这样充满人情味的旅店应该是不存在了。

生34：小院或许已变成大宾馆，但人与人和谐温馨的关系不会变，小院主人的精神是不会变的。而且我们中国是社会主义国家，注重精神文明建设，小院精神应该得到发扬，我觉得应该存在。

师：两种观点，你们支持哪一方？

生35：小院会存在的，或许变成大旅馆了，但小大嫂的服务一样周到，待人还是一样真诚，虽然开旅馆是为了挣钱，但对顾客们服务周到，对挣钱来说也是很重要的。

生36：我认为小院在，人也在，小大嫂的品质也照旧。不知大家去过五台山没有，五台山是中国佛教四大名山之一，是中国的旅游胜地，旅游胜地中有很多名胜古迹，这样的小院也是台怀镇的特色之一吧，我觉得当地政府应该把小院给留下来。小大嫂她那种善良勤劳、待人真诚的宽容的品质也会留下来的，因为"江山易改，本性难移"嘛，小大嫂的美好品性是不会变的。

师：这位同学的发言很有意思：一是他站在旅游事业的角度去分析，这一点老师也没有想到；二是他能抓文中人物性格特点去推断人物的变与不变，小院的变与不变。我们要注意，小大嫂不是其他地方的小大嫂，而是"阳关"笔下的小大嫂，在这篇课文中，她是非常善良、真诚、淳朴和宽容的。时代在不断前进，但小大嫂这种美好的品性，是不会轻易丢弃的。其他同学呢？（生意见不一，议论纷纷。）

师：同学们课后还可以继续讨论。大家也不妨将自己的想法写在日记本上和老师交流。我想，我们每个人心中都有对真、善、美的渴望与追求，今天我们为台怀镇上这一小院的人情美而陶醉，也祝愿真诚、淳朴、善良、宽容这美丽的花朵开遍世间的每一个角落。

我们首先来看这堂课的第一个问题："这是一个怎样的小院？"这本来就是一个比较容易回答的问题，而教师提出这一问题后又对学生的回答提出要求：以"小院"为中心语，在它的前面加上一些修饰语"什么什么的小院"，并对所加的内容稍作解释。这一要求其实也是对学生怎样说的进行具体指导，而在学生根据要求回答这一问题时，教师又加以激励性的点评，所以，在这个教学环节中，我们发现，学生们说得很轻松、很愉快。通过这一问题的课堂对话他们不仅整体感知了课文，更重要的是在轻松的话题面前，他们感觉到自己能说，并且能说得精彩，这种成功的体验使他们的学习热情更高涨，对自己学习成功的期望值更高。对整堂课来说，这是一个很好的开始。

---

① 本课例是20世纪90年代的教学案例。

第二个环节的问题是:小大嫂是怎样的一个人?教师用这个问题引导学生认真阅读课文并要求他们找到文中描写小大嫂的语句,把直接描写小大嫂的语言、动作、神态等的语句和间接表现小大嫂的品性情怀的描写都画出来,并在旁边加注,写上使用了什么描写方法,从这些描写中可以看出小大嫂是怎么样的一个人。这是对学生"读"法的指导和训练。在教师的引导下,从品析一句话、一段话来回答小大嫂是一个怎样的人,到最后综合地说小大嫂的总体印象,孩子们走近小大嫂,了解小大嫂,读得越来越明白,说得越来越精彩。他们不仅学会了如何品析人物形象,而且审美的意识被激发,他们用一双聪慧的眼睛去发现文章的美、人物的美,并且用优美、流畅的语言来表达自己的感受。

第三个环节的问题是:四周景色与小院有什么联系?学贵质疑,课堂应该是学生发现问题、解决问题的课堂。老师让学生根据画面说小院景色,又引导学生讨论画面的欠缺之处,让课堂里有了不一样的声音。学生有了自己的独特体验,有了自己的精彩想法。

小院还在吗?这是这堂课最后一个问题。老师说:"文章写于 1987 年,离现在已有 12 年了。12 年过去了,我们想想,五台山台怀镇上的小院还在不在?如果在,又有什么变化呢?为何变化?请同学们展开想象来回答。"这个问题的讨论不仅促使学生加深对文章的理解,而且引发了他们辩论的欲望。而在辩论中,他们智慧的火花被激发,思维的能力得到很好的锻炼。

在这堂课中,我们发现学生的话特别多,也说得特别好。其中首先归功于教师的问题设计,其次也得益于教师的认真倾听和给予学生富有启发性、多样性、生成性、情感性的点评语,为师生的交流互动创设了良好的氛围。在这样的课堂里,学生的自信增强,智慧和创造力被激发。

此外,课堂里通过教学提问活动,教师和学生可分别从中获得对各自有益的反馈信息,以作为进一步调整教与学活动的重要参考。在课堂教学中,教师针对不同程度的学生,提出不同层次的问题,让学生回答,根据学生的回答情况,可以判断出他们对所学知识的掌握程度,了解他们智力活动的方式和反应速度,进而了解自己教学的优劣得失,及时调整后继的教学活动。同时,学生可以通过答问,从老师那里获得评价自己学习状况的反馈信息,在学习中不断审视自己,改进自己的学习态度、方法、习惯等,使自己后继的学习活动更富有成效。

四、问题的灵活设计

(一)问题设计的要求

具体包括以下几方面。

1. 目的明确

课堂提问必须以教学目的为指南。每一次提问都必须以落实教学目标、完成教学任务为宗旨。

2. 启迪思维

提问设计要注意创设情境,多编拟能抓住教学内容的内在矛盾及其变化发展的思考题,为学生提供思考机会,并能在提问中培养学生独立思考的能力。还要适当设计一些多思维指向、多思维途径、多思维结果的问题,培养学生的创造性思维能力。

3.系统性

系统性是指课堂上的问题不是各自孤立的，彼此之间应显示一定的难易深浅的梯度和内在联系，具有连贯性。提问教学要紧扣教材内容，围绕教学目标，将问题集中在那些牵一发而动全身的关键点上，以利于突出重点、攻克难点。同时，组织一连串问题，构成一个指向明确、思路清晰、具有内在逻辑的“问题链”。这种提问往往上下相连、环环相扣，前一个问题是解决后一个问题的基础，两个或几个问题在知识、情感、思维上是层进的。这种由简到繁、由易到难、由表及里、由浅入深、层层深入、环环紧扣的“问题链”不仅体现教师教学的思路，打通学生学习的思路，而且能很自然地把课堂中的各个教学环节缝合起来，使课堂教学进程形成层层深入的意义流，课堂教学就成为一个有机的整体。

4.难易适中

提问设计的难易要适度，要依据学生的学习经验、文化素质、智力发展水平等来确定。设计的问题不能过小、过浅、过易，比如极简单的是不是、对不对之类的选择问题，以及没有思考价值极肤浅的填空问题等。也要避免问题设计过大、过深、过难的倾向。一般而言，提问难度应切合学生“跳一跳摘桃子”的原则，控制在多数学生通过努力都能解答的范围。

5.面向全体

学生的基础是有差异的，脑子反应也有快有慢，学生的表现也有可能是参差不齐的。课堂提问要面向全体，就要注意在问题的难易程度上做文章。利用问题的系统性，由简到繁，由易到难，设计阶梯式的问题，促进不同层次的学生积极思考。既要保证困难的学生也能积极参与并逐步拥有挑战困难的勇气和能力，又要让学习优秀者有充分展示自己思维过程的机会。可以变换提问的方式，比如教师提问，点明某位学生回答，也可以让学生举手回答，还可以让学生齐答或轮流答等，采用多种多样的训练方式让全体学生的脑子转起来、动起来，人人有思考的机会，个个有答问的条件，这样，不同层次的学生都能够在提问教学中锻炼能力，发展思维。

6.表述清楚

问题设计的语言要准确、明白、简洁，问题的表述要适合全体学生的心理发展水平和知识能力水平，使他们能较快地做出反应。

7.激发兴趣

教师的提问要触及学生的心理，使学生产生疑虑之情、困惑之感，从而激起感情上的波澜，产生较强的学习兴趣。

(二)问题的预设

要想运用问题开展有效的教学活动，既需要在课前精心设计问题，确保提问的有效性，还需要在教学过程中根据学生的学习反应，临场灵活地追问，促进学生进一步思考问题。

课前设计问题，可以从下面几个角度去思考。

1.根据文本特点，发现提问的角度

提问的角度有很多。作为新教师可以多关注这些角度，比较容易设计出有质量的问题。第一，从题目中提问。《伟大的悲剧》可以提问：“‘伟大’表现在哪里？为什么是‘悲剧’？这是一个怎样的悲剧？”这样的提问引导学生深入研读文本，寻找相关内容，思考有质量的答案。第二，从反常之处提问。即检查、发现课文中不同寻常、不合常规的内容和写法，进而提出问题。课文中不同寻常的情况主要有以下几种：①无须写出的却偏要写出。有些文章的某些内容看起来似乎是多余的，而这些往往正是作者精心安排的，多余之中有深刻的含义。②似应写出的却有意略去不写。有些文章的某些内容如果写出来，文章会显得更完整、更连贯，但作者却把它略去了，这也常是作者的有意安排。③在文章中多次反复写到的。有些文章的某些内容在文章中多次写到，这也是作者独具匠心之处，如朱自清在《背影》一文中，四次写到背影。这四次"背影"所指是否完全一样？文中多次写到"我"的流泪，每次流泪的感情是否相同？④一般应这样写却那样写等。第三，从矛盾之处提问。矛盾是打开思维之门的钥匙，有矛盾才能激发阅读兴趣。而有些文章的内容与内容之间、内容与形式之间、内容与语言之间都存在某些矛盾现象，这些矛盾常是有意安排的，体现着特殊的用意，阅读时发现这些矛盾，并问"为什么"，能促进对文章的理解。例如《老王》前文写道："有人说，这老光棍大约年轻时候不老实，害了什么恶病，瞎掉一只眼。"后文又写道："胡同口蹬三轮的我们大多熟悉，老王是其中最老实的。"老王到底是老实还是不老实？为什么？第四，从含蓄之处提问。许多文章都有一些耐人寻味的句子，对这些句子的理解影响着对全文的理解，就这些句子提问，可促使对其进行深入探究，以加深对文章的理解。如朱自清在《春》一文中写道："春天像健壮的青年，有铁一般的胳膊和腰脚，他领着我们上前去。"春天为什么像青年？春天为什么有"铁一般的胳膊和腰脚"？"他领着我们上前去"是什么意思？有的文章言而未尽，余音绕梁，就其结尾的未尽之处提出问题，对文章的理解会更丰富。如老舍的《小麻雀》结尾，写小麻雀"身子长出来一些，头挂得更低，似乎明白了一点什么"，小麻雀到底明白了什么呢？第五，从平白无疑之处提问。语言是一种复杂的现象：相同的词语在不同的语境中会表达出不同的含义；同样的意思，可以用不同的词句来表达；有的词句看似平淡明白，但细细琢磨却会发现隐含丰富的意蕴。所以，阅读文章，要善于从平常处发现问题，于无疑处生疑。《阿长与〈山海经〉》写道："长妈妈……就是我的保姆。我的母亲和许多别的人都这样称呼她……只有祖母叫她阿长。我平时叫她'阿妈'……但到憎恶她的时候……就叫她阿长。"为什么祖母叫她"阿长"，母亲和许多人叫她"长妈妈"，我平时叫她"阿妈"，憎恶她的时候叫她"阿长"？又如《孔雀东南飞》刘兰芝"左手持刀尺，右手执绫罗"，她是"左撇子"吗？等等。这些问题会引向深刻的思考，有时可能没有什么准确的答案，甚至不可能得出什么结论，但却能拓宽思路，闪现创造性思维的火花。第六，从不同看法之处提问。由于读者和作者的思想修养、审美观点等存在差异，或者由于时代变迁，对同一问题可能会产生不同的看法，阅读时可以就与作者有不同看法的地方进行质疑，深入思考，会有新的收获。例如，教贾平凹的《丑石》一文可以引导学生思考文中"怪石以丑为美，丑到极处便是美的极处"的观点，并就此提出疑问，甚至展开辩论，让学生各抒己见。教师应及时表扬有独到见解的学生，并允许学生保留自己的意见，不强求统一。为了进一步激励学生发挥想象力，最后可以要求学生写一篇《我对"丑石"的看法》的作文，要求学生叙述各自的观点。

2.设计有层进联系的问题串

根据文本的特点来设计问题，这是培养基本的提问能力。但是，如果设计问题只从这个角度出发，在教学实施中会形成碎问碎答、学习散乱的现象。因此，需要根据教学目标，精选问题，并把问题组合成具有层进联系的问题串，保证教学展开就是引导学生对文本理解的逐层深入。

设计有层进联系的问题串包括两个维度。

一是理解全文的问题串。这往往是针对一篇课文设计5～10个的问题，通过对这些问题的探究，来获得对文章较为深入的理解。例如，《北冥有鱼》可以设计这样的问题串：课文讲述了一个怎样的故事？文章描写鲲鹏形象具有什么特点？（理解鲲鹏形象）鲲鹏为什么要"徙于南冥"？（理解鲲鹏的追求）鲲鹏怎样才能"徙于南冥"？鲲鹏"徙于南冥"就真的逍遥自由了吗？问题串形成了这样的阅读理解过程：整体感知—理解外显形象—理解内在精神—理解思想。

二是理解教学重点和难点的问题串。如果设计理解全文的问题串属于宏观问题的设计，那么，理解重点和难点的问题串则是微观问题的设计。有些教师只注意宏观问题的设计，而忽略微观问题的设计，这样不利于教学重点的落实和教学难点的突破。以《老王》为例，在引导学生理解"老王临终前送香油和鸡蛋"这一教学重点语段时，可以设计这样的问题串：①作者是怎样描写老王的外貌的？找出相关语句，读一读，细细想象和感受。②写老王"直僵僵地镶嵌在门框里""像我想象里的僵尸，骷髅上绷着一层枯黄的干皮，打上一棍就会散成一堆白骨"是否恰当？说说理由。③设身处地想象和感悟：一个病危的人一般会怎样出门？会怎样上楼？老王正处于病危阶段，独自出门，还爬楼梯，一路上会是怎样，走到门口会是怎样？带着设想读这段话，好好感悟。④为什么说鸡蛋"多得数不完"？（非常珍贵）⑤老王为什么不吃鸡蛋和香油？（想想一些父母为孩子节省下救命钱）⑥"我不是要钱。"那老王拿香油和鸡蛋来杨绛家目的是什么？（临终前把全部家产馈赠予我。）在引导学生理解"但不知为什么，每想起老王，总觉得心上不安。因为吃了他的香油和鸡蛋？因为他来表示感谢，我却拿钱去侮辱他？都不是。几年过去了，我渐渐明白：那是一个幸运的人对一个不幸者的愧怍"这一教学难点语段，可以设计这样的问题串：①为什么"总觉得心上不安"？②"侮辱"是什么意思？我"侮辱"他了吗？③谁"幸运"、谁"不幸运"？"不幸"是谁造成的？④"愧怍"的含义是什么？谁对谁"愧怍"，应该"愧怍"吗？感到"愧怍"说明什么？⑤为什么是"渐渐明白"？这样设计启迪问题，才有可能引导学生深入而细微地品味语言，理解重点和突破难点。

3.设计有助于形成某种思维历程的问题链

设计问题促进学生学习，不仅仅是为了让学生通过尝试各种思考获得问题的答案，最好还让学生通过思考系列问题经历某种思维过程。这就需要教师在设计对某些重要内容的理解的系列问题时能构成一种思维链，思考这些问题就是进行某种思维的过程：或是从特殊到一般的归纳思维，或是从一般到特殊的演绎思维，或是从现象到本质的抽象思维，等等。

例如，教《壶口瀑布》这篇游记，教学内容一般会包括：所至、所见、所言、所感。从促进思维过程来看，研读"所至"部分内容，重点是促进学生的空间想象能力。可以设计以下问题链引导学生经历空间想象的历程："你能否找到表明作者观察景物的路线的词语并画出其线路图？作者是在哪些点上赏景呢？每次观景的视角怎样？每次观景的视角是否有变化？如果有变化，视角是怎样变化的？"这时学生进行的学习活动是"默读课文，找出表明游踪的词语，注意游踪点的视角，想象其中的空间关系"，获得空间想象的训练。研读"所见"部分内容，重点是引导再现想象能力，可以设计以下问题链："哪些写景的语句你感到写得形象生动？从这些语句你能想象出怎样的画面？你能否用自己的语言描绘出这一画面？与观看图像做比较，说说你的想象和描绘有哪些缺失。是否需要补出某些想象的内容？"这时学生进行的学习活动是"阅读所写景色的句段，根据关键词再现景物，尝试用自己语言描述或画出景物，概括景物特征，观看相关图片或视频，丰富想象"，获得再现想象的训练。研读"所言"部分内容，重点培养学生从多角度分析的思维，可以设计以下问题链："你最喜欢哪些句子？这些句子写出景物的什么特点？这句子写得好，好在哪里？还能从别的角度说明语句写得好的地方吗？如果把语句改为如下，请说说两者之间表达效果有什么不同？你能把刚才说的内容写成几句条理清楚的话语吗？"这时学生进行的学习活动是"找出有特色的语句，尝试从多个角度赏析语句，并反思赏析的方法"，这一活动的目的是促进学生多角度地思考问题。研读"所感"部分内容，重点是引导学生的抽象概括思维，是教学的难点，可以设计以下问题链："作者怎样从写景过渡到写感悟？感悟和景有哪些相似点？又怎样从相似点中抽取出什么哲理？"或者设计这样的问题链："壶口瀑布有多少种形态？不同的形态各表现了怎样的情感？（面对不同的形态，观赏时会产生怎样的情感？）壶口瀑布的哪些特性和中华民族的特性有相似之处？作者的联想思路是怎样的？（'水之形神—人之个性— 民族性格'）从作者的联想思路中你学会了怎样的从写景到抽象和概括道理的方法？"这一学习活动让学生经历了这样的思维历程："从写景过渡到感悟—找出感悟的语句—分析景和悟（情）的相似点—从情景交融处抽象出道理"，这样的逐层抽象，训练了学生的概括思维能力。

由此可见，设计具有思维历程的问题链对培养学生的思维能力具有重要的作用（可以参读第六章"反馈与引导技能"中"引导"教学案例）。

4.设计主问题①

对于包含主题句的文章，还可以通过设计主问题来开展教学。所谓"主问题"，相对于阅读讲析过程中成串的"连问"、简单应答的"碎问"以及对学生随意的"追问"而言，它是引导学生对课文进行研读的重要问题、中心问题或关键问题。由几个"主问题"组织起来的课堂阅读活动呈"板块式"结构，每一个"主问题"在教学过程中都具有形成一个教学板块的支撑力，都具有让学生共同参与、广泛交流的凝聚力。"主问题"出现在课堂上，是"预设"；由"主问题"而引起的课堂活动，是"生成"。

"主问题"在教学中具有如下特点：①在课文理解方面具有吸引学生进行深入品读的牵引力；②在过程方面具有形成一个持续较长时间教学板块的支撑力；③在课堂活动方面具有让师生共同参与、广泛交流的凝聚力；④在教学节奏方面具有让学生安静下来思考问题、形成动静有致课堂教学氛围的调节力。

"主问题"的创设策略：①在课文教学的感知阶段，可用"主问题"牵动对全篇课文的整体理解，从而提高学生阅读的质量，加深学生思考的层次。②在课文教学的品析阶段，可用"主问题"形成课堂教学的重要活动板块，深化对课文的认识、理解、品析、欣赏和探究。③在课文教学的收束阶段，可用"主问题"激发思考，引发讨论，深化理解，强化创造，形成波澜。

在阅读教学中，用尽可能少的关键性提问或问题引发学生对课文内容更集中、更深入的阅读思考和讨论探究。

5.利用学生的阅读期待设计问题

大多数课堂里的问题都来自教材编者和教师，是教学者在他的教学活动开展之前预设的。教学者预设问题往往是根据经验，根据自己切身体会来推断学生可能出现的情况。有些问题也确实很有针对性，能体现绝大部分学生的愿望和意志，是大家都想解决的难题。但就凭着教师的想当然来设计问题是很有可能出现许多"伪问题"的。那么"真问题"从哪里来

---

① 余映潮.说说"主问题"的设计[J].中学语文教学，2004(7)：11-12.

呢？首先让学生通过预习、自学，主动发现并认真提出问题，然后教师筛选并利用学生的问题确定教学内容和教学环节。这样不仅尊重了学生的学习主体地位，使课堂教学真正走进学生的心里，而且使语文课堂教学的高效率有可能得到实现。因为教师可以通过预习作业了解学生对文本理解的深浅度，了解不同层次的学生对文本理解的差异，从而有针对性地确立教学目标，设计教学梯度。学生自学时弄明白了的，课堂里就不再浪费时间；学生不易懂而又应该弄明白的，才是教学的重点和难点。学生自学时的阅读感受成为课堂教学的重要资源。于是，深入探究的是学生发现的真实问题，教师实实在在地引导学生从原有的已知起点走向更高一级的未知境界，课堂也就真正具有思维的质量和思维的增量。

下面的教学实录就是一个典型的例子。

【例 4-8】　李明《庄子与惠子游于濠梁》课堂教学实录片段

师：今天我们来讲《庄子与惠子游于濠梁》。这篇作品选自哪里？

生：《庄子·秋水》。

师：秋水，很美的一个名字，富有诗意。在《庄子·秋水篇》里，庄子从秋水写起，写到大海，写到自然，写到人与自然的关系，所以这本书里，庄子主要阐述了自己如何看待人与自然的关系。而且短短一百多字，流传千年，今天仍在吸引着作为华夏子孙的我们，它的魅力究竟何在？今天就让我们来到千年前的濠水之滨，去看一场智慧的争论。首先请大家大声自由地朗读课文，口译全文，并且就自己不理解的地方提出问题，可以是课文内容的，可以是释义不通的，也可以是写作手法或写作意图的。

（学生大声朗读课文后提问，教师将学生的问题板书）

生："我知之濠上也"的意思是什么？

生：为什么这篇文章运用对话的方式来写？

生："子之不知鱼之乐，全矣"，"全"字是什么意思？

生：庄子的写作意图到底是什么？

生：庄子只认为"鱼"很快乐，为什么不认为"鸟"很快乐，或别的什么动物？

生："请循其本"是什么意思？

生："既已知吾知之而问我"，"既"是什么意思？

师：有人知道"既"的意思吗？

生："既"是已经的意思。

生：作品中有这么多的语气词，那如果我在"安知鱼之乐"后加"乎"可以吗？

生：本文运用了反问句和对话的形式，有什么作用啊？

师：同学们一下子提出了八九个问题，这些问题非常有价值，大多都直接指向了作品的内涵与中心。很高兴今天能和大家就这些问题一起来交流。

师：首先我们先来看看关于词语释义的问题。"子之不知鱼之乐，全矣"，这个"全"字什么意思？有人知道吗？

生：加强语气的作用。

师：加强什么语气？

生：加强了惠子认为庄子不会了解这个事的肯定语气。

师：这同学很厉害，加强了肯定的语气，肯定了庄子是不知道的。（教师板书：肯定语气。）

师：我不禁想问了，惠子凭什么就这么肯定地得出这个结论？作品中是怎么说的？

生：惠子说“子非鱼安知鱼之乐”，也就是说惠子是推断出来的。

生：惠子说“我非子，固不知子矣”，也就是说我不是你，所以我不了解你，惠子以此类推，说庄子不是鱼，那自然也就不知道鱼了。

师：哦，他是通过类推得出来的。所以惠子的思想有何鲜明的特点？

生：他的思维逻辑很严密。

师：惠子是用逻辑推理来认识世界的。所以英国的著名汉学家李约瑟提到惠子时说：“倘若环境条件有利于惠子学说发展的话，中国科学无须通过亚里士多德的逻辑学，即可发展。”我们通过“全”这个语气词，认识到了惠子的思想，所以文言文中的语气词虽然不一定表意，但却传达出情感，我们在阅读文言文时，要注意品评这些虚词。

五、提问教学的灵活实施

提问在课堂中的运用的基本流程是“发问—候答—叫答—回答—反馈与引导”。即教师提出一个主问题，学生初步思考并回答问题，教师根据学生的初步学习表现，给予反馈，再进行追问式引导，促使学生的学习活动向更深、更广方面发展，直至学习活动达到要求，学生完满完成学习任务，教师再转入下一个主问题的提问。

1. 发问

教师应根据教学目标、教学内容、学生情况提出促进学生细读文本、深入思考文义的问题。教师发问要考虑到问题的难度和学生认知水平的关系。如果教师提出一个问题，学生不假思索就能正确地回答问题，这样的问题难度显然低于或等同于学生的现有水平。如果教师提出一个问题，师生花费大量的精力还是无法正确地回答，这样的问题难度则明显远离学生的现有水平。如果教师提出一个问题，学生积极思考，能初步回答问题，但还不够完善，需要教师给予相应的反馈和引导，或者需要同学之间的互相启发和补充，经过进一步努力，才能全面、深入、正确地回答，这样的问题难度则处于学生最近发展区。这三种问题难度中，第三种是最有教学意义的。

2. 候答

提问后不宜马上叫答，要给予学生思考问题的时间，这叫候答。如果有学生比较冲动急于抢着回答，一般也要求该生先想一想再回答。问题较为容易的，候答的时间可以短些；问题难度大的，候答时间可以长些。一般候答时间在 20 秒到 1 分钟之间为宜。如果候答需要的时间过长，则教学流畅性会受到影响，或者说明该问题不适宜采用提问方式进行教学，需要改用讨论或小组合作探究的方式来学习。

3. 叫答

叫答是指教师请学生回答问题，包括叫答方式和叫答范围。从叫答方式看，可以有规律地叫答，如按座次、学号顺序等，依次请学生回答，也可以随机叫答。从叫答的范围看，叫答范围越广，越有利于促进不同类型的学生的学习。

4. 回答

学生根据自己对问题的思考有条理地回答问题。在学生回答问题过程中，教师尽可能认真聆听，不要干扰、打断学生的话语，不急于赞扬有创见的答案，也不急于纠正不完善的答案，等学生说完后再进行反馈和引导。

5. 反馈与引导

反馈与引导是指学生初步回答问题后应给予肯定或否定的反馈，并针对学生不完善的回答再进行追问式的引导，促进学生深入学习。

在这个提问教学的展开活动中，教师的追问式引导对学生学习的深入和扩展起着至关重要的作用，最能体现教师的教学智慧。可参读第六章“反馈与引导技能”。

六、提问技能评价

运用表 4-1 评价提问的教学效果。

表 4-1　提问技能评价表

课题：　　　　　　　　　　讲课教师：　　　　　　　　评价者：

项　目	优	中	差
提问的目的明确，问题的内容与难度符合教学目标和学生的认知水平。	5	3	1
能运用不同水平的问题启发学生思考，并保证富有思维含量的高认知水平问题的适当比例，以促成学生探究发现。	5	3	1
提问有层次，有逻辑性，循序渐进，有利于学生发展思维。	5	3	1
问题表达准确、清晰，问题呈现的时机、密度恰当，停顿处理得当，有利于促进学生思考。	5	3	1
提问面向全体学生，并通过问答得到的反馈信息及时调整教学，促进师生、生生交流，使不同水平的学生能参与教学。	5	3	1
耐心倾听学生的回答并做出适时、恰当的评价。	5	3	1
候答时间合适，理答促进学生进一步思考。	5	3	1
大方亲切，举止得当。	5	3	1
合计			

注：请听课后根据各项评价指标评出等级(在相应的等级上打钩)，总分 1～10 为差，11～20 为一般，21～30 为中等，30～40 为优良。

【微格训练】

一、自选一份语文课堂教学实录，把教师所提的问题都梳理出来，然后分析其优缺点。

二、从现行语文教材中选择一篇课文，进行提问设计，然后在微格教室中进行提问练习，分析其中的效果。

1. 选择语文教材中的一篇小说，为课堂教学设计 3～5 个主要问题，并为每个主要问题设计几个引导学生展开学习的次要问题。

2. 选择语文教材中的一篇散文，为课堂教学设计 3～5 个主要问题，并为每个主要问题设计几个引导学生展开学习的次要问题。

3. 选择语文教材中的一篇说明文，为课堂教学设计 3～5 个主要问题，并为每个主要问题设计几个引导学生展开学习的次要问题。

4. 选择语文教材中的一篇议论文，为课堂教学设计 3～5 个主要问题，并为每个主要问题设计几个引导学生展开学习的次要问题。

第五章　组织活动技能

✲ 学习目标

1. 理解“组织活动”教学技能的含义及其作用。
2. 理解“活动理论”“发现学习理论”的主要观点及其对开展组织活动教学的指导意义。
3. 学会分析各类活动教学的案例。
4. 学习撰写组织各类学习活动的微型教案，并尝试进行组织活动的教学实践。

一、组织活动技能简介

组织活动，是指教师在课堂教学中精心设计具有教育性、探索性、创造性的以学生自主活动为主的学习活动方式，在这一自主的学习活动中，学生主动参与、主动实践、主动思考、主动探索、主动创造，从而实现认知、情感、个性等全面和谐主动发展。当今课堂教学改革的一大趋势就是改变以教师讲授、学生倾听和记忆为主的教学方式，创设丰富多彩的学习活动，让学生在活动中与老师、同学交流，与学习环境、学习材料相互作用，在活动中实现学习和发展。

课堂教学组织活动的作用主要体现在以下几方面。

第一，促进学生学习主动性。学生由于拥有了学习的主动权和充分的自由，在学习活动中表现出浓厚的学习兴趣和强烈的学习热情，他们有意识地积极主动地参与学习活动，具有强烈的主人翁精神，不是教师的传声筒或教师意旨的执行者，真正实现了从“要我学”到“我要学”的转变。

第二，锻炼了协作能力。开展活动需要小组分工协作，共同计划、实施、评估活动过程，只有小组各成员较好地互相配合、互相协作，才可能确保活动获得成功。

第三，促进竞争意识。现代社会是竞争的社会，语文教学应培养学生良性竞争意识。课堂教学中的活动，一般都是小组内需要合作，小组与小组之间则形成学习的竞争关系，这种竞争是小集体的竞争，有利于培养学生良好的竞争精神。

第四，培养创造能力。课堂教学中学生的学习活动虽然是在教师指导下开展的，但活动的主体是学生，从活动的策划到活动的开展，再到活动的评议，都应充分发挥学生的能动性。学生在活动过程中能动脑思考，动手操作，亲身体验和探索。这样，学习活动能真正成为培育学生实践能力和创造能力的催化剂。

二、组织活动技能的理论视野

(一)活动理论

活动理论最早源于苏联心理学的文化历史学派。1922年鲁宾斯坦在《创造性自主活动的原则》一文中，首次将属于哲学范畴的“活动”概念引入心理学，指出“活动”不仅仅是外显的行为，实际上它与意识有着必然的联系。之后，维果茨基、列昂节夫等人对此展开了研究，并在心理学相关学科的应用方面获得很大成功。1975年，列昂节夫的《活动・意识・个性》一书的出版，标志着活动理论完整框架的形成。

所谓活动，是指主体与客观世界的交互作用的过程。活动具有自己独特的结构、主客观相互转化的规律，并且还有自己的发展系统。首先，活动包括两个基本的过程：一是主体对环境的作用，二是环境对主体的反作用。主体在与环境的相互作用中，既认识和改造着环境，又认识和改造着自身。主体要与客体发生作用，必须通过一定的中介。这个中介就是活动。其次，活动是一个由多种要素构成的、具有多重转换关系的层级性系统。在这些构成因素中，主体、客体和目的是活动的三个基本要素。活动由行为构成，行为由具体操作实现。需要、动机与活动相关，目的与行为相关，而条件与实际操作相关。活动系统中包含着多重关系：一是主体与客体关系，二是主体与其他主体关系，三是主体与自身的关系。活动系统中包含多种单向作用以及双向转换的过程。单向作用过程包括外部活动与内部活动。双向转换过程包括外部活动的内化与内部活动的外化，活动与行为的相互转化，行为与操作的相互转化，需要、动机、目的、条件之间的相互转化以及感性认识与理性认识的相互转化等过程。活动的多种要素、多重关系和多种过程，决定了活动的多种功能。①

活动理论对学习有着独到的解释，认为学习是一种有目的的、积极建构的、认知性的、社会性的实践活动，意义的形成是参与一项活动的人们之间进行社会协商的过程，个体的知识建构过程是不可与社会共享的理解过程分离的。可见，活动在学习中具有重要的意义，活动是认识发生发展的内在机制，是意识、个性形成的真正基础，人通过活动与周围环境发生联系，不断接受社会环境影响，积累经验，内化人类文化成果的结果，实现着由“自然人”到“社会人”的转变。

活动理论给教育的启迪是，学校教育要创设丰富多彩、形式多样的活动，为学生提供适合个性发展的条件，帮助学生挖掘潜力，引导学生在学习交往活动中分享理解和知识，合作建构意义，即一方面是把自己的知识与同学们分享，另一方面在同学和老师的接受、赏识、补充、评议中获得进步，从而促使学生的智能和个性得到和谐全面的发展。

---

① 李松林，李文林.教学活动理论的系统考察与方法论反思[J].外国中小学教育，2008(1)：10-15.

(二)发现学习理论

发现学习是指让学习者自己去发现教材的结构、结论和规律的学习。这种学习方法要求学生像科学家那样去思考、探索未知,最终达到对所学知识的理解和掌握。发现学习的思想发展经历了很长的历史,最早可以追溯到古希腊的苏格拉底所提倡的“产婆术”,这是一种归谬式的发现学习。18 世纪法国大革命的思想先驱、启蒙运动的卓越代表让-雅克·卢梭(Jean-Jacques Rousseau)提出顺应儿童的本性和通过自由探索身边环境来促进学习,这是一种经验式发现学习。19 世纪的美国著名教育家约翰·杜威(John Dewey)倡导并亲自试验“做中学”,认为学校教育应该从活动出发,经由问题探究,达到综合的学科知识,这是一种活动式发现学习。20 世纪中期,美国著名的心理学家杰罗姆·布鲁纳(Jerome Bruner)则从理论上对发现学习进行详细研究和周密论证,使之在实际教学中得到广泛运用,从而成为当时最有影响力的教育思想之一。

布鲁纳通过大量研究发现,发现学习法可以使学生扎实、牢固地掌握所学的知识,可以减少学生对教师和教材的依赖性,激发学生的学习兴趣,提高学生学习的主动性,培养学生的好奇心,从而发展学生的推理能力、观察能力和独创能力。发现学习具有如下特征:①强调学习的过程,在教学中学生是一个积极的探索者,而不是一个消极的被动接受者。②强调直觉思维,直觉思维在科学发现中极为重要。③强调内部动机,把外部动机转化为内部动机,激发学生的好奇心,这是促进学习的真正动力。④强调信息的提取,记忆的首要问题不是储存,而是提取。布鲁纳还提出了运用发现学习法进行教学的一般程序:①提出问题。由教师根据教学需要和学生想看、想知道、想做的心理状态提出学生感兴趣的问题,或把学生置于一定情境中使他们产生问题。②分析问题。教师帮助学生把问题分解成若干需要回答的疑点,激起学生的探究要求,明确发现的目标。③设立假说。根据所要发现的目标,通过教师的指导和学生之间的讨论,将所得的知识从各种不同的角度加以改组、组合,提出解决问题的各种可能假说或答案。④上升到概念。假设成立后,教师要协助学生收集、整理有助于得出结论的资料,并根据学习活动中的发现得出结论,使假说上升到概念或原理。⑤验证结论。对假设和答案从理论上和实践上加以检验、补充甚至修改,最后解决问题。①

发现学习从学生感兴趣的问题出发,引导学生自主探索问题,通过探索发现学习规律,体验到发现的快乐。它能有效地激发学生内在的学习动机,增强学习的兴趣和自信心,充分发挥学生积极主动的探索精神,有利于培养学生的创造能力和良好的人格。这符合学校教育的一般规律和本质特征,对我国目前的教育教学改革具有深远的启迪意义。我们可以借鉴发现学习的理论,改变传统课堂教学过分倚重演绎式讲授的方式,适当组织学生开展发现式学习活动,引导学生像数学家那样思考数学,像历史学家那样思考史学,亲自去发现结论和规律,从而发展学生的推理能力、观察能力和独创能力。

三、组织活动的类型与实施策略

在语文课堂教学中可以组织学生开展的活动种类多样,形式丰富,最典型的主要有课堂

---

① 冯忠良,伍新春.教育心理学[M].北京:人民教育出版社,2000:135.

讨论、课堂辩论、角色模拟、合作探究等。下面我们具体介绍各种类型的活动特点及其组织实施的策略等。

(一)组织课堂讨论

1.课堂讨论的含义

课堂讨论是指教师根据教学的内容和学生的学习实际,适时地把学生认识不清、理解不深,但又是他们经过相互交流、互教互学能够解决的学习问题,组织全班或分小组进行讨论,然后获得共识的一种学习方式。它是一种建立在教学对话的基础上,并扩大了教学对话范围的教学方法,是教师与学生、学生与学生之间共同讨论、探究与解决问题,学生由此获得技能、发展能力与人格的教学方法。

2.课堂讨论的作用

讨论已逐渐成了课堂教学过程中一个必不可少的环节。人们发现通过讨论能激发学生的学习动机、自主意识,也能加强学生之间的竞争与合作,是进行素质教育的一个很好的途径。因此,现代教育模式都把讨论置于重要的地位,如上海育才中学的“八字教学法”中的“议议”,钱梦龙“导读基本式”中的“教读”,黎世法“六课型”中的“启发”,魏书生“六步法”中的“讨论”,都包含了课堂讨论这一共同的成分。课堂讨论的作用主要表现在以下几个方面。

(1)课堂讨论可以互通信息,分享思想

《学记》中早就指出:“独学而无友,则孤陋而寡闻。盖须切磋,相起明也。”独学的收获是有限的,而每个人思考的角度不同,理解的水平不一致,通过讨论切磋,可以互相交流、补益,让每一个人获得更多的知识,促进对知识更加全面、更加深入的理解。著名诗人萧伯纳曾用一个形象的比喻来说明讨论学习的好处:“倘若你有一个苹果,我也有一个苹果,而我们彼此交换这些苹果,那么,你和我仍然是各有一个苹果。但是,倘若你有一种思想,我也有一种思想,而我们彼此交换这些思想,那么,我们每一个人将各有两种思想,甚至多于两种思想。”许多科学家的事例也引证了讨论切磋可以丰富人的思想,激发人的创造性思维。爱因斯坦曾经经常和几个好友在小咖啡馆里讨论自然科学和哲学问题,并从中获得启发,创立了狭义相对论。学生在学习中难免会遇到自己解决不了的问题,能够有人与自己交流、讨论,从而受人启发,就可以调整自己的思路,使自己的问题得以解决,或是学到他人的好的学习经验、学习方法,使自己的学习取得进步。因此,在教学上应当充分重视这种讨论学习的方式。

(2)课堂讨论还可以取长补短,互相促进

讨论是学生理解概念、规则、原理并内化到自己知识结构中的有效手段。学生在讨论中获得的知识比从老师讲解中获得的知识更生动、更有效。每个人各有所长,也有所短,讨论交流时能者为师,扬长避短,长善救失,共同提高。几个同学在一起讨论学习,就形成了一个互助互学的集体,可以彼此提问,共同解答问题。一方面可以互相启发,互学互教,扩大见识,加深理解;另一方面,可以培养学生理解他人、共同合作的精神。

(3)课堂讨论可以提高学生的言语交际能力

在教学过程中,教师可以尽可能多地安排师生、生生之间的讨论。这样,在讨论过程中,学生要想使自己的观点得到别人的认可,就必须进行缜密的思考,并要考虑把思考的结果用恰当的语言、别人可以接受的语气表达出来。这有利于培养学生的口头表达及恰当处理人际关系的能力,而个人交际能力的提高会促使人们更多地投入和参与各种社会活动。

(4)课堂讨论还有利于启迪思维,培养创造能力

讨论是培养学生思维能力的有效手段。青少年学生正处于形成良好思想方式和习惯的阶段,讨论交流、互助互学有助于打破自己不良的思维定式。在讨论中,学生个体首先要独立思考问题的成因及解决问题的可能方法,然后在与其他个体和群体交流的过程中不断地汲取别人智慧的养分来补充、修正自己对问题的认识及解决问题的策略,这就自觉不自觉地培养了学生的思维能力。讨论还是培养学生创造力和实际解决问题能力的有效手段。学生喜欢探讨隐藏在事物现象后面的本质的特征,喜欢对别人的意见提出疑问并争论,喜欢独立思考,独立地发表见解。针对学生的这种心理特征,适当采用课堂讨论的方法,让学生在讨论中寻求答案,有利于培养学生敢于思考、勇于探索和敢于批判的精神,帮助学生掌握解决实际问题的策略,同时也提高了学生的创造能力。

(5)课堂讨论容易形成生动活泼的主动的学习氛围

讨论使每一个学生都有机会参与到教学活动中来,是发挥学生学习主体作用的有效手段之一。在整个讨论的过程中,无论是准备阶段还是讨论进程都需要学生积极主动地参与,方能保证讨论的顺利进行。在讨论的准备阶段,每一个学生首先都要独立地思考,然后才能与别人交流;在讨论的过程中,每一个学生都享有表达自己观点的机会,即使个别学生没有勇气发言,教师也要考虑每个人发言的频率,给那些发言较少的同学提供发言机会;在讨论的总结阶段,同样需要学生对讨论的过程进行反思,然后做出总结和评价。由于讨论的形式生动活泼,讨论的问题宽泛多样,讨论的小组大小不拘,学生的发言机会更多,容易形成深入钻研、乐于探讨和互相切磋的学习气氛。

3.课堂讨论的设计与实施

有效的课堂讨论必须精心地设计,仔细考虑讨论的目的,选择合适的讨论问题,创设良好的讨论氛围,组织好讨论的程序。课堂讨论设计和实施的关键是有效组织活动,以防学生讨论时游离中心话题,出现非学习活动。其设计和实施策略大致如下。

(1)要精心选题

课堂讨论的选题直接关系到课堂讨论的质量,所以教师要精心选择具有一定探讨价值的问题来开展讨论。选题首先受讨论所要达到的目的制约。教学是有目的的活动,明确课堂讨论的目的,并根据目的选择讨论的问题,是讨论教学成功的关键。这需要教师认真钻研教材、了解学生,平时注意积累教与学中存在的问题,这样才能提出针对性很强的问题供学生讨论。讨论的目的主要有:①分析观点,理解观点间的联系或关系;②整合信息,促进对学习内容更深入的理解;③培养思维能力;④发展学生的社会交际技能,如养成倾听习惯,学会处理不同意见的方法等。

选题还受教学内容制约。一般说来,讨论不适合于学习全新的内容,如新的课文、新的知识、新的技能,学生对此不甚了解,也就难以展开讨论。所讨论的问题应该是学生有一定了解,但认识又有点模糊的;既对学生有吸引力,能激起他们的兴趣,又有讨论、钻研价值的。因此,教师选题可以考虑:①所讨论的问题应是教学中的重点、难点和关键问题,同时也是学生学习中存在不同看法的问题。组织讨论必须把握教材的重点、难点,越是教材的核心问题,越要让学生去主动学习,只有学生积极参与,进入角色,才学有成效。②就学生存在的共性问题确定讨论问题。教师所选择的问题应是同学们共同存在的问题,或学生关注的热点问题,这样才能引起每一个同学的思考,使每个学生在思考中得到发展,从而共同提高。研

究表明，有争议的话题能激发学生积极的认知活动，促进更深的理解。面对争议确定立场，能够促进动机。③选择难度适当的问题。教师选择内容的难易程度应该以学生的认知水平为主要依据，提出的讨论内容应略高于全班中等平均水平。如果太高，不切实际，学生就很难展开讨论；太容易了，也就失去了讨论的价值。过散了，学生无法把握；过大了，学生难以弄明白。所以，教师要使问题处于学生认知的"最近发展区"内，这样既有一定的讨论价值，又让学生能够接受，从而达到"跳一跳才能摘到桃子"的效果。

选题的方法主要有两种类型：①即时选题。教师可以抓住课堂教学中学生偶然所问的问题、所现的现象，灵活引导开展讨论。这种讨论较适合于学生对讨论内容比较熟悉，但又确实有不当认识的情况。即时讨论的情况下，一般教师都没有在课前做过预设，教师和学生都没有做过相应准备，是教师临时根据课堂实际情景的需要而提出问题组织学生讨论，是教师教学机智、应变能力的体现。即时讨论所探讨的问题往往是比较单一、难度较小、所需时间较短、学生比较熟悉的问题。教师可以把这类讨论组织成小组讨论，也可组织成班级讨论，但应区别于教师的简单的提问。②预设选题。教师可根据学习的重点和难点、思维的迷惑点、思考的关键点设计专题讨论。这种讨论，教师和学生都有充分准备，问题难度较大，所需时间较长，一般以小组讨论的形式出现。

(2)要充分准备

课堂讨论要取得比较好的效果，必须做好讨论前的准备。无准备或准备不充分的课堂讨论是不会成功的。如果是专题讨论，在课堂讨论前的一周就要把讨论题告诉学生，并介绍相关的参考书目，指导学习方法，要求他们在查阅有关资料、自学有关著作或文章的基础上，写出发言稿或发言提纲，并且先交给教师。教师收看批阅，作为一次考查记入成绩，再发给学生，学生再根据教师的意见做重点准备，并选出重点发言人。这样做的程序尽管增加了教师的工作量，但它有利于培养学生自学、阅读、思维、写作、组织等综合能力，也使教师做到心中有数，讨论会更有针对性，从而大大提高了课堂讨论的质量。如果是即时讨论，就需要考虑学生是否具有相应的背景知识和经验。如果没有知识准备，学生就不可能提供有见解的思想，也无法整合和评价观点。因此，即时讨论一般是对相关内容经过一定学习之后开展，这样学生对讨论的内容具有一定的了解，具有相关的背景知识，以便可以进行深入的讨论。组织学生进行讨论，提供交流机会，主要是为了拓宽师生之间、学生之间的信息交流渠道，交流学习结果。

(3)要把握时机

教师无论是课前有目的地安排课堂讨论，还是根据上课的实际情况组织讨论，都要注意启动讨论的时机。常言道："机不可失，时不再来。"所以教师要准确把握机遇，主要有以下几种情况：①当学生产生"疑惑"的心理状态时，教师可以组织学生讨论，相互切磋，解决困惑。在课堂教学中，有时学生的回答并不如你所愿，这时教师就要灵活机动地设计思维陷阱，让学生产生一种"疑惑"的心理境界。在这种情况下，及时组织讨论，学生的兴趣高涨，讨论激烈，效果最佳。②当学生的思维不顺畅时，可以提出阶梯式问题组织学生讨论，在头脑风暴式的讨论中互相启迪。③当学生思维比较活跃、主动提出有探讨价值的问题时，教师要因势利导组织学生讨论。现在的学生思维比较活跃，受传统束缚较少，敢于标新立异，在课堂教学中随时会提出一些问题，教师就要抓住这一时机，认真启发引导，组织学生进行讨论。

(4)要选好方式

课堂教学中,教与学的活动和信息交流随机多变,我们要根据教学目标和教学内容的需要、学生课堂心理特点和问题特点,精心设计讨论方式。讨论的方式主要有以下几种。

①两人讨论。两人(同桌)通常进行的讨论,更多的成分是议论。一些比较简单的、动动脑筋相互启发一下就能得出结论的问题,宜用两人讨论的方式。这样的讨论有助于学生找到解决问题的思路,加大参与度,调动积极性。

②小组讨论。小组(4～8 人)讨论,适宜于要求学生分析现象、弄明事理、沟通联系、总结方法的内容,要舍得花费一定的时间让学生围绕某一主题展开充分而有实效的讨论,而非三言两语仓促完成。新课中的重点、难点部分以及启发思维的关键点等,都可以采用小组讨论的形式。小组讨论最常用,它比较灵活,让所有学生都能参与讨论,但教师不易于监控和引导。

开展小组讨论,首先,要分好小组。小组讨论可以有不同的分组形式。可以是前后桌的 4 人分组法,这种分组方法简单易于操作,但常用这种方法,学生获得交流的面比较狭窄。还可以由教师确定分组人数后由学生自愿组成小组,这样分组由于小组内成员志同道合,便于提高参与活动的积极性。还可以由教师采用随机分组方式组成小组,如每位学生抽取一张彩色纸条,色彩相同的学生组合为一个小组,这种分组方法可以迅速组成异质小组。研究表明,小组讨论以 5～8 人最为理想。小于这个数目,达不到集思广益的效果;超过这个数目,平均每人的发言机会和内容就会相对减少,进而降低组员的参与感和满足感。以 6 人小组为例,如果每人发言 1～2 分钟,6 人共计 6～12 分钟的讨论时间,讨论就较为广泛和深入。其次,要分工合作。每组可以选出一位主持人和记录员,同时明确各人的职责。最后,要教给学生讨论的方法。在初次进行小组讨论时,教师应教给学生开展讨论的具体方法。如头脑风暴法,即无限制的自由联想和讨论,其目的在于产生新观念或激发创新设想;教师指导学生要放松思想,让思维自由驰骋,不受任何条条框框限制,从不同角度、不同层次、不同方位,大胆地提出自己的看法,然后再筛选整理获得较多赞同的看法。

③全班讨论。全班讨论就是在全班范围内就某一个问题自由讨论或争论。它是教师为解决重点、难点问题,或遇到容易争议的问题,由教师提出来,大家即席发表意见进行讨论的方式。学生学习中出现错误、模糊不清、持不同意见的地方,或者课堂上随机出现的某一问题,教师可引导学生进行全班性的辩论,让他们发表不同的意见。这样的讨论既可以激活学生思维,辨明事物本质,又可以活跃课堂气氛。全班讨论方式便于教师监控和引导讨论的发展,让参与的学生不多。教师开展全班讨论时要注意灵活把握讨论的进程,不但要引导全体学生始终围绕主题进行讨论,而且要调解学生因意见分歧较大而发生的争执,还要尽可能使更多同学都有发言的机会,以便使要讨论的问题获得解决。这种讨论能使学生动脑、动口、动手,发展其思维能力及语言表达能力。

组织全班讨论,教师应从三个方面去发挥自己的主导作用:一是注意树立对立面,形成争辩的活跃气氛,同时又要紧扣论题,指错纠偏。二是要抓住必须弄清的论点,展开深入讨论。三是教师要以平等的地位参加讨论,力争做到言简意赅,画龙点睛,起好示范作用,从而形成学生对教师的信任感和对知识的渴求感,同时对不爱发言的学生要点名答问,促使他们积极思考问题,使全班同学的思维能力和表达能力都得到提高的机会。

④组合式讨论。即由同伴讨论,到小组讨论,再到全班讨论。把同伴讨论的结果带到小

组讨论,在小组讨论基础上再进行全班讨论。这时的全班讨论一般可由各小组选派出的代言人发言,同时可由小组其他成员补充,然后在小组之间展开讨论,各个组成员均可为本小组辩护和向其他组发难。这种方式在小组内部意见比较一致,而与其他组意见分歧较大的情况下开展得较为有效;小组内部意见分歧较大时讨论难以开展得很激烈。教师此时应注意要求和鼓励未发言的学生仔细倾听发言,随时准备评判。

课堂讨论的形式和规模应以有利于相互启发、思想交锋、自我教育为原则。教师要根据自己的教学实际,灵活选择讨论的方式。同桌讨论的方式适合只要动动脑筋、相互启发就能得出结论的问题;小组讨论比较灵活,每个学生都有发言的机会,对于难度较小的问题,或课堂上突然碰到"冷场",可采取这种方式;但分组讨论学生发言面大、自由轻松,教师不好掌握,有些小组长不善于组织,易使讨论走过场,流于形式,部分学生觉得收获不大,产生厌烦情绪。全班讨论方式,一般是在解决重点与难点问题,或遇到争议的问题时,由教师提出来,然后大家即兴发表意见进行讨论。这种方式能使学生动脑、动口,发展思维及语言表达能力,同时也使课堂教学充满民主气氛。全班讨论虽然发言往往集中在少数思想活跃的同学身上,但多数人也会根据交锋的重点和热点,情不自禁地提异议、谈见解,投身于争鸣的热潮之中。

(5)要精心组织

课堂讨论的过程,就是学生能正确地提出问题、分析问题、解决问题的过程,也是学生正确认识知识的过程。学生是讨论活动的主人,而教师则起着指导的作用。为了充分发挥每个学生的积极性,启发学生多元思维,在讨论过程中的组织、引导工作起到关键的作用。在讨论的不同阶段,教师需要适时适当地进行引导和组织工作:①在确定讨论问题阶段,教师需要介绍讨论题,激活学生思维,引导学生进入讨论。教师可以把讨论题板书或投影,通过头脑风暴法激发学生的背景知识等。同时,要营造民主、和谐、平等的学习氛围,使每一个学生精神愉快,情绪饱满,敢于发言,虚心求教,乐于交流,形成合作进取的良好学风。这是讨论有效开展的前提。②在讨论展开阶段,学生是主角,他们围绕讨论题积极对话,阐释自己的想法,形成自己的立场。这时,教师充当两种基本角色:一是保持讨论的焦点和发展,二是促进学生互动,帮助学生发展技能。因为讨论以学生为中心,要不断防止游离主题,教师需要仔细监控讨论的发展,通过提问提醒学生回到主题,确保讨论围绕目标。同时,教师可以通过肯定好的互动行为来发展学生的社会技能,如:"你不同意他的观点,那你的观点是什么?""你听得很认真,能确定两个观点的主要区别吗?"教师的过分参与或完全不参与,都会影响有效讨论的效果。③在达成结论阶段,教师应帮助学生确定主要观点,概括总结,对争议达成共识等。讨论产生分歧,不一定要达到一致的观点,但学生要形成自己的观点。讨论的结果必须有具体的产品,如概括、结论要点等,可以在班级分享,让学生感觉到他们的努力有成果。

(6)要及时总结

对课堂讨论进行总结十分重要,它不仅使讨论中暴露出的问题得到及时修正,使学生获得正确的观点和系统的认识,而且进一步加深了对基本理论的理解。在讨论中,学生虽然对问题积极地思考、分析和争论,但他们最关注的还是教师对自己的见解做出的反应。因此,当学生们汇报讨论结果后,教师要及时进行评定和总结。总结时既要对学生的见解给予分析,充分肯定正确的意见,以保护学生的积极性,又要做出科学的结论,从而使学生澄清模糊认识，树立正确概念，更有利于掌握好所学知识。当然，教师对学生的交流给予及时、积极评价的同时，也允许学生存疑，不轻易否定学生的学习成果。

4.活动案例分析

下面提供两个组织讨论的案例，一个是教师主持的讨论，一个是学生发起的讨论。

(1)教师主持的讨论

教师主持讨论是由教师发起的讨论。在教学过程中，教师从课文的导入、审题，到初步感知课文，再到深入分析理解课文等，选择各种话题，创造机会，引导学生进行讨论学习，畅谈阅读收获、体会。它有利于师生之间、同学之间相互启迪，收到“奇文共欣赏”“得失寸心知”的良好教学效果，还有利于提高阅读效率，培养学生良好的思维习惯和说写能力。其组织活动过程如下。

首先，是创设问题。创设问题情境是教师就教学的重点、难点进行启发性的谈话，提出疑问，以唤起学生的阅读兴趣，点燃学生思维的火花，激励学生勇于发言，谈“一得之见”，使之愿说、会说。例如，在下面的教学实例中，教师首先提出了“举例子”的问题，从而过渡到本课的学习重点，再围绕这一学习重点，故意提出一个不准确的看法，从而激发了学生思考和发表的欲望。

师：《中国石拱桥》这篇课文举了两个例子：一个是赵州桥(板书：赵州桥)，一个是卢沟桥(板书：卢沟桥)。那么讲中国石拱桥为什么举这两个例子呢？我这样理解：中国石拱桥有一部分像赵州桥，另一部分像卢沟桥，所以举这两个例子。你们说，我这样理解对不对呀？

其次，是组织讨论。在组织讨论过程中，教师巧妙地引导学生发表自己的见解，进而理解关于中国石拱桥的共性和个性的特点，成为下面继续讨论问题的“纲”。

生1：我认为这种说法不对。因为课本上说“我国的石拱桥几乎到处都有。这些桥大小不一，形式多样，有许多是惊人的杰作”，这就说明中国石拱桥有一部分像赵州桥、另一部分像卢沟桥的说法不正确。

师：很好！引用课文证明自己的观点，很有说服力。

生2：我也觉得您的说法不对，课文之所以举这两个例子来说明中国石拱桥，是因为赵州桥和卢沟桥都很著名，并不是别的桥和它们一样。

师：有没有和他们不同的意见？(众生不语。)

师：你们说得对。中国石拱桥是多种多样的，怎么可能都和赵州桥、卢沟桥一样，就这两种形式呢？既然中国的石拱桥不都是这两个样子，那么为什么课文要举这两个例子呢？

生3：因为赵州桥和卢沟桥具有形式优美、结构坚固、历史悠久的特点，所以举这两个例子。

生4：因为一提这两座桥大家都知道，所以举它们作为例子。

生5：因为赵州桥和卢沟桥是中国石拱桥中最杰出的。

生6：因为这两座桥都很有特点。赵州桥拱上加拱，与众不同；卢沟桥上的石狮子什么姿态的都有，特别生动。

师：大家的发言都很好！这篇课文之所以举这两个例子，是因为这两座桥汇集着中国石拱桥的共同特点，而且又各有各的特色。换句话说，它们具有代表性，所以举它们为例。

再次，是总结规律。讨论学习的目的是获得规律性的认识，因此，在深入讨论后，教师要注意引导学生寻找规律，总结升华，提高认识。下面的教学例子说明，学生经过讨论，最终明确了文章按类型举例的道理。

师：上面我们讨论了这篇说明文为什么举赵州桥和卢沟桥这两个例子的问题。大家认识到，因为赵州桥和卢沟桥既具有中国石拱桥的共同特点，又具有它们自身的特点，也就是具有代表性，所以举它们为例。那么，既然这两个例子都体现着中国石拱桥的共同特点，又都有各自的特点，为什么偏要举两个例子，举一个例子不更简练吗？

（众生翻书思考。）

生7：我认为中国石拱桥有两个共同的特点：一个是外观美丽，一个是结构坚固。举赵州桥突出中国石拱桥的结构巧妙、坚固，举卢沟桥突出中国石拱桥的美观。

师：你的意思是说赵州桥的结构好，卢沟桥的外形好。反过来就是说，赵州桥的外观不太好，卢沟桥又不大结实？（众生笑。）

生8：我不是这个意思。这两座桥的结构、外观都好。

师：好！再仔细想想。从课本上找到根据说明问题才有说服力。

生9：我觉得只举一个例子，就显得单调些，因为课文里说“我国的石拱桥几乎到处都有。这些桥大小不一，形式多样”。假如只举一个例子，体现不出“大小不一，形式多样”来。课文举了赵州桥和卢沟桥两个例子，就使文章内容显得充实，也就更能说明我国石拱桥多种多样了。

师：你的意思是说，举两个例子比举一个例子充实。照这样想下去，那么，举三个例子不是比举两个例子更充实吗？

生10：举三个例子没有必要。

师：这是你的观点。那么你的理由呢？

（生10不语。）

师：大家是不是再仔细翻翻书？书中就有答案，不过并不是直截了当说的。（众生翻书思考。）

生11：因为中国石拱桥有两种：一种是独拱桥，只有一个拱；另一种是联拱桥，由多个拱相连而成。赵州桥和卢沟桥正好代表了中国石拱桥的这两种类型，所以举了这两个例子。

师：完全正确。因为赵州桥代表的是独拱石桥（板书：独拱），卢沟桥代表的是联拱石桥（板书：联拱），独拱和联拱是中国石拱桥的两种类型，所以举了两个例子。如果举一个例子，就缺少了一种类型；如果举三个例子，就多余了。这样一研究课文，你们明白了吧？运用举例子这种说明方法时，举几个例子好呢？如果说明对象存在几个类别，那么一般说来，也就相应地举几个例子。

最后，是运用迁移。教学的主要目的不仅是帮助学生掌握知识，而且是促使学生运用知识，把学到的新知识、新规律运用于不同的情境，从而达到迁移的境界。语文教学中的运用迁移有着广阔的天地，可以让学生由读到说、由说到写、听说读写相结合，使学生学习知识、运用知识一体化。

(2)学生发起的讨论

学生发起的讨论是学生在学习中自己发现疑难问题,然后通过同学之间的讨论学习来分析问题和解决问题。由于学生之间在知识上、能力上存在差异:对于所学的某些内容,有些学生可能没有理解,而另一些学生可能已经掌握;对于另外一些内容,情况可能刚好相反。因此,在教学中教师应尽量发挥学生互教互学的功能,通过问答讨论,让已经学会的学生教尚有疑问的学生,这样,有疑问的学生在同学的帮助下学到了知识,同时已经学会的学生通过解答问题进一步加深对所学内容的理解和记忆,而教师则在学生的问答中了解了不同类型的学生的学习情况,以便及时进行有的放矢的指导。

让学生自由讨论,首先要求学生自己阅读文章,初步理解所学内容,找出自己不理解的地方,以便在课堂讨论中提出问题,让同学讨论解决。接着教师组织学生在课堂上质疑讨论,分析讲解,在这一环节上,教师要放开手脚,让学生自由讨论,在讨论学习中互相启发,互教互学,教师只做穿针引线的组织工作,把讨论引向深入。

下面是学生发起讨论的一个教学例子。

在学习《毛遂自荐》这篇自读课文时,老师组织学生开展小组讨论:毛遂自荐的背景及其成功的原因。下面是一个小组讨论的记录。

生1:毛遂自荐的背景是秦包围了邯郸之后,赵国派平原君向楚国求救。平原君想从自己的食客中挑选20人一同前往,但他只找到了19个,还缺1个,于是,毛遂就来自荐了。

生2:毛遂提出请求后,平原君提出疑问:“你来我门下有几年了?”毛遂说:“3年了。”写这对话目的是什么?

生3:这是为后面的论述打基础。后文平原君打了一个比方,说有才能的人处世,就好像锥子放在袋子里一样,它的尖儿会立刻露出来。接着说“你来我这里3年了,一直没有人称道你,我也没有听说过,这说明你没有才能。你既然没有才能,那么你只能留下来”。

生4:这个比喻抽象出这么几层意思:第一,有才能的人处世,才能会立刻显出来;第二,你的才能一直没有显出来;第三,所以你没有才能;第四,所以你只能留下。

生5:毛遂接着说,我现在就是来请求您把我放到袋子中的。假设我能早进入袋子,我的整个锥锋都会露出来,而不是仅仅露出一点尖儿。这表现毛遂善辩。他借用平原君的比喻表达了自己的看法,巧妙说理。

生1:现在可以概括这部分的内容了。我认为有以下几点:第一,毛遂有自荐的勇气。第二,毛遂善辩而有见识。第三,平原君被毛遂说服了。

生2:毛遂之所以成功,我看是因为主观的努力和客观条件两个方面。第一,主观方面,毛遂敢于自荐,说明他有才能,有勇气;第二,客观方面,平原君很开明,能虚心接受建议。

生3:我认为这件事反映了机遇和准备的辩证关系。第一,平原君赴楚求救缺一个人,并且这个人一定要从门客中找,这是最关键的,如果人齐了,毛遂的自荐就失去了可能性。所以,对毛遂来说,这是一个难得的机遇。第二,平原君很开明,为毛遂抓住机遇创造了条件。第三,毛遂有本领,准备充分,既有才能和学识上的准备,又有自信心和勇气上的准备。

生4:我补充两点。第一,平原君很开明,这也是毛遂的一种机遇。第二,总结一下机遇和准备的关系应该是:要取得成功,仅仅有机遇是不够的,还必须有充分的自我准备;有了准备,但没有机遇,也不可能成功,要不,3 年时间,毛遂为什么会一直默默无闻呢?

生 5:毛遂有了准备,在机遇来临时才能抓住它,机遇靠等待,准备靠努力,所以应该是准备更重要一些。

生 1:这说明机遇是重要的,但准备更加重要。要抓住机遇,必须加强自身建设。相信在我们的人生道路上,一定会有很多好的机遇。当机遇来到身边的时候,我们的双手要有力,动作要迅速,要紧紧地抓住它。而要做到这一点,现在就要努力锻炼自己的意志品质,丰富知识,提高能力,强健体魄,做好各方面的准备!

从上面的讨论中可以看出,学生之间的讨论可以激发不同的想法,不同的想法会互相碰撞、启迪、补充,进而生成新的、更丰富、更深刻的观点。这就是社会建构学习效果的体现:我有一个苹果,你有一个苹果,现实中,我如果把自己的苹果给了别人,我就会失去苹果;但我把我的思想观念这个“苹果”给了别人,我并没有失去“苹果”,反而是我的“苹果”增值了。也就是说,我们互相交换“思想之苹果”,都共同获得了两个、三个……更多的苹果。

(二)组织课堂辩论

1.课堂辩论的含义

课堂辩论,是指教师在课堂教学中就某个有严重分歧的问题,组成正反两方开展质疑,反驳对方观点、阐述己方观点的学习活动方式。课堂辩论是一种高级的说话训练形式。学生在参加论辩过程中,要迅速调集个人的知识储备,需要具备边听边归纳要点的能力,判断正误的能力,确立自己论点的能力,以及快速组织语言做有针对性的讲析的能力,等等。辩论的主旨在于让学生明辨是非,认识到“真理越辩越明”的道理,培养敢于直言的勇气和捍卫真理的斗争精神。

2.课堂辩论的作用

课堂辩论的作用主要体现在如下几方面。

第一,能全面锻炼听话和说话的能力。辩论者一方面必须听明白对方话语的意思,迅速归纳出要点,辨别它的是非所在;另一方面,要明确自己意见与对方意见的分歧点,迅速组织自己的辩词,并用清晰流利的语言,有理有据地阐明观点,驳斥对方,征服听众。因此,它是全面培养学生听话能力和说话能力的有效手段。

辩论使思维与语言处于紧张状态:它可以促使内部语言与外部语言快速同步,从而有利于认识能力、应变能力与口头表达能力的提高;它可以训练思维的敏捷性、灵活性、周密性,有利于创造性思维的发展。

第二,能锻炼思维的敏捷性和灵活性。辩论者必须迅速归纳对方说话的要点,迅速判断对方意见的正误、是非,迅速明确自己的论点和论据,迅速组织论辩语言;在激烈的论辩过程中,能敏锐地做出反应,还要根据辩论过程中出现的种种情况,灵活应对。

第三,能培养明辨是非的能力。真理越辩越明,辩论的目的在于明辨是非,探求真理。

第四,能锻炼推理的能力。辩论旨在用自己的意见驳倒对方意见,一方面要抓住对方的破绽推断对方意见的荒谬,另一方面还要用严密的推理证明自己意见的正确。

第五,能促进阅读能力的提高。辩论需要有理有据,这个理和据来源于书本知识和亲身实践。参加辩论首先要确定观点，然后根据已确立的观点，阅读大量的材料，搜集有力的论据。可以说：辩论的内容如何，反映一个人阅读量的多少；辩论能力的高低，某种程度上反映一个人阅读能力的高低。

3.课堂辩论的设计与实施

辩论的活动过程大致如下。

(1)选择论题

辩论，首先要确定论题，对论题的概念、范围、意义、重点、缘由以及看法做仔细的研究。要有双方公认的辩题，即双方必须明确要辩的是什么。一般说来，辩题必须包括两个不相容的论断，双方各持一端，这才能争辩得起来。如果辩题内容的两个论断是模糊的、互相交叉的，那么辩来辩去就会纠缠不休，失去了论辩的价值。课堂教学辩论的论题应该是来自对课文理解产生的分歧，可以是教师预先设定的，也可以是在学生理解课文过程中动态生成的。

其次，要有各自独立的见解。即双方都要有明确的立论。辩论中最忌立论不明，让人莫名其妙，意见没有交锋，那就不叫辩论了。即双方都要熟悉“辩因”，知道为什么辩，分歧的焦点在哪儿，找出辩论的症结所在。因此，辩论者要准备两手：一是进攻的一手，即准备驳倒对方(找出对方的矛盾点和疏漏处)；一是防御的一手，即准备回答对方的质询，并预先想好怎样一一驳回。

(2)准备材料

确定选题后，学生需要有一定的时间根据题目准备材料。难度比较大的辩论，可以让学生通过阅览室、图书馆、互联网等方式来收集相关资料。在占有丰富资料的基础上构思讲话的内容，思考讲话的条理性，有时需要列出讲话的提纲，写出讲话的初稿。同时还需要考虑对方可能提出的观点和事例，以及怎样去反驳对方的论点和论据。难度较小的即时辩论，也要让正反双方有一定时间整理想到的资料，思考自己的观点和阐述的思路。

(3)方法指导

辩论是一种高层次的说话活动形式。在辩论过程中，首先，需要学生迅速地把自己的内部语言转化为外部语言，围绕主旨有条理地表述，还要注意根据听众的反应及时调整说话内容。其次，还需要学生边听边归纳要点，迅速判断别人见解的正误，确立自己的论点，调集个人的知识储备，做出有针对性的讲述。因此，在辩论前教师应进行一定的方法和技能的指导，例如，引导学生学习一些论辩文，从中揣摩论辩的技巧，学习论辩的手法。又如利用矛盾反驳法、弱点反驳法、转移目标反驳法、引申反驳法、诱敌深入反驳法、归谬反驳法、比喻反驳法，以及先期反驳、插入反驳、复辩反驳、归纳反驳法等。还要注意对神情的表现、手势的运用、姿势的摆放、随机应变的控场技术等的指导。

(4)组织活动

开展活动首先要明确要求。如在辩论前向学生宣布具体要求：①尽可能围绕某一中心进行辩论；②所讲内容要积极健康；③讲普通话，声音响亮，让每位同学都能听清；④注意掌握时间；⑤同学上台时，大家鼓掌欢迎，讲完后，无论讲得怎样都应报以掌声；等等。

其次，要明确活动的形式。辩论有多种形式，可以先将学生分成两大组，根据辩题分成正反两方，分别推出主辩、助辩若干人，一名主持人，聘请教师或学生担当评委，分组围绕论题展开辩论；辩论进行时，由对立的双方各自论述自己的观点，然后针对对方的观点进行辩驳，最后由中立者对双方的观点进行裁决，观点论证充分的一方获胜。也可以不确定正反双方，而是由不同小组或成员叙述自己的观点，然后相互之间展开辩论，最终能说服各方的小组或成员获胜。还可以在两个或几个人之间进行，教师提出辩论题，争论到一定深度再换一个；必要时教师可提问发难，将问题不断引向深入。

最后，教师要适时引导。在辩论中，要引导学生积极发言，勇于交锋；但不强词夺理，应体现实事求是的学风，要讲求礼节，相互尊重，不讽刺挖苦，从而使辩论产生积极的效应。

(5)总结和评议

辩论结束后，要及时对活动进行总结和评议。总结和评议可以由学生进行，如由学生现场发表"一句话评论"，以培养学生的赏析能力与概括能力，再由"一讲一评"逐步过渡到"一讲数评"，以利采集众家之长。总结和评议要以鼓励为主。由于学生的自身素质、性格特点、心理承受能力、口语表达能力都存在差异，有时活动效果可能不尽如人意。对此，教师不仅要对那些胆量小、口头表达能力较差的同学及时鼓励，更要有足够的耐心帮助他们树立自信，在评定分数时，要尽可能挖掘他们的闪光点，有意识地培养他们的信心和自尊。

4.课堂辩论活动案例分析

特级教师程继伍老师执教《雷雨》一课时采用了组织课堂辩论的学习方式。程老师课前要求学生阅读《雷雨》全剧，了解故事情节。教学过程安排如下：①简介作家作品；②复述课文部分的故事梗概，理清情节结构；③分析周朴园和鲁侍萍的性格特点；④分析周朴园和鲁大海的对话，把握和理解本文最本质的矛盾冲突。在第三环节上，程老师采用两种学习活动方式：一是分角色有表情地朗读周朴园和鲁侍萍的对话；二是小组之间自由辩论。一、二组为一单位(简称甲方)，三、四组为一单位(简称乙方)。甲乙方座位临时调整成对垒式，辩论题事先由双方代表抽签决定。抽签的结果甲方为正方，辩论题是"周朴园对鲁侍萍没有真爱"；乙方为反方，辩论题是"周朴园对鲁侍萍有真爱"。以下是辩论时的教学实录。

正方：请问对方辩友，你们说周朴园对鲁侍萍有真爱，理由是什么？

反方：(颇有把握地反问)我想请教对方辩友，爱情可以超越阶级吗？

正方：(脱口而出)当然可以。

反方：谢谢对方辩友，为我们说了实话。周朴园虽说是个残忍的资本家，但他对侍萍的爱却是真心的。

正方：何以见得？

反方：课文告诉我们，周朴园房间里的家具还是从前侍萍喜欢的旧物。

反方：而且陈设仍按30年前侍萍动用时的样子。

反方：甚至保留了侍萍在生周萍时患了病，总要关窗户的习惯。

(反方展开车轮战，正方一时语塞。)

反方：还记住了四月十八——侍萍的生日，一切都照着侍萍是正式嫁过周家的人来看待。

反方：对啦，他还珍藏着一件旧衬衫，上面有一朵梅花，旁边还绣着一个"萍"字，只有他和侍萍知道，是他们爱情生活的小插曲。

正方：那是猪鼻子里插大葱——装象(相)，是做给别人看的。

反方：如果对侍萍没有怀念，珍藏一件旧衬衫有何意义呢？如果没有怀念，怎能记住侍萍的生日？30 年哪，不是 3 天，对方辩友。

正方：就算有怀念吧。不过，我想问对方辩友，既然周朴园对鲁侍萍那么深情，那么为什么当鲁侍萍站在周朴园面前时，他会惊恐万状呢？

正方：并且严厉地问："你来干什么？"

正方：他应该和侍萍深情地相认才是啊！

反方：因为事情来得太突然。他怕家里人知道，毕竟都是有家室的人啦。

正方：这正好说明了周朴园没有真爱，爱应该是无畏的。

反方："无畏的爱"只是一种理想罢了，现实的爱是要受环境影响的。

正方：请看看现实吧，当鲁侍萍的出现有可能威胁到周朴园的家庭，还可能影响他的地位、名誉时，周朴园害怕了，他甚至害怕鲁贵趁机敲诈。这就是周朴园的爱情。呵，多么"伟大"的爱情！

反方：如果说周朴园对鲁侍萍没有一点爱，那么 30 年前，他们为什么结婚，而且鲁侍萍还为周朴园生了两个孩子。对方辩友，这如何解释？

正方：这还用解释？当年的侍萍是周家的侍女，而周朴园是少爷，少爷欺侮丫鬟，这很常见啊。后来侍萍不是被赶了出来？

反方：那是周家长辈的事，和周朴园无关，并不能以此说明周朴园对侍萍无情。

正方：怎能说有情呢？一个真爱自己妻子的人会眼巴巴地看着她被赶出家门，然后心安理得地再娶一个女人吗？这样的爱难道不应加个问号？

反方：那么，后来周家搬了家，周围没人知道周朴园以前的事，周朴园假装怀念，有这个必要吗？

正方：我们并不否认周朴园对鲁侍萍有点怀念，人都是喜欢怀旧的，更何况年轻时的侍萍聪明贤惠，而周朴园后来的婚姻并不如意。但周朴园的怀念是非常自私的。他以为鲁侍萍已死。

正方：他以为往事已对他构不成威胁。所以，他的怀念是有前提的，是自私的。

正方：他压根儿就不希望再见到侍萍。

正方：是啊，当侍萍真的站在他面前时，他是那么惊慌而冷漠。

正方：他冷冷地说："30 年的工夫你还是找到这儿来了。"

正方：这正好说明了他对侍萍没有真爱。

反方：如果周朴园对鲁侍萍没有真爱，那么，当他们 30 年后重逢时，鲁侍萍为什么望着周朴园，泪要涌出？并且说："老爷，没有事了？"

反方：这分明是侍萍想认周朴园。

正方：那是因为鲁侍萍善良单纯，没有看穿周朴园的本质。

正方：是被周朴园的假象蒙住了。

正方：后来，当周朴园暴露出他的丑恶灵魂，想用五千元支票来掩盖 30 年前的罪恶时，侍萍把支票撕破了，这是对周朴园这个伪君子的最好的回答。

反方：但这并不能否认周朴园对鲁侍萍曾经有过的真爱呀！

……

教师总结：课文的对话告诉我们，每年四月十八，周朴园都不忘为侍萍做生日，一切都按照她是正式嫁过周家的人来看待，我们也的确看到他房间里的家具还是从前侍萍喜欢的旧物。这是周朴园对当年那个漂亮、端庄的梅姑娘的真情流露。但是周朴园对鲁侍萍的怀念是有一条底线的，也就是在他以为鲁侍萍已死，往事对他现在的地位、声誉、利益已构不成威胁时，他尽可以去追念，一旦他怀念的那个人站在了面前，一旦往事对他的名誉地位将要构成直接的现实的威胁时，他的所谓的爱也就不攻自破了。可以这么说，周朴园对鲁侍萍有过感情上的真爱，但又始终摆脱不了封建式资本家的唯"我"是图的本性，《雷雨》塑造的周朴园这个形象具有复杂的双重性格。

而鲁侍萍作为一个淳朴善良的旧中国劳动妇女的形象，备受欺辱和压迫，仍始终保持了自己的刚毅顽强。在课文中，她的性格是在不断发展的。刚和周朴园重逢时，她对周朴园充满了幻想，一时蒙蔽于周朴园的花言巧语，后来，终于看清了他的本性，她以撕破五千元支票的举动，用"我这些年的苦不是你拿钱算得清的"控诉，表现了她的骨气和尊严。

戏剧文学有别于其他样式的文学作品，它是错综复杂的生活和综合艺术的高度结合，有时所塑造的人物形象的性格具有多元性的特征；而人们解读文学作品时又往往带上鲜明的个人烙印，形成"一千个读者就有一千个哈姆雷特"的解读现象，这些奠定了开展课堂辩论的基础。

"周朴园对鲁侍萍有没有真爱?"这是《雷雨》的一个热点，也是一个难题。这不是可以简单下结论的。周朴园在他特定的阶级意识、身份地位、环境经历之中，有过真爱的一面，也有虚伪的一面，作品本身都有活生生的表现，而这看似矛盾的两个方面在作品中又得到了和谐的统一，如何正确认识和理解周朴园这个形象也就成了学习这篇课文的重点和难点。教师没有按部就班式地讲解，而是给学生提出辩题，让学生展开充分的辩论。辩论的过程就是学生认识不断深化的过程。教师给学生提出"周朴园对鲁侍萍有没有真爱"这个辩题时，并不存在先把答案交给哪一方，让另一方做陪衬的意图，而是告诉学生应该学会辩证地分析问题，立体化地鉴赏戏剧作品中的人物形象。

在课堂教学模拟辩论中，辩论双方一般都会发生情感和观点上的冲突，如果教师不加以引导，学生为了争强好胜，所持观点有可能会走向片面或极端。这时，教师需要引导学生认识到模拟辩论的目的是学习辩论技巧，重点关注的是过程而不是结论，不是只为争个输赢。这样，学生会把更多的热情和精力放在寻找佐证、辩驳对方，也可以互相调和观点、兼容观点。这样的辩论能帮助学生加深对作品的理解。

辩论有很多方式，正规的辩论方式一般是"双方观点陈词—自由辩论—双方总结陈词"。程老师采用的是自由辩论形式，让双方一出场就针锋相对，带着质疑探微思辨的色彩，进而进入论辩的白热化阶段。同时，把同学们的注意力牢牢吸引住，让他们在全神贯注的参与中，完成对周朴园、鲁侍萍性格的初步认识，尤其是对周朴园双重性格的认识。

程老师认为辩论强调的"是过程而不是结论"，这一观点是正确的。教师在辩论后的总结，帮助学生认识周朴园其人的本质，具有画龙点睛的作用。

(三)组织角色扮演

1. 角色扮演的含义

角色扮演，是指教师指导学生阅读理解文学作品时，要求某些学生扮演某情景中的不同人物角色，并把在那一情景下可能发生的事情用语言和动作表达出来。扮演活动结束后，作为观众的同学一起对扮演者完成任务的情况进行评价。这种活动可以帮助学生处在他人的地位考虑问题,可以体验各类人物的心理感受,训练学生的自我控制能力和应变能力,达到对所阅读的文学作品加深理解并能灵活运用的目的。我们知道,电影、电视演员,要扮演好某一角色,必须全身心地进入角色所生活的环境,去感受,去体验,去领悟,这样,在角色扮演中,才能形神兼备。在阅读文学作品中开展角色扮演活动,引导学生明确角色任务,进入角色情境,承担角色责任,表演角色的言行甚至是心理活动,可以让学生身临其境地来获得对课文内容的真实感受,从而在活动过程中体验成功的喜悦,从而激发内驱力,培养思维品质,丰富思想情感,提高学习效率。

2.角色扮演的作用

角色扮演的作用可以表现在以下几个方面。

(1)可以激发学生的学习兴趣,提高学习参与度

角色扮演活动符合中小学学生的身心特点。他们富于好奇心,生性好动,喜欢模仿,愿意表演。开展角色扮演活动,对素材的处理、分析,故事情节的设计和角色的分配等完全是学生自主完成的,学生的地位由原来的被动接受者转变为主动参与者,学生成为知识的探究者和意义构建的主体。尤其是表演刺激了学生大脑的兴奋点,有效地集中了学生的注意力,从而让其以饱满的热情投入课堂活动。由此,学生真正处于学习主体的地位。这不仅调动起学生学习的积极性和主动性,引发学生思维,而且激发学生的兴趣和求知欲。

(2)有利于发展学生的综合能力

角色扮演的设计,首先需要学生对所阅读材料进行切身体验式的理解,这有助于学生感知生活中各种情景,各种人物角色的语言、行为、心理特征。其次,需要学生对阅读材料进行精细加工,改编为适宜于表演的脚本,从而锻炼学生的想象力和创新意识。角色扮演展开,需要学生完全投入角色的言行,这既能够激发学生的分析、想象、判断和创造等高级思维活动,又能够唤起学生内心深处的真情实感;表演时需要角色扮演者之间的相互配合,这锻炼了学生的社会技能。表演后的角色自我分析,可以让学生反省内隐的心理过程,检查自己的态度、行为和信念,促进价值认识的调整;班集体评价,能够促进整个班级的群体互动和彼此指导,有利于共同建构价值观念体系,形成正确的内化价值。

(3)可以丰富学生的情感,促进人格自我完善

从某种意义上看,角色扮演的过程,就是一个"感情投入"的过程,它可以丰富学生的内心世界,提高对"感情投资"重要性的认识。通过角色扮演,学生"走进"别人的生活世界,体验所演角色的思想、行为、需要和期望,而且还可以对自己的意识和行为进行审视。这一过程也是学生本人和不同角色之间心灵碰撞的过程,是个体社会化的过程。在角色表演中,学生必然要对照角色的行为选择,联系本人的实际,做出价值判断。

3.角色扮演的设计与实施

角色扮演是一种实践性很强的学习活动,具有较强的程序性,它的实施过程需要遵循如下教学步骤。理解和掌握这些环节,对于提高课堂效果,达到预定的教学目标,是非常必要的。其设计与组织程序如下。

(1)创设情境

角色扮演是模拟特定情境下特定人物的活动。这需要教师认真备课,巧妙营造表演情境,通过多种方法和渠道向学生展示问题情境,如讲述故事、阅读小说、播放电影或电视等。

情境介绍清楚，并激发学生对此产生浓厚的兴趣，是角色扮演式教学的起点，也是整个表演过程能够取得成功的重要保证。

(2)角色分配

虽然角色扮演是希望更多学生参与的学习活动，但一次扮演活动总是由少数学生参与的。最初的活动由谁来承担人物角色，需要慎重决定，因为表演的成败会直接影响到“观众”的情绪，也会影响到接下来的分析和讨论。所以，教师要物色好第一组“演员”的人选，如选择具有一定表达与表演能力的，又有担任某一角色愿望的学生。当然，如果是在学生自由选择角色的基础上再由教师分派角色会更好些，否则，教师强行安排可能会使学生感到不自然，表演起来会勉强。

(3)表演设计

角色分派好后，教师要指导“演员”小组进行磋商，筹划表演内容。首先要了解角色的特点，把握角色的思想。教师提醒学生在扮演角色时要把自己融进去，忘掉自我。此时的“我”就是剧情中的人物，要用剧中人物的思想去考虑问题，去付诸行动。其次是表演小组共同讨论、分析与研究，列出表演的要点。教师要指导学生依据课文内容，加以合理想象，编成剧本或哑剧、小品等，精心构思表演情节，合理设计人物形象，揣摩人物心理，理解人物性格，写出人物的典型语言和典型行为，设计表演的语言和行动，甚至准备表演需要的场景、道具或其他辅助用品等。当然，不提倡详细写出每一句台词，定得太死会抑制学生的临场表现，阻碍创造性的发挥。

与此同时，教师还需要训练学生“观众”。在角色扮演的教学组织中，让暂时不参加表演的学生也进入“状态”，是一项不容忽视的任务。教师可以布置学生“观众”一定的观察任务，如：角色表演是否真实？情节发展是否合理？假如“我”是这个角色应该怎么做？这样，便于营造扮演活动的活跃的氛围，演者投入，观者专注，情绪上形成积极的互动。

(4)课堂表演

把改编的剧本在课堂上进行导演和表演时，有条件的学校还可以对表演进行录像。课堂表演人物形象重在神似，如表演契诃夫小说《变色龙》的警官奥楚蔑洛夫这个人物，要注意从人物形象(个头不高，腆着“将军肚”)、脸部表情(挤眉弄眼)、语言(巧言多变)、动作(穿大衣，脱大衣)等方面表演，把这个沙皇走狗趋炎附势、欺下媚上、见风使舵的形象表现得淋漓尽致。借助表演这种形象化的形式，学生们能更具体、更鲜明地认清此警官的丑恶嘴脸。如果是哑剧表演，还可以让学生边看表演边用原文解说表演，使活动变得丰富多彩。

教师和其他学生在观看的时候，切忌苛求完美，在表演技巧上挑剔。从一定意义上讲，学生表演的不成熟或不确定是十分正常的。他们在身临其境的时候很容易产生新的思想火花，做出即兴的行为反应，而这正是角色扮演能够展现学生真实情况的优势所在。对于学生积极的表演，教师要以多种方式给予鼓励，肯定他们的良好表现。这样，学生在表演中就会增强信心，不断提高表演情绪，逐步深入角色的情感世界。这里需要注意的一点是，角色表演的时间不宜太长，过分冗长的表演，会给扮演者增添负担，也可能会使观看者失去兴趣。只要学生把问题情境准确地演出来了，将自己的观点表达清楚了，表演就可以停下来。学生在课堂上的表演，一般以 10～15 分钟为宜。

(5)反思与评价

表演结束后的热烈讨论与积极评价,能够把学生的情绪推向新的高潮。如果时间比较充分,教师可以引导"演员"学生反思自己的表演,启发当观众的学生去评价演员。如果时间比较短促,可以由教师直接进行评价。教师和学生的反思与评价要指向分析表演的真实性与合理性,不要指向表演的"舞台效果"和角色的表达方式。在分析人物角色时,应多注意挖掘人物的内在动机、行为产生的原因、行为产生的可能结果。当然,由于学生对问题情境的理解不尽相同,持有的价值观念也不可能完全一样,对角色的行为取向会出现观点上的差异,这时应允许学生保留自己与众不同的看法。如果时间允许,教师还可以要求每个学生对讨论的问题进行书面总结,系统地阐述自己对这一问题的看法,再收起来进行检查。这样做有利于学生深入探讨和理解所讨论的问题。这种深入的讨论,不仅可以提高学生对角色社会行为的分析能力,而且还能增强选择正确行为的判断能力。

可以说,角色扮演的教学效果,与教师在设计和组织教学时的努力程度成正比。在整个角色扮演的过程中,教师履行着导演的职责,驾驭着整个剧情的发展,是每个角色的裁判,最后要得出与课程设计思想、目标相符合的结论,达到预期的教学目的。

尤其重要的是,角色扮演特别要求教师熟练掌握四种教学技能:①激励技能。在问题情境被呈现之后,需要调动学生参与表演的积极性。教师能否使班级活跃起来,激发起学生高水平的探究动机,关系到整个教学过程的成败。②协调技能。在角色扮演式教学中,教师是一个协调者,不是一个控制者。学生自己决定表演的内容、程序和细节,教师只做参谋和督导。教师要在不干扰学生独立表演的情况下,组织好整个教学活动。③启发技能。教师需要在整个教学过程中不断启发学生,使学生准确理解问题,明确人物之间的分歧,领会表演的要领,并且能够对别人和自己的表演做出正确的评价。离开教师及时的启发和引导,学生的思维很容易离开主题,不利于中心问题的解决。④反馈技能。对于学生的表演,教师应当给予密切的观察和及时、中肯的反馈。教师的评语既不能打消学生的热情(学生都希望听到教师的赞扬),又必须对学生的观点提出意见和建议。这对教师教学语言的艺术性和科学性都提出了很高的要求。

4.角色扮演活动案例分析

李文秀老师执教《桃花源记》一文[①],在指导学生疏通语言文字后,设计三个角色扮演活动,引导学生对文本的内在含义深入感悟,并把感悟表达出来。

活动一:你问我答,"发现"桃花源

原文只有一句话:"见渔人,乃大惊,问所从来。具答之。"一问一答,极其精练。但细想却蕴含很丰富的韵味:具体问了哪些话?带着怎样的心情去问?又有怎样的神情表现?答者的具体话语、心情、神态怎样?这一问一答表现了桃花源人怎样的品质?要求同桌学生角色扮演,展示渔人与村人的问答。然后选代表在班上展示。

学生展示例子如下。

村人:您好!这位客官,看您的打扮,不像是我们村的人。请问您打哪儿来?来这里有

---

① 李文秀.比较还原法:引导学生走向文化深处——以《桃花源记》教学为例[J].教学月刊,2020(1,2):73-76.

什么事吗？

渔人：您好！打扰了！说起来还真是话长啊！我是武陵人，是个渔夫。今天早上我划着船打鱼，不知不觉划到了一片桃花林中。这桃花林真是美啊！

村人：哦，说说看，是怎样的？

渔人：整片桃花林，有几百步长，里面没有一棵别的树。桃花树下，是一片绿绿的草地。花瓣飘下来，落在草地上，我没有什么文化，表达不好，就是觉得美。

村人：确实美。

渔人：我被吸引了，很好奇，这桃花林到底有多长。结果到了树林尽头，就是小溪的源头，我上岸就发现了一座小山，山上有一个小洞，我发现洞里有亮光，就想探个究竟，等爬进洞里，爬到洞的尽头就到这里了。

村人：原来是这样啊！

渔人：我本来也不想打扰你们的。我爬出洞一看，这里环境真美，房子造得整整齐齐，田地肥沃又开阔，大家开开心心地种地生活，那么幸福。我太喜欢了，所以就待得久了一点。

村人：既然这么难得到这里，又喜欢这里，那就多留几天，到我家去住几天吧。

在同桌互答中，学生的认识就不仅仅是停留在文字表层，而是需要联系前后文，感受渔人发现桃花源的过程，这包括桃花林的美与净，渔人的“异”与“寻”，感受桃花源人待客的热情与淳朴，还感受作者笔法的简洁。在老师创设的具体情境活动中，学生初步感受到了美丽的桃花林、淳朴的桃源人。

活动二：记者招待会，走进桃花源

活动围绕着渔人的“一一为具言所闻”与村人的“叹惋”展开。渔人所言的是自己的经历、社会的动荡、战争的频繁、生计的艰难……可渔人为什么会说这些？显然与“村人的问讯”有关。村人会如何问？如何在问答中，既融入村人的“自云”故事，又能让渔人主动参与叙述？要求学生模拟记者招待会，分别扮演渔人和村人，渔人是“新闻发言人”，而村人们自然就是“记者群”了。村人们有许多的好奇与不解，需要渔人作答，而渔人需要通过与村人的互动来解答。

在活动前，教师提示文中对村人的背景有介绍，就是“自云先世避秦时乱，率妻子邑人来此绝境，不复出焉”。渔人的背景呢？文中有这样简略的介绍：晋太元中，武陵人。根据注解，太元，是东晋孝武帝年号(376—396)。老师呈现补充资料：孝武帝在位总共 21 年，可是其间爆发了大小战争约 60 场。有诗歌写道：“白骨露於野，千里无鸡鸣。”“兵戈既未息，儿童尽东征。”学生以学习小组为单位，一个读演渔夫，其余人读演村人，结合老师的补充材料，模拟召开了一场“记者招待会”。

在“招待会”中，应主要关注对话内容的前后串联。重点围绕“叹惋”展开。是什么让村人叹惋？村人会怎么叹惋？

学生展示例子如下。

村人 1：听说你是从外面进来的。外面现在的皇帝是谁啊？

渔人：孝武帝。

村人 2：我们只知道秦二世，那孝武帝是秦几世了啊？

渔人：秦二世？那是很久很久以前的朝代了。现在是东晋孝武帝。

村人3：哦，秦王朝已经换成东晋了啊？

渔人：不是的，秦之后是汉朝，然后是三国，再到西晋，现在是东晋。你们不知道吗？

村人4：我们的祖先在秦朝的时候，因为躲避战乱，带领家人和乡人到这里生活，世世代代就居住下来了，所以不清楚外面的情况。那你给我们说说外面的情况吧。

渔人：外面啊，不能说每个月都打仗，但一年也要打好几次仗。外面的土地上都是饿死的和战死的人，不像这里土地开阔，良田肥沃。我们村子的房子，都因战争失修，许多房子成了空房子，不像这里整整齐齐，欢声笑语。我们村子里看上去很荒凉，很破败，还要时时紧张战争的发生，不像你们啊，可以安安稳稳地劳作，村子里风光还那么好，桑树竹子池塘，那么美丽。我来的时候，还听见你们村子里的鸡鸣和狗叫，那么安宁。看见你们老人和孩子们都那么开心，我家老母亲和孩子都吃不饱饭，没有好衣服穿。

村人5：听你这么说，真可怜。这样想，我们这里的人，只在传下来的故事里听说过打仗，我们都没有经历过战争呢。我们的祖先真是太伟大了，让我们可以免受战争之苦。

渔人：是啊，这日子真是过不下去了呢。

村人(众)：(纷纷安慰)你好好地留在这里吧，别出去了。

通过这样的模拟联系，学生能够从简简单单的文字背后，自然而然地深刻体会到作者的深层叹息。在叹惋中，感受桃花源的美丽安宁，桃源人的淳朴热情，以及其中寄托的对理想社会的向往。

活动三：拜访太守，追寻桃花源

活动围绕文中的“诣太守，说如此”一句展开。引导学生思考：“如此”包括了哪些内容？为什么不把这些内容一一写出来？写与不写表达效果有什么不同？太守与渔民身份完全不对等，该怎样对话？渔人为什么不把发现先告诉亲人，而是急于“诣太守”，目的是什么？太守听到这一消息为什么马上“遣人随其往”，目的是什么？

部分学生变身为渔民，来向另外一部分扮演太守的学生做汇报。这时候，学生就理解了简洁文字背后的丰富内涵：渔民之所以不理会桃源人的劝告，是因为渔民想造福更多的百姓，希望太守带上百姓去里面躲避战乱，是希望所有人都能安居乐业，都能怡然自乐。而太守也是渴望和平和安宁的官员，也想造福一方，于是立即派人前往。由此猜读引申出来，刘子骥，高尚的士人，所以才去寻找，也是为了替大家寻求安宁家园。也由此猜读理解了陶渊明在文末“后遂无问津者”的深深遗憾。世人都不相信有这样的梦想，无人问津时，他依然有梦，在《桃花源诗》的最后，他写了这样的两句：“愿言蹑清风，高举寻吾契。”

(四)组织合作探究

1.合作探究的含义

《义务教育语文课程标准(2022年版)》[①]在“课程理念”中提出：“促进学生自主合作、探究学习”，在“课程实施”中明确要求：“支持学生开展自主、合作、探究性学习，为学生的个性

① 中华人民共和国教育部.义务教育语文课程标准(2022年版)[M].北京：北京师范大学出版社，2022:3,46.

化、创造性学习提供条件。”由此，在中小学语文教学中开展合作探究的教学改革热潮被激发起来。因为教育的主要目的是培养学生的文化素质，而合作精神和创新能力是未来社会所需要的核心素质。开展合作探究性学习活动则是培养学生合作精神和创新能力的最佳途径。

所谓合作探究，是指学生在教师的指导下分小组研究学习材料，从中发现值得研究的专题性问题，然后围绕问题设计研究方案，开展合作研究活动（如收集、筛选、分析、归纳和整理相关资料），进而总结规律，形成创见，在班上交流学习所得的一种学习活动。合作探究是教师达到3个交织在一起的教学目标——研究、内容学习、合作学习——的教学策略，也帮助学生学习怎样系统地、逻辑地研究专题式问题，促进深入理解学习内容，发展研究能力和思维能力，更重要的是，教会学生怎样合作去解决问题。如果以往的教学主要是指导学生学习教学内容所包含的事实、概念、技能等，那么，合作探究则主要指导学生学习怎样解决问题，培养高级批判性思维能力。

2.合作探究的作用

合作探究的作用主要有以下几个方面。

第一，深刻改变了传统的课堂教学模式。合作探究反对强求划一，崇尚个人差别和独创见解，鼓励学生展开自由奔放的想象，并为学生提供了各种各样的实践活动以及表现自我和发展自我的机会。合作探究突出学生学习的主体性和探究性。学习活动是由学生自己发起的（发现问题、形成研究课题），学习方法是由学生自己确定的（提出研究的思路、解决问题的设想），学习过程是由学生自己控制的（收集相关资料，分析问题，解决问题），学习结果也以学生自我评价为主（交流评价）。学生不再作为知识的接受者，被动地听从教师的指令，而要带着各自的兴趣、需要和观点直接与学习材料进行对话、与客观世界进行对话，在教师的指导下去探索、认识和发现“新大陆”。师生共同建立起平等民主、教学相长的教学环境，学生在研究和探索中始终处于主体地位，学生能够体会到自我发现的成就感。这时课堂教学产生了质的改变：首先是教学方式的改变，由传统的以教师讲授知识为主的教学改变为以学生自主探究为主的教学；其次是学生学习活动方式的改变，由全班共同学习的活动方式变为异质小组合作学习的活动方式；再次是师生关系的改变，由师道尊严改变为师生平等交流与互动。合作探究真正做到既促进课堂教学的改革，也促使学生养成积极的探究意欲和态度，发展健全的人格。

第二，有助于开发学生的创造潜能，培养学生独立思考、自主学习的能力。在合作探究中首要关注的是学生研究的过程、研究方法、研究思维方式，要求学生通过阅读自己发现问题、自己解决问题、自由创造，学生在整个学习过程时刻需要审视、反思研究活动，并通过经验的融合和重组来解决遇到的难题，并从中学会了查阅资料、分析处理资料、研究问题等科学方法，使教与学的重心不再仅仅放在获取知识上，而是转到学会学习、掌握学习的方法上，使被动的接受式学习转向主动的探究性学习，有效提高分析、解决实际问题的能力以及探求未知事物的能力，促进科学思维的形成和创造能力的发展。

第三，能够培养学生的合作意识。让学生学会合作也是当今教育的一项重要任务，因为合作意识是现代人必须具备的基本素质，合作将是未来社会的主流，而合作探究是培养学生合作意识的重要方式。合作探究要求小组共同完成一项任务，小组的异质性决定了学生在共同活动中必须做到互相帮助、互相监督，其中的每个成员都要对其他成员的学习负责，体现出人人为我、我为人人的意识要求。合作探究还可以使学生在交往中产生心理相容，建立起和谐的人际关系，从而对集体的形成和巩固产生积极的影响。在完成任务过程中，小组成员之间需要互相讨论、争辩，向专家请教，取长补短，集中小组成员的智慧。集体完成作业，培养了学生的集体意识，加强了相互之间“荣辱与共”的关系。

3. 合作探究的设计与实施

合作探究学习活动不是放羊式的课堂教学，它对教师提出了更高的设计和组织实施要求，教师在整个合作探究学习活动过程中都需要仔细设计，精心引导。教师指导学生开展合作探究活动的过程大致如下。

(1)激发合作研究兴趣，了解研究过程

首先，教师给学生介绍进行合作探究的目的和意义，让学生切身感受到开展合作探究可以培养创新精神和创造能力，还可以培养团结协作精神和社会交往能力。其次，教师给学生介绍国内外中学生进行合作探究的成功例子，让学生认识到课题研究并不是高不可攀的事，只要不懈努力，中学生同样可以做到。再次，通过开设科普讲座、举办作家或学者的事迹报告会等形式，一方面让学生开阔知识视野，感受学者们严谨的治学态度和献身科学的精神，另一方面引导学生学习体会研究者的研究过程，为以学生为主体的课题研究做了铺垫。例如，有的学校先后聘请著名专家学者举办了系列讲座：《诺贝尔和科学发现》《电脑科技新动态》《化学与人类》《改变世界的物理学》《我和书》《知识信仰与哲学》《中美关系——21 世纪的国际政治》等等。

(2)选择探究课题，组建探究小组

合作探究的关键是培养学生在现实生活和学习中发现问题并解决问题的能力。其中，首先要培养学生发现问题的能力。爱因斯坦曾经说过，提出一个问题往往比解决一个问题更重要。这就要求学生必须自主地发现问题并确定研究课题。然而对于广大学生来说，他们中的绝大多数从来没有类似研究型课程的学习经历，没有基础，因此不可能一蹴而就，必须循序渐进地培养学生发现问题、确定研究课题的能力。

在初次开展课题研究的时候，可以由教师提供课题，学生在众多研究课题中自主地选择自己的研究课题。对于大多数学生而言，由于学识、经验、生活的限制，在进行研究性学习中，如果一开始就自己去发现问题，难度较大，实施困难。他们无法自己确定一个研究课题，那下面的研究就更无从着手了。因此，可以组织全校教师根据自身的专长、特长和兴趣爱好，提出众多的课题研究方向，可以涉及学校的各个学科以及学科之间的综合，教师在这些研究方向中并不涉及具体的研究课题，只是给出了各个研究方向的内容综述，介绍一些有关研究方向的基本知识、当前研究状况和未来发展方向等，同时给出一些参考书目和相关的网址。将有关这些课题研究方向的综述、参考书目和相关网址制作成动态网页放在“研究型课程学习支持网”中，以便学生自主确定研究课题时参考、选择。在由学生自主地围绕自己感兴趣的研究方向开展资料的收集、分析、研究工作过程中，必然会产生有关这些研究方向的疑问，从而需要解答。

当学生经历一两次课题研究活动后，可以由学生初步提出课题，教师筛选课题，学生选择课题研究。如果教师事先准备好若干个研究课题让学生进行选择，表面上看起来学生的确开展了一些课题研究工作，但这种方法没有让学生自主地确定课题而仅仅是选择课题。合作探究一定要让学生体验发现问题、分析问题，进而确定课题的经历。学生也可以根据自己的学习、生活经历，提出一些研究方向，并将自己所了解的有关这些研究方向的资料，包括内容简介、参考书目和相关网址上传到“研究型课程学习支持网”的“学生研究”中，供其他同学在开展研究性学习、确定研究课题时参考，其他同学也可以在学生自己提出的研究方向中确定课题。

最终必须做到学生在自己感兴趣的领域中发现、提出问题，并形成课题。这要求学生开动脑筋，在自己感兴趣的领域中发现、提出问题，分析自己提出的问题并形成课题。学生可以就生活中碰到的值得研究和值得改进的问题提出自己的想法，或者提出自己感兴趣的一直想做而未做的事。内容不必局限于课内或是课外、单科还是综合，不管是文科还是理科、是理论探索还是实验研究，都可以提出来作为研究课题。选题时并不要求一定是全新的、别人没有研究过的课题，就是别人早已研究过的、已有现成产品的东西，也可以重新研究，通过实践对其加以改进。选题阶段可暂不考虑可行性，提出的课题越多越好。因为课题研究重在研究过程，而不在于出研究成果；是通过课题研究的实践过程培养学生的研究意识，掌握研究方法，形成科学的态度和科学的素质。

在学生提出自己的研究题目后，教师围绕学生们的选题，将具有相关课题、相同兴趣的同学组成一个小组，每个小组自行推荐产生小组长，负责协调组内工作及加强和老师的联系。组成小组后，组长再将大家的课题浓缩成一个具有一定可行性的组内共同课题。合作探究的分组要考虑三个因素：一是兴趣，如根据学生对不同专题所表现的兴趣分组；二是异质，小组之间的能力高低尽量平衡；三是小组之间的性别和文化背景平衡。合作探究的观念之一是，帮助不同文化背景的学生共同学习，需要更高的信任和合作。达到这一目的的第一步是小组成员的多样性。

(3)制订探究计划，实施合作探究活动

在确定了研究题目和掌握了一定的研究资料的基础上，教师指导学生们设计自己的研究计划。研究计划的内容包括课题名称、课题研究的目的、本课题研究现状及可行性分析、课题研究内容、实施步骤及分工安排、研究的预期成果、参考资料(文献)等。学生自己拿出设计方案是培养学生研究能力的关键。在这一阶段让学生充分发挥想象力，根据课题要求、所查资料，提出自己的设想；同学间互相交流自己的设想，充分地讨论，相互启发、补充、修改和完善。

研究方案设计较为合理后，学生开始从事研究活动。首先，各个小组要聘请各自的指导老师，以获得理论及实践上的指导。学校要给予一定的时间保证，创造必要的物质条件，便于各小组着手进行课题研究。小组成员分工合作，有的同学在图书馆查资料，有的同学则走出校门，在社会上进行调查访问等。学生开展研究时要做好比较详细的工作记录，最终汇总成为研究成果。

其中，最主要的工作是资料的收集和处理。缺乏资料，问题解决和探究就难以有效进行。教师要给学生提供相应的背景知识，指导学生们查阅研究资料的方式、途径，要求学生分工合作，自行查阅、收集与本课题相关的现状资料，如相关研究的成果、存在的问题等。资料可以来自教科书、报纸、杂志，也可以来自文献、网络等。收集、处理资料是研究能力的一个重要组成部分。

(4)处理结果，撰写报告

对于获得的探究成果，教师指导学生进行分类、整理，综合、总结，提取有用的资料作为研究报告写作的材料。最后要求学生写出自己的研究报告。研究报告要求包括“问题提出”“研究过程”“研究结论”“自评总结”“参考书目索引”等几部分。

(5)展示交流探究成果

这一阶段的目的是指导学生学会用清晰而有趣的方法交流探究报告。交流探究报告不仅考虑报告内容本身,还要考虑听众,尽可能创造能吸引人的兴趣的报告呈现方式。提供的报告可以是口头的,也可以是书面的或实物的。活动形式多种多样,有全班呈现,有演示,有网上发布,有录像呈现等。如果是班级交流,每个小组可以推选一至两名代表上讲台演讲,介绍本小组课题的开展情况、得出的结论或制成的作品,同时说明自己从发现问题到形成研究结果对问题认识的变化。下面的同学和老师做评委,对上面的课题提出自己的见解,共同探讨该课题的成功之处、存在的问题、有待改进的地方、课题的意义等。每个小组介绍完以后,教师及时给予评价,肯定优点,指出不足,分析该课题进一步研究的价值和意义,建议学生在今后的学习、生活中积极尝试做课题研究。评价不仅关注探究结果,也要关注探究的过程,这需要教师引导学生反思研究过程,评价他们在每一个阶段的表现。

如果学生的探究确实有较大创新,可以创造机会让学生在更大的范围内进行成果交流,或在适当条件下将学生的论文送出去评比、发表,以资鼓励。

4.合作探究的案例分析

案例一:课文研究性阅读

研究性阅读是在教师的指导下,学生自己研读文章,从而发现问题、分析问题、解决问题、总结规律,然后在班上交流学习所得的一种学习活动。这种阅读活动是在学生理解文章的主要信息基础上重点研究文章的深层含义,通过发现问题,寻找相关信息,比较、分析、整合信息,进而有新的发现,提出新的观点。它培养的是一种终身受用的基本生存能力,与成长、成才、成就关系重大。

研究性阅读的课堂组织形式应该是合作探索型课堂模式。其基本教学过程如下。

(1)确立阅读目标

研究性阅读是一种目的性非常明确的阅读活动,要求学生围绕阅读目的准确、快速、有效地把握文章的相关信息,并广泛地联系相关信息,从中筛选、处理信息,以便实现阅读目的。因此,明确阅读目的,为阅读活动定向,是研究性阅读的首要任务。

(2)初读感知

这是研究性阅读活动的准备阶段,要求学生初步了解课文,熟悉内容,为发现值得研究的问题做准备,为深入探究教材打下基础。

(3)提出问题

在阅读目的的引导下,通过初步感知课文,提出下一步需要研究的问题。我们这里所说的单篇课文的研究性阅读,是和课堂教学结合在一起的,所以我们提倡所提出的问题首先要同教学目标结合在一起。当然,在学生完成教学目标的基础上,也可以根据课文内容提出有意义的、值得探讨的问题。问题开始时可以由教师提出,例如,有位教师在指导学生研读《南州六月荔枝丹》这一篇图文并茂、文质俱佳的科学小品时,把学生分成四个小组,每个小组研究一个问题,研究的专题分别为:本文说明顺序安排、引用说明方法的运用、科学小品的特色、修饰限制词的运用等。要求学生尽量掌握文中所有材料,通过分析综合,总结出观点结论。以后逐渐过渡到在教师启发下学生发现研究问题，例如，有的教师在指导学生学习《简笔与繁笔》一文时，启发学生提出了以下研究问题：①文中要阐明的观点是什么？②文章从几个方面论述了这个观点？③从作者的基本观点出发可以引申出什么新的观点？④是否同意作者的观点？结合自己的写作实践谈谈体会。最后要求学生在初步阅读文章后能自己提出问题。例如，学习鲁迅《为了忘却的记念》一文，学生提出了以下问题的研究：①从本文中收集五人的生平事迹、性格特点等材料，撰写《我国现代文学史上的五位青年作家烈士》专题报告；②从本文中收集有关五位作家与鲁迅交往的材料，准备做《鲁迅与青年作家》讲演；③从本文中收集五位作家受迫害的材料，写作论文《试论国民党反动派对左翼文化的围剿》。

(4)收集处理信息

研究性阅读把阅读材料看成一个信息集。通过识码、解码、编码达到对它的有效理解与把握。因此，要求学生围绕阅读目的独立自主地对相关信息进行筛选、收集、分析、综合、提炼和重组，也就是：过滤次要信息，筛选主要信息，压缩有用信息；使无序信息条理化，使隐性信息显性化；把信息原码重新组合加工，衍生出新的信息。这就要求教师一方面善于激发学生学习的兴趣，调动学生探究的积极性；另一方面教给收集处理信息的方法，指导探究的途径，提供解决问题的思路，使学生能够针对自己的研究对象进行研读。在这里，阅读是学生获取信息的一种手段。要关注的是语言表达了什么信息、哪些信息，什么是重点信息，如何阐述、扩充关键信息，等等。

(5)切磋问难

研究性阅读的最佳组织形式是小组合作研究学习，即小组成员分工合作，共同研究问题。小组在研究问题过程中，互相切磋问难，讨论启发，促进发现，从而提高阅读效能。学生正是在切磋问难中发现"真"——一定的规则、定义；发现"疑"——发现一个问题比解决问题更重要；发现"美"——得到审美体验。

有一位老师在上《离骚》一课，涉及对屈原情感思想的评价时，采用了小组讨论和大组交流的方法。在各小组做了充分准备的情况下，大组交流、问难、争鸣的情况如下。

生甲：我认为，屈原之死是有价值的。我们知道，一个人活着必须有所追求，否则，他的人生就是浑浑噩噩的一场梦！振兴楚国是屈原一生的最高理想。当这个理想破灭，他的人生还有何意义！与其苟且偷生，何如一死以明志！"幸福是非死得不到的！"

生乙：我不同意！屈原满腹经纶、才华横溢，根本不应该把自己的理想寄托在楚怀王那个昏君身上。他完全有理由弃暗投明，辅佐秦王，或著书立说都比投江能更好地实现其人生价值。

生甲：不能这么说！人活着要有气节！

生丙：何谓气节？他的气节只是对一个昏王的愚忠！

生丁：我们不能按今人的民主观念来勉强屈原！在他那个时代"爱国"只能通过"忠君"来实现，可以说，"爱国"必须忠君！

生戊：等一下，屈原是有气节，但有气节并不一定要以死殉国。他最主要的才能表现于文学创作上，他完全可以放弃他的政治理想而做一个纯粹的文人。如东晋的陶渊明，寄情于山水，对他自己、对后人都更为有价值。

教师把自己的心得、别人的研究成果教给学生，这是讲授；学生自己阅读、自己体会、自己寻找答案和解决疑难问题，这是发现。研读发现可以是师生交流中促成的点滴积累的发现，也可以是一段时间的独立学习后的系统总结。

(6)交流评价

学生把独立研读的系统发现，先在小组内讨论交流，汇集整理研究所得的观点和结论，再选代表向全班同学汇报研究成果。其他同学补充、反驳、完善，最后师生共同评价。

例如，在对《南州六月荔枝丹》的研读中，研究“说明顺序”的小组梳理出了从篇到段的大小顺序：设疑—解疑—建议；实—虚，主—次；表—里，此—彼；先—后，过去—现在—将来；一般—特殊，整体—部分，上—下；等等。分类归纳为逻辑顺序、空间顺序、时间顺序、观察顺序。所得结论如：最便于把事物说准确、说清楚的顺序是最好的安排；要清楚地说明一种事物往往需要几种顺序的配合交织；顺序应符合事物本身的条理；顺序应符合人们的认知习惯；顺序应符合人们的认识规律；说明一种事物的顺序不是唯一的；科学小品的顺序可借助散文构思；以此带彼的顺序能节约文字；等等。

研究“引用说明方法”的同学对全文 20 处引用按不同标准做了如下分类：按引用的内容分为诗句、文句、故事传闻、资料、民俗谚语等；按所引内容性质分为科学性的、文学性的、介于二者之间的等；按引文的位置分为引用为标题，在段落的要点句之后，引文同作者阐述结合，引用同举例、列数字相配合等；按引用方式分为全引、摘引、意引等；按作用分为比喻描写性的、对比说明性的、举例考证性的等；按来源分为来自史籍的、来自科研成果的、来自现实的、来自调查材料的等。引用注意事项有：引文应恰当说明对象，不牵强、不炫耀；引用应精要，不堆砌、不累赘；一般应注明出处，不含糊、不虚妄。

研究“本文修饰限制词语运用”的同学，查出文中几十个有代表性的词语，分别划分为：限时间、限方位、限处所、限范围、限角度、限程度，描形、绘色、推测、展望、表感情倾向等。

研究“科学小品特点”的小组，从小品的读者对象、作者目的、写作要求等方面做了分析概括。从不同角度就科学与文学的关系得出了如下结论：小品是采用文学手段传播科学；科学是生命，文学是手段；科学是主线，文学是点缀；科学求“真”，文学求“美”；科学为“主”，文学为“宾”；二者不是“油水分离”，而是“水乳交融”；小品是用散文笔法写说明文；科学小品也讲“形散神聚”。

通过研读和交流，学生不但理解熟悉文章的内容和写作特色，对某一问题进行了深入的研讨，并有所发现，而且学会了搜集、分析、综合的研读方法，为今后进一步学习和研究奠定了基础。这种研读、发现、交流的过程也就是思维创造的过程、自我超越的过程。每一次学习，都伴随着兴趣的提高、信心的增强，使学生真正处于主体地位，有利于培养学生的创造力。

案例二：资料性研究学习

资料性研究学习，是指教师指导学生分小组收集、加工和处理资料从而学会科学研究的基本方法。所有科学研究都是在别人研究的基础上进一步发展，成功的研究者都善于吸收别人的研究成果。同样，任何研究性学习也离不开查阅资料。首先，学生必须在掌握一定的资料的基础上才能提出有价值的问题；其次，学生在研究的过程中更是需要查阅大量的资料。因此，查阅、研究资料是研究性学习的起点，也是研究性学习的重要基础。

资料性研究学习也是语文教学的一项重要内容。《义务教育语文课程标准(2022 年版)》在“课程目标”中对第四学段的“阅读与鉴赏”规定了 9 条要求,其中第 9 条提出“能利用图书馆、网络收集自己所需要的信息和资料,帮助阅读”;对“梳理与探究”规定了 4 条要求,其中第 4 条提出“掌握查找资料、引用资料的基本方法,分清原始资料与间接资料,学会注明所援引资料的出处”。[①] 这一方面反映了信息社会对人们提出的新的要求,另一方面也告诉我们语文教育必须应对这种挑战——我们必须高度重视培养学生收集和处理信息的能力。面对陌生领域,学生必须知道到哪里去寻找他所需要的资料;面对纷繁复杂的材料,学生还必须学会如何快速有效地选择对自己有用的资料。总而言之,语文教学要切实指导学生开展资料性研究学习,培养学生掌握基本的科学研究方法——文献研究法。

教师指导学生开展资料性研究学习的过程大致包含以下几个步骤。

第一步,教给学生检索资料的方法。例如,检索各种工具书的方法,检索图书馆各种资料的方法,检索电子资料的方法,尤其是在互联网上检索资料、下载文件的方法。学生掌握了各种查阅资料的手段,才能在浩如烟海的资料库中高效地寻找到所需要的资料。这里,特别强调指导学生通过网络去检索、收集和处理信息的活动。

第二步,检索资料。这是要求学生明确研究任务,确定收集资料的范围,在图书馆或互联网上检索资料。首先要明确目的任务,这是有效地收集资料的前提。在海量的信息资源面前,如果学生没有具体的学习任务,就不知道如何去选择信息,就如海上没有导向的小舟,随时会迷航,甚至会被“淹死”。因此,学生要学会分析资料性研究学习的目的和任务,并据此确定收集资料的范围,然后去查阅有关资料。其次要尽可能多地收集到与研究问题有关的资料。

第三步,加工、处理资料。这是要求学生对资料进行鉴别和评价、筛选和摘录(或下载和保存)、分类和分析的处理。在网络上收集到的资料,需要把它们下载和保存到计算机上,这包括下载和保存网页、图片、文字等,这是对资料的初步加工处理,属于技术性工作,学生比较容易学会。而鉴别、分类等工作则是对资料的深层加工处理,需要高级思维的参与,学生掌握起来有一定难度。

第四步,综合资料,创造出新的信息。这是要求学生根据所得资料进行分析研究,并把思考的结果写成文章。可以对资料进行综述和介绍,也可以对资料进行评论。尤其提倡学生对资料从不同的角度或层面做进一步研究,从中发现新的问题,然后通过深入思考、联想和想象,乃至于重组和运用资料,提出新的看法,写出独到的论文。例如有的学生通过查阅工具书中有关国家珍稀保护动物词条的解释,进行综合分析后发现这些解释不符合环保要求:熊,熊掌是珍品,肝胆、肉可制药;虎,骨、血和内脏都是贵重药物,虎毛皮铺毯极珍贵;鲸,肉可吃,脂肪是工业原料。对此他们提出了自己的看法:这些解释有违生态意识,应该改正过来。他们据此写成了论文《对学生工具书缺少生态环保意识的词语所进行的分析》,并被评为全国“少年世纪论坛”优秀论文。又如高中生赵迎、李晓亚的论文《藏在深闺无人识——浅谈江南民间文化的抢救、保存、加工、利用》是一篇很不错的资料性研究论文。作者针对当今社会民间文化缺乏大众支持、发展迟缓的现状,研究怎样提高民间文化在大众心中的地位,发挥其艺术魅力及社会功效,就地处江、浙、沪的江南民间文化做一初步探讨,通过各种

---

① 中华人民共和国教育部. 义务教育语文课程标准(2022 年版)[M]. 北京:北京师范大学出版社,2022:15、17.

方式收集民间传统文化图样等基本素材，如民间传统文化在现代人心目中的地位、剪纸的艺术样式、无锡与南京民间宫灯样式及制作上的异同等，展示出江南地区民间工艺的地理分布，并对民间传统文化的保存等提出了自己的看法。这样的选题研究能够结合社会实际，既具有一定的现实意义，又使学生初步学会了简单课题的研究方法及写作，获得较好的归纳材料、分析问题的能力。

第五步，分享和评议资料。在这一阶段的学习活动中，学生可以选取自己搜集到的最有价值的资料供大家分享，也可以介绍对资料的综述或评价，还可以宣读自己的读书报告或小论文。有条件的可以做成幻灯片或网页，使交流更形象具体，范围更广。在分享的基础上开展讨论，可以弥补个人学习的不足，进一步深化学习。分享和讨论的方式，可以通过收发电子邮件、微信群、网络跟帖等形式进行，也可以在班级教室中开展。活动的方法，可以是在教师指导下的活动，也可以是学生的自由活动。学生通过分享和讨论，能够学习到他人的研究成果，充实自己的研究成果；同时能够感受到自己学习所获得的成就感、喜悦感，感受到与他人讨论、探究的乐趣。

案例三：调查研究

《义务教育语文课程标准（2022 年版）》在“课程目标”中对第四学段的“梳理与探究”规定了 4 条要求，其中第 3 条提出：“关心学校、本地区和国内外大事，就共同关注的热点问题收集资料，调查访问，互相讨论，能用文字、图表、图画、照片等展示学习成果。”①这说明指导学生开展调查研究学习，是义务教育第四学段的教学任务之一。

调查研究学习，是指指导学生对社会某一问题或现象进行系统周密的了解和考察，并对所获得的材料进行分析研究，寻找本质，总结规律，是为了了解情况而进行的考察。调查研究，包含调查和研究两个阶段。调查是运用科学的手段和方法搜集有关研究对象的客观事实材料；研究是对搜集来的事实材料进行整理和分析。调查研究是在学习和工作中使用得最广泛的一种研究方法。指导学生开展调查研究学习，可以帮助学生掌握科学的调查手段，培养学生对社会问题做深入理性的思考的习惯。

由于进行调查研究包含一系列步骤，每一步都需要仔细地计划。因此，指导学生开展调查研究的重点和难点主要在以下几个方面。

（1）指导学生选择值得调查研究的课题

进行调查研究，首先要考虑为什么进行调查，调查什么问题。可以说，选择调查课题，明确调查目的、任务，制约着整个调查过程。指导学生选择调查研究课题，应紧扣学生的学习、生活实际，也可以结合社会的热点问题。例如，引导学生议一议社会生活问题。新年寄贺卡，一棵树可以制作成多少张贺卡？每年寄贺卡要砍掉多少棵树？饭店里都在用一次性筷子，一家饭店一天要用多少双筷子？要毁掉多少棵树？同学们到小店去买方便面收集人物卡，一天要用去多少钱？同学们的零花钱都花在了哪儿？到本地风景区去玩耍，那里的旅游商品的开发和销售情况怎样？对于这些问题，同学们是否有兴趣做一次调查研究？只有选择了调查课题，明确调查目的，才可能有的放矢地进行调查。

---

① 中华人民共和国教育部. 义务教育语文课程标准（2022 年版）[M]. 北京：北京师范大学出版社，2022：16.

(2)指导学生设计严密的调查方案

当学生选择了调查课题后，教师需要指导学生进行调查方案的设计。这主要包括以下内容。

第一，选择调查对象。调查的范围，既可以涉及所有对象，也可以抽取部分对象。对所有的对象都进行调查，比较费时费力；抽取部分对象进行调查，可以节省时间和精力。因此，如果调查的对象比较少，可以采用整体调查方法；如果对象较多，则需要对对象进行选择，例如采取随机抽样方法选择对象。

第二，确定调查内容。这是根据课题目标，规定调查的内容是什么。调查内容一般包括两方面：一是调查对象的基本情况，如调查对象所在单位、年龄(或年级)、性别、职务等；二是需要从调查对象中了解与调查目标相关的情况。例如，调查同学的课外阅读情况，打算了解以下内容：读书的数量，读书的种类，图书的来源，读书的方法，读书的困难，课外阅读在课余所占的时间，课外阅读的书目以及最喜欢的书目，课外阅读的感受、效果等。

第三，设计问卷或访谈提纲。调查的手段是多种多样的，主要有以下几种：一是调查表和调查问卷，即把要调查的问题编制成表格或包括填充、选择、问答等形式的问卷。二是座谈和访问，即通过面对面的谈话来收集材料。三是观察，即在自然状态下直接观察调查对象的言语、动作、表情等外部表现。四是查阅资料，即查阅调查对象的现实与历史的有关文字记录资料。

第四，准备调查工具。这主要是根据选择的调查手段来准备调查资料。如果采用调查表，则编制和印刷相应的表格；如果采用问卷法，则编写和印刷调查问卷；如果采用座谈、访问方法，则拟订谈话提纲；如果采用观察法，则准备观察所需要的材料。总之，准备得越充分，调查研究就会越严密，成功的可能性就越大。

(3)指导学生处理调查结果的数据

当调查方案设计好后，教师可以组织学生进行实地调查。也就是按照调查计划和要求开展实地调查，收集调查的原始资料。如发放和回收调查表或调查问卷，召开座谈会，访问调查对象，进行实地观察等。然后把调查获得的结果进行整理、分析。

处理调查结果的工作主要包括：①核查，即辨别调查结果的真实性、可靠性和完整性。②分类，即对调查结果进行分类。③评定，即对调查结果进行评定、评分工作。④登记与统计，即对评定结果进行登记和统计，如计算百分比等。⑤编制统计图表，即根据统计结果编制图表。为了使学生掌握科学的手段，可以指导学生运用计算机来处理调查结果的数据，例如运用 Excel 或 SPSS 的软件来处理数据。

(4)指导学生学写规范的调查报告

调查报告是针对研究课题的要求，对研究对象进行调查，然后对调查材料经过整理、分析、比较和综合后的记录，是一种反映调查结果的文字表达的报告。它是在整理、分析的基础上综合全部材料，从而形成对被调查现象的科学认识。把这种科学认识写成调查报告，成为调查的最终结果。

调查报告虽然没有固定的格式，但却有规范的要求，指导学生开展研究性学习，应该引导学生掌握严密的研究方法，体验科学的研究过程，学会规范的论文写作。

案例四：项目式学习

项目式学习是一种建构性的教与学方式，教师将学生的学习任务项目化，指导学生基于真实情境而提出问题，并利用相关知识与信息资料开展研究、设计和实践操作，最终解决问题并展示和分享项目成果。① 采用项目式学习的方式来开展教学活动，其意义在于：一是能真正实现从教师中心向学生中心的转变。学生在参与项目学习的过程中主动地理解、积极运用知识、技能，完成项目任务，形成项目产品。二是能帮助学生整合多项知识，建立知识之间的联系。完成项目任务，往往需要综合多项知识、技能，除了需要学习教材呈现的知识外，还需要联系以往学习的知识，联系其他学科学过的知识，拓展课外知识，并把这些知识整合起来，才能加以运用。三是有利于学生形成严密的研究思维。项目式学习需要遵循一定的探究过程来完成项目任务、制作项目成果，在这一探索过程中逐渐内化科学思维的模式。

项目式学习设计要考虑以下特征：一是选择的项目真实，贴近学生实际。学生在真实的情境中学习和运用知识，具有可行性、实用性、综合性。二是项目贯穿整个学习始终。切忌只是把项目开了个头，后续学习时就把项目忘掉，重拾问答式教学方式。三是项目活动流程清楚。学生知道什么时候做什么任务，怎么做，做到什么标准。四是项目成果交流和评价多样。

下面以说明文《梦回繁华》项目式学习为例②，说明项目式学习的流程。

第一步，创设情境，明确项目学习主题。

最近学校在筹办社团节，我们就运用《梦回繁华》这篇文章作为材料，举办一场《清明上河图》主题展。大家先讨论：策划展览需要做哪些事？

驱动性问题：如何筹办《清明上河图》主题展？

讨论策划展览的方案(流程)：根据主题选择展览的项目，按照项目确定展览内容；编制内容纲要，编写展览内容；进行具体图文编制，制作展板，充实展览内容；拓展内容，布置展览；安排参观顺序。

【设计意图】把项目学习和说明文阅读过程结合起来。

第二步，浏览与交流，讨论并设计总体导览图。

为方便观众参观，《清明上河图》主题展需要设计导览图。请同学们快速浏览课文，然后讨论交流，完成任务。

驱动问题：展览流程怎么布置，分设几个展板？

通过梳理文章思路后讨论形成展览路线设计，划分七块展板：历史背景、画卷总体内容、画卷局部内容、画卷艺术特色、画家及艺术成就、画作的源流、作家及写作意图。

【设计意图】本活动指向教学目标：梳理文章思路，明确事物特征。运用的阅读方法是浏览筛选主要信息。整篇课文以逻辑顺序介绍《清明上河图》：背景—内容—价值，这样的说明顺序符合人们的认知规律。全文极尽描绘了汴京的繁华景象，“繁华”是其突出特征。这个环节梳理思路，明确事物特征。学习的方法是先浏览，然后提炼概括。学习的活动是设计导览图，该活动将知识的学习与生活情境紧密关联，学生更有兴趣学习，更有利于把握事物特征、理清顺序。

---

① 杨明全. 核心素养时代的项目式学习：内涵重塑与价值重构[J]. 课程·教材·教法，2021(2)：59.

② 根据浙江省杭州市滨江区教育局教研室郑萍老师提供的课例改编。

第三步，分小组设计各展板的解说词。

分七个小组再次仔细阅读文本，参读相关支架资料，设计各自展板布局，撰写展板的解说词。

[支架 1]解说示例：欢迎大家来到《清明上河图》主题展馆，我是导游×××，下面将由我向大家介绍《清明上河图》，感受其独特的艺术魅力。展现在大家面前的，就是闻名遐迩的《清明上河图》，北宋风俗画作品中最具代表性的一幅……

[支架 2]拓展阅读材料：余辉的《张择端与他的"盛世危图"》，虞云国的《〈清明上河图〉与〈东京梦华录〉》，宋朝文人孟元老的《东京梦华录》，《水浒传》第七十二回"柴进簪花入禁院，李逵元夜闹东京"，王茂的《小人物张择端》，《中外文摘》2018 年第 5 期。

[支架 3]《清明上河图》的全景图和局部画面。

小组一：历史背景解说的项目制作

1. 收集、整合相关资料

第一，画面所表现的京城汴梁的历史景象(作品描绘了京城汴梁从城郊汴河到城内街市的繁华景象)。

第二，相关资料所写的北宋繁荣景象。例如，《东京梦华录》记述的街巷、酒楼、饮食果子，以及"天晓诸人入市""诸色杂卖""孙羊店""曹婆婆肉饼""正店七十二户……其余皆谓之脚店"等，都能在这幅画中找到相对应的画面。

2. 制作展板，撰写解说词

展板：繁华的北宋京城汴梁画面(略)

解说词：在中国古代社会，哪个朝代的百姓幸福指数最高？很多人都会说是北宋。历史上的北宋是积贫积弱的朝代，但却做到了藏富于民。北宋的都城东京汴梁就在如今的河南开封，在当时是世界上最大最繁华的城市。

城池：汴京分为"皇城""内城""外城"，外城的周长更超过了 50 里(25 公里)，当时算是非常大的城市了。

人口：北宋时期汴梁的常住人口数量已经达到了 150 万人，而在古代，人口数量是衡量盛世的标准。唐朝最繁华的时代，长安城的人口也不过百万出头。而北宋中期时，汴京城的人口数量就已经突破了 150 万人了！而同时代欧洲最大的城市，人口没有一个过 20 万。

夜市：汴京城的州桥夜市，经常要热闹到三更，也就是深夜 12 点。《东京梦华录》记载的州桥夜市："自州桥南去，当街水饭、爊肉、干脯。王楼前獾儿、野狐、肉脯、鸡。梅家鹿家鹅鸭鸡兔肚肺鳝鱼包子、鸡皮、腰肾、鸡碎，每个不过十五文。曹家从食。"……那么多好吃的也就 15 文钱，那是相当便宜的。

酒楼：在汴梁城中有大量的酒楼。生意最好的酒楼长庆楼，因为人气太高直接在汴梁开了 72 家分店。

州东宋门外仁和店、姜店，州西宜城楼、药张四店、班楼，金梁桥下刘楼，曹门蛮王家、乳酪张家，州北八仙楼，戴楼门张八家园宅正店，郑门河王家、李七家正店，景灵宫东墙长庆楼。在京正店七十二户，此外不能遍数，其余皆谓之"脚店"。卖贵细下酒，迎接中贵饮食，则第一白厨，州西安州巷张秀，以次保康门李庆家，东鸡儿巷郭厨，郑皇后宅后宋厨，曹门砖筒李家，寺东骰子李家，黄胖家。九桥门街市酒店，彩楼相对，绣旆相招，掩翳天日。政和后来，景灵宫东墙下长庆楼尤盛。

娱乐业，北宋叫瓦舍，通常都是最黄金地段的大空地，用一个个勾栏隔开，每天晚上热闹开演，包括评书、戏曲、杂技等各种精彩节目，最热闹时能吸引万人。尤其最惹眼球的相扑比赛，把宋仁宗都招来与民同乐。

《水浒传》中的梁山好汉来到汴梁后就被眼前的繁华震撼了，他们以为自己到了蓬莱岛，身处人间仙境。

小组二：画卷整体内容解说的项目制作（具体内容略）。

小组三：画卷局部内容特写解说的项目制作（含前段、中段、后段，具体内容略）。

小组四：画卷艺术特色解说的项目制作（具体内容略）。

小组五：画家及其艺术成就解说的项目制作（具体内容略）。

小组六：《清明上河图》源流解说的项目制作（具体内容略）。

小组七：作家及其写作意图解说的项目制作（具体内容略）。

【设计意图】本活动指向教学目标：评析生动典雅的说明语言，学习恰当运用说明方法。运用熟读精思阅读方法，对阅读材料进行整合重组。

本文是自读课文，是对教读法所讲授的知识的巩固和迁移，说明文语言、说明方法在本单元前面教读课时已经进行学习。解说展板内容，这一任务设计是说明语言、说明方法的学习，通过转换学习方式进行输出，是对知识的再加工，并在真实情境中迁移运用。这篇课文有许多四字短语，典雅而富有韵味的语言是教学的重点和难点。描写城郊的有“疏林薄雾、农舍田畴、春寒料峭”；描写汴河两岸的有“车水马龙”；描写城内街市的有“街道纵横、房屋林立”。这些典雅的四字短语使得《清明上河图》的介绍更具典雅意韵，也更符合古画的特点。说明方法运用上具有文艺性和生动性的特点。如“整个长卷犹如一部乐章，由慢板、柔板，逐渐进入快板、紧板，转而进入尾声”，这样的打比方使画面具有灵动感，富有音韵的节奏美，给人留下无尽的回味、无穷的遐想。这个环节通过品读和解说，学习文艺性说明文生动典雅的语言和说明方法的恰当运用。

第四步，小组作品展示、评论和评比。

下面以小组为单位，根据所设计的展板和撰写的解说词进行精彩解说。其他同学作为参观者，给每一小组的展板设计、解说内容粘贴星星，进行点赞。

表 5-1 《清明上河图》解说评价量表

评价标准	展板设计：美观、有吸引力	解说内容：翔实，有对象意识	解说语言：准确、生动、典雅	团队合作
一组				
二组				
三组				
四组				
五组				
六组				
七组				

【设计意图】解说要有现场感，有感染力。这就需要注意语言的准确、生动，运用恰当的说明方法，如列数字、打比方、摹状貌等。

第五步，参观展览留言。

同学们策划整个展览活动，对《清明上河图》描绘的繁华盛景有了更深刻的认识。但我们展览的名称却不是《清明上河图》，而是取名为《梦回繁华》。请你在留言板上写下评论。

驱动问题：如何审视这幅千古名画，观照我们眼中的繁华，体察繁华背后的心情？

留言1：《清明上河图》画成不久，“靖康之耻”发生。金人攻入汴京，宋徽宗被俘，北宋灭亡。《清明上河图》等珍贵文物被劫掠一空，大火焚城，三日不熄。盛世都城衰落。

留言2：“靖康之耻”后汴京的盛世繁华，是南渡的北宋遗民真实而又遥远的梦幻和追忆。这幅记载着汴京城市历史的写实画卷竟成为这座繁荣富庶的古代都城留给世人的最后纪念。

留言3：人们喜爱《清明上河图》，喜欢这巨幅长卷，是因为其中的繁荣景象，总能触动我们的内心——那就是中国人自古以来对锦绣繁华的追求向往！梦回繁华，那就是中国人千年不灭的盛世之愿、大国之梦！

四、组织活动技能评价

运用表5-2评价组织活动的教学效果。

表5-2　组织活动技能评价

课题：　　　　　　　　　　讲课教师：　　　　　　　　评价者：

项　目	优	中	差
教师布置活动任务是否明确、具体	5	3	1
学生活动前是否有时间准备	5	3	1
学生在整个活动过程是否处于主体地位	5	3	1
是否绝大多数学生都参与了活动	5	3	1
学生之间的活动是否互相促进（如有分工合作、互问互教）	5	3	1
活动开展是否促进学生对学习内容的深刻理解（活动的深度）	5	3	1
活动过程开展得是否有序、顺利	5	3	1
教师在活动中是否充当适当的组织引导角色（过分参与、很少参与都属于不适当角色）	5	3	1
合计			

注：请听课后根据各项评价指标评出等级（在相应的等级上打钩），总分1～10为差，11～20为一般，21～30为中等，31～40为优良。

【微格训练】

一、组织活动教学案例分析：仔细阅读下面的组织活动课例，分析其优缺点。

1. 鲁迅小说《药》教学案例

一位教师执教鲁迅小说《药》，采取合作探究的学习方式。教学过程大致如下：一是通读课文，以四人小组为单位，交流对课文的初步感受，讨论并提出具体的研究课题；二是课题论证，各组交流初定的课题，对课题的价值进行论证，去伪存真，舍劣取优。应充分阐述本组课题的意义、根据，还可对他组的课题发表意见。各组确认自己的研究课题。三是拟定研究方案。包括收集信息的范围和方式（课本内外），如何进行个人研究、小组合作等。四是实施合作探究学习，包括个人研究（收集分析信息，进行探索，形成观点）、小组合作探究（交流个人研究所得，进行碰撞，形成共同的或不同的见解。拟订发言提纲，确定发言人，制作投影片，准备答辩交流）。五是班级交流。各组代表依次上讲台展示本组研究成果，小组其他成员补充发言；跨课题评价，对他组成员的质疑、追问进行解答；或对他组课题进行评价；师生讨论强化。下面是有关小说主题探究的小组交流实录。

生1：夏瑜为救国救民而牺牲，可是他的血竟成了愚昧的华老栓为儿子治病的良药；他在狱中坚持向狱卒宣传革命道理，却被狱卒扇了两个巴掌；夏瑜就义，人们幸灾乐祸，认为这就是“叛党”的下场，甚至于他母亲夏四奶奶上坟时仍“现出羞愧的神色”。以上种种矛盾冲突，充分揭露了封建统治阶级镇压革命和愚弄人民的反动本质，作者通过夏瑜充满悲剧性的斗争，深刻揭示了辛亥革命失败的原因——脱离群众，致使形单影只，不能彻底解放人民群众的封建思想。

生2：夏瑜是悲哀的，这表现在他的革命行动不被人理解。小说描写了华、夏两家的悲剧，揭示出在当时社会大背景下由于深受封建迷信的影响和封建统治阶级的镇压，个体的苦难无法自救，只能奢望他人“疗救”。因此在小说中便有了乡里人。

应该说乡里人也是受难者，充当着奴隶的角色。然而他们却表现为在无力解救之时先拒绝解放，且置受难者的痛苦于不顾，甚至幸灾乐祸地做起了受难者的看客。他们对夏瑜讲革命道理“显出气愤模样”；他们认为夏瑜说阿义“可怜”是“疯了”，他们像是“恍然大悟”；他们对夏瑜被封建统治者杀害“潮一般”地去看热闹。于是受难者如同舞台上的小丑被观赏。这里已经不是“将快乐建立在别人的痛苦之上”那般卑鄙，而是一种人性意义上的残酷。看—鉴赏—咀嚼—消化，由此形成了一个大循环：自己被人“吃”，又反过来“吃”别人。每个人都担当双重角色，生存环境变成了人性的荒漠，所以弱者只能坐以待毙或者去“吃”比自己更弱的人。

由于人性的荒漠化是思想愚昧所致，小说中的夏瑜便以“赎救者”的形象出现，试图从精神上解救大众。他主张“大清天下是我们大家的”，并竭力“劝牢头造反”。但他的壮举只是给母亲带来悲哀和羞愧，给华老栓提供一味假药，给茶客们增添无聊的谈资，给刽子手提供了一份诈骗钱财的资本。

生3：质疑，那么小说的主题难道是通过写群众的愚昧来表现革命者的悲哀？夏瑜的革命到底有什么意义？

（一阵沉思。）

师：这个问题提得很好，促使同学们深思。关于主题，我这里提供一组材料供大家辨析。（投影）

关于《药》的主题，长期以来说法不一。较有影响的，有以下几种。

其一：正题旨是亲子之爱，副题旨是革命者的寂寞的悲哀。

其二：只有彻底地进行反封建的革命，推翻吃人的封建社会，中国人民的深重痛苦才有解除的希望。

其三：怀念革命先烈，赞颂革命先驱，告诫人们不要让革命烈士的鲜血白流。

其四：它描写和歌颂了辛亥革命时代的一位革命者，揭露了那个时代深厚的封建势力，指出了人民的落后状态。

其五：通过夏瑜被反动统治阶级杀害及"华老栓们"对他牺牲的反应，揭示了旧民主主义革命脱离群众的致命弱点，显示出唤醒民众，使其摆脱封建阶级的精神毒害的重要，启示人们去探求疗救中国病态社会的良药。

生 1：第五种说法才是正确的。课文自读提示第二段可以作为这种说法的印证。（请看自读提示。）

生 2：夏瑜的革命不被人理解，从这一点上说是悲哀的，但他的革命不会是毫无意义的。夏瑜是中国黑暗社会里的一道亮光，中国革命的胜利正是靠一批又一批的志士不懈努力乃至用鲜血换来的，小说最后的"花环"也表明夏瑜的意义。

生 3：另外，从鲁迅先生的创作动因也可看出夏瑜的意义所在。鲁迅先生在《〈呐喊〉自序》以及《〈自选集〉自序》中提到"还未能忘怀于当日自己的寂寞的悲哀，所以有时候仍不免呐喊几声，聊以慰藉那在寂寞里奔驰的猛士"。又说"大半倒是为了对于热情者们的同感"。有"在寂寞里奔驰的猛士"，有为他们"呐喊"助威者，有"热情者们"，中国革命才有了希望，最终才取得了胜利。

2. 研读《醉翁亭记》第一段教学课例

活动任务：电视台要拍摄一部琅琊山风景区的纪录片。请你结合欧阳修《醉翁亭记》第一段具体的字、词、句，给摄制组提供一个拍摄方案。

活动要求：①你拍摄的内容是什么？②你准备选择哪种方式（一个特写镜头、几个镜头组合……）拍摄？③说说你拍摄的具体设想和理由。

活动形式：小组合作学习，组内交流，说明具体设想，说明理由。

成果示例如下。

我的拍摄内容：琅琊

我的拍摄方式：几个镜头组合

我的具体拍摄设想和理由：先是抓住"望之"一词，让镜头从远处慢慢推近到琅琊山；接着特写山上的树林，各种树木层层叠叠，新绿旧绿连绵不断；然后镜头特写树林内部，外面阳光灿烂，树林里却一片幽静，偶尔有几缕阳光从树叶的缝隙间漏下来，突显"蔚然而深秀"。

我的拍摄内容：____________________

我的拍摄方式：____________________

我的具体拍摄设想和理由：____________________

学生小组热烈讨论。

班级交流：

(1)运用无人机环拍、俯拍。小组说明推荐的理由："环滁皆山也。""其西南诸峰，林壑尤美，望之蔚然而深秀者，琅琊也。"其他小组点评。

(2)运用移步拍摄、长镜头、平移镜头。小组说明理由："山行六七里，渐闻水声潺潺，而泻出于两峰之间者，酿泉也。"其他小组点评。

(3)运用特写镜头，由远拉近，从下往上拍摄。理由："峰回路转，有亭翼然临于泉上者，醉翁亭也。"

(4)运用长镜头拍摄，配画外音。理由："作亭者谁？山之僧智仙也。名之者谁？太守自谓也。太守与客来饮于此，饮少辄醉，而年又最高，故自号曰醉翁也。"

(5)运用全景镜头拍摄，配画外音。理由："醉翁之意不在酒，在乎山水之间也。山水之乐，得之心而寓之酒也。"

3.《白毛女》(选场)教学案例

一位教师执教歌剧《白毛女》(选场)，其教学过程大致如下：第一节课学生自读课文，初步理解戏剧的基本知识和《白毛女》剧情、人物等，布置第二节课学生分组准备分角色表演第一场。第二节课教师就戏剧相关知识和《白毛女》提了几个问题，让学生回忆和熟悉相关知识内容，然后分小组表演。在同学们的阵阵掌声中，有一组同学登场了。扮演杨白劳和喜儿的同学分别穿上了事先准备好的服装——看得出，他们确实费了一番功夫，不知从哪里找出了他们认为最破的棉袄。接下去，他们用不同的流行歌曲的曲调演唱着他们各自的台词……随着他们的表演，课堂上不时发出一阵又一阵笑声，课堂充满着逗乐的欢笑……

4.《"诺曼底"号遇难记》教学案例

一位教师执教小说《"诺曼底"号遇难记》，用一节课分析理解小说人物形象，最后得出结论：他是以身殉职的英雄。临下课，教师问："大家还有疑难问题吗？"有位同学把手高高举起，说："老师，我认为哈尔威船长最后不应该去死。"一石激起千层浪："老师，我也这样认为！""老师，我不同意！"此时，教师灵机一动："下节课，我们开个辩论会吧。同学们回去好好准备。"教室里一片欢呼声。

第二天上课，教室里两排桌子分开，学生相对而坐，俨然"两军对阵"。黑板上写着三个彩色大字"辩论会"。学生自己当"主持人"，开始了辩论。

主持人：同学们，今天，我们就"哈尔威船长应该不应该随船一同沉没"这个问题展开辩论。我分别介绍正方、反方的主辩和助辩……下面先请正方主辩阐明观点。

正方主辩：我方认为，哈尔威船长应该和船一起沉没。他和这艘船朝夕相伴已经7年了，对这艘船产生了深厚的感情，如同父亲爱着自己的儿子。他爱这艘船。在他的心目中，船在人在，船亡人亡。他已经把船看得比自己的生命还要宝贵，如今心爱的船沉没了，他毫不犹豫地选择了死。

反方主辩：刚才正方主辩说，哈尔威船长对这艘船有深厚的感情，船沉没了，所以他选择了死。请问对方辩友，如果你喜爱的那条小狮子狗有一天突然死了，难道你也不想活下去了吗？(笑声。)

正方二辩：对不起，请问对方辩友，一条小狗和一艘巨轮能相提并论吗？小狗，充其量是我们的朋友，而这艘轮船是哈尔威的命根子。我小时候，经常和邻居的一个小孩打架。有一次，妈妈狠狠地打了我。我说，我不想活了。妈妈哭着说，你是我们的命根子，你要是不活了，我和你爸也不活了。所以我非常理解哈尔威船长的选择。

反方二辩：你妈妈只是说说而已，即使你真遭到不测(众笑)，你的父母尽管会悲痛欲绝，但是他们还得活下去。我方认为，人的生命只有一次，所以我们应该尊重生命、热爱生命、珍惜生命。哈尔威船长在船沉没之前，为什么不能死里逃生呢？发明大王爱迪生年轻时，辛辛苦苦建立的实验室被一场大火烧毁。如果当年爱迪生也像哈尔威船长这样选择了死，那么人类的损失将无法弥补。还有，美国三大汽车公司之一——克莱斯勒公司在 1991 年因亏损 7.95 亿美元而大伤元气，公司将毁于一旦。如果该公司的领导人就此放弃了，又怎么能有后来的东山再起？

正方三辩：刚才对方辩友说，我们应该尊重生命、热爱生命、珍惜生命，我方非常赞同这个观点。但是我方认为，对生命的价值和意义，不同人有不同的理解。“各国变法，无不从流血而成，今中国未闻有因变法而流血者，此国之所以不昌也。有之，请自嗣同始!”在生和死之间，谭嗣同舍生取义，其“我自横刀向天笑，去留肝胆两昆仑”的光辉形象，将永远活在人们心里。还有民族英雄邓世昌，死也要撞沉敌人的战舰。他放弃了逃生，以身殉职，无悔无疚，他的生命已被赋予了更深刻的意义。难道说是他们不尊重自己的生命吗？

反方三辩：如果说，谭嗣同、邓世昌为“义”而死。那么，哈尔威船长的死是为了什么？

正方四辩：为了尽到当船长的责任。船沉没了，他认为自己应该为船而死，因为他一生都要求自己忠于职守。

反方四辩：尊敬的对方辩友，课文一开始就提到“船长在自己的船上，小心翼翼地驾驶着他的‘诺曼底号’”，是玩忽职守的“玛丽号”船长犯了错误。这场灾难，责任不在哈尔威船长，他为什么要死？如果说，你骑自行车在大街上走，一个人闯红灯，把你撞倒了，那么，你就站起来打自己两个耳光吗？如果哈尔威船长去死，这不是在用“玛丽号”船长的错误惩罚自己吗？请问对方辩友，船上的 60 个人在哈尔威船长的帮助下都脱离了危险，这时哈尔威船长再逃生，他有错吗？

正方四辩：这个时候逃生从道理上讲，完全可以讲得过去，但感情上讲不过去。船长的职责不仅仅是保护船上的人和财产，他还有另一个职责——保护船。尽管错不在于他，他自己还是自责万分。大家还记得“泰坦尼克号”吗？船撞到冰山后，船长不也和船一同沉到海底了吗？

反方主辩：请问对方辩友，你认为对整个社会而言，船长死了对社会的损失大呢，还是活下去，对社会损失大？事情已经发生了，我们就应该理智地考虑。

正方二辩：你说理智地考虑，我倒希望对方辩友设身处地为哈尔威船长考虑考虑。如果从青岛到大连，有一艘轮船沉没了，而那个船长逃出来了，之后你去大连旅游，听说这个船长驾驶的船曾经失事过，你的父母会放心地让你乘坐他的船吗？尽管主要责任不在哈尔威船长身上，但是哈尔威船长在社会上的可信度就会大打折扣。这对一个热爱事业的船长来说，生不如死呀。

反方二辩：我们感觉到生不如死的时候，更应该有坚强的毅力，好好活下去。司马迁受到宫刑，曾经产生了轻生念头。如果当时真的死了，哪能有流芳百世的《史记》？更何况，人无完人，如果有了错误，就得死，你不觉得人类显得太脆弱了吗？在这个时候选择死，到底是懦夫，还是英雄？

正方三辩：哈尔威船长死了，当然是英雄。如果伟大的作家雨果把结尾改成哈尔威船长也逃生了，在你心目中，你还认为他是一位英雄吗？

反方四辩：他认真负责，危险面前镇定自若，既能救人，又不舍己，这在我的心目中，才算得一个真正的英雄。你们想过吗？人的生命属于自己，又不仅仅属于自己。他死了，一了百了，但他年迈的父母不思念儿子吗？他的妻子不想念丈夫吗？他的儿子不希望爸爸快快归来吗？还有那些和他朝夕相处的船员们，想到他，不也很伤心吗？他的死，对他是一种自我解脱，对社会和家庭而言，是一种损失。所以，我方不赞同哈尔威船长去死。

正方主辩：从作家的描写中，我们知道哈尔威是个充满爱心的人，他何尝不惦记父母、妻子和儿子？临死的时候，“他屹立在舰桥上，一个手势也没有做，一句话也没有说，犹如铁铸，纹丝不动，随着轮船一起沉入了深渊”。只有真正的男人、真正的英雄才能达到这一境界。这岂是“燕雀”之辈所能明白的？

反方主辩：尊敬的对方辩友，我们认为哈尔威船长不应该死，因为他活下来，还可以继续为社会做贡献。我们对哈尔威船长的死，可以理解，但不欣赏。如果有一天，你不幸遇到不测，在座的各位同学都会想念你的，对不对？（“对！”同学们异口同声。）所以，我希望你能好好活下去。

主持人：同学们，下课铃已经响了，今天的辩论到此为止。我发现，在辩论中，有的辩手非常善于发现对方观点的片面性，从而进行“针锋相对的斗争”，充分表现了自己的聪明机智。最后我想给大家讲一个真实的故事：有一个男人，他辛辛苦苦创建了一个织布厂，生意很红火。因为工人的一个烟头，他又变成了穷光蛋。一夜之间他的头发全白了。他万念俱灰。后来，在朋友们的帮助下，他第二次白手起家。这个男人就是我的爸爸。因此，我非常想对同学们说，哈尔威船长舍己救人、忠于职守的精神值得我们学习，但他临终的选择并不是最佳的选择。同学们，生命，属于每个人，只有一次，正如反方所言，我们要尊重生命、热爱生命、珍惜生命！（掌声经久不息。）

[单咏梅《英雄该不该自蹈死地》，《语文建设》，2003(4).有删改。]

二、组织活动微格模拟训练：从下面各题中选择一题，进行组织活动设计，然后在微格教室中进行组织活动模拟练习，分析其中的效果。

1.这是《论语十则》教学片段，教师要求学生分小组学习，提出不懂的问题，请组员帮助解决；如果小组解决不了的，请小组长记下来，再全班讨论。下面是学生提出不懂的问题：

生：“士不可以不弘毅，任重而道远，仁以为己任，不亦重乎？死而后已，不亦远乎？”老师，“仁”是什么意思？

请根据以上教学情境设计一份合作探究学习活动方案，然后在微格教室中进行合作探究学习活动的模拟练习，分析其中的效果。

2.这是鲁迅《故乡》的课堂教学片段：在分析闰土穷困潦倒、食不果腹的原因时，一个学生说：“主要根源在闰土自身，西瓜那么贵，闰土为什么不多种些西瓜拿去卖？他要是头脑灵活、多种经营，是可以劳动致富的。”

请根据以上教学情境，设计一份课堂讨论活动方案，然后在微格教室中进行小组讨论教学的模拟练习，分析其中的效果。

3. 在语文课本中选择适宜于开展角色扮演活动的课文，设计一份含有角色扮演活动的方案，然后在微格教室中进行角色扮演教学的模拟练习，分析其中的效果。

4. 师：今天早上，我发现一些四年级的小朋友把一块吃剩下的面包扔进了垃圾箱。（出示一块只咬了两口的面包。）你们说，这事应该如何处理？如果被你碰到了，你打算怎么办？——说自己的心里话。

生：我准备把面包捡起来，交给校长。

生：我准备写篇稿子，提出批评。

生：我会告诉这些同学，农民种粮食很辛苦，不应该浪费。

师：你打算当面劝告，是吗？——请大家接着说。

生：我将把这件事告诉校长，并请校长在全校大会上告诉大家要爱惜粮食。

师：同学们，刚才大家说了不少处理意见。你们认为哪种办法比较妥当？

生：（齐答）劝告。

师：这件事，当面劝告一下比较好。下面我们学习劝告。

请根据上面的教学情境具体设计后面的教学活动方案，然后在微格教室中进行劝说活动的模拟练习，分析其中的效果。

第六章　反馈与引导技能

✲ 学习目标

1. 理解“反馈与引导”教学技能的含义及其作用。

2. 理解“强化理论”“非指导性教学”等理论的主要观点及其对反馈与引导教学的指导意义。

3. 学会分析反馈与引导教学的案例。

4. 学习撰写反馈与引导教学的微型教案，并尝试模拟反馈与引导教学实践活动。

一、反馈与引导技能简介

课堂教学的过程由师生互动形成的一个个学习活动链组成。典型学习活动链的展开一般是，教师提出一个学习要求，学生开展初步的学习活动，教师根据学生的初步学习表现，给予反馈，再进行引导，促使学生学习活动向更深、更广方面发展，直至学习活动达到要求，学生完满完成学习任务。因此，一个学习活动链结束，转入下一个学习活动链。如果一个学习活动链很简单，教师提出学习要求，学生开展学习活动，非常顺利地完成学习任务，这样的教学水平则显然低于或等同于学生的现有水平。如果一个学习活动链非常困难，教师提出要求，师生花费大量的精力还是完不成学习任务，这样的教学水平则明显远离学生的现有水平。如果一个学习活动链难度适中，教师提出学习任务，学生开展学习活动，能完成一些学习任务，又有一定困难，需要教师给予相应的反馈和引导，以及同学之间互相启发和补充，经过一定努力，才能完成学习任务，这样的教学水平则处于学生最近发展区。这三种教学活动链中，第三种是最有教学意义的。而在整个教学活动链中，教师的反馈和引导对学生学习的深入和扩展起着至关重要的作用，最能体现教师的教学智慧。

所谓反馈，是从控制论中借用的词，在教学中的含义是让学习者接受有关其学习行为结果的信息，以便帮助学习者及时调控自己的学习行为。如果反馈信息是满意的，即会进一步强化行为；如果反馈信息是不满意的，即会调整行为。反馈技能就是教师在教学中针对学生的学习表现而采取的一定的促进和增强学生反应、保持学习发展方向的一种教学行为。

所谓引导，则是运用启发式教育原则，针对学生学习过程中存在的知识障碍、思维障碍与心理障碍，提供相应的排除故障的相关信息或思路，让学生进入一种突然的、说不出的、直觉的体验状态，促使学生开动脑筋，进一步思考与研究，最终找到解决问题的途径与方法，达到掌握知识、发展能力的教学目的。引导的关键是促进学生思考。从教师角度讲，引导就是教师列举一些能和学生已有认知结构联系起来的事物，帮助学生找出此事物与教学对象的关联性，从而达到认识本质、发现规律、举一反三的目的；从学生角度讲，是学生通过联想、想象、推理和判断等心理过程，在与认识对象的相互作用中把新知识与已有的知识关联协调起来，实现新知识与旧知识的组合或旧知识间的重新组合，完善自己的认知结构，形成发现问题、分析问题、解决问题的能力。

因为学习过程是积累知识、解决问题、培养能力、提升情感的过程，其核心是超越知识和障碍，达到新的认识高度。超越的过程既要学生自身努力，更需要教师的反馈和引导。因此，反馈与引导在课堂教学中具有重要的作用，这主要体现在以下几方面。

第一，调节学生学习活动。没有信息反馈就没有控制。反馈对保证教学系统的正常运转，最大限度地实现教学目标有着十分重要的意义。教学过程中的每一个步骤都需经过信息反馈来判断是否有效，并以此来改变和调节课堂教学。因此，教师在整个教学过程中不但要心中有教学目标、教学内容，更需要有学生——随时了解学生的学习情况，根据学生学习的效果和存在的问题做出恰当的反馈和引导，以此来调控学生的学习活动，这样才能有效地达到既定的教学目标。例如，教师提问后，学生回答得怎样，教师应该给学生做出明确的评价，赞扬学生的正确回答，使学生固定获得正确答案的学习方式，否定学生不正确的回答，使学生修改不佳的学习策略。如果教师对学生的回答不置可否，或只说声“坐下”，一门心思只管完成教学的进程，学生对自己学习结果的对与错、优与劣弄不清，则无法调节自己的学习方式，在接下去的教学过程中会茫然不知所措，这样会大大降低教学效果。可见，教师恰到好处的表扬或赞许，能使学生的思维活动得到积极强化；相反地，教师恰如其分的批评或否定，会矫正学生学习中的偏差，以利于今后的学习。

第二，激活学生学习的主动性。在教学过程中，学生是主体，教师是主导，这已经成为广大教师的共识。但是，学生是主体不可误解为“放羊式”的教学，而是在教师引导下学生积极主动地探索学习，这就需要教师必须及时、敏锐、准确地捕获学生学习信息，做出恰当的反馈与引导，引导学生的注意，激发学生学习动机，促进学生主动学习、积极思维，从而提高学习效率。换言之，恰当的反馈与引导是使教学活动由教师讲解为主转变为以学生主动探求为主的重要前提之一。教师通过反馈与引导，促使学生独立思考，促进学生之间相互探讨、争论，从而真正调动起学生学习的自觉性和互教互学的积极性。

第三，完善学生的学习成果。课堂教学涉及知识学习，知识具有一定的系统性，前后学习的知识需要联系起来才能掌握和运用，教师通过反馈与引导帮助学生应用已学过的知识去发现和获得新的知识，形成新旧知识之间的联系。学生学习会遇到问题，教师通过反馈与引导，启迪学生思维，帮助学生寻找解题的思路及方法，让学生最终运用知识自行解决问题，从而达到把知识转化为能力的教学目的。学生的思维能力的培养更是需要通过教师的反馈与引导来逐渐实现。在学习的开始阶段，学生在大脑中形成简单的、肤浅的、片面的思维，教师通过反馈与引导，促使学生的思维逐渐发展为深刻的、全面的、丰富的思维。在课堂教学中，如果教师都是采用讲授方式，明明白白地告诉学生那是什么，学生可能也会了解其中的知识和能力，但未必真正掌握和能够运用。学生只有在教师引导下自己开动脑筋、思考问题，主动与同学切磋问难，形成一种自求自得的学习意识，才能最终做到学懂会用。

第四，诱发学生的创造潜能。在课堂教学中，教师的反馈与引导不但对学生进行了动脑、动嘴、动手的训练，而且会诱发学生的好奇心和想象力，激活他们的创造潜能。可以说，教师最有效的引导是帮助学生完成“知识—能力—创造”的学习转化过程。

总之，教师在课堂教学中的反馈与引导，其关键是有意识、有目的、有计划地启发学生积极思维、主动探索，促使学生丰富知识，形成能力，提升情感，发展思维，从而达到身心都能健康发展的目的。

二、反馈与引导技能的理论视野

(一)强化理论①

强化是苏联生理学家巴甫洛夫在其经典条件反射实验过程中提出的概念，他认为一切来自体外的有效刺激(包括复合刺激、刺激物之间的关系等)只要跟无条件刺激在时间上结合(即强化)，都可以成为条件刺激，形成条件反射。后来其他行为主义心理学家对强化进行了不断深入的研究，形成了强化理论。其中，美国心理学家斯金纳对强化理论研究最为全面而深入。斯金纳将行为划分为经典条件反射和操作条件反射行为，并认为人类多数行为是操作条件反射，而且是通过强化建立起来的。他认为，强化现象是人类行为中的一种普遍现象，所谓强化指的是对一种行为的肯定或否定的后果，会在一定程度上决定该行为是否重复。凡能影响行为后果的刺激物均称为“强化物”，如奖酬、表彰、处罚等。人们可利用强化物来控制人的行为，以求得行为的改造。如果刺激物对某人有利，他的行为就可能重复出现；如果刺激物对他不利，则他的行为就可能减弱甚至消失。强化又分为正强化、负强化和自然消退三种类型。正强化，又称积极强化，指当人们采取某种行为时，能从他人那里得到某种令其感到愉快的结果，这种结果反过来又成为推进人们趋向或重复此种行为的力量。负强化，又称消极强化，它是指通过某种不符合要求的行为所引起的不愉快的后果，对该行为予以否定，其中惩罚就是负强化的一种典型方式。自然消退，又称衰减，它是指对某种行为在一定时间内不予强化，此行为发生的频率自然下降并逐渐消退。从本质上讲，自然消退或衰减也是负强化的一种。

强化理论对教学有着重大影响，它是塑造学生行为的一种重要方法。教学中的强化指教育者借助一定的强化物向学生传递对其特定行为的肯定或否定信息，以达到增强或减弱其行为发生概率的目的。其作用主要表现在：①强化为学生行为提供信息，让学生知道行为是否适当，能否被群体接纳，从而认识自己，适应环境，不断积累个体经验。②强化影响学生的学习动机。强化所提供的信息，让学生看到自己的进步，学习方式得到肯定，激起更高的学习愿望，增加良好学习行为发生概率；同样，适当的缺点和不足的评价反馈，让学生明白差距，受到鞭策，减少不良学习行为发生的概率。③强化影响学生的情绪情感。不同的强化总是会引起学生不同的情绪情感体验。奖励、表扬等肯定性评价能引起学生愉快的情绪体验；

---

① 戚大伟，王富刚. 论强化理论及其在教育教学中的作用[J]. 高等教育与学术研究，2008(1)：62-64.

而惩罚、批评等否定性评价则会引起学生不愉快的体验。强化促成师生之间情感的交流，加深了学生的情绪情感体验。④强化有助于形成学生的自我强化。教师在对学生的行为进行强化时，也将该行为的评价标准传递给学生，学生逐渐掌握对行为的评价体系，并内化形成自己的评价体系。因此，在课堂教学中，正强化是通过精神或物质奖励，鼓励那些符合课堂教学目的的学生行为；负强化和自然消退的目的是减少和消除课堂问题行为，矫正学生的不良举动，维持课堂教学秩序。正强化、负强化以及自然消退这三种类型的强化相互联系、相互补充，构成了行为强化的体系，并成为一种制约或影响学生课堂行为的特殊环境因素，可以起到对学生课堂行为进行导向、规范、修正、限制和改造的作用。

强化理论说明，对学生的学习活动进行及时的积极反馈能促进学生的学习。

(二)非指导性教学

“非指导性教学”源于罗杰斯的“非指导性”的心理咨询理论。所谓“非指导性”(nondirective)，并不是不要指导，而是一种“不明示”的指导，即其指导更多地具有“不明示、间接性、非命令性”等特征。根据罗杰斯的心理治疗理论和实践经验而提出的“非指导性教学”主要包含以下活动方式[①]：①明确帮助情境。教师激发学生自由表达自己的思想、情绪，学生在交谈中反映出对某个问题的困惑，从而确定学生想要求助的问题。②探索问题。教师鼓励学生自由表达与问题有关的想法、情感，学生在交谈中不断澄清模糊或相互矛盾的观点，形成对问题的积极探索。③发展洞察力。教师通过珍视、接纳、引申学生对问题的看法，适时而灵活地给学生提供必要的帮助，启发学生从多角度观察、分析问题，使学生观察、分析问题的能力有所发展，同时，学生逐步形成自己的见解。④规划和决策。学生自己选择学习方向，制订初步学习计划，并积极地准备付诸实施，教师为学生提供学习资料，帮助学生了解解决问题的多种选择性。⑤整合。学生汇报并评价已实施的计划，教师引导并支持学生进一步完善计划、采取更为积极的行动，以保持学习过程连续不断。“非指导性教学”的目的在于促进学习，促进学生的发展和变化，促进人的“自我实现”。在整个学习过程中，对学习负有主要责任的是学生，教师只是做些非指导性应答以引导或维持讨论，是对学生的理解加以反映、澄清、接受和证明的过程，目的在于形成一种气氛，让学生愿意展开他们正在表达的观念。在这里，学生自己制定学习目标，自己选择学习内容，自己确定学习方法，自己进行学习探索，并进行自我评价。

“非指导性教学”理论说明，教师以隐性的方式提供反馈，理解和接受学生的思想表达，并引导学生反思、澄清、深化自己的思想表达，能促使学生扩展他们所表达的思想观点，这种“非指导性”其实是教学指导形式的深化和艺术化。

(三)启发式教学理论

启发式教学也是反馈与引导的理论基础，其具体论述详见第四章“提问技能”的理论视野部分。

---

① 周忠生，田宗友．罗杰斯的“非指导性教学”模式评述[J]．外国中小学教育，2002(6)：44-46.

三、反馈与引导技能案例分析

(一)反馈案例分析

没有反馈的教学是低效的教学,甚至是无效的教学。反馈是双向的,课堂教学反馈包括三个方面:一是教师对学生学的反馈,学生根据这种反馈信息调整自己的学习活动。二是学生对老师教的反馈,教师根据这种反馈及时调整自己的教学内容和教学方式。三是学生之间互相反馈,这种反馈有利于合作交流,培养情感。这里着重于教师对学生反馈。教师对学生的反馈在形式上也是多样的,有口头反馈、表情反馈、书面反馈。这里只侧重于教师的口头反馈。教师对学生的口头反馈从内容上分析,主要有重复、评价、补充、概括、提示、修正、转移等。

1. 重复

重复,是指教师把学生对问题的回答全部或部分重新表述一遍。举例如下。

【例 6-1】《华南虎》课堂教学实录片段

师:对,朗读诗歌,最后的时间一定要把它读出来,如这里的"1973 年 6 月"。那么刚才同学们的朗读,我听到了一些重音,说明同学们也知道该怎样去读《华南虎》,接下来,请同学们思考这样一个问题:和我们看到的这组图片相比,文中的华南虎是一只怎么样的华南虎呢?你读出了这是一只什么样的华南虎?来,请说。

生 1:没有自由。

生 2:向往自由。

师:向往自由。

生 3:很可怜。

生 4:悲愤。

师:悲愤。

例 6-1 教师提问,学生思考并对问题做出了回答,教师热情洋溢地复述学生的回答,一方面是对学生的回答表示肯定,另一方面提高语调重复学生的回答也是为了保证其他同学都能够听清楚。因为在课堂教学的环境中,有的学生回答比较小声,距离较远的同学可能听不到回答的内容,也可能有的学生在此时分心,这样,教师重复学生的回答是很有必要的。当然,并非任何时候都需要完全重复学生的回答,有时候学生的回答比较长,这时教师就可以抽出学生答语中特别精彩的或核心的内容加以强调。

需要注意的是,有时教师重复学生的回答,不是为了肯定其答案,也不是为了让其他同学听清楚其答案,而是以疑问的语气重复学生的回答,这时是对学生的答案表示否定,或者学生回答表述不清楚,或者是学生回答出现错误,用疑问语气提醒回答的学生再进一步思考答案不完善的地方,以便修正。

2.评价

评价,是教师对学生的回答表述做出评判。肯定性的评价起到鼓励的作用,能激发学生的学习信心和兴趣。否定性的评价能提醒学生注意学习出现的问题。例子如下。

【例6-2】《乡愁》课堂教学实录片段

师:这首诗作者通过邮票、船票、坟墓、海峡寄托了浓浓的思乡之情,其实除了这些事物外,还有许多东西能触动我们的心灵,引起我们的思乡情绪。同学们能结合自己的理解,用具体的事物为"乡愁"打个比方吗?(学生争着举手回答。)

生1:乡愁是一枚青橄榄,苦苦的、涩涩的,别是一般滋味在心头。

师:非常好,巧借了李煜的词"别是一般滋味在心头"。

生2:乡愁是一根电话线,我在这头,母亲在那头。

生3:乡愁是一碗老醋,每尝一口,都让人心酸。(师微笑,生给予热烈的掌声。)

师:很形象,很具体。

例6-2教师提出问题,学生思考回答,教师做出了肯定性评价"非常好",而且指出了好的原因:"巧借了李煜的词'别是一般滋味在心头'",从而激发其他学生进一步发言的积极性。教师进行评价性反馈,需要具有敏锐的观察和判断能力,要在极短时间内面对不同层次的学生的回答做出判断,并给予相应的反馈。如果学生回答正确,应该给予肯定性的评价,可以是抽象的概括的肯定性评价,如"很好""对极了""不错,有进步"等,也可以是具体的肯定性评价,如"说得非常好,想象力非常丰富"等,明确说明学生回答得好在哪里,这不仅是向学生传达一个"你回答正确"的信息,还要让学生知道"你为什么对了""怎样做才能更好"。如果学生回答基本正确但不够完善,可以先给学生肯定性评价,然后做出引导性评价,启发思考,如"答得好,还有别的想法吗"等。如果学生回答不符合要求,可以给予否定性评价,如"你用的是一种评论性的语言,而不是描述性的语言",指出问题在哪里。

需要注意的是,教师的肯定性评价要符合实际,切忌空洞、拔高的赞语。被赞同肯定的行为越具体,越能够让学生感受到教师评价的真诚,效果越好。否定性评价要讲究艺术性,切忌伤害学生的心灵。

3.补充

补充,是学生对问题的回答不全面、不深入,或没有完成而继续讲话又有困难时,教师适当加以补充,使之完善。这既避免了学生因表达困难或遗忘可能出现的尴尬,也是对学生的一种鼓励,更保证了课堂教学的流畅进行。例子如下。

【例6-3】《沁园春·长沙》课堂教学实录片段

师:好。在这几句中,哪几个动词用得好?

生:染、击、翔。

师:"染"为什么好?

生:用了拟人手法。

师：对。其实古人早就用过"染"这个词，王实甫的《西厢记》中就有"晓来谁染霜林醉，总是离人泪"的名句，这漫山遍野像火一样的枫林，很容易使人联想起什么？

生：让人联想起星火燎原的革命火炬。

师：是的。革命形势蓬勃发展，"万山红遍"，大有燎原之势。"击"改"飞"可以吗？

生：不好。"击"能显示出雄鹰展翅奋飞、搏击长空的强劲有力，"飞"太一般了。

师：说得好，这位同学的语言感悟力较强。"翔"改为"游"好像更准确一些，鱼儿怎能像鸟儿一样飞翔呢？

生："翔"写出了鱼儿在清澈见底、水天相映的水中游动得自由轻快，像在天空中飞翔一样。

师：说得好。"浅底"并非真的水浅，而是清澈见底，显得水浅。你想，蓝天倒映在碧水中，看上去鱼儿像在天空中游动，在天空中游动不是很像飞翔吗？古人就有"秋水共长天一色"的名句。

例6-3中，教师对学生的回答都做了很好的补充。这里呈现了欣赏文学作品的几种补充的方式：一是联系相关名句丰富学生的回答，如由"染"分析联系到王实甫的名句，由"水清"联系到王勃的名句。二是进一步丰富学生联想，如学生由"染"字联想到"星火燎原"，教师又由此拓展联想到"万山红遍"。三是充实学生的想象，如教师根据学生对"鱼翔浅底"的想象所做的补充。可见，当学生的回答比较简单、不够全面时，教师应对学生的回答做必要的补充，使学生的回答更完整、更充分、更深刻。

4. 概括

概括，是教师对学生的比较复杂的表述加以归纳，使之变得有条理、更加清晰和明确，从而帮助学生获得总的印象。例子如下。

【例6-4】《亲近诗歌》课堂教学实录片段

师：请男同学朗读讲义上的第一段文字，女同学读第二段。

男(读)："哦，停电了，第二次停电了！别的班的同学都冲回家了，可我们班却把中秋节留下来的蜡烛点了起来。大家有的继续看书、做作业，有的两三个人围起来讨论问题。在烛光下，一切都显得那么有情趣。"

女(读)："漫漫长夜，人影彷徨。幽幽烛光，装饰安详。看那无声的世界，此刻不再辉煌。而仅有一处充满热情的地方，闪亮，闪亮……"

师：这两段文字都是同学们自己写的，题目都叫《停电的夜》。请大家看一下，哪一段是诗，哪一段不是？

生：第二段是诗。

师：为什么？

生：我觉得第二段文字读起来朗朗上口，第一段相对比较平，所以我觉得第二段文字是诗。

师：这是从诗歌的语言方面来讲的。这段文字朗朗上口，富有音乐性，而且它的语言优美，字数相对较少。好的，语言优美、凝练，富有表现力，这是一个角度。有没有谁能从其他角度来谈谈？

生：第二段文字表达的感情更强烈。

师：请朗读相关诗句。（生有感情地朗读。）

师：读得不错，请坐。有没有其他感想了？

生：第二段更富有想象力。

师：何以见得？

生：从一些诗句中可以看出。比如“闪亮，闪亮……”这句，给人无限遐想。

师：很好，请坐。把大家刚才的发言归纳一下，我们就得到了诗歌的特征：最集中、最概括地反映社会生活；具有强烈的感情和丰富的想象；语言精练、准确，富有表现力。（投影演示：诗歌的特征）什么是诗，什么不是？我们可以用这三条来衡量。

例 6-4 中，教师引导学生理解诗歌的三个主要特征，学生在对比朗读诗歌和散文片段后，直观感觉到诗歌“读起来朗朗上口”，教师把学生的感觉进行抽象，指出这是“从语言方面来讲的”，属于“音乐性”，并概括为“语言优美、凝练，富有表现力”。教师的概括变成了学生学习的范例，接下来学生根据教师的范例很容易概括出诗歌另外的特点“感情强烈”“富有想象力”。由于这三个特点都是经过多位学生断断续续总结出来的，学生回答问题有些杂乱，这时教师又对学生的这些回答进行概括：“诗歌的特征：最集中、最概括地反映社会生活；具有强烈的感情和丰富的想象；语言精练、准确，富有表现力。”需要注意的是，教师的概括不是简单地把多位学生的回答加以综合复述，而是把学生原来简单的表述变为准确而完整的表述，并根据三个特征的重要性重新进行排序。

教师的概括可以分为以下几种情况：一是学生回答属于感觉性的、具体的内容，教师需要进行抽象，指出形象具体的内容背后所包含的规律性知识。二是学生的应答内容较多、话语较长时，教师用简短的归纳加以浓缩，引导其他学生学会抓住长话的核心内容。这种归纳所表达的信息与学生所表达的内容之间，往往是一种总括与解说的关系。三是经过多位学生断断续续的回答，共同努力才完成的答案，教师要对几位学生的表述加以概括，让学生得到完整的答案。四是学生的应答涉及不止一个方面的问题，或多个学生从不同角度表达了自己的认识，教师则对这些学生的回答进行概括小结，这种概括常可以采用比较整齐的句式或借助序数来“列出”学生应答（讨论）的几个方面，使学生的讨论清晰、明确，并形成一个总的印象，便于学生理解和记忆。有时候还可以边概括边板书或投影，或先引导学生进行概括，然后教师再做补充。

5. 修正

修正，是指学生学习行为出现偏差或错误时，教师明确指出，并加以纠正。例子如下。

【例 6-5】《背影》课堂教学实录片段

师：大家读得很流利，我们看一下这是一个怎样的背影呢？好像初看就像同学说的，他用词非常朴素，也看不出多大名堂来，但是我们仔细去感受一下，你觉得这是一个怎样的背影，然后你是从这段话的哪一个词语看出来的？想一想。

生（前排同学轻声喊）：老师。

师：好，你来讲。

生：这是一个爱的背影。我从他“显出努力的样子”看出来，他为了给他的儿子买橘子很努力地爬上去。

师：哦，从“很努力”看出一个爱的背影，很好，很抽象，但是蛮温暖的。还有吗？

生：我从那个“蹒跚”看出来，“蹒跚”的意思是因为腿脚不灵便走路缓慢摇摆的样子，而且上文写父亲是一个胖子，但是为了给“我”买几个橘子，他腿脚不灵便还爬上很高的月台，说明“我”的父亲对“我”有很深的爱。

师：父亲有一个什么样的背影？

生：我觉得是一个伟大的背影。

师：哦，“伟大的背影”。好，虽然我跟你没有接触过，但我觉得你有这么一个特点我可以感受到，那就是你学习非常严谨，大家注意到没，当他要理解一段话的时候，他好像做了一件事情，什么事情？对，看注解。这是一个非常好的习惯，非常有助于你去理解课文，但是有一点老师要提醒你，同学，看着我。当你在回答问题的时候你是在跟我说话，你跟我说话时要偶尔抬起头看我一眼，否则我会觉得很孤单的哦，好不好？

生：好。

师：看着老师说，好不好？

生：好。

师：这个习惯要养成哦。好，这是一个“伟大的背影”，还有其他同学有不同的意见吗？我们能不能也从细的方面来讲讲？你来吧。

例 6-5 中，学生显得有些胆小，要求发言时很小声，坐在后面听课的教师都没有听到，敏感的教师发现了，热情地鼓励那位学生发言，对学生的简短发言做出肯定、赞扬的反馈，并鼓励学生继续说，学生小声地又做了补充。这时教师发现学生在发言时的学习特点，热情地加以赞扬：“虽然我跟你没有接触过，但我觉得你有这么一个特点我可以感受到，就是你学习非常严谨，大家注意到没，当他要理解一段话的时候，他好像做了一件事情，什么事情？对，看注解。这是一个非常好的习惯，非常有助于你去理解课文。”在表扬的基础上再指出需要修正的行为：“但是有一点老师要提醒你，同学，看着我。当你在回答问题的时候你是在跟我说话，你跟我说话时要偶尔抬起头看我一眼，否则我会觉得很孤单的哦，好不好？”而且教师提出修正的语气非常委婉，似乎着眼在教师身上，而不是学生身上。

在课堂教学中，学生出现偏差在所难免，有的是因为学生误解了教师的指令、意图，有的是因为学生理解错误，有的是因为学生学习行为不符合要求，等等，这就需要教师在学生出现偏差时及时指出，进行具体的分析说明，提出修正策略，使学生学习从偏差走向正确。

需要指出的是，修正学生学习中出现的偏差要注意艺术性。一是在学生出现差错时不要急于打断学生回答的话语，可以让学生说完后再加以指出，帮助学生修正差错。二是尽量不用批评、否定的反馈语言，而是用委婉的或幽默的语言来表达，使批评富于艺术性。三是对于修正某些偏差行为需要有耐心，不是一次提醒修正就能解决，可能需要多次提醒修正才能使学生完全改变不良的学习习惯。

6. 转移

转移，是学生学习出现明显错误，引起同学的哄笑，教师灵活应变，转移话题，把学生注意力引开，避免出差错的学生面临尴尬的局面。如下例。

【例 6-6】　李百艳《破阵子·为陈同甫赋壮词以寄之》课堂教学实录片段

一位男生在朗读中将“马作的卢”中的“的”读作“de”，将“可怜白发生”的“发”读作第一声。课堂哄然大笑，男生的脸顿时涨得通红，站在位子上不知所措。李老师见此情景，微微一笑，亲切无丝毫责备：“这位同学朗读时演绎了另一种味道。这种味道，让我们开心一笑，并让我们明白了要注意多音字在不同语境的读音，在这点上，他的朗读是很有价值的。接下去，我想给这位同学一个机会，让他再读一遍，为我们重新演绎正确读音的汉语魅力。”

男生高兴地重新将课文朗读了一遍，整个过程非常认真而投入，明显从一个刚产生错误被别人嘲笑的对象转变为积极而主动的学习者。

听完男生的朗读，李老师热情洋溢地赞美道：“大家有没有注意，他朗读这首词的语气语调把握得非常好。这位同学，你能不能告诉我们，你为什么要这样处理？”

听到李老师的表扬，男生非常兴奋，流利而自信地将自己的想法说了出来。其他同学在产生共鸣的同时，已经完全从一个嘲笑者转变为认同者，而男生则从一个积极学习者变成学习引领者。

接下去的课堂，这位男生是所有同学发言中最积极，也是发言次数最多的。

在例 6-6 中，学生朗读时出现低级差错，引起同学的哄笑，面临尴尬局面，如果教师处理不好，对个体学生来说，会因为学习失败而挫伤学习积极性，对全班学生来说，会形成嘲笑失败的不好风气。教师以宽容的解说巧妙地转移了学生的注意力，既遏止了嘲笑失败的风气，又为出差错的学生摆脱困境，并提供再次表现成功的机会。

7. 自悟

自悟，是教师对学生学习结果不给予直接的评价性反馈，而是暗示进一步思考的路径，让学生自我反思、自我评价、自我修正、自我提升，也就是在进一步思考和感悟中，获得新的发现。如下例。

【例 6-7】　《死海不死》课堂教学片段

（教学生理解词义时，先教给学生解释词语的方法，接着联系上下文来确定词的意思。）

师：现在，请同学们运用这一方法来解释文中的“改邪归正”。

生 1：改邪是改掉坏习惯，归正是回到正确的方向来。

师：对不对？

（有的学生小声说：“对。”有的学生迟疑不决。）

师：我问问你们，你们有没有一些坏习惯？（齐答：“有。”）好，（加重语气）那你们就要“改邪归正”。

（学生们听后都笑起来了，马上意识到刚才的解释有问题。）

生 1（举手后，站起来说）：我知道刚才解释得不准确了，“邪”字指坏习惯显得太轻了点，应指干坏事、干危害别人的事。

师：请大家用“邪”组词。

生：邪恶、邪说、佞邪、歪门邪道、扶正祛邪、纯真无邪、邪说异端……

师：现在可以理解“改邪归正”的含义了吧？

生：可以了，“邪”的准确理解是指恶习，而不是坏习惯。

在例6-7中，当学生的学习反应出现不完全正确的地方，教师不是直接给予否定式评价，而是根据学生学习结果进行引申询问，学生从教师的询问中获得反馈信息，并运用这一信息对先前的学习活动进行自我评价，自我领悟问题之所在，并进行自我修改，达到正确的理解。这样的教学有利于培养学生自我检查、自我评价、自我修正的自我监控能力。

（二）引导案例分析

引导的种类和方法多样，往往因人而异，因情景而异，角度十分丰富。从丰富的教学实践例子来看，经常用到的引导类型主要有以下几种。

1. 诊断引导

诊断引导就是教师在课堂教学中通过引导学生反思其学习活动从而明确学生学习出现困难的真实根源，并据此来确定下一步的教学方向和策略。学生学习难免会遇到种种困难，这是教学中的常见现象，面对学生遇到的学习困难，首先需要教师马上诊断学生产生学习困难的真正原因，这样教师才有可能在接下来的教学活动中进行有的放矢的教学。如下例。

【例6-8】《斑纹》课堂教学实录片段

师：A同学，你来说说课文的基本内容好吗？

生A：我读不大懂，搞不清楚这篇课文到底讲的是什么。

师：不要紧，读不懂文章是正常现象，我有时候也读不懂一些文章。你能说说自己到底哪些地方不懂，或者说哪些地方让你感到困惑吗？

生A：这篇课文前前后后讲了那么多“斑纹”，我就搞不清作者写这些斑纹到底想告诉人们什么。

师：可以看出，你是认真读过课文，也认真想过了，就是难以把整篇课文的内容串起来理解，看不出作者的写作意图，是这样吗？

生A：是的。

师：你能说说这篇课文都写了哪些“斑纹”吗？

生A：课文先写蛇身上的斑纹，然后写了鲑鱼等动物的斑纹，接着写了大型动物身上的斑纹，后来又写了大地的斑纹，最后说整个世界都充满斑纹。我就搞不清作者把这些“斑纹”放在一起到底想说明什么。

在例6-8中，教师原本打算要求学生整体感知课文，概括课文的主要内容。但学生对课文的理解出现困难，“不清楚这篇文章到底讲什么”。面对学生学习遇到的困难，教师首先是消除学生的顾虑，鼓励学生说：“不要紧，读不懂文章是正常现象，我有时候也读不懂一些文章。”然后引导学生反思理解困难在哪里，其背后的真正原因是什么。学生学习出现困难，开始时对困难的认识是模糊的、肤浅的，这需要教师敏锐感知学生学习存在的困难，然后通过诊断引导，促使学生反思困难的具体表现，分析产生困难的原因。通过教师的引导，学生最终认识到理解困难的症结是："搞不清作者把这些'斑纹'放在一起到底想说明什么。"用教师的正规表达是："难以把整篇课文的内容串起来理解，看不出作者的写作意图。"然后，教师根据学生阅读理解存在的困难焦点，在课堂生成具体的教学目标，选择相应的教学策略，提示有效的学习途径，引导学生深入学习，克服理解障碍，实现对课文的理解。可见，诊断引导是在学生面临学习困难时教师可以采取的一个有效教学行为，为接下去开展有针对性的教学奠定扎实基础，是促使学生从不知转变为知的一个重要中介。

2.演绎引导

演绎是一种思维的形式，它是从普遍性的理论知识出发，去认识个别的、特殊的现象。演绎引导就是启发学生根据过去所获得的关于某种事物的一般性认识，去认识这类事物中某个或某些新的个别事物而得出正确的结论。这是学生获得新知识、认识新事物的重要方法，它可以使学生在遇到新问题时较容易地找到思考和解决问题的途径，对发展学生的抽象思维能力有重要的意义。在有关概念、规律的教学中教师经常运用演绎引导方法来指导学生的学习。如下例。

【例6-9】《哀江南》课堂教学实录片段

师：诗有诗眼，文有文眼，戏也有戏眼。"春风又绿江南岸"的诗眼是？

生：绿。

师："红杏枝头春意闹"呢？

生：闹。

师：："云破月来花弄影"——

生：弄。

师：《荷塘月色》一文的文眼是——

生：这几天心里颇不宁静。

师：很好。戏曲《窦娥冤》的戏眼是——

生：冤。

师：好，那么，我们这一课《哀江南》，戏眼是——？

生：哀！

师：（在课题的"哀"字下标重点号。）这里的"哀"是什么意思？

生：悲哀、哀叹。

师：悲哀和哀叹，哪个准确些？

生：哀叹。

师：（板书：哀叹。）"哀叹"什么？

生：江南。

师：这里的"江南"指的是哪里？

生：长江以南。

师：准确些。

生:这里只是南京。

师:为什么要哀叹南京?

生:因为南京是当时的首都。

师:准确地说,南京是明朝的开国之都,朱元璋在南京建都,后来朱棣迁都北京。而写《哀江南》的时候,清兵入关,南明灭亡,南京只能说是"故都"。这里的江南,既指南京,又有着"国家"的意义。我还想问,哀叹江南的什么?

生:灭亡。

师:是的,这是一种"亡国之痛"(板书)。

在例6-9中,教师先告诉学生一个普遍的文学理论观点:"诗有诗眼,文有文眼,戏也有戏眼。"这是为学生提供一个分析文学作品核心内容或主旨的基本框架或思路,然后引导学生用这一理论观点去分析学习过的诗文,当学生熟练运用这一理论观点去分析所学的诗文后,教师再引导学生运用这一理论观点去分析新学的课文。需要注意的是,教师对旧课文和对新课文的演绎引导是有区别的,对旧课文的演绎引导是点到为止,而对新课文的演绎引导则是步步深入,由字面理解深入字里行间的理解。可见,演绎引导的过程就是教师把阅读的理论或结论告诉给学生,然后学生在文本中寻找相应的信息来解释这一理论或结论,这样可以让学生较为准确和轻松地掌握所学的知识,完成教学任务,又可以使得部分学生(尤其是中等及中等以下的学生)增强自信心,学习的欲望也得到一定的提升,关键是还可以节省部分时间。当然,演绎引导有时思维容量相对较小,思维的梯度、宽度、深度都受到了限制,因此,对于部分优等生而言,其主体能动性未能得到充分的展现。

3.归纳引导

归纳也是一种思维形式,它是根据某类事物的部分对象都具有某种属性,分析出制约这种属性的原因,从而推出这类事物都具有这种属性。这是在感官观察和经验概括基础上形成一般性结论,从个别性知识引出一般性知识的思维方式。它是探索客观世界、认识客观世界的一个重要途径。归纳引导就是启发学生对某些特殊的事物进行分析和比较,抽象出一些特性,并抽取出本质的特性而舍弃非本质的特性,从而归纳出这类事物的一般特性,或者形成概念,或者形成法则和公式。归纳引导在学校教育中是获取新知识的一种基本方法,它有利于培养学生的抽象能力和概括能力。如下例。

【例6-10】《刘姥姥进大观园》课堂教学实录片段

师:请同学们欣赏下面两则场面描写,看能否从中悟出关于写好场面的方法或技巧。

第一个场面:

贾母这边说"请",刘姥姥便站起身来,高声说道:"老刘,老刘,食量大似牛:吃个老母猪,不抬头!"说完,却鼓着腮帮子,两眼直视,一声不语。众人先还发怔,后来一想,上上下下都一齐哈哈大笑起来。湘云撑不住,一口茶都喷出来。黛玉笑岔了气,伏着桌子只叫"嗳哟!"宝玉滚到贾母怀里,贾母笑的搂着叫"心肝"。王夫人笑的用手指着凤姐儿,却说不出话来。薛姨妈也撑不住,口里的茶喷了探春一裙子。探春的茶碗都合在迎春身上。惜春离了座位,拉着他奶母,叫"揉揉肠子"。地下无一个不弯腰屈背,也有躲出去蹲着笑去的,也有忍着笑

上来替他姐妹换衣裳的。独有凤姐鸳鸯二人撑着，还只管让姥姥。（选自《红楼梦》曹雪芹）

第二个场面：

清早，高二10班教室。“大老肥”笑嘻嘻地对“猴精”说：“昨晚中央台的公益广告你看了吗？”“看了，不就讽刺那些孝子不孝的社会现象吗！”“猴精”头也没抬，就随口答上来了。“不，我妈说，棒极了！这个礼拜天，我们一家也到姥姥家吃‘大户’。”“大老肥”一语刚出，教室里顿时炸开了，好似烧红的爆米机揭了盖，如同热油锅里撒了盐。以“大老肥”为中心，一下围了好多人。“小钢炮”直轰过来：“你妈真缺德！”“缺什么德，这叫时髦，现在有哪个老人不孝敬子女，关心子孙？”“真有你的，‘孝子’成了动宾结构了；这叫‘孝子’新解。”“猴精”用手指着“大老肥”鼻子，一边说一边忍不住笑着。“大老肥”转怒为喜，奋力睁开的小眼又变成了一条缝。“这是个知识产权问题，梁实秋先生早就解释过了。”“小博士”在一旁提醒着“猴精”。“马克思主义告诉我们，存在的就是合理的。”一直保持沉默的“眼镜”突然冒出了一句。“还是‘眼镜’看得准，现在的老人最怕寂寞。你看，广告上，儿女不来时，老人连菜都没有精神烧了。”“大老肥”似乎找到了知己。“小的下岗了，没钱了，不吃老的，吃什么呢？”不知是谁在后排小声地嘀咕了一句。“猴精”循声扫视不着，叹口气说：“真是一千个读者，就是一千个哈姆雷特！”“小博士”又补上了一句：“真难为了广告人！”（习作者：江苏省射阳中学刘铁）

师：×××，你说说看，有一点说一点。

生4：场面描写必须写出气氛特点。贾母宴席上的场面突出了一个“笑”字。围绕公益广告展开的场面突出了一个“争”字。

师：说得好。生活中某个场面必然会伴随着某种气氛，要下力气渲染，营造特定的氛围。这第一个场面，充满了喜剧气氛，读之令人忍俊不禁。还悟出了什么？

生4：场面描写运用比喻和动词。

师：你的意思是，语言必须生动形象，对吗？（生点头示意。）那么，你分别说说看，两个场面描写中生动形象的语言有哪些？

生4：第一场面中有“掌”“喷”“伏”“滚”“搂”等动词，活现了各种笑态；有“鼓着腮帮子，两眼直视，一声不语”的描绘，让中心人物得到充分表现。第二个场面中有“‘大老肥’一语刚出，教室里顿时炸开了，好似烧红的爆米机揭了盖，如同热油锅里撒了盐”的全景场面描写的渲染；有“‘大老肥’转怒为喜，奋力睁开的小眼又变成了一条缝”的人物情态特写。

师：说得挺不错。场面描写必须借助语言艺术，通过精选动词、形容词，灵活使用修辞手法，使得场面更加逼真感人。同时，我们还要注意到，由于场面描写，重在描写“一朝风月”中的人物活动，因此，凡可以用来写人的各种描写方法，也都可以用来描写场面。从人物描写方法有所侧重的角度看，第一个场面重在神态描写，第二个场面重在语言描写。你还悟出了什么？（生4摇头示意。）请坐！谁来补充？好，你来说。

生5：还要注意人物的特征。

师：请说明确一点。

生5：场面描写要注意符合人物的性格特征。如，第一个场面写的是“笑”，而每一个人的笑，并不一样，但都能符合每一个人的身份、性格和气质。第二个场面，人物的语言和人物的绰号也都符合各自的性格。

师：很好！就说第一个场面吧，你看在“笑”中反映了各自怎样的性格？

（生5沉默一会儿，没能准确说出。）

师：你暂且坐下，想起来再补充。的确如刚才这位同学所说，好的以人物活动为中心的场面，必须注意突出人物的性格特征。第一个“喷”笑的湘云，直率豪爽；第二个“伏”笑的黛玉，柔弱多情；那笑“滚”起来的宝玉，恃宠撒娇；那笑得直叫“揉揉肠子”的惜春，可谓天真幼稚。各色人等，无不神情毕现，栩栩如生。从这两个精彩的场面描写片段中，你们还悟出了什么？大胆地说，声音大些说，让后排听课的老师也能听到。谁来补充？

师：××，你再说说看。

生 6：要有主题，有讽刺意义。

师：你能说得具体一点吗？（生面有难色。）其他同学能补充吗？（有少数同学心中似乎有数，但没有发言的想法）能发现这一点很不容易。老师在课前也没有注意到这一点，经这位同学一提醒，我想到了曹雪芹《红楼梦》开篇的四句诗：“满纸荒唐言，一把辛酸泪；都云作者痴，谁解其中味？”这个选自第 40 回《史太君两宴大观园，金鸳鸯三宣牙牌令》中的宴席场面，其聚焦人物刘姥姥，不正是喜剧中的悲剧人物吗？一方面她凭借着扭曲和丑化自身的方法来讨得主子们的欢欣，实在令人生厌；另一方面她能与贾府中的金枝玉叶同餐共饮，敢与贾母说笑打趣，并不是她刘姥姥有什么能耐，正是恰好填补了主子们的精神空虚，是主子们的取笑工具，读过《红楼梦》的人都知道，这是刘姥姥二进大观园。第一次来时，被王熙凤简单打发了，而这第二次来，正赶上贾母要找个上年纪的老人说说话，要不然，同样会被打发开去的。从这一点来看，又让人同情。因此，这“笑”是含泪的笑，表现了作者鲜明的爱憎；这“笑”中反映的正是阶级对立，是等级制度。即使同为贾府中人，主人们是毫无顾忌的笑，而仆人们只能是有节制的笑，因此这“笑”又是讽刺的笑，反映了深刻的思想主题。同样，第二个场面描写，表面看是围绕着一则“孩子们应该为父母做些什么”公益广告所产生的一场争论，实质上，反映的正是一代中学生的人生观、价值观，特别是审美观；表面上提及的是广告创作的主客观统一问题，其笔端却扫到了社会热点问题，可谓瞬间场面，深化主题。

师：好，老师说得太多了，仅供同学们参考。下面请同学们自己归纳一下，一个好的场面描写必须做到哪几点？你们说，老师在黑板上板书。

（众生依次说出如下几条，老师依次进行板书，内容如下：一要营造氛围；二要点面结合；三要语言形象；四要渗透感情；五要表达主题；六要凸现性格。）

师：很好！这六条是场面描写的较高要求。下面要求同学们进行场面描写，在写场面时，能达到其中三条即可，不必六条全具备。

从例 6-10 中我们可以看出归纳引导的教学过程大致如下。

第一步是出示例子。“请同学们欣赏下面的场面，看能否从中悟出关于写好场面的方法或技巧。”这是教师围绕学习目的列举出一系列相关的例子，让学生学习和体会其中的特点。当然，也可以让学生自己搜集和列举某类事物的一些例子。

第二步是引导学生分析特点。在学生初步阅读例子并有了一定的感性认识后，教师引导学生进一步分析各个例子的特点。分析例子特点，可以一个例子一个例子分别分析，这样比较容易清晰明了；也可以几个例子一起分析，这样比较容易找出特点，便于归纳共性。需要注意的是，对每一个例子应充分展开讨论，尽可能全面总结出它的特点，只有深刻认识了每一个例子的特征，才有可能总结出所有例子都具有的共同规律。

第三步是归纳共性。在学生对各个例子有了深刻认识的基础上，教师再引导学生总结所有例子的共同点,以便从中获得规律性的认识。这里需要注意的是,教师要让学生对共同特点进行描述和概括。

第四步要迁移运用。学习规律的目的是运用,学生也只有在运用中才能真正掌握规律。因此,归纳引导不能满足于获得规律性知识,要鼓励学生运用知识,做到学以致用。

这就是从若干个别现象中归纳出一般性结论的学习过程。教师在教学中列举一系列的例子,引导学生分析这些例子,从中归纳出某些具有规律性的知识。通过学习,学生经历了从特殊到一般、从感性到理性、从实践到认识再到实践的思维历程。这样既培养了学生的思维能力,又帮助学生学会了探索知识的方法。

4. 比较引导

比较,是辨析两种或两种以上事物之间的相同点和不同点,从而认识到不同事物的属性、特征、运动规律等的一种思维形式。比较引导,是指在语文教学中,教师指导学生把结构或内容相似的文章、同一类型的知识等进行对照比较学习,异中求同,同中求异,从而产生新知,得出有创造性的结论。通过比较引导,学生可以从多角度、多侧面、多层次等不同渠道来探索学习内容之间的统一关系,从而揭示出比较点所蕴含的本质属性。如下例。

【例 6-11】 《绿》课堂教学实录片段

师:现在大家合上课本。作者说梅雨潭的绿“仿佛蔚蓝的天融了一块在里面似的”。大家想这“融”是“交融”的“融”还是“溶解”的“溶”?

生:应是“交融”的“融”。

师:为什么?

生:“交融”写出蓝天绿水是一个整体,给人水天一色的美感;“溶解”的“溶”太实,不美。

师:很对。“挹你以为眼”的“挹”怎么写?

生:提手旁加个“城邑”的“邑”。

师:怎么解释?

生:“舀”,“舀水”的“舀”。

师:能否把“挹”换成“舀”。

(生笑。)

师:笑什么?

生:“舀”太粗太俗,不美。

师:“挹”呢?

生:比较雅,有小心爱惜的意思。

师:对,很多同义词,意义基本相同,但情味有异,这种“情味”即词语的附加意义,请同学们平时读书要仔细品味。

师:形态色彩单一的“绿”,在作者的笔下情一样深,梦一样美,让人爱,使人醉。“状难写之景,如在目前”,这有赖于作者抓住“奇异”“醉人”精心设置铺垫,多方设喻精雕细刻,展开联想对比突出,大胆想象升华意境。丰富的联想和想象等,这是写好文章的要诀,也是本文给我们的启迪。

【例 6-12】《愚公移山》课堂教学实录片段

师："愚公移山"这个故事，经常和另外两个故事一起出现。一个是"夸父逐日"，这个我们非常熟悉，夸父追赶太阳，最后因渴而死；还有一个就是"精卫填海"，精卫本来的名字叫女娃，是炎帝的女儿，后来在游泳的时候被淹死了，魂魄化成一只精卫鸟，经常衔一些微小的土、石、木头，要把大海给填平。这三个故事有什么共同点？

生：都经过不懈的努力，完成自己的梦想。

师：请坐。前面最好加一个词语——"试图"——试图完成自己的梦想，对不对？那么，有没有不同的地方？（停顿。）愚公移山的故事和夸父、精卫的故事，至少有三处不同。想一想。（停顿二十秒。）我给一点提示好吗？（出示：人数、外援、结局。）

师（示意）：请你来谈一谈。

生：夸父逐日和精卫填海，都只有一个人。

师：都只有一个人，而愚公移山呢？

生：五个人。

师：请坐。一家子人。（示意往后。）还没完，请你继续就刚才那位同学的话题讲下去。这一家子人真的只有五个人吗？

生：不是。因为后面还是"子子孙孙"无穷无尽的。

师：噢，其实有无穷多的人，N 个人。好，（话筒）往后。（示意看屏幕。）"外援"呢？

生：愚公移山的话，最后是夸娥氏二子帮他们把两座山背走了。

师：夸娥氏二子看愚公很辛苦，主动说，"愚公啊，我们来帮你搬掉吧"，是这样吗？

生：没有，是天帝命令他们去把这两座山搬掉的。

师（点头）：是天帝派来的。继续讲。

生：但是夸父逐日和精卫填海，他们两个都是靠自己的力量，没有其他人来帮忙。

师：非常好，请坐。没有外援。"愚公移山"里面，有外援。（示意话筒往后传。）区别三，结局呢？

生：愚公移山最后是成功了，夸父逐日和精卫填海应该是没成功的吧。

师：很好。夸父和精卫，都是失败的故事；而愚公移山，是一个成功的结局。

在例 6-11 中，教师采用抽换比较方法，引导学生理解词语的微妙含义。"仿佛蔚蓝的天融了一块在里面似的"，是"交融"还是"溶解"？学生通过比较，认识到"'交融'写出蓝天绿水是一个整体，给人水天一色的美感，'溶解'的'溶'太实，不美"。"挹你以为眼"的"挹"能否换成"舀"？通过比较学生认识到换成"舀"字太粗太俗，不美，而"挹"则比较雅，有小心爱惜的意思。抽换比较就是将课文中原有的重点、精彩点抽出去，换成另外意思相似的表达方法，让学生比较思考，从中悟出它们在表意上的微妙差异，这有助于深刻理解课文的言外之意。

在例 6-12 中，教师要求学生比较三个神话传说故事的异同，这是较为复杂的比较，需要教师对学生进行更符合思维规律的引导。首先，教师为学生确定比较的对象和目的："这三个故事有什么共同点？""有没有不同的地方？"接着，明确比较的维度："愚公移山的故事和夸父、精卫的故事，至少有三处不同。想一想。（停顿二十秒。）我给一点提示好吗？（出示：人数、外援、结局。）"然后，引导学生进行比较分析，例如，就外援来说，愚公移山是靠天帝派来夸娥氏二子帮他们把两座山背走的，而夸父逐日和精卫填海则是靠自己的力量，没有其他人来帮忙。最后，推导出结论，或抽象出规律。由此可见，比较思维，就是教师可启发学生同中求异，或异中求同，把握新旧知识或不同知识之间的相似点或区别点，从而建立起知识之间的联系，达到对知识的深刻理解。

5.类比引导

类比，是根据两个或两类对象有部分属性相同，从而推出它们的其他属性也相同的一种思维方式。其思维进程是“由此及彼”，“此”是前提，“彼”是结论，“由此及彼”就是由特殊到特殊的推理，即从已知的某个或某些对象具有某情况，经过归纳得出某类所有对象都具有这种情况，然后再经过一个演绎得出另一个对象也具有这个情况的结论。由此可见，类比就是“先比后推”。“比”是类比的基础，“比”对象之间的共同点是类比能够施行的前提条件，没有共同点的对象之间是无法进行类比推理的。

类比引导，就是教师启发学生把所要研究的新问题和与之有关的原有知识和方法进行比较，认识到它们的共同特点和规律，进而用熟悉的知识和方法解决新问题。这是从学生原有的特殊性知识的前提推导出新的特殊性知识的结论。类比引导有利于发展求同思维，培养学生举一反三、触类旁通的能力，促进知识和能力的迁移。如下例。

【例 6-13】《盲孩子和他的影子》课堂教学实录片段

师：(创设情境，音乐)同学们，在人生的旅途中，你有没有过挫折、失意，有没有处于孤独无助、弱势的时候？如果有，那么，请你回忆一下：在这个时候，你有什么样的感受？(有学生举手，师：不用急于回答，好好想一想。)

生(充分回忆思考后)：在我 10 岁时，我爸爸生病去世，我们全家感到天塌下来了，我妈妈都不想活了，我也不想活了。当时，我多么希望有人帮帮我们家……

(多个学生谈了感受。)

师：同学们刚才谈了自己在特定时候的体验。老师今天给大家推荐一篇文章，写的是一个盲孩子的故事。请仔细读读课文，对照自己的生活经验谈谈感受。

(生读课文。)

生：我觉得盲孩子太可怜了，我们应该帮助他……

【例 6-14】《斑羚飞渡》课堂教学实录片段

(教师要求学生用故事接力的方式整体感知课文。在这基础上要求学生说说读了这个故事后的感受。)

生：我觉得这是一个悲惨的故事。

师：为什么说它是个悲惨的故事？

生：因为斑羚们被逼到悬崖上，老斑羚不得不牺牲自己去救小斑羚。

生：我的感觉是“悲壮”，因为老斑羚的牺牲很感人，很壮烈。

师：好啊。刚才一个同学用了“悲惨”已经很不错了，这个同学改一个字“悲壮”，更贴切了。语文就是咬文嚼字，不错。

生：给我最深的感受是斑羚们的自我牺牲精神。

……

生:我觉得这个故事不真实。这些动物也太厉害了,我觉得虚假。

生:我觉得是在真实的基础上,有一些想象与夸张,这是艺术加工。主要不在于它的真实性,而是在于给人以启示,给人以震撼。(听众掌声。)

师:哦。是虚构的,这是一篇动物小说,故事是虚构的。我这里给"艺术上的合理虚构"做个描述吧:就是它是一个本应该发生也可能发生的虚构故事。但是"斑羚飞渡"这个故事应该发生、可能发生吗?

生:不可能。

师:对啊。斑羚本身并没有牺牲老斑羚拯救小斑羚的生活习性,它也不可能具备武侠小说中描写的那种空中接力的本事。那么,既然故事中的斑羚不是现实生活中的斑羚,文章讲的又是谁的故事呢?

生:通过斑羚来写人,是人的故事。

师:对呀,既然不是斑羚,那可能真是反映"人"的故事了。什么故事呢?

师:我们也可以视这个问题为一个面临灾难时放弃谁的难题。面临灾难,人类中的哪一部分首先应该被遗弃?为什么这样做?谁规定必须这样做?(学生小声地议论,各有不同的选择,大多数的声音倾向于选择保护弱者、幼者和他人。)

师:这是一个亘古的难题,我这里提供一些材料,我们来看看人们是怎样选择的。

(教师出示雨果写的《"诺曼底号"遇难记》中的片段,有学生小声地说,这与课文的结尾是一样的。通过多则相类似材料的类比阅读,学生认识到:人类在文明发展过程中,开始确立"护弱"的文明原则。推导出文明与野蛮的规则:兽的规则——弃弱等于"野蛮",人的规则——护弱等于"文明",早期的规则——弃老等于"野蛮",后期的规则——敬老等于"文明"。)

在例 6-13 中,教师创设情境,激发学生生活经验,引导学生以相应的生活体验去探求、体味课文的内在意蕴,引起联想,由此及彼,对所读内容进行能动的阐发,从而突破难点,得出结论。学生结合自己的生活体验谈了感受,把对盲孩子的理解纳入自己的生活经验结构,使得"盲孩子的生活"活化了,赋予故事独特的意义,从而能主动、深刻地理解盲孩子的"故事"。在这里,教师充分利用学生实际生活中的"同质性资源",把学生带进真实的情境中进行感受、体验、思考,这就是以学生的生活体验和文学作品的生活进行类比,符合文学作品欣赏规律。我们知道,文学作品是对社会生活的凝缩反映,现实生活是联系学生与文学的重要纽带,也是学生学习文学作品的主要动力与依据。从读物与生活的关系来看,文学作品都是社会生活中人与事、物与景、情与理等在作者头脑中或直接、或间接反映的产物。作者写什么、怎样写、这样写有何得失、结果优劣如何等等,都需要与其反映的生活联系起来进行比较、分析和评价。从读者的角度来看,读者只有充分调动自己的生活经验、人生感受,去领悟文学作品的思想感情,对作品中那些符合自己的心境、与自己的经历和文化水平相通相似之处进行细心感悟,并进一步发挥,才能对作品做出独创性的阐释,从而使自己的精神产生美的升华。这里需要注意的是,启发学生运用生活事例来和文学作品进行类比,需要教师准确了解并分析学生的原有知识经验,找出需要探索的问题与学生原有知识经验之间的关联因子,恰当引导学生列举相似生活经验来激发学生联想,进而发现解决问题的途径。

在例6-14中，教师首先引导学生通过复述故事方式整体感知课文，然后交流阅读作品的初步感受，在这基础上，教师出示类似阅读材料《"诺曼底号"遇难记》的片段，用学生容易理解的材料来加深对课文内涵的理解。这是用同类作品来进行类比引导。

从以上的课例中，可以总结出类比引导的基本教学过程。那就是：

首先，引导学生初步感知作品，展开想象。文学作品的描述，要通过想象才能转化为形象，才能感受体验得到。而体验又必须借助想象才能得到进一步的升华。可以说，初步感知和想象是类比的起点。

其次，回忆类似生活经验，或呈现类似材料。类比，是以一种类似的经验去体会作品内涵。如果作品所描写的生活与学生比较接近，可以引导学生在想象作品的艺术形象的基础上唤起相应的感觉经验、情绪记忆和形象记忆，刺激读者以自己的感觉、想象、体验、理解等认识活动去把握、领会读物所包含的思想感情，以感情的酝酿为基本起点，通过设身处地的体验来参与，再依靠想象来促成飞跃。如果作品所描写的生活与学生有较大距离，学生难以体验到其中的内涵，为了帮助学生克服时代差异、认识差距，可以给学生提供类似的生活经验——学生容易理解的类似作品，便于学生设身处地理解体验作品的内涵。

再次，阐释生活经验或相似材料内涵。不管是学生自身的生活经验，还是学生对类似材料的阅读感受，都是一种内在的思维活动，它往往带有一定的模糊性和不稳定性，为了深化认识，以便和所读作品进行类比，需要学生对自己的生活经验或所阅读的类似生活经验进行阐释，从而丰富认识，并通过语言固定下来。

最后，由此及彼，抽取共同规律。这是要求学生运用自己的生活经验（或运用更易于理解的材料）去阐释作品的内涵，从而获得对作品更深刻的理解。

6.辨误引导

辨误，是辨明是非，匡正谬误，辨明语言之间的细微差别。辨误引导，是指教师对某些容易产生模糊理解甚至是错误理解的问题，给出有正有误或全误的说法，启发学生研讨、分析，辨别哪个正确、哪个错误，并说出正确的根据、错误的原因，从而达到澄清模糊认识、明确有关知识规律的目的。这种教学方式能促使学生广泛而全面地思考问题，从事物错综的联系中发现问题的本质，客观分析评价事物，有利于培养学生思维的严密性、深刻性和批判性。

【例6-15】《中国石拱桥》课堂教学实录片段

师：《中国石拱桥》这篇课文举了两个例子：一个是赵州桥（板书：赵州桥），一个是卢沟桥（板书：卢沟桥）。那么讲中国石拱桥为什么举这两个例子呢？我这样理解：中国石拱桥有一部分像赵州桥，另一部分像卢沟桥，所以举这两个例子。你们说，我这样理解对不对呀？

生1：我认为这种说法不对。因为课本上说"我国的石拱桥几乎到处都有。这些桥大小不一，形式多样，有许多是惊人的杰作"。这就说明中国石拱桥有一部分像赵州桥，另一部分像卢沟桥的说法不正确。

师：很好！引用课文证明自己的观点，很有说服力。

生2：我也觉得您的说法不对，课文之所以举这两个例子来说明中国石拱桥，是因为赵州桥和卢沟桥都很著名，并不是别的桥和它们一样。

师：有没有和他们不同的意见？（众生不语。）

师：你们说得对。中国石拱桥是多种多样的，怎么可能都和赵州桥、卢沟桥一样，就这两种形式呢？既然中国的石拱桥不都是这两个样子，那为什么课文要举这两个例子呢？

生3：因为赵州桥和卢沟桥具有形式优美、结构坚固、历史悠久的特点，所以举这两个例子。

生4：因为一提这两座桥大家都知道，所以举它们作为例子。

生5：因为赵州桥和卢沟桥是中国石拱桥中最杰出的。

生6：因为这两座桥都很有特点。赵州桥拱上加拱，与众不同；卢沟桥上的石狮子什么姿态的都有，特别生动。

师：大家的发言都很好！这篇课文之所以举这两个例子，是因为这两座桥汇集着中国石拱桥的共同特点，而且又各有各的特色。换句话说，它们具有代表性，所以举它们为例。那么，既然这两个例子都体现着中国石拱桥的共同特点，又都有各自的特点，为什么偏要举两个例子，举一个例子不更简练吗？

（众生翻书思考。）

生7：我认为中国石拱桥有两个共同的特点：一个是外观美丽，一个是结构坚固。举赵州桥突出中国石拱桥的结构巧妙、坚固，举卢沟桥突出中国石拱桥的美观。

师：你的意思是说赵州桥的结构好，卢沟桥的外形好。反过来就是说，赵州桥的外观不太好，卢沟桥又不大结实？（众生笑。）

生7：我不是这个意思。这两座桥的结构、外观都好。

师：好！再仔细想想。从课本上找到根据说明问题才有说服力。

生8：我觉得只举一个例子，就显得单调些，因为课文里说"我国的石拱桥几乎到处都有。这些桥大小不一，形式多样"。假如只举一个例子，体现不出"大小不一，形式多样"来。课文举了赵州桥和卢沟桥两个例子，就使文章内容显得充实，也就更能说明我国石拱桥多种多样了。

师：你的意思是说，举两个例子比举一个例子充实。照这样想下去，那么，举三个例子不是比举两个例子更充实吗？

生8：举三个例子没有必要。

师：这是你的观点。那么你的理由呢？（生不语。）

师：大家是不是再仔细翻翻书？书中就有答案，不过并不是直截了当说的。（众生翻书思考。）

生9：因为中国石拱桥有两种：一种是独拱桥，只有一个拱；另一种是联拱桥由多个拱相连而成。赵州桥和卢沟桥正好代表了中国石拱桥的这两种类型，所以举了这两个例子。

师：完全正确。因为赵州桥代表的是独拱石桥（板书：独拱），卢沟桥代表的是联拱石桥（板书：联拱），独拱和联拱是中国石拱桥的两种类型，所以举了两个例子。如果举一个例子，就缺少了一种类型；如果举三个例子，就多余了。这样一研究课文，你们明白了吧？运用举例子这种说明方法时，举几个例子好呢？如果说明对象存在几个类别，那么一般说来，也就相应地举几个例子。

在例6-15中，教师引导学生思考的问题是："讲中国石拱桥为什么举这两个例子呢？"学生直接探究这一问题难度较大，教师就采用辨误引导方式，教师故意提出一个不准确的看法："我这样理解：中国石拱桥有一部分像赵州桥，另一部分像卢沟桥，所以举这两个例子。你们说，我这样理解对不对呀？"这一似是而非的答案让学生能够辨认出其中的错误，从而降低了问题的难度，激发学生思考和表达的欲望。果然学生从辨误入手，指出其错误的地方。接着教师再引导学生尝试探求正确的理解，学生纷纷说出他们的理解，教师从中抽取了"举例要具有代表性"的初步结论。然后再引导学生进一步理解各自代表是什么。教师继续运用辨误方式从学生的一些片面理解中推导出其中的谬误。有学生认为："中国石拱桥有两个共同的特点：一个是外观美丽，一个是结构坚固。举赵州桥突出中国石拱桥的结构巧妙、坚固，举卢沟桥突出中国石拱桥的美观。"教师顺着这一思路反推出："你的意思是说赵州桥的结构好，卢沟桥的外形好。反过来就是说，赵州桥的外观不太好，卢沟桥又不大结实？"学生马上认识到这一观点不全面。又有学生认为："我觉得只举一个例子，就显得单调些……课文举了赵州桥和卢沟桥两个例子，就使文章内容显得充实，也就更能说明我国石拱桥多种多样了。"教师又顺着这一思路推出："照这样想下去，那么，举三个例子不是比举两个例子更充实吗？"经过几次反复的辨误，学生思考问题越来越全面和周密，最后得出正确结论："因为中国石拱桥有两种：一种是独拱桥，只有一个拱；另一种是联拱桥，由多个拱相连而成。赵州桥和卢沟桥正好代表了中国石拱桥的这两种类型，所以举了这两个例子。"教师顺势提升到对写作规律的认识："运用举例子这种说明方法时，举几个例子好呢？如果说明对象存在几个类别，那么一般说来，也就相应地举几个例子。"

由此可见，辨误引导方式，首先是确定学习活动的目标，然后对学习内容提出片面的或含有错误因素的看法，让学生进行分辨，也可以对学生的片面看法进行分辨，在分辨中抽取正确的因素，逐渐获得完全正确的看法，最后从获得的正确结论中概括出所包含的学习规律。

7.想象引导

想象，是思维的一种特殊形式，它是人在头脑里对记忆表象进行分析综合、加工改造，从而形成新的表象的心理过程。想象引导是指教师在指导学生学习时引导学生再现客观世界或文字描绘的情境，或激发学生运用创造性的想象去填补课文的空白等。

想象是人们进行一切创造性活动所必需的心理活动。首先，想象是创造性思维能力的核心。创造性人才的素质智力核心是创造性思维的发展，创造性思维离不开想象思维，想象是人生理机制中最宝贵的素质。其次，想象是阅读欣赏的翅膀。插上想象的翅膀，就可以在文学作品的世界里自由地翱翔，再现作品中栩栩如生的艺术形象，产生如见其人、如闻其声、如临其境的具体感受，达到对作品的深刻理解。再次，想象是写作的枢纽。写作的任何一个环节都离不开想象，在立意中运用想象，可以深化主旨，写出新意；在布局谋篇中运用想象，可以构思精巧，结构翻新。总之，想象是学生掌握知识的重要条件，也是教师提高语文教学质量的保证。

我们看看教师在语文课堂教学中进行想象引导的案例。

【例 6-16】《听潮》课堂教学实录片段

师：现在，请同学们打开书，仔细聆听名家配乐范读课文(《听潮》)。在听朗读时，请想想你听到了什么。

（放音乐，学生聆听朗读并展开想象。）

师：（读完后）你们听到了什么？

生：我听到了千军万马混战的声音。

生：我听到了乐队演奏的声音。

生：我听到了作者心潮澎湃的声音。

生：我听到了鲁彦的妻子因害怕而战栗的声音。

生：我听到了鲁彦心脏跳动的声音。

生：我听到了作者向往斗争……的声音。

生：我听到了作者向往斗争的那种摩拳擦掌、跃跃欲试的声音！

师：好！太好了！特别是后回答的几位同学，你们长大了必定也会成为诗人，或者是一位杰出的心理学家。我想如果作者鲁彦在世，他听到你们的回答也会赞不绝口的。因为你们道出了他的心里话——热爱生活、向往斗争。这也就是本篇散文的“神”。鉴于这一点，为了进一步加深理解，请再听一遍专家的朗读。

在例 6-16 中，教师引导学生开展再现想象：“在听朗读时，请想想你听到了什么。”这是引导学生根据语言的表达在头脑中形成有关事物形象的想象。许多文章就是用文字符号描述了作者所见所闻的人事景物，文学作品更是由一幅幅具体生动可感的艺术画面构成。阅读的一个重要过程就是再现过程，即读者凭借自身经验将文字符号再现为具体可感的形象。一个善于阅读文学作品的学生，并不只是一般地了解故事的内容和情节，还会积极地想象，宛如身临其境，能够随着文字的叙述，在头脑里浮现一幅幅鲜明生动的画面，仿佛亲眼看见作品中人物的喜怒哀乐。这就要求教师在教学中注意引导学生认真分析课文所描写的具体形象和生动画面，理解作者是如何想象的，并把课文的形象化内容再现出来。再现想象的引导过程一般是：首先，选择再现的事物。在语文教学中，再现事物可以是课文的人物形象、故事情节，也可以是课文中描写的景物，还可以是课文创造的意境。其次，正确、全面、深入地理解描写事物的语言，确保想象与课文描写相吻合，这是再现想象的基础。再次，调动自身丰富的生活积累和表象贮存。这有助于再现想象的丰富性和生动性。最后，把文字符号转换成一幅幅生动画面。再现想象可以让学生置身于艺术画面之中，有利于真切感受体验作者感情，这既可以使学生进一步积累丰富的表象，又为学生最终“驰骋”于自己的想象中打下基础。

【例 6-17】 《变色龙》课堂教学实录片段

师：下面我们来做一点想象训练。课文结尾写道：“我早晚要收拾你！奥楚蔑洛夫向他恐吓说，裹紧大衣，接着穿过市场的广场径自走了。”后来的情景怎样，课文没有交代，留给读者自己去思考。现在，请同学们充分发挥自己的想象力，以“广场事件之后”为题，把后来发生的事情写出来，要求：1. 内容上与原文衔接，不另编故事；2. 人物的性格、品质符合原文；3. 续写内容主题与原文保持一致；4. 语言力求生动流畅。

（学生写作，教师巡回指导，写完后交流。）

生：广场那件事已经过去好几天，可奥楚蔑洛夫一点好消息也没有听到，他本以为将军的哥哥知道是他送回了小狗，会派人来找他，给他奖赏，甚至升官晋级。可是白白等了好几天，他感到希望越来越渺茫。然而他并不甘心，又披着那件军大衣，到广场上去打听消息了。当他刚走到广场的一座雕像下时，远远只听得"汪汪"几声狗叫，一只小狗向他跑来，当他瞪大眼睛仔细看那小狗时，不禁呆住了：这不就是将军哥哥家里的那只可爱的小猎狗吗？他来不及细想，只觉得要保护这只小狗，不让它乱跑，以免受到伤害。于是他便伸出双手去抱它，只听得"哎哟"一声惨叫，奥楚蔑洛夫急忙撒开了双手，只见鲜血顺着他的手指一滴一滴地滴在了地上，此时，奥楚蔑洛夫的脸上闪现出了各种各样的表情：惊讶、害怕、痛苦……那只小猎狗咬完了人，蹲坐在地上，冲着奥楚蔑洛夫还在狂叫，奥楚蔑洛夫忍着疼痛，心想：我虽然被咬了，但这终究是将军哥哥的狗，我还是要把它抱去送给将军的哥哥。于是他壮起胆，用尽力气抱起那只狗，向将军家走去，好不容易到了，他整了整军大衣，戴正了帽子，恭恭敬敬地敲了几下门，过了好半天，从里面走出了一个管家模样的人，奥楚蔑洛夫对他说明了来意。那管家听后，连眼皮也没有抬，只是淡淡地说了句："这是一条疯狗。前几天已经被将军的哥哥用棍子赶了出去，你怎么又给抱回来了？真是多事！"说毕，便猛地关上了大门，奥楚蔑洛夫听后，宛如晴空霹雳一般，直挺挺地站在那里，呆住了。

生：奥楚蔑洛夫哼着小调和他的巡警走在路上，得意地对巡警说："我们到将军家去看看吧！"随后他们来到了将军家，将军刚刚送走了他的哥哥，正坐在椅子上休息。他见奥楚蔑洛夫进来了，便抬了一下眼皮，问道："你们来做什么？"奥楚蔑洛夫得意地说："将军大人，刚刚您的贵犬遗失在街上，是我让厨子送到您这里来的，您看，能不能……""混账！"将军愤怒地打断了他的话，说道："那条脏狗，怎么会是我的狗？！我早就把它扔出去了！你们要是没事，就给我滚！"奥楚蔑洛夫赶紧说道："是是是……那种野狗怎么会是您家的狗呢？这种野狗真是下贱坯子。"说完便悻悻地离开了将军的家。刚出门便看见了那条狗，奥楚蔑洛夫踢了它一脚，还骂道："真是条无耻的野狗。"说完便扬长而去。

生：他边走边想：刚才自己的表现还真不错啊……想着想着，突然，一条野狗从街道旁冲了出来，直奔奥楚蔑洛夫。他来不及躲闪，小狗一下子咬住了它。他抬起脚来，正准备一脚踹下去，可仔细一看，原来是将军家的那只狗。他赶紧抱起它，用手轻轻地抚摸着，嘴里还边说："你可真行啊，咬人咬得这么准！真不愧为将军家的狗，就是不一样！瞧你，累坏了吧！"正说着，那个厨师气喘吁吁地跑过来，慌忙地说："警官，对不起！我不小心让它跑了出来，咬着你了，看我不教训它！""你说什么？这狗咬人，说明它聪明，知道保护自己，你应该感到高兴才对！还要教训它？快抱回去给它洗干净，看它脏的！呜……小可爱……乖……回去吧！"说完，奥楚蔑洛夫带着微笑离开了。厨师呆呆地望着警官离去的背影，百思不得其解。

师：同学们的发言非常精彩。不仅有生动而有趣的故事，而且还以讽刺的笔调把"变色龙"的形象刻画得入木三分，看来，我们这节课的收获还真不小。

在例 6-17 中，教师引导学生进行补白想象。由于种种原因，文学作品中有的内容往往故意略而不写，这就形成所谓的艺术空白。换言之，空白就是作品已描写的部分向读者提示或暗示的东西，是作品给读者留下的联想和再创造的空间。而优秀诗文的妙处全在于"空"，作者的功夫在于留有艺术空白，正是这些"空白"，使读者在阅读时回味无穷。语文课堂教学的补白想象，就是教师在教学中引导学生根据文章的内容，展开想象来填补艺术空白。这种补充性想象，往往是在原文的基础上补充想象作者有意省略去的肖像、言行、心理或场景、情节等。这种教学活动，既可以激发学生的学习兴趣，又可以锻炼学生的分析能力和想象能力。补白想象的教学引导过程大致如下：①仔细阅读原文。补缺是通过想象补充原文留出的艺术空白，这就离不开对原文的仔细阅读和理解。对原文阅读得越仔细，理解得越深刻，想象就会越丰满。如果不做深入的理解，就无法体会到作者留空的意图，更无法去想象补充作者所留下的艺术空白。②想象补充空白画面。对原文理解后，读者可以清晰了解到作品已经具体描述了哪些形象，没有描述哪些形象，然后根据自己的生活体验，以原材料为想象的出发点，对原材料进行合乎情理的想象，补出其中的空白，使作品的整个艺术形象丰满完善。③体会原作感情、主旨。补白想象只是手段，不是目的。阅读的目的是通过分析作品的形象去感悟作者的情感。因此，教师在教学时要在学生想象的基础上，启发学生感受作者的感情。

【例 6-18】《项链》课堂教学实录片段

师：我们能否假设一下，在项链已经丢了又找不到的情况下，情节如何发展才能使主人公“幸免于悲”？

生 1：她当时向佛来思节夫人说清楚，即使要赔的话也只需付出五百法郎。

生 2：她丢了项链之后，不可能知道项链是假的，而且她不可能对朋友说，也不可能对别人说，一个穷人赔也赔不起，所以我觉得三十六计走为上策。（众笑。）

生 3：或许这个方法不太道德，但我想可用一串假项链去赔她。（众笑。）

生 4：玛蒂尔德拥有美丽动人的外貌，她可以去找一个有钱的男友，用男友的钱去买，去赔项链。（众大笑。）

师：这几种假设在小说中的玛蒂尔德身上有存在的可能吗？

（学生对各种假设进行分析评价，随着种种设想的一一否定，一个“文学原理”终于被学生发现：小说情节是由人物思想性格所决定的。只要人物性格没有变，不仅“丢项链”是必然，“赔项链”也是必然。至此，学生对小说情节的曲折、合理、必然有了正确的认识。）

在例 6-18 中，教师引导学生进行假设想象。这是针对课文的某一环节，假设出现新的条件，激发学生想象会出现什么变化。这一假设条件，包括假设时间、地点、环境、人物、情节等。假设想象引导的教学过程大致如下：①假设新的情景。阅读课文后，根据课文某些内容假设新的情景，触发学生的想象。②设想可能发生的事情。③讨论其依据。阅读想象不是胡思乱想，激发学生的假设想象后，要引导学生紧扣课文，分析讨论想象的合理性，体会想象的依据。④评论和总结。假设想象，一方面要求灵活发散，尽可能设想出各种各样的可能性，另一方面还要求合情合理，从课文内容中找到依据，并适合所假设的情景。因此，在学生发挥想象之后，要及时在想象的灵活性与合理性等方面进行评议和总结。引导学生进行假设想象，可以开阔学生的思路，培养学生思维的灵活性。

8. 发散引导

发散是指大脑在思维时呈现的一种扩散状态的思维模式，又称辐射思维、放射思维、扩散思维或求异思维，它表现为思维视野广阔，思维呈现出多维发散状。不少心理学家认为，发散思维是创造性思维的最主要的特点，是测定创造力的主要标志之一。如果说，想象是人脑创新活动的源泉，联想使源泉汇合，那么，发散思维就为这个源泉的流淌提供了广阔的通道。发散引导，是指教师通过某一点的教学，启发学生打破思维定式，从不同角度去思考问题，从而在知识获得方面上辐射出去，呈现网状结构；在思想观念上求异，形成多元的标新立异的思想，达到一举多得的教学目标。课堂教学上的“一事多写”“一题多解”“一物多用”“问题的多角度分析”等方式，就是培养学生发散思维能力的常见例子。

我们来看看下面的课堂教学例子。

【例 6-19】《多角度立意》课堂教学实录片段

师：同学们，当你走进浩瀚的沙漠，你最希望看到的是什么？

生：绿洲。（齐声应答。）

师：不错。请再回答，当你置身于严寒的冬天，伫立于一片“枯藤、老树”前，你最希望看到的又是什么？

生：新芽。（齐声应答。学生颇有新意感。）

师：很好。我再问：当你读着那些千篇一律、千文一面的文章时，你最盼望的是什么？

生：“语言优美的文章”，“描写生动的文章”，“富有感情的文章”，“不，具有新意的文章”。（七嘴八舌，略有争议，开始活跃。）

师：对了。当我在批改作文时，读着那些千文一面、千篇一律的文章，犹如行走在荒漠之中，感到十分寂寞；这时，倘若发现了一篇颇有新意的文章，我就好像夏天里吃了一个冰激凌，会感到透身舒畅！那么，怎样才能使自己的文章有新意呢？这正是我们今天要学习和训练的课题。（挥笔板书：多角度立意。）

师：什么叫多角度立意呢？让我们先看一个材料。（投影。）

师：意大利著名画家达·芬奇的老师对达·芬奇谈自己画蛋的体会，他说——

生（齐诵）：“即使是同一只蛋，只要变换一下角度，形状便立即不同了。”

师：让我们再看一个材料。（投影。）

师：我国宋代伟大诗人苏轼仔细地观察了庐山，然后作诗云——

生（齐诵）：“横看成岭侧成峰，远近高低各不同。不识庐山真面目，只缘身在此山中”。

师：这两个材料告诉我们，无论绘画还是观景，都要善于选择不同的角度。这样，才能发现事物、景物的不同特点，才能写出新意。因此，对你所写的景物、事物，在动笔之前，在审题的过程中，也要善于从不同的角度去观察、去思考，从而寻找出其特点，然后运用类比的方法，由物及人，联系实际，确立中心。在此基础上，对各种中心进行比较、分析、权衡、抉择，才能确立一个“最佳”的中心，这就是多角度立意的要领所在。（投影“要领”。）

生（齐诵）：“观察思考—寻找特点—类比联想—联系实际—确立中心—选择最佳中心”。

师：明确了“要领”，我们应该运用这个“要领”去做多角度的立意训练。今天训练的题目是你们再熟悉不过的事物。（教师伸出一只手，亮相，转身，板书四个大字——手有五指。）

生：哇！（大有出其不意之惊叹。）

师：同学们，现在让我们在这只小手上来做大文章。先从不同角度观察思考手的五个指头，找出其特点，并且由物及人，从现实生活中找一个话题并阐述自己的观点。我们先确定一个角度，请想一想，这只手怎样才会变得有力量？

生：五指并拢！（一个学生）……还要握成拳头！（几个学生）

师：不错，五指并拢握拳力量大，这是一个特点。据此，你们能由物及人，确立一个中心吗？

生：团结起来力量大。（多数学生）

师：好。现在就围绕这个话题，请诸位动动笔墨，发表高见。（写作，10 分钟后，几个学生举手要求发言，选其一。）

生（读文）：五指分开是分力，五指并拢成合力，合力大于分力；五个手指曲向掌心，又聚成了一种强大的向心力。我们班 47 名同学，若能紧密团结，服从班委会领导，就一定能在这次校运动会中夺魁！（全班哗然。）

师（笑着说）：你的力学学得好，活学活用，比喻贴切生动，并且能联系实际，很有一股子集体英雄主义！（笑声四起。）

……

师：现在让我们变换一个角度，我们的手怎样才能变得灵巧、能干、会做？

生：需要五个手指互相配合，亲密协作。

师：OK，事情要做好，五指配合少不了。那么，请你们围绕这个中心再动笔墨，继续发表高见吧！（10 分钟后，几个学生举手，选其一。）

生（读文）：人类依靠双手改造了自己，改造了自然。手之所以能干会做，在于各个手指密切配合，协同工作。我在初中时，学过笛子。吹笛子，要有五指巧妙配合，不然，就会走音跑调。同样，写字、绣花、打字、微机操作、拔河等一切细活、粗活都要五指配合。

师：立论稳妥，材料与观点统一。不过，议论还只停留在手指上，似乎还有需要发挥的地方。

【例 6-20】《执竿入城》课堂教学实录片段

《执竿入城》一文的教学已近尾声，进入对寓言启示的解读。

师：一个事物从不同的角度去观察、分析、评论可以得出多种不同的正确结论。（拿出一个茶杯请学生观察。第一次使茶杯的正面对着学生，第二次使茶杯的侧面对着学生，第三次使茶杯的顶部对着学生，第四次使茶杯的底部对着学生。然后，教师在黑板上依次画出了茶杯的正视、侧视、俯视和仰视的平面示意图。）同学们看看，这四个示意图哪个正确？

生：全正确。

师：对。这说明同一个事物，从不同的角度去看它，尽管结果是不一样的，但这些结果全是对的。这就告诉我们，对于一个事物，不能从某一角度、某一方面草草一看，就轻易地得出结论，而要从不同的方面、不同的角度进行全面的观察、分析、研究之后，再做结论。这样得出的结论才有可能是科学的、正确的。

阅读分析文章也是如此。我们要学会从不同的方面、不同的角度去分析研究一个人物、一个事件、一个场面，去分析研究一个句子、一个段落、一篇文章。这样阅读分析，这样思考问题，有利于避免片面性，有利于全面地理解文章。

现在，我们来看看《执竿入城》，这则笑话虽然很短，但是如果从不同的方面进行多角度的分析，也会得出多种正确的结论，使我们得到多方面的教益。下面，就请同学们从不同角度分析这则笑话，说说这则笑话说明了什么。

（学生专注阅读，凝神思考。）

生：我认为这则笑话讽刺了不动脑筋的思想懒汉。那个执竿入城的鲁人，竖着拿竿进不去，横着拿竿还进不去，他就没有办法了。这本来并不是什么难题，只要稍稍动脑筋想一想，便会想出办法，而他却没有这样做，可见他是一个非常典型的思想懒汉。这则笑话就是讽刺这样的思想懒汉。

生：我认为这则笑话教育人们不要盲从。当那个鲁人手拿长竿进不去城毫无办法的时候，那个老人给他出了一个主意，让他把长竹竿从中间截成两段，他毫不迟疑地照办了。其实，老人的方法并不好。这样，进城的问题倒是解决了，可是却把竹竿毁坏了。鲁人对老人出的主意，不分析，不研究，完全照办，这种不动脑筋、盲从他人的做法，是不正确的。

生：我觉得这篇课文讽刺了那些自作聪明的人。当那个鲁人竖举竿、横举竿都进不去城的时候，那个老人走过来说："我不是圣人，只是经历的事情多，你为什么不用锯把竹竿从中间截断走进城去呢？"从这个老人的话中，可以清楚地看到，他自认为见多识广。然而，他给鲁人出的主意实在愚蠢。一个愚蠢的人，还自称见多识广，这是对自作聪明的人的极大讽刺。

生：我觉得我们一方面要看到老人自作聪明的不良表现，另一方面我们还要看到老人乐于助人的好品质、好作风。这个老人让鲁人把竹竿锯成两段，这个办法不高明，这是他的水平所限。他的水平只有这么高，毫无办法。但是，他的态度是好的，是他看到鲁人拿着长竿进不去城，主动过来帮助鲁人出主意、想办法的。他这种乐于助人的精神值得肯定。

师：上面四位同学的分析言之有理。不过他们的发言都是从鲁人或老人这两个角度说的。大家想想看，分析本文，还能从什么角度进行呢？

生：我以为分析这篇课文还可以从事件的角度进行。这件事说明，无论做什么事情都要坚持到底，不能半途而废。那个鲁人，竖举竿进不去城，横举竿也进不去城，于是他就没有办法了。如果他再换一种方式试一试呢？比如说把长竹竿与地面平行、与城门垂直不就进去了吗？可见这则笑话告诉我们做事情要有坚持到底的精神。

生：我也从事件的角度进行分析。我认为这则笑话告诉人们，只要想尽各种办法，什么事情都可以做成；但是想出的办法不一定都是好的，要善于从中选择最好的办法。那鲁人用竖举竹竿的办法和横举竹竿的办法，都不能解决进城的问题；那老人提出用锯断竹竿的办法，就解决了进城的问题。从进城这一目的来说，老人的办法达到了目的。但是，从运送竹竿的角度来说，老人的办法却没有完成任务，因为把长竹竿损坏了。看来，老人出的主意是一种办法，但不是好办法。这则笑话告诉我们：第一，遇到问题，只要想尽各种办法，总能做成事情；第二，要善于选择运用最好的办法。

生：我想，还可以从竹竿的角度进行分析。那竹竿，竖起来是一条竖线；横过来是一条横线；如果使它与地面平行、与城门垂直，这时面对竹竿的顶端看竹竿就变成了一个圆点。当竹竿形成的竖线高于城门时，进不去城；当竹竿形成的横线宽于城门时，也进不去城；当竹竿形成一个圆点时，那城门再小也可以进去了。这就告诉人们：对于一个事物，要从不同的角度去认识它，这样才能全面地认识事物。这也是这则笑话给人们的启示。

师：非常不错。同学们换了不同角度，对这则寓言又有了许多新的认识。对一个事物，可以从不同方面、不同角度进行分析，这种多角度思维是创造性思维的一种。学会这种思维方式，有利于全面地认识事物，有利于发现人们尚未发现的东西，有利于创造性地解决问题。希望同学们好好学习并力求掌握这种思维方式。

例 6-19 中的教师进行“多角度立意”的作文教学，例 6-20 中的教师引导学生对寓言的启示做多元解读，从中我们可以看出教师引导学生进行发散思维有一些共同的规律。

首先，要让学生认识到在学习时发散思维的重要性。两位教师都不是一开始就进行发散思维的引导，而是以具体可感的形象作比，引发学生对“新意”的兴趣和追求，认识发散思维在学习中的重要意义。

其次，选择好发散点。语文教学的内容具有丰富性和不确定性，尤其是阅读教学中的课文只是学习的例子，但这个例子不是一个单纯的例子，而是一个复杂的包含方方面面知识的例子，通过这个例子可以从不同的角度去说明不同的道理，因此，在语文教学中要开展发散思维活动，就必须选好发散点，抓住一点进行有一定角度的发散，否则就会变成漫无边际、毫无目的的漫游。例 6-19 中选择了“多角度立意”，例 6-20 中选择“多角度解读寓言启示”，都是很好的发散点。

再次，提供一定的发散材料。由于学生各方面积累有限，如果仅就课文学习课文，是难以形成发散的。这就需要给学生提供赖以发散的启发材料。例 6-19中教师提供的达·芬奇老师的画蛋体会和苏轼的诗《题西林壁》，例 6-20 中教师提供的茶杯的正视、侧视、俯视和仰视的观察图，都是为学生提供了很好的启迪发散思维的材料，为学生呈现了多层次、多角度发散思维的范例。

最后，指引发散的路子。有了学习材料，有的学生不一定就能自动产生发散性学习，还需要教师做进一步的指引，才能体会到发散学习的路子，然后逐渐学会发散学习。尤其需要注意的是，学生在团体学习中，很容易受前面同学学习方式的影响，当几个学生沿着一个方向思维时，教师要注意适时引导学生变换思维的角度。例 6-20 中，学生的发言都是从鲁人或老人这两个角度说，到了一定程度后，教师及时启发学生变换角度：“大家想想看，分析本文，还能从什么角度进行呢?”通过教师及时引导，学生马上变换角度进行思考，拓展学生文本理解的深度和广度。

发散引导，可以启发学生运用不同的知识、方法，从不同的角度去解决遇到的问题，帮助学生学会用变化的观点看待客观事物，不断地想出新办法，以培养思维的灵活性、敏捷性和广阔性，从而达到培养创造能力的高级教学目标。

9. 反思引导

反思，又称反省，是人对自身活动的注意和知觉，这是一种不同于直接认识的间接认识，也是知识的来源之一。反思引导是教师引导学生对自己的学习活动、思维过程、心理体验进行思考，进而认识它们的内在活动特点和规律，以便在以后相似的学习活动中能够有效运用其规律。

【例 6-21】《死海不死》课堂教学实录片段

师：你们知道这篇文章是什么文体?

生 1:是说明文。

师:说明文是个大类,包括各种产品说明书、书籍的出版说明和内容提要、词典的释文、影视剧内容介绍、除语文以外的各科教科书及讲义、知识小品,等等。凡是以说明事物或事理为主要表达方式的文本都是说明文。说说看,这篇课文是说明文中的哪一种?

生 1:是知识小品。

师:他说得对不对?同意的请举手。(多数学生举手。)你说对了。但什么是知识小品,你知道吗?

生 1:不知道。

师:知识小品有什么特点,知道吗?

生 1:不知道。

师:你都不知道?(生点头。)那你怎么知道这篇课文是知识小品呢?

生 1:我是瞎蒙的。(笑声。)

师:不,你肯定不是瞎蒙的,你心里肯定有一个关于知识小品应有的"样子",而这篇课文正好符合你心里的这个"样子"。是这样吗?

生 1:我心里没有样子。(笑声。)

师:那你为什么不说它是产品说明书或别的说明性文体,而偏偏要说它是知识小品呢?说明你在说的时候心里是有过一些选择的。好好想想,你在各种文体中选定知识小品,当时是怎样想的?

生 1:因为它是介绍关于死海的知识的,文章很短小……所以是知识小品。

师:说得对呀!知识小品就是介绍科学知识的;文章篇幅又很短小,所以叫"小品"。你看你说出了知识小品的一些重要的特点,你明明知道。

生 1:这是我看了课文后临时想出来的。

师:这更了不起,说明你的思维很敏捷,很有判断力。我早说过你不是瞎蒙的嘛!(笑声。)下面请大家再来看看知识小品除了篇幅短小、具有知识性外(板书:知识性),还有些什么特点。

生 2:知识小品写得比较生动有趣,能吸引读者。

师:说得很好。刚才的同学用"知识性"三个字概括的话,你能不能把你的意见也用个什么性来概括?

生 2:趣味性,生动。

在例 6-21 中,教师提问,学生回答正确,这时许多老师的教学就会到此为止,转入相关知识的教学。但是,这位教师却进一步问"你怎么知道……"这样的问题,就是引导学生反思其学习活动的思维过程。值得注意的是,学生回答"我是瞎蒙的",这时候,教师千万不要把学生看作是在说调皮话,其实这反映了学生的一种非常常见的学习状态:直觉的、下意识的内隐学习状态。学生凭借原有知识经验直觉地、下意识地解决了问题,这是内隐学习的一大特点。这时候需要教师进一步引导学生反思其中的思维活动,把直觉的思维变成理性思维,把下意识的学习活动变为有意识的学习活动,从而帮助学生认识自己的认知活动过程。这位教师在教学中循循善诱,"好好想想……""当时是怎样想的……",终于促使学生认识到自己的下意识的思维过程:"因为它是介绍关于死海的知识的,文章很短小……所以是知识小品。”在教师的引导下学生终于认识到自己原先的认知活动。这种反思引导其实质就是心理学所提倡的培养学生的元认知能力。所谓元认知，就是对自己认知活动的认知，通过认识自己的认知活动，进而能够监控、调节自己的认知活动，提高认知活动的有效性。反思引导就是帮助学生学会观察、分析和评价自己认知的过程，从而提高对认知活动的自我意识，为自我监控奠定基础。提倡在阅读教学中发展学生的元认知，正是要把阅读教学的重心由注重理解内容转移到重视认知过程上来。换言之，在阅读教学过程中，既要注意引导学生理解课文，又要重视引导学生对阅读的内隐的认知过程的自我意识和自我监控。

那么，在教学中怎样进行反思引导呢？从一些优秀教师的课堂教学案例中，我们可以概括出一些有效的途径。首先，教师要引导学生深入理解文本，这是阅读教学的基础，所有语文教师都在竭尽全力做好这方面的教学活动。其次，教师要注意引导学生反思自己的阅读理解过程。在阅读教学中，教师不能满足于引导学生思考、理解文章内容，还要注意引导学生分析、体验自己的思考过程。我们知道，阅读认知活动是一种内在的思维过程，学生往往不注意感知、分析其活动过程，而教师引导学生把自己的认知活动过程揭示出来，使内在的活动变为外显的表象。这对于培养学生对认知过程的自我意识有着重要的作用。在实际教学中，不少语文教师也注意引导学生思考问题，但这种思考侧重于对文章内容的理解，而且多是在师生一问一答过程中进行，虽然学生最终理解了文章内容，但学生的思维过程是断断续续的，而且是在无意识之中进行的。这时，如果教师不注意引导学生分析总结其思维过程，学生对思维过程的自我意识就得不到提高。因此，引导学生分析自己的思维过程，对培养学生的元认知，发展学生的阅读能力，有着重要的作用。再次，教师要引导学生自我监控其阅读认知过程。认识自己的认知活动是手段，不是目的，元认知的核心是能对自己的认知活动进行监控和调节。监控就是检查阅读认知活动开展是否顺畅，是否有效，是否出现障碍；调控就是在阅读认知活动发生障碍、效率不高时及时加以修正和调整。学生阅读文章难免会出现理解错误的现象，而意识到理解错误，并且掌握纠正措施，正是学生从不知到一知半解，最后做到正确完整的理解的发展过程。总之，在阅读教学中，教师不但要注意引导学生正确理解文章的内容，而且要注意教给学生正确理解文章的认知策略，发展学生对阅读认知过程的自我意识和自我控制，使学生成为积极的读者。这是培养学生阅读能力、提高阅读教学质量的有效途径。

四、反馈与引导技能的灵活运用

前面我们分别介绍了各种反馈与引导的教学例子。需要注意的以下几点。一是反馈与引导是相辅相成、紧密结合在一起的。如前所述，在实际课堂教学中，教师提问，或要求学生开展某一项学习活动，如果学习内容稍高于学生的原有知识水平，那么，学生回答问题或进行学习往往会有对有误，这需要教师及时给予反馈，让学生明白哪些学习活动是正确的，哪些学习活动是错误的，以及为什么会这样；与此同时，教师还应该顺势加以引导，帮助学生从错误的学习走向正确的学习，促使学生把简单的学习活动发展为丰富而深刻的学习活动。二是反馈与引导的类型是根据教学实际情况灵活运用的。任何方法的运用都没有一成不变的规则，也没有最佳的效果，只有根据教学内容和学生的学习反应灵活运用合适的反馈与引导类型，才可能取得良好的教学效果。

我们来看看下面的教学课例是怎样根据学生的学习反应来进行教学反馈与引导的。

【例 6-22】《再别康桥》课堂教学实录片段

师：现在请大家自由地读一下这三节。如果把这三节划分成三个小的景点，你最喜欢哪个景点？用你自己的话给大家描述一下。在描述的过程中可加入自己的想象，用美的语言进行艺术加工。大家自由地读，读完后开始选点，然后进行加工。可以动笔写一写，构思的词、角度等，都可以写写。（学生读和写。）选第一个点的同学，请举手。

生：我认为那河畔的金柳，是夕阳下的新娘，投下金色的光、金色的影子。夕阳余晖的光芒照射下的景象一定很美，这样景象下的水波和倒影也一定会引起作者无限的遐想。

师：你用的是一种评论性语言，而不是描述性的语言。

生：我觉得这段写景，实景有金柳、夕阳以及新娘、波光。这样，在波光中倒映成艳影，引起作者昔日在这个地方漫步时的感情。我觉得他是触景生情。因为他再一次到了康桥，引起对昔日的回想。由于又要离开康桥，他的离愁别绪引起了他对昔日那种美好时光的回忆，能反映出作者当时忧愁又无奈的心情。

师：非常好，非常有创意，触景生情。这两位同学都是评论性文字，哪位同学是选第一点的，用描述性文字，直接给大家描述下景色。（要求举手回答。）

生：在初春的河边，几株春天的柳树刚刚发出嫩芽，像新娘一样既欢快又美丽，把长长的头发垂在波光粼粼的河面上，随着春风在水中荡漾。它的枝叶有各种角度，夕阳的光辉映照在树叶上，反射出各种光芒。春天的风轻轻地抚摸着杨柳。柳树的枝条与河水就像鱼鳞一样，波光闪烁，一轮夕阳在云彩的簇拥下慢慢地西沉。暖暖的阳光，暖暖的春风，和煦的杨柳，在这样一幅景色下，想让人搬一把躺椅坐在河边，在杨柳轻拂下慢慢地闭上眼睛，享受夕阳的光辉。

师：说得非常好，想象力非常丰富。送给大家一句话"展开两翼，才能飞翔"。这两翼，一只翅膀是想象，另一只翅膀是联想。刚才这位同学的想象力非常好。

在例 6-22 中，教师要求学生用具体的语言描绘诗歌的景物，一位学生思考并做了回答，教师直接做出了否定性评价，指出学生是做评论而不是描述。教师这样反馈是基于学生是高中生，且第一个发言的是一位学习较好的学生，平时师生关系融洽，给予直接的否定性评价不会影响学生的学习心态，既简明又暗含启发性引导：需要进行描述。第二位学生回答，教师先就学生回答的内容做出肯定性评价"非常好，非常有创意，触景生情"，同时指出存在的问题为"这两位同学都是评论性文字"，没有符合学习要求，并启发学生："哪位同学是选第一点的，用描述性文字，直接给大家描述下景色。"教师这样的反馈是发现学习难度较大，两位学生回答都存在共同的问题，过多否定会使学生产生畏难心理，所以先做出肯定性评价，再指出存在的问题，然后加以引导。第三位学生对景色做了形象生动的描述，教师对此做了肯定性评价"说得非常好，想象力非常丰富"，并抽象概括出阅读诗歌的一个重要方法"展开想象和联想"。

可以这样说，教师的教学艺术主要体现在引导策略的运用上。如果教师的教学主要在等同于学生原有水平的学习内容上进行引导，那是教学平庸的表现；如果教师的教学能够把学生的学习顺畅地引导到稍高于学生原有水平的学习内容上，那是具有熟练教学艺术的表现；如果教师的教学能够把学生的学习顺利引导到远高于学生原有水平的学习内容上，并能顺利进行学习，那是具有高超教学艺术的表现。在《小石潭记》的教学设计中，杭州的沈华老师能根据教学内容的难度设计相应的引导策略。这主要有：一是文本细读的引导策略。文本细读的实质就是“披文入情”，沈老师引导学生通过仔细品味文本的语言，理解《小石潭记》所描写的景物特点，领悟其中所隐含的作者观景的情感。这一策略适用于与学生原有知识经验比较接近的教学内容。二是采用互文解读的引导策略，引导学生联系柳宗元其他与之相关的文本群，在《永州八记》的历史语境中去观照，从而认识到本文所反映的柳宗元的情感具有历时性，并非简单的触景生情的暂时性思想感情。三是采用比照阅读的引导策略，引导学生比较柳宗元和陶渊明两种不同的山水观，深入探究作者“不可久居，乃记之而去”的深层原因，进而认识到古代文人中“超然出世”“独善其身”与“积极入世”“治国平天下”两种不同文化精神代表。四是采用知人论世的引导策略，引导学生从柳宗元被贬时的政绩（不是局限于被贬时的心态），认识到柳宗元无论处于何种境地都牢记“兼济天下”的人生理想的深层原因。五是由探讨柳宗元的人生引导学生反思自己的人生态度，升华自己的人生态度。至此，学生的心灵通过教师所搭建的桥梁和古代先哲的心灵沟通起来。后三条策略适用于与学生原有知识经验距离比较远的、难度很大的教学内容。我们知道，初二学生生活阅历尚肤浅，历史文化知识积累较单薄，要理解与他们生活距离遥远且思想深刻的古代名家的典型的文化思想，就显得要求过高，力不从心了。不少教师为了达到这一目标，往往采取说教的方式把相应的教学内容直接告诉学生，学生也就一知半解、囫囵吞枣地记录下来。沈老师却设计了多重引导策略，提供文本之外的相关资料促进对文本的深刻理解，引导学生走进先哲的心灵，最终帮助学生真正体会、深刻理解代表一个时代的古代名家的文化思想。这些引导策略就是教师为学生搭建的登上树顶摘果子的阶梯。需要注意的是，有的教师也喜欢在阅读课上给学生提供课外相关资料，但有时这些资料不但没有成为促进理解文本的台阶，反而成为理解文本的障碍，这就是策略运用得不恰当。

在实际课堂教学中，由于问题的多样性、学习活动的丰富性、学生个性的复杂性，教师的反馈与引导一定要具有灵活性。以下我们概括一些需要教师特别注意的教学情境，提示新任教师根据不同的教学情境采用恰当的反馈与引导的方式。①学生给出正确、快捷、肯定的回答。这说明教师提出的问题或学习任务比较简单，需要教师简单反馈，并通过引导把学习引向深入。②学生回答正确，但是在回答过程中不肯定，表现出犹豫。这时，教师给予积极反馈很重要，首先进行鼓励和强化（好、正确），然后解释学生回答犹豫的内在原因（解释为什么回答问题时表现出不肯定），接着重申支持正确答案的相关事实、规则等。③学生回答正确，但回答比较简单、不完整、不全面、不深入。这时，教师应该在给予反馈的基础上进行必要的引导，使学生对学习内容的理解由粗糙发展为精细，由简单变得丰满与完善。④学生回答错误，这就更需要教师敏锐感知学生学习的错误，迅速分析错误的原因，并据此采取相应的反馈与引导，帮助学生从错误中学习。例如，学生因为粗心而回答错误，教师切忌采取挖苦、讽刺、惩罚的反馈方式，这既不能帮助学生改变粗心大意的不良习惯，又会造成学生心理高度紧张而出现更多的考虑不周的错误答案。正确的反馈方法是提醒学生不要紧张，重复问题让学生思考后再重新回答，或转向下一个同学，引出正确答案。又如，学生因为缺乏某些知识而回答错误，在学习某些内容的开始阶段往往容易犯这种错误，这时，教师的反馈不能满足于给出正确答案，而是通过暗示、引发思考、转变提问方式、降低问题难度等引导方式，让学生独立思考后做出正确回答。⑤学生回答错了，却自以为是对的。这时，教师的反馈与引导是最需要艺术的，首先要通过引导让学生认识到自己理解的错误，然后帮助学生修正错误，这可能需要教师给学生提供额外的学习材料，扩大视野，提高认识，改变其原有认知结构。切忌以生硬的方式强迫学生改变自己原有想法，接受教师的观点。⑥学生不愿回答问题。这种情况又分为两种现象：一是学生能够回答却不愿意回答问题，这可能是学生个性较为内向，不愿意表现自我，也可能是班级学习风气不正，顾虑回答错了会被嘲笑，这需要教师平时注意营造安全的、和谐的、融洽的学习氛围，让学生在课堂学习中愿意说、敢于说。二是问题比较难，学生暂时缺乏某些知识或能力，一下子回答不了。这时特别需要教师的引导：或者引导学生复习某些赖以支持的相应的知识、规则等；或者提供相关线索或暗示；或者解释获得正确答案的步骤；或者变换问题的角度，调整问题的情景和背景等。总之，教师应该运用各种方式引导学生通过思考问题获得正确的答案，而不是教师直接说出正确的答案。⑦学生回答问题积极性非常高。有的学生性格外向，特别喜欢自我表现，在课堂教学中特别积极地回答问题，这本来是好现象。但由于目前很多课堂教学都属于班级授课制，班级学生人数较多，而一节课的时间又有限，教师的课堂教学必须面向全体学生，保证课堂上大多数学生都能参与课堂学习活动。如果个别学生回答问题过于频繁，则意味着某些学生没有机会回答问题。因此，对于过于积极回答问题的学生，教师既要注意保护他们的学习积极性，又要巧妙地引导他们更深入思考问题，避免满足于轻率简单地回答问题。

五、反馈与引导教学设计

（一）语文课堂教学反馈与引导的设计要求

课堂教学的反馈与引导是最重要的课堂教学技能之一，它贯穿于整个教学活动过程。教学的每一环节，都需要教师对学生的学习活动给予反馈与引导，学生据此不断调整学习行为，以适应学习要求，巩固成功经验，纠正错误行为，最终完成学习任务。可以说，没有反馈与引导，就没有教学的深入推进。怎样对学生的学习活动进行有效的反馈与引导呢？下面我们提出几点要求。

1. 反馈与引导要真诚热情

反馈与引导，是教师根据教学目标与学生学习现状向学生传递评价、启发等信息，目的是增强学生的学习信心和兴趣，激发学生进一步探索问题的动机。教师满怀真诚、热情的情感给学生传递反馈与引导的信息，则易于为学生所接受，并转化为积极的情感体验，形成新的学习热情。如果教师因学生的行为表现较差或不适合自己的要求而对学生进行讽刺、挖苦等，这样负面的反馈信息，不但不能调动学生学习的积极性，反而会伤害学生的自尊心与自信心，进而厌恶学习，影响学生进一步学习的积极性。因此，教师要充分相信学生，营造宽松、融洽的教学氛围，对学生的学习活动随时给予热情的反馈与引导，使学生的学习过程充满着积极向上的愉悦享受。

2.反馈与引导要方向明确

教学活动是一种有目的的和有序的连续性活动，在这种活动中需要教师随时明确教学发展的方向，通过反馈与引导强化有效的、正确的行为反应，限制或及时纠正偏离教学发展方向的无效行为反应。由于教学反馈与引导都是随堂动态生成的，如果教师心中不牢记教学目标，教学活动就很容易不知不觉地偏离原本追求的方向。尤其教学越是活跃的时候，就越容易被情绪左右，越容易忽略应该追求的教学目标。因此，教学反馈与引导，一方面要积极启动学生发散思维，促使学生充分发挥自己的想象，尽情地去联想，锻炼其创新思维，另一方面要保持一定的导向性，及时限制和规避偏离目标的活动与行为。

3.反馈与引导要及时准确

所谓及时，是指教师在学生需要反馈和引导的最佳时机给予相应的反馈与引导，即如古人所说的在学生处于"心愤口悱"的情况下，教师启而发之，可以收到举一反三的效果。否则，反馈与启发太早会束缚学生的思维和想象，达不到理想的效果，太晚又会使有些学生误入歧途。大量的教育研究表明，学生在学习过程中能及时得到反馈，即让他们及时知道学习的结果，能明显地激发学习动机，调动学习的积极性。能及时给予适当的引导有利于促使学生的能力向更高水平发展。所谓准确，就是指教师发出的反馈与引导信息和学生接收到的反馈与引导信息在意义的认知理解上一致。课堂教学实践表明，做到这一点并非易事。由于教师和学生的原有知识经验等存在一定的差异，师生对反馈和引导信息的理解也就存在差异，这需要教师传递信息时从学生原有知识水平出发，做到表述清晰易懂，切忌模糊笼统。

4.反馈与引导要恰如其分

这是要求教师根据具体的教学情境给学生提供因势利导的反馈与引导。从教学发展的过程来看：在教学开始阶段，教师可以给学生提供有关新旧知识联系的反馈与引导；在教学的发展阶段，教师可以给学生不断提供有关学习进步方面的反馈与引导；在教学的结束阶段，教师可以给学生提供有关学习结果达到什么标准的反馈与引导。从教学的任务来看：对于有关知识与能力方面的教学任务，教师要给学生提供学习结果正确与否的反馈与引导；对于有关过程与方法方面的教学任务，教师要给学生提供学习策略运用和思维发展是否有效的反馈与引导；对于有关情感、态度、价值观的教学任务，教师要给学生提供情感反应是否合理的反馈与引导。从学生的个性特点来看：对于学习优秀、自信心强的学生，教师要给予更富于挑战性的反馈与引导；对于学习落后、缺乏自信心的学生，教师可以提供鼓励性的反馈和建议性的引导；对于习惯于勤学而方法欠缺的学生，教师可以提供有关思路和学习策略方面的反馈与引导。总之，教师应根据教学任务、学生特点、具体情境进行有的放矢的反馈和引导，使所有学生都能从中受益。

5.反馈与引导要形式多样

如前所述，由于教学内容的丰富性、教学情境的复杂性、学生个性的差异性，反馈与引导的方式同样应该根据实际情况而灵活多样。从形式看，有言语的和非言语（体态语）的反馈与引导；从内容看，有知识经验性的反馈与引导，有方法策略性的反馈与引导，还有情感鼓励性的反馈与引导；从形成看，有预设的反馈与引导，也有动态生成的反馈与引导。所有这些，都需要根据具体的教学任务、学习情境和学生个性特点选择恰当的反馈与引导。而简单划一的反馈与引导与复杂多样的教学是不相匹配的，不能真正满足教学活动的实际需要。

6.反馈与引导要多方互动

教学不是彼此孤立的教或学的活动,也不是简单的教与学的双边活动,而是一种在团体中各种因素相互作用下的团体学习活动。课堂教学的反馈与引导,不仅要发挥教师的主导作用,也要注意发挥学生之间甚至环境之间的反馈与引导作用。某一学生的发言可以对其他学生形成反馈和引导的作用,师生共同营造的学习环境,所使用的学习材料也可以对学习活动形成反馈或导向作用。学生要从教师那里获得自己有关学习行为及其效果的反馈,并根据教师的反馈与引导信息,对自己的学习活动形成反思总结,并及时修正与调整自己的学习行为及方式,使自己在教学中保持一种正常而积极的状态。学生同时也从其他同学那里获得反馈信息。而教师也从学生的学习反应中获得对自己教学的反馈信息,并据此对自己的整个教学活动状态做出分析与判断,必要时进行修正和调整。课堂教学只有形成多方互动的反馈信息流动,才能有效、顺畅地发展。

(二)课堂教学反馈与引导设计的方法

课堂教学的反馈与引导设计是教学设计的一个组成部分,其设计的主要程序如下。

1.钻研教材,了解学生

这要求教师全面而深入地研究教材,理出教材的难点和重点;了解学生的实际,了解学生学习该内容可能出现的知识与能力的欠缺、思维与心理的障碍。

2.创设问题情境

这要求教师根据教学重点、难点和学生存在的学习困难创设问题情境,准备相应的学习活动。

3.适时反馈、点拨,相机诱导

适时反馈是要求教师就学生的每一个学习表现及时给予反馈。适时点拨是指抓紧机遇,及时点拨。相机诱导是要求教师寻找契机,进行引导。在引导中教师组织讨论交流,以解开迷惘,排除故障,化难为易,拨疑为悟,帮助学生理解消化学习内容,从而促使学生掌握知识,培养能力,发展思维,实现教学的迁移。

4.反思总结,深化提高

这是要求教师通过反馈与引导的教学过程后,学生完成学习任务,理解学习内容,最后指导学生对整个学习过程进行反思,总结其中所包含的规律性知识,以便转移到下一个学习环节。

六、反馈与引导技能评价

运用表6-1评价课堂教学反馈与引导的教学效果。

表6-1　反馈与引导技能评价

课题：　　　　讲课教师：　　　　评价者：

项　目	优	中	差
教师对每位学生的每次学习活动都给予反馈	5	3	1
教师的反馈及时	5	3	1

续表

项　目	优	中	差
教师的反馈以鼓励为主,热情真诚	5	3	1
教师对学生的学习活动能做出准确的评价	5	3	1
教师能紧扣教学目标引导学生学习,引导没有出现游离教学目标之外的现象	5	3	1
教师对学生学习不足之处能引导深入学习	5	3	1
教师引导学生学习能做到因人、因情境而灵活变化,形式多样	5	3	1
教师对学生学习错误的纠正讲究艺术性,没有粗暴批评、讽刺的现象	5	3	1
合计			

注:请听课后根据各项评价指标评出等级(在相应的等级上打钩),总分 1～10 为差,11～20 为一般,21～30 为中等,31～40 为优良。

【微格训练】

一、反馈与引导案例分析:仔细阅读下面的讲授课例,分析其优缺点。

例 1:《爱莲说》课堂教学实录片段

师:菊像花中的隐士一般,隐士的人格特征在哪里? 想想看。

生:不追求荣华富贵。

师:隐居者最大特点在于"独善其身",他只管好他自己,不问世事。他接近莲花的哪一个特征?

生:接近"出淤泥而不染",这是"洁身自爱"。(板书:菊文化"独善其身""洁身自爱"。)

师:"牡丹,花之富贵者也",表达什么意思?

生:这是用牡丹来比拟追寻富贵的人。因为各种花中,牡丹的花是最大的,牡丹有花中之王的称号,国色天香。(板书:牡丹文化"追求富贵名利"。)

师:"莲,花之君子者也。"什么意思?

生:莲是花中的君子。

师:莲是花中的君子,君子和隐士有什么不同?

生:君子不但要"出淤泥而不染",还要"香远益清"。

师:对! 子曰:"君子喻于义,小人喻于利。"君子的特质是具有道德理想,兼善天下。(板书:君子文化"有道德理想,兼善天下"。)

师(小结):菊文化、牡丹文化、莲文化是中国三种文化的代表。菊文化是隐逸文化的象征,这种人在恶劣的环境下会选择遁隐山林、独善其身。牡丹文化是一种世俗文化,它追求功名利禄,它是富贵名利的象征。莲文化是儒家文化的象征,它既要求兼善天下,又要求独善其身。

例 2:《说与做》课堂教学实录片段

理解文章最后一句话“他,是口的巨人。他,是行的高标”。

师:“高标”这个词是什么意思?(学生惘然。)

师:大家还记得背诵的杜甫《同诸公登慈恩寺塔》的诗句吗?(学生背“高标跨苍穹,烈风无时休”)这里的“高标”是指……

生:高耸的慈恩寺塔。

师:现在可以解释“高标”是什么意思了吗?

生:高耸物体的末端叫高标。

师:好。再来看看课文里的“高标”用的是本义还是引申义?应该是什么意思?

生:“超群、出众”的意思,用的是引申义。

师:和这个词语意思相近的词语有哪些?

生:“榜样”“模范”“楷模”……

师:用这些同义词替换句子里的“高标”,看看表达意思上有什么差异?

生:这是口语和书面语的差别。

师:好!大家这样学习就能深刻理解。我们现在总结刚才我们的理解过程是怎样的。

生(讨论后):理解抽象而深奥的词语的步骤如下。先用浅显易懂词语解释难词,再把新知识与原有的知识联系起来,然后比较相似知识的同异,最后在具体的语言环境中进行练习和运用。

例 3:《阿房宫赋》课堂教学实录片段

师:其实我在读这两段的时候,发现有一个地方写得并不好。大家注意这一段,“使负栋之柱,多于南亩之农夫;架梁之椽,多于机上之工女;钉头磷磷,多于在庾之粟粒;瓦缝参差,多于周身之帛缕;直栏横槛,多于九土之城郭;管弦呕哑,多于市人之言语”,这一段是形容秦的繁华奢侈的,但不是很恰当,他用的是夸张用法,但是,说柱子比农夫多,这勉强可以说是夸张,说椽比工女多,那算什么夸张?一间屋子里可是有许多椽呀!最可笑的是作者居然说栏槛比城郭多!既然觉得他写得不好,我就想改一改,我读一读,大家听我改得好不好。

生(部分):不好。

师:我还没改啊,怎么就说我改得不好?别忘了,长江后浪推前浪——

生(齐声):一浪更比一浪强!(大家笑。)

师:认真听了——使负栋之柱,多于行道之树木;架梁之椽,多于水中之鱼虾;钉头磷磷,多于原野之闲草;瓦缝参差,多于田间之犁隙;直栏横槛,多于山林之小径;管弦呕哑,多于暮春之鸟语。(边读边解释。)我改得不错吧?(众笑。)能不能代替原文?这个问题有难度,我要考考大家。

生:我觉得不能换,原文中用的是与人有关的,你这样换了以后不够人文。

师:不够“人文”?我听不懂你的话啊。

(生议论,过了一会儿。)

生:我觉得不能换,因为作者在这儿写到了农夫啊,工女啊,有一种感叹在里面,就是说这些人都挺可怜的,形成了一种对比。

师:有些赞同你的意见,有没有补充的?

生：不能换！作者这里用农夫、工女、粟粒、帛缕、城郭做比较，实际上突出了秦朝建阿房宫对百姓造成的灾难。写得特别好的是最后一句，“管弦呕哑，多于市人之言语”，与后面的“不敢言而敢怒”照应，说明百姓受欺压不敢声张，反映出秦的残暴。（生纷纷点头。）

（生补充，意思类似。）

师：大家真不错，刚才这三个同学说的大致是一个意思，我改的仍然用夸张手法突出了秦的纷奢，但是原作与我改的相比暗含了一层意思，就是说秦的奢华是建立在对这些农夫工女们的剥削上的，一句话，是建立在对人民的压榨之上的。我也觉得最后一句话写得好，百姓没有言论自由，万马齐喑，只剩下一片弦歌之声，焉能不亡？

例 4：《药》课堂教学实录片段

师：大家通过阅读这篇小说，觉得这是一幕悲剧，还是喜剧？（本来想问：“鲁迅的主要目的是想揭示什么？”但是，师觉得，那样问，似乎太直奔主题，学生也不容易理解和把握，所以，师就从悲剧、喜剧的角度去发问。）

生：自然是悲剧。

师（追问）：是谁的悲剧呢？

生：是华老栓这样的人的悲剧。

生（补充）：华老栓这样的群众太愚昧、麻木。

师：哦，是愚昧、麻木者的悲剧。

生：应当是，揭出病苦，引起疗救者的注意。

师：你大概读过与鲁迅有关的书吧？

生（点点头）：初中学《孔乙己》的时候，老师这样讲过，鲁迅的大部分小说大体都能如此去理解。

师：你说得对，而且本篇就可如此解读。

生：也是揭示夏瑜这样的革命者的悲剧。

师（提示）：具体说。

生：夏瑜是为了解救华老栓这样的下层群众而死的，可是他们却把他的血给吃了。

师：这不正是“得其所哉”吗？夏瑜革命，是为了华老栓这样的群众，而群众吃了他的血治病，他的血不恰好为人民而流吗？夏瑜应当高兴才对，怎么能是夏瑜的悲剧呢？

生：不能那样理解，夏瑜流血并不是为了让华老栓去吃他的血，而是为了推翻一个旧制度，建设一个新国家，让华老栓们过上好日子。不是让他们去吃他的血。

师：你认为，华老栓知道夏瑜的血是为他们而流的吗？知道夏瑜们革命的这种意义吗？

生：当然不知道。因为华老栓不知道，所以他才让儿子吃夏瑜的血。

师：大胆想象一下，如果夏瑜地下有知，知道华老栓们把他的血吃了，高兴不高兴？

生：当然不高兴。

师：吃了革命者的血后，病治好了吗？

生：没有。

师：夏瑜建设新国家、建设民主社会的革命目的实现了吗？

生：也没有。

师：原因是什么呢？

生：大概也因为群众不了解他们，没有让群众一同参与。

师：所以，请一个同学总结一下，这小说总体上写的是哪两种人的悲剧。

生：首先是夏瑜这样的革命者、先驱者的悲剧。（师插话："是先驱者的悲剧。"）同时又是华老栓们的悲剧。（师插话："是麻木者的悲剧。"）是双重悲剧。（师插话："非常好！"）夏瑜们没有启发群众参与，导致革命没有真正成功，是悲剧。华老栓等愚昧麻木的群众却吃了革命者的血，不知道革命者的血为他们而流，又是悲剧。

师：他总结得非常精彩。可以换句话说，"先驱者"是醒着的人，"麻木者"是睡着的人，所以，这是醒者和睡者的双重悲剧。此情此景，可以说是"国家疾未治，群众病未医"。这就是鲁迅笔下当时中国的现实。（板书：醒者悲剧，睡者悲剧，国疾未治，众疾未医，双重悲剧。）

二、反馈与引导微格模拟训练：从下面各题中选择一题，进行反馈与引导设计，然后在微格教室中进行模拟练习，分析其中的效果。

1.【教学情境】《安塞腰鼓》课堂教学片段

师：文章又是通过哪些具体描写突出安塞腰鼓给人心灵的撞击，根据你对陕北的认识谈谈你的理解，也可引用原文说明。

生：老师，他们住的是窑洞，经济落后，想通过敲鼓发泄不满……

（全班学生哄笑。）

【问题】面对这一情境，请你为那位教师设想接下来将怎样对学生进行反馈与引导？

2.【教学情境】　鲁迅《故乡》课堂教学片段

在分析闰土穷困潦倒、食不果腹的原因时，一个学生说：主要根源在闰土自身，西瓜那么贵，闰土为什么不多种些西瓜拿去卖？他要是头脑灵活，多种经营，是可以劳动致富的。

【问题】面对这一情境，请你为那位教师设想接下来将怎样对学生进行反馈与引导？

3.【教学情境】《藤野先生》课堂教学片段

教师要求学生阅读课文，然后问学生阅读后有什么感受。

学生（愤慨）：小日本！敢说我们中国人是低能儿！（部分学生附和。）

【问题】面对这一情境，请你为那位教师设想接下来将怎样对学生进行反馈与引导？

4.【教学情境】《论语十则》课堂教学片段

教师要求学生分小组学习，提出不懂的问题，请组员帮助解决；如果小组解决不了的，请小组长记下来，再在全班讨论。下面是学生提出不懂的问题。

生："士不可以不弘毅，任重而道远，仁以为己任，不亦重乎？死而后已，不亦远乎？"老师，"仁"是什么意思？

【问题】面对这一情境，请你为那位教师设想接下来将怎样对学生进行反馈与引导？

第七章　应变技能

✲ 学习目标

1. 理解“应变”教学技能的含义及其作用。
2. 理解“范梅南教育机智思想”的主要观点及其对应变教学的指导意义。
3. 学会分析应变教学的案例。
4. 学习撰写应变教学的微型教案，并尝试进行模拟应变教学实践活动。

一、应变技能简介

语文课堂教学过程是一个多变量的不断动态生成的过程，它的复杂性和多变性要求教师时时密切关注课堂教学细节，随时对课堂教学出现的新情况、新问题进行灵活处理，这样才能保证教学的成功，达到理想的教学目标。语文教师这种对课堂教学的监控和调节艺术背后所反映的就是教师的机智应变技能。

所谓课堂教学的应变技能，是指教师在课堂教学中对出自教师或发自学生的始料未及的事件做出迅速反应，果断决策、灵活处置的能力。这种技能大致包括三个方面的因素：一是对教学微妙变化的敏锐感知。课堂教学活动是一种极其复杂的活动，教师面对的是几十个性情各异的学生，受到许多不确定因素的影响，随时都会出现一些意想不到的事情。优秀的教师能敏锐感知突发事件的萌芽状态，意识到引起突发事件的背后原因。二是对教学突发事件做出果断决策。突发事件都是瞬间出现，需要教师立即调动自己的全部智慧来及时应对。首先，调动自身的认知评价系统，对突发事件做出正确的判断，分析其性质、起因；然后，思考应对的策略和可能造成的结果。三是对教学突发事件做出灵活处置。面对突发事件，教师根据不同的情境创造性地运用对策，促使突发事件朝着有利于教学发展的方向发展。由此可见，教师的课堂教学应变技能实质上就是一种巧妙处理教与学矛盾的教学技巧。在课堂教学过程中，教师虽然精心备课，对教学内容了如指掌，对教学程序反复推敲，对教学方法仔细筛选，但这一系列准备工作只是圆满地完成教学任务的前提。一旦进入真实的课堂教学现场，只要启动学生学习的主动性，开放教学的时空，总会在课堂教学的动态生成过程中出现一些教师在课前没有预料到的情况。可能因为出人意料的外界因素的影响，也可能因对学生的知识水平、心理素质了解不到位，就会出现与课前的教学预设不一致的情况，这时课堂教学不能按照课前预设的教案一成不变地进行下去，需要教师面对意外发生的情况，敏感地洞悉学生思维、情感活动的状态，根据实际情况，对教学内容、教学方法做必要的调整，妥善而又巧妙地处理各种外界因素的影响，使教学顺畅地进行。《孙子兵法》提出用兵要随机应变，“水因地而制流，兵因敌而制胜。故兵无常势，水无常形；能因敌变化而取胜者，谓之神”。同理，教学也要随机应变。

课堂教学的应变技能是教师教学能力的一个重要组成部分，其作用主要表现在以下几个方面。

1. 耐心诱导，确保课堂教学活动始终指向教学目标

课堂教学中出现意外事件，意味着教学活动脱离了正常的轨道，具有较强应变技能的教师，可以通过调控和引导，促使教学活动继续朝着教学目标发展。例如，学生突然提出教师意想不到的问题，有应变能力的教师会及时调整教学活动，利用问题中所包含的学生思维的闪光点加以引导，使突发的问题动态生成为精彩的教学内容。又如当学生的学习活动误入歧途、有悖教学目标时，有经验的教师能适时诱导，使学生的思维在正确的轨道上运行，以避免教学中偶然事件的发生。

2. 机智应变，化学生的消极情感为积极情感

在教学过程中，由于知识经验不足，情绪不稳定，自控能力差，有的学生会因为某些因素影响而出现一些脱离学习活动的言行，甚至有顶撞和无理取闹等现象。面对这些不良行为以及由此引起的消极情感体验，优秀的教师会用宽容的心态理解学生，抑制自己的不满情绪，根据具体情况灵活处理，设法消除学生的消极情感，唤起他们的积极体验，及时地促成消极情感向积极情感转化。

3. 尊重学生，营造和谐教学环境

善于应变的教师能够尊重学生人格，喜欢与学生处于平等地位，从不辱骂学生，但这并不意味着去姑息、纵容学生，而是用自身人格魅力来吸引学生。即使有些偶发事件使老师陷于窘境，他们也不会简单粗暴处理而伤害学生的情感，而是采用含蓄幽默的方法使自己摆脱窘境，消除影响教学的不利因素，使教学工作按部就班地进行下去，保证教学一直处于和谐融洽的氛围中环境。

二、应变技能的理论视野：范梅南教育机智思想①

马克斯·范梅南(Max Van Manen)，加拿大阿尔伯塔大学教育学教授、课程与教学研究院主任、国际质性方法学研究院高级研究员，是北美“现象学教育学”(pedagogy phenomenology)的创始人之一，其代表作《教学机智——教育智慧的意蕴》系统阐述了他的教育机智思想，在世界范围内产生了重要影响。

所谓机智，是指个人能够根据情境的变化迅速采取适当的应对措施的能力。教育家赫尔巴特首先把机智引入教育领域，他认为机智是促使理论转化为实践的媒介。范梅南则把

① 马克斯·范梅南.教学机智——教育智慧的意蕴[M].李树英，译.北京：教育科学出版社，2001.

教育机智看作理论和实践融合的黏合剂。理论经过深思熟虑、严密论证而形成，实践则是根据情境变化即时采取措施，理论与实践通过教育机智而融合在一起，这就是教师把教育学理论内化为教育智慧，又在具体的教育情境中外化为教育机智。

那么，教育机智的本质是什么呢？范梅南认为，教育机智是以"道德"和"向善"为原则的规范性活动。首先，教育机智就是教师在教育情境中的智慧行动。教育情境充满着各种不确定性，教师面对各种偶发事件不可能停下来分析现象，思考各种可能性再选出最佳方案，而是依靠平时积累的理论和经验，体验和理解儿童在此情境中的表现实质，迅速地做出决定并行动。因此，教育机智是与特定的情境相联系的、偶然性的、即兴发挥的智慧性行动。其次，教育机智是指向他者的实践。所谓他者，是教育者始终以儿童(他者)的成长为指向，全身心地关注儿童的成长。这需要教师打破以"我"为主体、儿童为客体的习惯，改变传统的权威式的、控制式的、操纵式的、支配式的教育行为方式，放下师道尊严的架子，与儿童真正平等和谐相处，注意聆听和感受儿童的内心体验，与儿童实实在在地进行思想、精神和心灵的交流与沟通，回应来自儿童心灵深处的教育的召唤，设身处地采取相应的教育措施。再次，教育机智是促进儿童成长的教育行动。每一个儿童都具有独特的个性，蕴含着无限的发展可能性，面临着各种价值观念和生活态度互相矛盾的复杂多变的环境，教师正是通过运用言语、动作、眼神甚至适当的沉默等机智的行动将孩子从这种偶发性中引导出来，使儿童身上潜在的积极的可能性转化为现实性，最终促成儿童身心的成长。

关于教育机智的形成，范梅南进行了深入的研讨。他认为，教育机智是对儿童生活的即刻投入，是一种置身于教育情境中的智慧性行动，其形成必然源于对儿童生活的敏感性和聆听，以及全身心的关注。因为，如果没有对儿童生活的深刻理解和关注，教师就不可能知道儿童的感觉，以及事件发生的前因后果，从而也就无法迅速地做出决定并采取行动。因此，教师对儿童生活的敏感是教师的教育机智形成的前提和基础，只有当教师充分地了解儿童的生活时，他们才能够采取适合儿童需要的教育行动，这是其一。其二，教育机智形成的关键在于对儿童的"教育学理解"。所谓教育学理解，是指以教育取向去理解儿童的生活。教育学理解包括以下几个方面：①非判断性理解，指教师能够以一种开放性的让人感到温暖的接受性方式来聆听孩子的倾诉而不加任何好坏是非的评判。但只有当非判断性理解的目的是培养儿童的自我责任意识、自我理解意识、自我方向感以及教他们应该如何面对生活的时候，它才变成教育。②发展性理解，指教师要明白怎样帮助儿童在具体的情境当中克服困难使其更加成熟。③分析性理解，指教师对儿童的困惑或内心深处困扰不安的问题进行的分析。④教育性理解，指教师能够聆听和感知儿童的知识、情感和道德发展的状态。⑤形成性理解，指教育学理解的最主要的形式，是对一个具体的儿童的生活和它的特别之处全面而亲切的认识。在具体的教育情境中，这些教育学理解的形式并不是完全孤立存在的，而是相互交融和相互渗透的。其三，教育机智是在对教育生活的体验中形成的。教师的教育机智是不能按照理论事先做好计划的，它只能是对具体的教育情境的即刻投入和果敢判断。由于教育生活的情境总是处于动态变化的发展过程之中，所以教师对教育生活的体验也就随之而变化，生成的教育机智的表现形式也就根据情境的不同而不同。可以说，教师只有充分认识到时代所造成的儿童生活世界的重大变化，才能形成开放性的教育学理解，才能始终对孩子的经历保持敏感性，从而培养起与孩子相处的智慧。

范梅南有关教育机智的论述对我们培养教学应变技能具有重大的启迪意义。课堂教学的应变技能其实就是教育机智的一种表现。高效的课堂教学的应变技能，需要教师不仅具备专业理论知识，还具备成熟的教育智慧，也就是具有高度的使命感和责任心，尊重儿童的主体性，用心聆听和体察儿童的内心世界，在面临各种偶发事件时，采取民主的教育方法来引导儿童做出自己的适当选择和决定，避免消极的结果，从而达到规范儿童行为的目的。

三、应变技能案例分析

课堂上出现突发事件是每个教师或多或少都会遇到的问题，这些事件，除受到各种偶发的外界因素影响外，还受到课堂内人为因素的干扰，个别学生的善意挑衅或违纪行为也会打断正常的教学秩序，对教学产生不利影响。教师的教学应变技能不仅体现在巧妙地处理各种外界偶发事件的影响上，还体现在妥善地处理课堂上发生的来自学生人为因素的干扰。由于突发事件的特点、出现情境、涉及的相关人员有很大的差异，在处理的方法和效果上也有很大的区别。下面我们分析课堂教学中常遇到的几种主要类型的突发事件。

（一）教师预设失准

这是教师课前预设的学生学习反应与学生在实际教学中的表现产生很大的差异，甚至完全相反。教学前，教师一般都会认真地备课，深入研究所教的知识，多方面了解学生，精心设计环环相扣的教学环节，设想学生对教学活动的可能反应。但由于班级有几十位学生，每个人的生活环境和经历各不相同，思想品质和性格特征迥异，每时每刻的心态微妙复杂，有时会出现学生的学习反应和教师的设想相去甚远的局面。

例如，一位年轻的教师执教《春晓》一课，先板书："春眠不觉晓，处处闻啼鸟。夜来风雨声，花落知多少？"然后提问："同学们读了这首诗有什么感受？"一位学生站起来说："既然'不觉晓'了，为什么还能'闻啼鸟'呢？"教师回答："这写的是清晨睡醒时的情景。"另一位学生接着又说："都睡着了，怎能听见'风雨声'呢？这里写得太不妥当。"该教师只好正色道："孟浩然是我国唐朝的伟大诗人，他的《春晓》流传至今，哪会有错！坐下！"接下来学生再也不作声了，课堂变成了教师的自言自语，一节课上完都毫无生气。

出现这样的教学问题，究其原因：一是教师在备课时可能只注重了对文本的钻研，忽略了对学情的分析，诸如学生的认知水平怎样、已有的经验如何，以及学生对文本的初读感觉如何、怎样在此基础上加以引导，等等。二是教师在备课时忽略了师生在思维方式、认知水平上的差异。须知由于师生的年龄层次、知识水平、生活阅历、思维方式都存在较大的差距，学生与老师想不到一块儿去是十分正常的。三是教师在备课时思维单一，没有多手心理准备，结果导致在教学过程中学生的回应超出自己的原先预想而束手无策。当然，从学生这方面来分析，学生反应出乎教师的意外，原因在于小学生受年龄特征和心理品质的影响，他们在思考问题时往往基于感性认识而非理性的思考，很多学生在回答老师的问题时带有明显的情绪化倾向。由此可见，教师只有细致深入了解学生，才能尽可能避免出现这种"意外"的状况；教师备课要多方设想，多备各种预设，才能在出现意外时应对自如。

(二)教师教学失慎

这是教师在课堂教学中出现差错。教师每节课都在课堂教学中说很多话，开展很多教学活动，出现很多教学行为，没有哪个教师能够确保每节课所说的每一句话、所做的每一个活动没有一点差错。人非圣贤，孰能无过？关键的问题在于，教师在课堂上的教学出现某些差错时是怎样及时灵活补救，使之不影响正常的教学活动的。可惜，有些教师面对自己教学出现的差错，缺乏正确的态度，不愿坦率承认错误，认为这会有损教师的形象，于是文过饰非，甚至在学生指出其错误时恼羞成怒。这时，教师的形象在学生的心目中就会降低，影响力也随之减弱。

例如，一位教师上公开课，给学生讲识字规律时说："古人就是聪明，他们掌握了造字的规律，凡是和树有关的字，都有一个'木'字。"讲到这里，一位男生高高地举起了手，要求发言，但老师就是不给他机会，继续自己的讲课，而这位学生的手也一直举着，众目睽睽之下，那位教师终于招架不住，带着一丝恼怒说："××同学，你有什么话就说吧。"那个男生站起来说："老师，你说错了，有个字和树有关，就没有'木'字。"学生在公开课上当着这么多来自其他学校的老师的面反驳自己，教师感到没有面子，怒火涌起，居然口不择言地说："你如果写出这个字来，我当着大家的面，一口把它吃掉！"那位男生跑到讲台上，在黑板上写下一个大大的"叶"字。那位教师的脸刷地一下红了，接下来的课效果如何就不言而喻了。其实，叶的繁体就带"木"字，但因教师缺乏心平气和的心态，情急之下屏蔽了自己的有效思维，不能灵活应变，只能简单粗暴地维护自己的权威，这才导致那令人难堪的一幕，这真是一叶障目了。

又如，一位教师正在引导学生理解课文内容，有位学生突然问道："老师，文章中'不刊之论'是什么意思啊？"教师迟疑一会儿，随口说："'不刊之论'就是不能刊登的言论的意思。"这时有位学生翻词典，说："老师，不对啊！词典说是'不能改动的言论'呢。"教师有些尴尬了，但又拉不下面子，就说："我当然知道了，我只是故意说错，考考你们能不能辨别正误。××同学表现好，不懂就翻词典，不要什么都去问老师。"可是，提问的学生还是不买账，小声嘟哝："错就错嘛，一讲错了就说是故意考我们的，唉！可不可能呀？当我们是三岁小孩。"表面看来，是那位教师缺乏雅量，但实际却反映了我们文化背景的弱点。这种文化始终贯穿着这样一种思想：课本上的准没错，为人师者也没错。这种观念固化了老师的思维，久而久之，老师也就无法承受来自学生的挑战，更不能承认自己教学出差错了。

其实，教师在日复一日的教学中，偶尔出错是难免的。教师在课堂教学中出差错主要有以下几个方面：一是板书差错。课堂教学免不了要板书，而且还要讲求板书艺术。然而，现实教学中，教师有时会出现板书失误，错写、漏写板书。错写的如执笔忘字而写了错别字，漏写的则有漏字、漏词、漏句等。对板书的失误，如果教师自己及时发现了，可以不中断讲述，自己顺手擦掉，改写上正确的内容；如果教师未发现，学生发现并出现一些反应，教师就要了解原因，找出错误，然后改正。二是语言错误。课堂教学语言是教学信息的主要载体，没有教学语言，就没有课堂教学。要获得良好的教学效果，首先必须做到教学语言准确无误，进而提高教学语言艺术修养。然而，即使优秀的教师，在课堂教学中也难以避免所有的语言一点错误都没有。因为单就口语而言：既有语音、用词、语法的问题，又有表达、听辩回答的问题；既有讲述性口语，又有解说性口语，还有论辩性口语。而在一堂课上，教师的语言又可能涉及很多方面，其中每一个方面，都可能因为教师的疏忽而发生失误，常见且较典型的有语音错误和语意失当等。对口头语言表达的失误，教师首先应迅速向学生说明自己的失误，然后将正确的说法告诉学生，并对正确的说法适当加以强调。三是知识性错误。教师准备不周，知识面窄，又喜欢信口开河，就有可能导致知识性错误。例如，有位教师讲"炼字"，举了王安石的"春风又绿江南岸"的"绿"字为例，却将作者说成李白，课堂立即哗然。教师应该尽可能避免教学中出现知识性错误，万一出现，就应该坦然承认自己的失误，分析错误的原因，并把正确的知识清楚无误地重新讲给学生。四是教学内容顺序的失误。这往往是课堂教学动态生成了新的教学内容，容不得教师仔细思考其内在的严密逻辑关系，教师一边思考教学的新内容，一边选择新的教学内容展开教学，这时就有可能出现想到什么教什么，教学过后发现顺序有所紊乱。对教学内容顺序的失误，教师要在向学生说明是失误的前提下，按照内容原有的顺序讲述，并对失误内容的前后顺序加以梳理。教师在教学中出现差错没什么可怕，可怕的是教师不能正视自己的错误，甚至蛮不讲理，固执己见。发现错误，正视错误，改正错误，就是不断完善自我，同样能获得学生的尊重，也保证教师从容地回归到人性美这个自然法则之下去育人。

(三)学生理解失误

这是学生在课堂教学初始阶段对教材内容的理解出现差错。阅读是读者运用原有知识经验去解释作品所呈现的信息，由于学生生活的时代与某些作品所反映的生活时代有较大的距离，学生以其生活经验解读那些作品时就有可能出现错误解释的现象。例如，学习鲁迅的《故乡》，在分析闰土穷困潦倒、食不果腹的原因时，一个学生说："主要根源在闰土自身，西瓜那么贵，闰土为什么不多种些西瓜拿去卖？他要是头脑灵活，多种经营，是可以劳动致富的。"这位学生不理解当时的社会生活现状，以现今的生活经验解释前人的生活现象，这时往往就会出现误读的现象。这时，教师就不可能还是一成不变地按照原先设计的教案进行教学，而是需要随机应变，及时调整教学内容和教学进程，引导学生正确解读作品。下面的教师在学生不能理解教学内容时，灵活改变教学策略，引导学生很好地解决问题。

又如，教师教鲁迅的《故乡》，在引导学生理解杨二嫂这个人物形象时，学生有如下发言。

【例 7-1】 《故乡》课堂教学实录片段

生 1：杨二嫂说："你现在有三房姨太太……"鲁迅先生不是只有一个叫许广平的夫人吗？(笑声。)

生 1：那是杨二嫂胡说八道……

生 2：迅哥儿是书中的人物，不是鲁迅。

生 3：迅哥儿是作者所塑造的艺术形象。

师：那么"我"究竟是不是鲁迅呢？

生 4：《故乡》中的"我"，《社戏》中的"我"，还有一些鲁迅作品中的"我"是不是鲁迅？如果不是，为什么都很相似？

师：这问题提得很好。这位同学把许多课文联系起来了，想得很广。那么你认为怎样？

我想先听听你的意见。

生 4:不是。

师:什么理由?(生不能答,老师继续启发。)你们知道鲁迅写的《孔乙己》吗?

生(齐):知道!

师:那里面的"我"是个酒店的小伙计。鲁迅卖过酒吗?

生(齐):没有!

师:所以这个"我"是作者在小说中所塑造的——

生 3(接话):艺术形象!

师:小说的情节是可以虚——

生 3(接话):虚构的!

师:你们真聪明!所以我们看作品中的"我"是不是作者自己,只要看看这作品的体裁是不是小说就行了。那么,《故乡》中的"我"是不是鲁迅自己呢?

生(齐):不是。

师:为什么?

生(齐):《故乡》是一篇小说。

师:你们怎么知道的?

生 5:《呐喊》是小说集,《故乡》是从《呐喊》中选出来的一篇,当然是小说。(笑。)

师:你们看这位同学推理得多好!那么《从百草园到三味书屋》中的"我"呢?

生 6:是鲁迅自己。

师:为什么?

生 6:《从百草园到三味书屋》是回忆自己童年生活的散文。

师:对。以后看作品中的"我",会看了吗?

生(齐):会看了。

上面的教学课例中,学生提出的疑惑是教师没有预料到的。学生到学校学习,是因为对知识知之不多,出现疑问是很正常的事,教师的主要责任之一就是"解惑",使学生由不知到知,由知之不多到知之越来越多。那位老师教学可贵之处在于,不是简单把正确答案直接告诉学生,而是引导学生去思考、寻找答案。当学生思路停滞时,教师提示思考的方向和材料,让学生自己推导出正确的知识,进而总结其中的知识规律。

(四)学生提问突兀

这是学生提出教师无法解决的问题。学生在学习中能够发现问题,教师应该感到高兴。南宋理学家朱熹说:"读书无疑者,须教有疑;有疑者,却要无疑,到这里方是长进。"明末清初黄宗羲也说:"小疑则小悟,大疑则大悟,不疑则不悟。"学生所提的问题,大多数是与教学内容有关的问题。有些问题,教师有充分的思想、知识和方法的准备,能够很好地做出回答。而有时学生提出的虽然也是针对教学内容的问题,但这个问题是教师事先难以预料、毫无准备、不太好回答的,并且是大多数学生想不到的问题。这一类问题提出后会在学生中产生一定的反响,引起学生们的争论或造成教师的被动。教师面临这一情况,能否机智应变,反映了教师自身的学识和涵养。

一位教师上鲁迅的《从百草园到三味书屋》，讲到作者描写景物的逼真形象时，一学生却问："碧绿的菜畦，高大的皂荚树，紫红的桑葚都好理解，描写'石井栏'时为什么用'光滑'一词呢？"这一问使毫无思想准备的教师一时张口结舌，支吾半天，只好不耐烦地说："你要是少钻些牛角尖，你的学习成绩还会好些吧！"这位学生满脸通红、欲言不能，学习兴趣全无。其实，学生的这一提问，教师可启发学生思考讨论石井栏光滑的原因：小孩经常爬来爬去，因而连石井栏也变光滑了。从这一角度刚好可以引导学生明白：百草园是小孩们爱去的地方，是孩子们的"乐园"。而这位教师挖苦学生来摆脱自己的窘境，对学生的影响是至深的。

相反，著名特级教师于漪老师在教《木兰诗》时，有学生提出疑惑："同行十二年，'不知木兰是女郎'是假的，不说别的，古代的妇女不是裹脚的吗？十二年总要洗脚吧，只要一洗脚不就露馅儿了吗？"老师愣了一下，灵机一动，说："南北朝时期妇女是不缠脚的。"学生又追问："那么中国妇女什么时候开始裹小脚的？"这下可把教师问住了。于是，她抱歉地说："这个问题我也说不准，等课后查阅资料后再告诉你吧！"课后，她翻阅资料，终于弄清古代妇女裹脚始于北宋，兴于南宋，从而给学生做了圆满的答复。

语文学科的特点之一就是丰富性。内容上，它囊括了政治、经济、历史、天文、地理；范围上，它纵贯古今，横亘中外。一个教师业务素质再过硬，也不可能什么都知道，一个人的脑袋毕竟比不上几十个人的脑袋，重要的是要抱着实事求是的科学的态度。所以遇到学生提出的问题教师不会解答也是正常的，不能视之为难堪和耻辱，或者认为学生跟自己过不去，而采用搪塞的办法，甚至欺骗学生。每一位教师都应该襟怀坦白，服从真理，实事求是，知之为知之，不知为不知。对这一类问题，教师应把它看作学生积极思考的好事。教师有时可采用反诘法，反问学生"请说说你的看法""你是怎样想的"等等，这样既可以澄清所问问题的实质，又可以赢得思考的时间，改变教师的被动局面。当学生提出的问题无法正面准确回答，依据含糊时，可采用侧答法，与学生一起商量、探讨，用"是不是可以这样来理解……""……这样回答，你认为怎么样"等句式，使学生乐于接受。有时引导学生群策群力，在不知不觉中就解决了问题。如果还是一时不能解决的，可留待课后解决，切忌模棱两可或妄下论断。

（五）学生之间失和

这是学生在课堂教学中出现了比较严重、影响到课堂教学顺利开展的矛盾。课堂不仅是一个学习的场所，也是一个社会活动的场所，在班级这个小社会里，大多数情况下，学生之间都是友好互助、和睦相处的，但有时也免不了会有些矛盾，这些矛盾在成年人看来其实都属于鸡毛蒜皮的小事，没有涉及什么重大原则性问题，但在青少年心目中却可能是至关重要的，有经验的教师会尊重学生，慎重处理，化解矛盾。

例如，有位教师到班里上课，走进教室，发现南墙边站着一名男生。教师问："怎么不坐在位子上？"男生低头不语。另一位学生说："他的同桌同学（一位平时很爱面子的女生）不让他进，两个人不说话了。"

这时全班同学的目光都落在了教师身上，仿佛在说：看你有什么高招儿！

怎么办？利用老师的权威下令，让那女生站起来让路？看她满脸通红、怒气冲冲的样子，未必肯服从。让那男生站着？既显得老师不负责任，也显得老师没有本事。动手去拉？

情况有可能更糟。

教师抬手在空中轻轻地画了一个圆圈，那位男生马上领会了教师的意思，动身绕道北边，从另两位同学的身后——那行桌子的另一头走进了自己的座位。接着，教师在黑板上写了四个字：殊途同归。并问："同学们知道这个成语的意思吗？""知道，不同的道路，达到相同的目的。"这样，教师平静地过渡到上课的内容，全班同学（包括刚才闹别扭的两位）都随即把注意力转移到学习上来，课堂教学没受丝毫影响，取得了满意的效果。

下课后，教师把那两位同学叫到办公室，进行了应有的调解，使他们言归于好。那位女生后来在检讨中写道：本来是自己的不对，但老师并没有当场让她难堪，而是巧妙地解决了问题，没有影响大家的学习。同学们都很佩服。

教学是一门很有趣的、艺术性很强的工作。面对课堂的偶发事件，教师一定要冷静思考、随机应变，一切从育人的角度出发，因势利导，努力化不利为有利，而绝不能意气用事、粗暴蛮干。

（六）学生行为失当

这是个别调皮的学生出现违反课堂纪律的问题行为，有意无意地干扰课堂秩序。例如，在教师讲解过程中，借机故意发出偏差性应答或古怪的叫声，以引起其他同学的哄笑，扰乱课堂教学秩序。一般来说，学生故意捣蛋的情况是比较少的，但一旦出现，影响较大，而且"闹事者"常被老师批评惯了，他们不怕老师发脾气，搞不好往往把老师精心准备的一堂课搅得一塌糊涂。

例如有位年轻女教师教鲁迅的《故乡》，在分析杨二嫂的形象时，教师提问道："刚才我们分析了闰土的形象，下面大家考虑一下，小说为什么写杨二嫂的形象？"一位男生举手阴阳怪气地说："因为她是个女的。"说完他还得意地看了看同学，全班哄堂大笑，目光全都投向了女教师。女教师脸一沉，厉声说："严肃点，这是在上课。"那位提问的男生吐了吐舌头，做了一个鬼脸。本来活泼的课堂顿时死气沉沉。

这位男生的回答多少带有点出风头和挑衅的味道，身为女教师，碰到这一"不测风云"难免有点尴尬，但她这样处理，显然没有照顾到全班学生学习的积极性，影响了课堂教学。其实这位老师如果采用"自制—冷静—引导"的策略，先是自制，要冷静，不要恼怒，再心平气和地进行批评引导，效果可能会更好。对于个别学生的失当行为除了必要、恰当的批评外，有时可采用化解法，用一两句劝诫性的话把学生的注意力吸引过来就可以了，有时可采用冷却法，用表情、眼神、手势、体态等"无声语言"，含蓄和间接地将有关信息暗示给学生，使之心领神会，自觉改正。

倘若在课堂教学中遇到个别学生的恶作剧，教师也不要把这看作人格受到污辱而大发雷霆，甚至采取过激行为。教师如果怒不可遏，停止讲课，对学生严加整治，就会造成师生情感的裂痕，有时还会造成师生对立。这既不利于维持当时课堂秩序，也不利于以后的教育教学工作。因此，教师在课堂教学中遇到这类事件，一定要用自制力约束自己，保持清静的头脑，妥善加以处理。这是教师内在力量的表现，而不是软弱可欺的象征。

（七）教学环境失常

这是在课堂教学中由于教学环境突然失常而影响正常教学的现象。这类事件主要有三种:一是教学内部环境(教学条件)失常。这是与教学内容有关的偶发事件,如正在使用的小黑板突然掉在地上,正在使用的播放器突然发生故障等。二是教学外部环境失常。这是与教学内容无关的偶发事件,如学校附近一家酒店开业庆典,突然鞭炮齐鸣,教室外面突然电闪雷鸣下起大雨,突然有人闯进教室,一只小鸟突然飞进教室里,等等。三是突发意外事故,如学生突然生病等。这些情况的发生,无疑会分散或转移学生的注意力,干扰正常的教学秩序。

一位教师走进教室准备上课时,发现班级安静得反常,抬头一看,教室的黑板被人打坏了,磨砂玻璃黑板的碎片撒满了讲台,同学们面面相觑,不知所措。教师先是一愣,接着蹲下一声不响地将碎玻璃拾起来装进簸箕,教室里鸦雀无声。两分钟后,教师清了清嗓子:"黑板也许是哪个同学走路太快,不小心撞坏的,他原先没想到会出现这样的后果,当时他肯定吓坏了。可无论如何,他应该勇敢地站出来承认错误,我们全班同学会原谅他的……"一会儿,一位同学主动来找教师承认错误,黑板确实是不小心撞坏的,并请求教师对家长保密,愿用自己的压岁钱赔黑板。下午他果真把钱交到了总务处。以后班上不管出了什么事,同学们都能妥善处理。

遇到这一类的偶发事件,教师要巧妙设计,排除干扰。通常是暂停上课,先稳定学生情绪,然后随机应变,尽快处理。可以通过巧妙的提示和提问等,把学生的注意力引导到原来的教学内容上来,引起学生的追忆;或把偶发事件作为对学生进行文明礼貌教育、环保教育等的契机,激发学生的学习动机。

四、应变技能的养成与灵活运用

(一)应变技能的养成

课堂教学面对的是有思想、有情感、有个性的学生,教学过程又充满着灵动,教师的应变技能越高,驾驭课堂教学越得心应手。但应变技能不是天生的,也不是自然获得的,它是教师在平时教学实践中不断学习、反思,逐渐形成和提高的。其中以下几个方面对教师养成高超的应变技能起着重要作用。

1. 广博深厚的知识

语文学科具有很强的综合性,语文教材的内容涉及广泛。教师要很好地驾驭课堂教学,必须具有丰富深厚的学科知识。正如俗话所说的,"居高才能临下","打铁还需自身硬"。在教学活动中,要在极短的时间内判断学生说法的正误,并做出恰当的引导或正确解释,没有广博的知识是不行的。只有学生所提的问题都在教师的知识范围之内,教师才能迅速做出判断并应对自如。如果学生提出的问题,教师自己还弄不清楚,甚至一无所知,那就根本谈不上机智应变。因此,平时注意积累广博深厚的知识,课前深入钻研教材,在课堂上才能运用自如、游刃有余。

2. 良好的心理素质

教师在课堂上要准备随时处理事先难以预料而又必须解决的问题,这就必须具有良好的心理素质。不可否认,当教师在讲课时受到来自学生的意外事件的侵袭(如学生扰乱课堂纪律),必然会产生不愉快的情绪,特别是有时教师的人格遭到污辱,有的教师容易产生愤怒情绪，以粗暴的态度对待学生。但是，这种表现和做法，只能对课堂教学产生不利的影响。因此，教师应学会克制和忍耐，任何时候都沉着冷静，态度亲和，处变不惊，因势利导。教师具有这样的心理素质，就能够尊重不同个性的学生，宽容他们新意有余而不够成熟的异质思维，以平静情绪来感染学生，保持环境稳定，进而抓住突发事件的独特之处，迅速判断，做出决策，将突发事件转化为创造性的教学契机。

3. 教学经验的反思与提升

教育实践表明，越是教学经验丰富的教师，处理突发事件越是能得心应手，驾驭课堂的能力也就越强。但是，教学经验并非与教学时间成正比，也就是说，不是教学时间越长，教学经验就越丰富。教学经验的积累和提升，靠的是平时对自己和他人的教学实践进行反思，认识到教学实践背后所包含的某些可以遵循的规律，这样，在遇到突发事件时，才可能敏锐感觉到突发事件出现的背景，娴熟地找到问题的症结所在，然后紧密结合学生实际，妥善地把事件与教学内容结合起来，迅速找到问题的答案或解决问题的方法。

4. 深刻理解学生的心理特征

学生正处在生理成熟和心理发展时期，他们的智力(包括观察力、注意力、记忆力、思维力和想象力)、情绪、意志、个性必然会反映到学习活动中。在课堂教学上，这些心理因素也时刻发生着作用。因此，教师应掌握学生的心理特点，提高观察学生内心世界的能力，处理好偶发事件，及时调控和有效组织课堂教学活动。

其实，在课堂教学中，偶尔出现个别学生的不和谐声调实属正常现象，如果教师任意指责、挖苦，那只会增加负效应；相反，教师巧妙地对答，善意地点化，则可收到神奇之功效。我们不妨将此概括为：渊博学识＋坦荡心胸＋随机应变＝应变技能。

(二)应变技能的灵活运用

由于在课堂教学中遇到的突发事件带有偶然性、突发性，不可能事先设计教育方案，一般没有什么灵丹妙药式的统一方法，需要根据具体情况灵活处理。因此，应变技能的运用没有具体的方法可言，教师除了必须具有处惊不变的能力之外，还有一些需要注意的原则。

1. 虚怀若谷

知识是无穷的，一个教师的水平再高，也不可能什么都知道。同时，现在的学生视野更加开阔，接触面更广泛，加之互联网提供了非常便捷快速的知识获得渠道，几十位学生中有时有的人提出的问题教师不能解答，也是正常的。教师没有必要把这视为难堪或耻辱，或者认为学生有意跟自己过不去，不要采取搪塞的办法甚至欺骗学生。教师应该襟怀坦白，实事求是，抱着“知之为知之，不知为不知”的科学态度，可以引导学生群策群力，一起解决，即使一时解决不了，可留待以后解决，切忌模棱两可或妄下论断。

2. 善解人意

教师要了解学生的各种意图。要做到这点，首先，要细致敏锐地观察。教师在集中精力推进教学活动时，要眼观六路、耳听八方，哪些学生积极参与教学活动，哪些学生东张西望，哪些学生神情迷惑，哪些学生暗中嘀咕，这些表现都预示着可能出现新的状况。其次，要透过现象看本质。对于观察到的各种信息，教师要及时分析、正确判断，从学生的外在表现看到学生的某些心理意愿，甚至推知学生将要出现的下一个心理表现的内容，以便及早地调整自己的教学活动，或对学生加以引导，使教与学协调发展。再次，要呵护学生的好奇心。学生好奇心强，好胜心强，有时会提出一些意料之外的问题或做出意想不到的反应，这应该是非常宝贵的。尽管有时所提的问题难免有些幼稚或偏颇，但这也是他们思维火花的闪现，应爱护和重视，不可挫伤学生的积极性，损害他们的自尊心。最后，宽容学生的偏差。学生在课堂学习中出现一些差错是在所难免的，学习就是从不知到知，从知之不多到知之越来越多，从差错到正确的过程。因此，作为教师，要宽容学生在学习中出现的差错，善于引导学生从差错中学习。

3.沉着冷静

在课堂教学过程中，面对突然发生的意外事件，教师要做的第一件事是保持冷静的头脑和稳定的情绪，只有如此，才能为解决问题创造良好的心理情境和课堂情境。然后迅速判断事情的性质，思考处理问题的方法，尽快安定课堂秩序，把学生的注意力和思维活动扭转到正常的教学上来。如果教师在突发事件面前心慌意乱，缺乏信心，甚至怒气冲天，大发脾气，严厉指责学生的表现与行为，必然导致课堂秩序更加混乱，影响正常教学进度和教学任务的完成。

4.相机诱导

这是要求教师迅速而准确地判断意外事件的性质、特点，顺势引导，妥善地解决问题。处理教学中出现的意外情况，最有效的方法就是沿着学生的思维方向进行引导，将他们的思维引上正确的轨道。例如，当学生的回答与问题距离太大时，在了解了学生回答的内容后，迅速分析学生的反应是否具有代表性、深浅难易程度如何、有无探讨价值、属于什么范畴，等等。比较有代表性的，可以引导学生广泛讨论；难度比较大的，可以引导水平较高的同学发表意见，给大家以启发，或者先让中差水平的同学发表意见，再让较高水平的同学发表意见，形成一种认识上的比较；对开发学生的智力和培养学生的能力价值较大的，就把训练加强一些，让学生举一反三，触类旁通；与该堂课联系紧密的，就把探讨的程度设计得细致一些，较多地鼓励和启发学生思考。总之，要具体情况具体分析，对症下药，重在引导。

对于没有偏离教学构思的学生的质疑，教师要尽可能通过教学过程本身的进展来解答，使课堂变得生动活泼，最大限度地调动学生参与教学的积极性和主动性。对于偏离教学构思的学生提问，要区别不同的情况分别对待：有的可以及时解答，有的可以课后解决。对于当场回答不了的问题，教师可以发动学生充分讨论加以理解，或待课后查阅有关图书给予解决。教师要有“知之为知之，不知为不知”的诚实教学态度。

5.巧用幽默

幽默是一种高级的情感活动和审美活动，它是情趣与理趣的统一，能调节情绪、缓解冲突，营造轻松、融洽的环境氛围，利于交流；可以寓教育、批评于幽默之中，具有易为人所接受的感化作用；还具有自我解嘲的功用。教师在课堂上碰到突发事件时，适当运用幽默风趣的语言化解，便可消除紧张的气氛，造就宽松的教学氛围。即使遇到一些尴尬的处境，如果用几句幽默的语言来自我解嘲，就能在轻松愉快的笑声中缓解紧张尴尬的气氛，从而使自己走出困境。例如，一位教师开展“一分钟讲演”，由于是初次开展，学生都很紧张，没人愿“打头炮”，教师只好点名。那位被点名的同学犹豫了片刻，鼓足勇气“嗖”地站了起来。“呼！”他把邻座桌面的一瓶彩色墨汁碰到了地上。顿时，教室里鸦雀无声，他尴尬地愣在那儿。看到这种局面，教师灵机一动，说：“哈！我们的第一炮打响了——一鸣惊人！好！请大家用掌声欢迎他上台演讲！”气氛扭转过来了，那位学生在同学们的热烈的掌声和善意的笑声中稳定了情绪，从容地走上了讲台，活动顺利开展下去。当然，幽默应该是充满智慧、理趣、开启智力，它与调侃、搞怪、贫嘴有别。前者语言内容优质，后者则低劣。例如，有个语文教师在上课时发现一学生猫着腰上前捡掉在地上的钢笔，就马上点名轻松地问：“××同学，地上的骨头多不多呀？”该同学不假思索地回答：“没有！”引起全班哄堂大笑，闹得该同学满脸通红。这种“幽默风趣”实属粗劣之作，客观上是辱骂了学生，降低了在学生心目中的师尊地位。

常言道，教学有法，教无定法。处理意外事件没有一成不变的方法。每一位教师都需要根据对具体情况的分析，因人而异，因时制宜，随机应变，灵活选择合适的策略来恰当处理课堂教学中的意外事件。只要处理的结果有利于课堂教学顺利进行，有利于调动学生学习的积极性和主动性，有利于提高课堂教学效率，就是良好应变技能的表现。

五、应变教学设计

（一）语文课堂教学应变技能训练的设计要求

具体包括以下几方面。

1.要处乱不惊

正如前面所述，在察觉出学生发出的是自己意外的信息时，教师首先要注意的是保持心理镇静，举止从容。然后仔细观察事件变化趋向，准确领悟学生发出的反应信息的真实含义。

2.要及时判断

这是教师运用认知和评价系统分析突发事件的性质和原因。前面我们也已经做了一些分析，说明引起突发事件的因素是多方面的。有源于教师自身的，如教师在讲解中出现知识性错误，被学生意识到而私下嘀咕或发出笑声。有源于学生的，如个别调皮的学生在教师讲解过程中，借机故意发出偏差性应答或古怪的叫声，引起其他同学的哄笑，扰乱课堂教学秩序。还有源于教学环境出现意外等因素。教师在冷静观察的基础上，要对突变情境做出迅速判断，准确分析突变情境的性质和原因，为后续处理提供决策依据。

3.要迅速决策

这是教师对突变情境发展趋势做出正确的估计并确定相应的对策。如果突发事件的原因在于教师，教师的正确决策应是坦率承认失误，再加以改正。如果文过饰非，学生更会议论纷纷，教师的形象在学生的心目中就会降低，影响力也会随之减弱。如果突发事件的原因在于学生或环境，教师最好的对策是尽可能结合教学内容加以巧妙引导，把突发事件转化为可以利用的与教学内容有关的信息，使之为教学服务。

4.果断处理

这是教师把应变决策付诸实践，它是教师教学应变能力的外在体现。处理的决策可以是准确解惑，即面对学生出现的疑惑，教师要灵活运用具备的学识，机智准确地予以解答，从而让学生继续保持浓厚的学习兴趣，进一步激发他们学习的欲望，产生更大的学习动力。处理的决策也可以是灵活调控，即教师在课堂教学活动中运用一定的手段对学生的听讲状态和对自己的教学过程进行调节控制的教学技巧。成功的课堂教学，应是师生共同有效而协调的双边活动。出现突发事件，往往也是师生的双边活动出现不协调，这就需要教师及时进行调控。或者是调控学生听课的情绪、注意力及思维活动，激发他们参与教学、获取知识的主动性；或者是调整自己讲课的速度、方式、步骤和环节，保持传递知识信息的渠道畅通无阻。

5. 降低干扰

这是教师运用应变技能妥善处理突发事件，使之对教学形成的不良影响降到最低限度。

（二）应变设计的方法

应变技能的训练可以通过情境模拟的方式来开展。其设计过程可以分四个基本步骤：情境创设、观察与分析、应变设计、模拟练习。

1. 情境创设

创设出与教学突发事件相类似的教学情境，是应变技能训练的关键一步。可以收集课堂教学中出现的各类突发事件的情境，也可以创设类似课堂突发事件的模拟情境，让新手教师在面临这类情境时练习其观察分析能力和应变能力。应变是由刺激情境引起的，通过寻找或创设与教学突发事件相似的突发情境，有利于新手教师进行教学应变的模拟操作，从而获得相应的应激体验，增加应变经验，进而提高教学应变水平。

2. 观察与分析

新手教师面对课堂教学突发事件，首先要做的是对情境的观察，有多少学生卷入了突发事件，各人涉入的程度如何，事件具有什么特征，属于什么性质，事件背后的根源是什么，对正常的教学活动影响多大，等等。

3. 应变设计

根据分析结果设计处理突发事件的措施及操作顺序。例如，对于学生突发的质疑，如果是没有偏离教学设计的，教师可以把学生的质疑纳入原来的教学过程本身的进展来解答，使课堂变得生动活泼，最大限度地调动学生参与教学的积极性和主动性。如果是偏离教学设计的，可以区别不同的情况分别对待：简单的问题可以及时解答，复杂的问题可以课后解决。学生讨论能够解决的问题，可以发动学生充分讨论加以理解；学生缺乏理解问题的相关知识的，可以待课后查阅有关图书给予解决。总之，教师要有“知之为知之，不知为不知”的诚实教学态度。

4. 模拟练习

新手教师的模拟练习主要通过角色模拟来进行，其练习一般经历以下阶段：进入情境—担任角色—理解角色—体验角色—表演角色。新手教师在进行模拟操作过程时要有专人加以指导，有明确的检测评估系统，对其模拟操作的表现给予及时反馈。

六、应变技能评价

运用表 7-1 评价应变的教学效果。

表 7-1　应变技能评价

课题：　　　　　　　　讲课教师：　　　　　　　　评价者：

项　目	优	中	差
面临突发事件的表现：冷静克制、举止从容，还是脸上变色、惊慌失措	5	3	1
对突发事件的观察感知：准确、全面还是一知半解	5	3	1
对突发事件的分析判断：能够抓住本质，还是受表面现象迷惑	5	3	1
对突发事件的处理：迅速还是迟疑不决	5	3	1
突发事件处理与教学内容相关度：能够结合教学内容加以转化，还是脱离教学内容独自处理	5	3	1
突发事件处理后学生的反应：高兴、信服还是不满	5	3	1
突发事件处理对教学的影响：干扰很小还是造成很大干扰	5	3	1
在处理突发事件时是面向全体学生，还是针对个别学生	5	3	1
合计			

注：请听课后根据各项评价指标评出等级（在相应的等级上打钩），总分 1～10 为差，11～20 为一般，21～30 为中等，31～40 为优良。

【微格训练】

一、应变案例分析：仔细阅读下面的课例，分析下面各教学片段中出现的意外事件，说明这一课堂意外事件属于什么类型，产生这一意外事件的原因是什么，课堂上处理这类事件有多少种可能性，各种处理方式有什么利弊，哪种处理方式最有效，处理这类事件需要教师具有什么能力。

1. 一位教师在教《宇宙里有些什么》时，课文中有一句话："宇宙里有千千万万个像银河系一样的恒星系，这些恒星系大多有一千万万颗恒星。"这时，一个学生提出了问题："老师，万万等于多少？"大家都笑了起来，有一个学生说："万万不等于亿吗？"在大家的笑声中，提出问题的学生只好灰溜溜地坐下了。教师觉得他的积极性受到了打击，于是问道："既然万万等于亿，那么这里为什么不说宇宙里有几千亿颗星星，而说宇宙里有几千万万颗星星呢？"这一问，学生们都哑了。过了一会儿，一个学生站起来说："不用'亿'用'万万'有两个好处。第一，用'万万'听起来响亮，'亿'却听不清楚；第二，'万万'好像比'亿'多。"这时学生们又笑了。其实这个回答是正确的。教师当即给予肯定，并表扬说："你实际上发现了汉语修辞中的一个规律，字的重叠可以产生两个效果，一是听得清楚，二是强调数量多。"这时，学生们都用钦佩的眼光看着那个学生，而教师却说："大家可以想一想，我们今天学到了这个新的知识，是谁给予我们的呢？"这时，大家才将目光集中到第一个提出问题的同学，这个学生十分高兴。

2.学习古诗《登鹳雀楼》，教师把鹳雀楼的图片放映到屏幕上，并有感情地指导朗读了全诗。在交流感悟时，一个学生提出了疑问："登鹳雀楼是说诗人已经上了楼，如果要'欲穷千里目'还要'更上一层楼'，这样楼就应该有三层，可图上为什么只有两层？"莫非是图错了？教师怔了一下，便来了个"缓兵之计"："是图错了呢，还是诗写错了，还是图和诗都没有错？"教室里顿时安静下来，大家都在认真思考。在这个过程中教师缓过神来接着点拨："'欲穷千里目，更上一层楼'是描写诗人登楼时的想法呢，还是写诗人登了一层还要再登一层的行为呢？"于是，学生展开了热烈的讨论。

"可能是诗人一边上楼一边想，也可能是上了楼，觉得这楼不够高，看不到远处的景色。"

"这是诗人在对我们讲一个道理，要登得高才能看得远。"

"这种想法与楼有几层没关系，即使站在二楼上也可以有这种想法。"

老师说："你们说得很有道理，'欲穷千里目，更上一层楼'是诗人的想法，表现了积极向上的愿望，不是……"老师欲言又止。这时说图片错了的同学接过话说："不是真的写诗人要登上第三层楼去看景色。"

3.师：这篇优美的散文，特别是第七自然段写得非常精彩，下面请一位同学来读读，谁来？

生：我来读。"后来发生了分歧：母亲要走大路，大路平顺；我的儿子要走小路，小路有意思。不过，一切都取决于我。我的母亲老了，她早已习惯听从她强壮的儿子；我的儿子还小，他还习惯听从他高大的父亲；妻子呢，在外面，她总是听我的。一霎时，我感到了责任的重大。我想找一个两全的办法，找不出；我想拆散一家人，分成两路，各得其所，终不愿意(被突如其来的一句话打断)……

生1：这个作者真笨！

师：哦？

生2：老师，我也是觉得，这么简单的一个办法他都想不出。

师：你有什么好办法帮助作者解决这个难题吗？说给大伙听听。

生1：太简单了，我可以让他们一家子既不拆散又满足母亲和儿子的要求。

(停顿片刻，吊人胃口，学生们：你快说呀！)

师：请说。

生1：那就是，去的时候大家一起走大路，大路平顺，满足母亲的愿望。回来的时候一起走小路，小路有意思，又可以满足儿子的要求，鱼和熊掌可兼得。(全班鼓掌。)

生3：我还有一种办法，就是去的时候大家先走小路，回来的时候大家再一起走大路。

生1：那还不是一样的吗？

生3：不，因为去的时候大家都怀着愉快的心情欣赏小路的风景，所以先走小路；回来的时候走累了，考虑到照顾年迈的母亲，因此再走大路，这样才比较安全。

师：想得还真周到，我相信在家你也是一个懂事的、孝顺父母的儿子。

生2：我完全同意他们两个的办法，因为这样既可以使一家人在一起散步，又可以领略不同的风景，也不用走重复的路和看重复的风景，那不是很好吗？

师：你们的想法真是好，从刚才的对话中可以知道，你们都是善于思考的孩子。其他同学还有什么想法吗？

生4：老师，这么简单的问题我们同学都想到了，他一个大作家真的想不到吗？

师：嗯，说得有道理，你们大家认为呢？

生5：我不同意以上同学的看法，你们考虑的是大路与小路相通的情况，可事实上那两条路是不相通的。

生：哦？

师：说得好，你何以见得两条路是不相通的？

生5：我是从作者对两条路的选择上看出的，他表现得很难做出决定。为什么呢？因为选择走大路就满足不了儿子愿望，选择小路也就委屈了老母亲，作者左右为难，因此大路与小路是不相通的。（学生们个个若有所思，似乎都理解作者选择走大路的原因。）

生1：老师，这么说来我们前面所讲的不都没有用了，不都是废话了吗？

师：不能这么说，辩论出真知嘛！

4.师：下面大家快速读课文，找出文章中重要的三个词。看谁能在最短的时间内找出，我给大家计时，现在开始，5秒、10秒、15秒……28秒，读到这里。下面请大家说说。这回找咱班最不爱说的女同学说说。咱班最不爱说的同学是谁啊？这位同学说说咱班谁最不爱说。

（生说出一女同学的名字。）

生：觉解、出世、入世。（说完，落座，瞪了提她名字的男同学一眼。）

师：你刚才还瞪了他一眼，一定在说："谁让你推荐我了？"现在你好像吃亏，其实怎么样？

生：占便宜。

师：占了大便宜了吧，所以以后不能再瞪了哦。

师：大家一同说一遍这三个词。

生：觉解、出世、入世。

5.师：今天我们来学习《赤壁之战》，哪位同学来简单介绍作者？

生（脱口而出）："作者司马迁，宋代人……"

（话音未落，班里笑声四起。这位学生察觉口误，十分尴尬。）

师（平静地说）："虽是一字之差，却让司马迁从汉代活到宋代，多活了一千多年，但这也不能全是我们同学的错嘛！谁让司马迁、司马光两人名字挨得这么近——只一字之别？谁让他俩又都是史学家、文学家？谁让《史记》《资治通鉴》又都是史学经典、文学名著？谁让我们刚学完司马迁的文章旋即又学司马光的文章？"

（学生也都若有所思，默默点头，说错的学生不再尴尬，继续往下说，课堂秩序井然，氛围轻松。）

6.师（《清塘荷韵》公开课）：今天，我们来学习《清塘荷韵》，作者是朱自清。（板书：朱自清）

生（站起来吃惊地说）：老师你写错了，这篇课文的作者是季羡林而不是朱自清。

师（面带微笑不缓不急地说）：这位同学说得非常正确，以往老师在考查这篇课文的作者时，有不少同学疏忽大意，张冠李戴，闹出笑话。（顿一顿，接着说）同学们想想，为什么会把季羡林误写为朱自清呢?

生:因为朱自清的《荷塘月色》和季羡林的《清塘荷韵》都是借景抒情的散文。

生:两篇文章都是以“荷花”为物象,并且题目也比较相似。

师:对,同学们分析得很有道理,以后我们学习都应该仔细分辨,可不能再犯这个错误噢。

二、应变微格模拟训练:从下面各题中选择一题,进行应变教学设计,然后在微格教室中进行教学模拟,分析其中的效果。

1.一位教师教综合性学习《献给母亲的歌》。教师准备材料很充分,有关于写母亲的文章,如邹韬奋的《我的母亲》、老舍的《我的母亲》、郑燮的诗《李氏小园其二》、汤爱平的《母爱的力量》等;有关歌唱妈妈的歌曲,如《烛光里的妈妈》《妈妈的吻》《懂你》等;还有母亲节的来历、有关母爱的故事等。教师也仔细设计了合理的教学过程:一是道不尽的母爱,二是剪不断的脐带,三是多角度看母爱,四是报得三春晖。第四环节是这节课的高潮部分,这一阶段让学生畅所欲言谈:第一,为了报答母亲的养育之恩,你已经做了些什么,以后打算怎么做。第二,你最想对母亲说的话是什么。为了促使每个学生都参加,教师采用了“开火车”的形式:第一个、第二个、第三个……轮到第五个学生时,他满脸的泪水、满腔的怒火,大嚷道:“我没有妈妈,谁说母爱是最无私的,我想对她说的只有三个字‘我恨你!’”说完后,他就趴在桌上呜呜地哭着。这时,有的学生也开始悄悄地议论着自己父母的不是。

2.一位教师教歌剧《白毛女》选场,第一节课学生自读课文,初步理解戏剧的基本知识和《白毛女》剧情、人物等,布置学生准备第二节课分组表演第一场。第二节课教师就戏剧相关知识和《白毛女》提了几个问题,让学生回忆和熟悉相关知识内容,然后分小组表演。在同学们的阵阵掌声中,有一组同学登场了。扮演杨白劳和喜儿的同学分别穿上了事先准备好的服装——看得出,学生确实费了一番功夫,不知从哪里找出了他们认为最破的棉袄,接下去,他们用不同的流行歌曲的曲调演唱着他们各自的台词,随着他们的表演,课堂上不时发出一阵又一阵笑声,课堂充满着逗乐的欢笑。

3.这是一堂作文讲评课,教师让一位作文写得好、多次作文都被当作范文讲评的学生朗读她的作文,谈谈写作感想,然后再引导学生进行讲评。

女学生开始读了,甜美的声音回荡在教室里。读着读着下面有的学生在窃窃私语,还有的学生甚至脸上有些不屑的表情。等女学生读完,一位学生抑制不住了,没有经过老师允许,立刻站起来就说:“老师,她的文章是抄的。”

“我没抄。我只是参考了一下。”女学生争辩道。

“没抄,你看,几乎跟原文一模一样,就是这里改了一下时间。”另一名学生扬起手中的作文选说。

女学生顿时脸红了起来,两颗泪即将滚出来。过了几秒钟,她喊了出来:“我是抄的,我是抄的……”“呼”地坐了下去,趴在桌上哭了。

教室里一下子响起了各种声音:

“哼,要抄,我也会。”

“可能以前写的文章都是抄的噢。”

4.这是《论语十则》教学片段,教师要求学生分小组学习,提出不懂的问题,请组员帮助解决;如果小组解决不了的,请小组长记下来,再在全班讨论。下面是学生提出不懂的问题。

生:文中说“岁寒,然后知松柏之后凋也”,我们都知道松柏是四季常青的,怎么会凋谢呢?

生:“士不可以不弘毅,任重而道远,仁以为己任,不亦重乎?死而后已,不亦远乎?”老师,“仁”是什么意思?

生:我不理解这样一个问题:注解中说《论语》有20篇,我们现在就学了10篇,你刚才说过“半部《论语》治天下”,那么我们学完这些就可以治天下?可我觉得没有获得那么大的本事啊!……

第八章　教学结束技能

✲ 学习目标

1. 理解“结束”教学技能的含义及其作用。
2. 理解“认知结构理论”“强化理论”等主要观点及其对结束教学的指导意义。
3. 学会分析结束教学的案例。
4. 学习撰写结束教学的微型教案，并尝试进行模拟结束教学实践活动。

一、教学结束技能简介

精彩的课堂教学需要做到：课伊始，趣已生；课推进，兴越浓；课虽尽，意犹存。这是理想的教学境界，是许多教师的孜孜追求。但是，有的教师上课很注意设计新颖的导入和环环相扣的教学展开，却不怎么注意设计巧妙的结束方式。或简单反复唠叨，用语不简明，让学生感到厌烦；或虎头蛇尾，草率收场；或随意荡开，不知所云。课堂教学结束没能给学生留下深刻的印象，就成为课堂教学的一处败笔。因此，不要小看课堂结尾的三五分钟，它也是课堂教学必不可少的一个重要环节，需要教师练就高超的课堂教学结束技能，从而设计出“豹尾”般的课堂结束方式，耐人寻味，引人入胜。

那么，什么是课堂教学结束技能呢？所谓课堂教学结束技能，指的是教师在完成一节课的教学任务后，通过反复强调、概括总结、学生实践等方式，对课堂中的学习内容进行及时的巩固和应用，使其系统地、稳固地纳入学生的知识网络之中的教学行为。课堂教学结束技能是教师应该具有的必不可少的教学技能。具有熟练课堂教学结束技能的教师，能够精心设计恰当有效的课堂结束方式，这对于加深学生理解、巩固该堂课所学的知识和技能，帮助学生形成良好的认知结构，激发学生课后积极思维，都有着重要的作用。

第一，巩固新知识。搞好课堂总结，对学生理解、掌握当堂所学的知识有着重要的作用。总结式引导学生回顾刚学到的新知识，能达到当堂巩固的目的。学生通过总结，可以把所学到的新知识更加清晰、准确、系统地予以掌握。

第二，深化知识。课堂总结可以突出重点，还可以使知识条理化、系统化，把刚学到的新知识与以前学过的旧知识相衔接，尤其是为下一个要讲的问题或下一节要讲的新课埋下伏笔，为讲授以后的新内容提前创设教学意境，造成悬念，以激发学生追求新知识的欲望。

第三，认识升华。学习知识也是对学生进行思想教育的一个重要方面，其价值不仅在于丰富人们的知识，更主要的是使学生提高认识事物、分析问题的能力。所以，教师在课堂上进行的总结，绝不是课程内容的简单重复，而是总结出某种带规律性的结论，使学生对所学的知识的认识上升到理论高度，受到更为深刻的思想教育。

第四，培养能力。适当的课堂总结，不仅能使所学知识得以归纳、总结和概括，而且能促进学生对所学知识的理解，深化记忆，从而培养学生思维的敏捷性、深刻性、广阔性和整体性。在总结时，通过对问题的思考与回答，使学生逐步学会用科学的方法分析、概括知识，能够认识问题的本质，并且对于现实中的新问题也能比较科学地进行分析。总结的过程，也是培养学生形成创造性思维能力的过程。

第五，及时反馈。在总结过程中，通过提问让学生分析、回答问题，可以随时发现教学中的问题并及时补救。对学生参与的活动要做出准确评估，充分肯定成绩，并指出问题。积极的评估能给人以继续向上的推动力量。

二、教学结束技能的理论视野

（一）认知结构理论[①]

认知心理学家普遍强调认知结构在学习中的重要作用。所谓认知结构，是指个人在感知和理解客观现实的基础上，在头脑中形成的一种心理结构。它是由个体过去的知识经验组成的。从教学上来说，有广义和狭义的两种理解：广义是指学生已有的观念的全部内容及其组织；狭义是指学生在某一学科的特殊知识领域内的观念的全部内容及其组织。

认知结构理论源于早期认知理论的格式塔心理学的顿悟说。“格式塔”是德文 gestalt 的音译，与“形状”“形式”“完形”同义，指任何一种被分离的整体，在学习过程中，可以被理解为一种认知结构。韦特海墨(Wertheimer)认为学习是知觉的重新组织，是构造一种“完形”，即格式塔。学习过程中问题的解决，都是由对环境中事物关系的理解而构成的一种“完形”所实现的，学习的成功与实现主要是由顿悟决定的。

皮亚杰研究儿童智慧的发展，提出了图式理论，进一步丰富了认知结构理论。皮亚杰认为，图式是主体的认知结构，图式发生变化引起认知结构的变化，认知结构的变化引起认知和心理的发展与变化。图式的建构过程，是在同化和顺应两种作用中完成的，同化是认知结构发展中量的积累，顺应是认知结构发展中质的突变，从而形成若干个心理发展阶段，即感知运算阶段、前运算阶段、具体运算阶段和形式运算阶段。

布鲁纳是研究认知结构理论系统化的代表人物。他首次详细界定了认知结构的概念，认为认知结构就是归类后的类别(概念、知识经验等)按层次水平的高低组成的编码系统，它是人用以感知外界的分类模式，是新信息借以加工的依据，也是人的推理活动的参照框架。

---

① 陈琦.认知结构理论与教育[J].北京师范大学学报，1988(1)：73-79.

他认为:学习就是类目化的过程,从具体的、特殊的、水平低的类目发展到一般的、概括的、水平高的类目;教学活动的目的应该是最大限度地促进学生主动形成完善的认知结构。

奥苏贝尔则是认知结构理论的具体化的实用者。他认为,认知结构是指个体具有知识的数量、清晰度和组织方式,它由事实、概念、命题、理论等构成。从内容上讲,认知结构主要指的是学生已有的知识;从组织特点上讲,主要是指知识概括程度的层次性。在这个层次结构中,最一般、最抽象、包容性广的概念和原理处于结构的顶端,在其下是抽象程度低、包容性较少、比较具体的知识,这是一种类似"金字塔结构"。奥苏贝尔认为,学生的学习就是在已有的认知结构基础上,吸收新的知识,并纳入已有的认知结构中的过程。只有学生把学习的新内容与自己的原有认知结构联系起来,才会产生有意义的学习。

认知结构理论对教学的启示是多方面的。首先,学生的学习主要是掌握学科的基本结构,即掌握该门学科的基本概念、原理及方法策略。任何一门学科知识都是以一些基本概念和原理为核心内容的,它们反映了事物的本质特征和事物间的内在联系。教师教学应该突出学科的基本结构,选择那些基本的概念和原理作为教学的内容,以便学生学习和掌握,并应用于解决实际问题。其次,学生的原有认知结构在学习中具有重要的作用。学生学习是原有认知结构中有关因素(和新知识有联系的旧知识)和新知识互相作用促使认知结构发生变化的过程。在这一相互作用的过程中,原有认知结构的旧知识起到支撑点、固定点的关键作用,旧知识和新知识经过反复多次的相互作用才能把新知识吸收到原有认知结构中来,这同时也使原有的认知结构更加丰富、更加分化。因此,在教学的开始阶段要激活学生原有认知结构中的旧知识,使之和要学的新知识产生联系;在教学发展阶段,要促使旧知识和新知识反复发生相互作用;在教学的结束阶段,要把在教学过程中断断续续、一点一点地学习起来的新知识联系起来,使之成为结构良好的知识整体,并和原有知识结构中的相关知识联系在一起,这就是教学结束活动的重要作用。如果教学结束时不注意把持续学习的知识联系起来,不注意和以前学的知识联系起来,学习的效率就会很低,因为,获得的知识如果没有圆满的结构把它们联系起来,就很容易被忘记。

(二)强化理论

强化理论也是教学结束的理论基础,其具体论述详见第六章"反馈与引导技能"的理论视野部分。

三、教学结束技能案例分析

在教学中,结束技能主要有两种类型:一是聚焦型结束,其目的是巩固学生学到的新知识,把学生的注意力集中到课堂教学的要点上去,让学生获得明确的规律性的东西。它包括强调重点、概括要点、升华认识、实践练习等。二是发散型结束,其目的是鼓励学生以所学的内容为出发点引申到课外,拓展阅读,启迪思维,继续探索。它包括延伸阅读、激发探究等。

(一)强调重点

强调重点是指教师在课堂教学任务完成后对本课教学的重点内容或精彩之处再次加以强调,引起学生注意。这虽然属于重复,但也不可忽略。因为课堂教学是随着时间推移而不断展开教学内容，这样，教学的重点、难点、精妙之处、容易混淆的概念等学习内容就夹杂在其他教学内容之中，有的学生不能区别主要的和次要的学习内容。教学后强调重点，便于学生迅速而简明地掌握学习核心内容。

例如，特级教师董承理老师执教《今生今世的证据》一课，教学重在引导学生准确理解作者的本意，在这基础上启发学生对作者的看法形成自己的观点，生发感悟。前者是依据文章的某些语言片段进行阐释，是客观性理解；后者则需要读者多方联系自己的生活经历、以前的相关阅读积累进行提炼而形成，是主观性理解。而要让学生认识到这两种理解的区别及其特征是有一定困难的。因此，在完成教学任务后，教师设计强调并区分这两种理解的结束语："可以说，'今生今世的证据'是一个永恒的人生哲学命题，怎样回答这个问题，将决定着我们的人生价值。今天，我们学习刘亮程的这篇散文，重要的任务之一，是准确理解作者的本意。另一个任务，就是开启我们对自己人生证据的思考。这后一个任务是不是也算对这篇课文的理解？"学生有些说"是"，有些说"不是"。教师再进一步说："对课文的理解，是指理解作者的意思、文本的意思。我们刚才谈的，是就作者的看法引申开来的，是我们对这个问题的理解，不能算到作者和文本头上去。阅读，既要准确地理解作者的意思，又要有自己对这个问题的看法。没有这方面的看法，我们就成了储藏书籍的书橱；而有自己的理解，我们可以在这个基础上形成自己的观点，这些观点，可以成为我们今生今世存在的证据。下课之后，请同学们就刚才讨论过的'今生今世的证据'问题写一篇随笔，把自己的理解或想法写出来，有困难吗？"（学生："没有。"）教师以画龙点睛的强调方式结束教学，使学生认识到阅读既要准确理解作者的意思，又要由此生发感想，形成自己的看法。

（二）概括要点

概括要点，是指在课堂教学即将结束之际，教师运用准确、精练的语言，把本节课的主要内容做提纲挈领的总结与归纳，意在让学生由博返约、纲举目张，形成完整的认知结构，牢固地掌握所学的知识。

1. 概括知识要点

课堂教学常常会涉及知识教学，而往往一堂课教学所涉及的知识点会比较多，分散在不同的教学环节中进行教学，而所教的知识又会和学生以前所了解的知识有所关联，和以后将要学习的知识也有联系，学生在学习时往往会只关注目前所学的知识，忽略所学知识之间的联系，尤其是忽略和以前、以后所学知识的联系，这就需要教师在完成课堂教学任务后，注意对所学的知识进行要点概括，并指明所学的知识之间的联系。我们看看特级教师于漪老师执教《晋祠》一文时，在结束教学时是怎样进行教学内容要点的概括的。

【例 8-1】《晋祠》课堂教学实录片段

师：有人说"看景不如听景"。因为你看景是看自然的原形，同学们游览过一些地方，看的是自然的风景。而听景，就是听人家介绍，读人家描写的，这个时候你还可以享受到艺术加工的佳妙。我们现在读《晋祠》这篇文章，除了认识所介绍的优美的自然风景和悠久的历史文物这些对象之外（手指板书），还领略到作者进行的艺术加工，进行的艺术渲染，领略到艺术美，这就美上加美了。所以，文章的最后一句话"晋祠，真不愧为我国锦绣河山中一颗——”

生(齐):璀璨的明珠。

师:像明珠一样发出亮光,闪闪发光,对。所以最后一句话是由衷的赞叹。介绍了自然风景,晋祠美,在山,在树,在水;介绍了悠久的历史文物,三绝,其他建筑、园中小品,以及名人题咏等等(指板书),最后赞叹“晋祠,真不愧为我国锦绣河山中一颗璀璨的明珠”。

开头我们说了,晋祠只是《中国名胜词典》(出示书)中山西省太原市的一个条目,而这本词典有一千几百页,晋祠只是一个小小的条目。由此可推知,我们祖国的名胜古迹星罗棋布,在世界上罕见,是首屈——(师生齐)一指的。

我们祖国历史悠久,中华民族数千年深厚的文化平铺在我们广袤的土地上,你无论走到哪儿,都可以看到名胜,都可以看到古迹。刚才你们讲到的故宫、颐和园、秀美的西湖等,讲到的遥远的西藏、新疆无不有我们祖先的文化遗迹,这些历史文化哺育着我们世世代代的中华儿女,我们世世代代中华儿女从祖国深厚的文化中汲取了大量的精神养料。今天,我们同样要从中汲取精神养料,不能愧对——(师生同声)我们的祖先。

今天学《晋祠》,领略它的风景美、历史文物美,长大以后,不仅要读万卷书,还要力求——

生(齐):行万里路。

师:对,行万里路,有机会到祖国各地考察,放眼观看我们的壮丽山川,从中汲取丰富的养料,滋养自己,成为精神丰富的人。

今天这堂课就学到这里。下课。

从例 8-1 中我们可以看出,于漪老师把本课教学的主要内容梳理了一遍,特别强调了课文所介绍的自然风景与悠久的历史文物,并和课前学生所了解的资料、课后拓展的相应学习内容联系起来,帮助学生加深对所学知识的理解,培养他们的总结概括能力,促使学生把相关的知识互相勾连。

2. 概括能力、方法要点

课堂教学结束时除了注意概括所教学的知识要点之外,还应该注意概括学生学习时所涉及的能力操作过程或学习方法。学生在课堂上开展学习,涉及学什么内容,用什么方法去学习,前者师生一般都会关注到,后者有时师生会有所忽略。但后者的学习却更难掌握,更需要教师在课堂教学中让学生明确用什么方法去学,学习结束后及时总结所学方法的特点和操作过程。著名特级教师宁鸿彬老师执教《读报常识》一课时,就是以概括所学习的阅读方法作为教学的结束的。

【例 8-2】《读报常识》课堂教学实录片段

师:很好。今天我们通过学习《读报常识》这篇语文知识短文,学会了三种阅读此类文章的方法:提纲法、提要法、提问法。同学们能分别说一下吗?

生(58):提纲法就是给课文每个段落加上一个小标题。这样全文的内容就清楚了。

师:提要法?

生(59):提要法就是把每一段的最重要的话拿出来,以此了解全篇内容。

生(60):提问法就是在阅读报纸时要善于发现问题,解决问题。

师:同学们能很好地说出这三种方法,说明你们对这三种方法有了一定的领会。希望你们在今后的学习中能自觉地运用这些方法来解决问题。时间长了,自学能力就提高了。下课。

宁鸿彬老师教《读报常识》,不是教学生怎样去理解这篇知识短文,而是引导学生在阅读理解中学习三种阅读方法。在指导学生运用三种阅读方法分别阅读课文的不同部分内容后,宁老师在课堂教学将要结束时,对这三种阅读方法再次进行概括总结,让学生获得完整的认知。

(三)升华认识

升华认识,是指教师在课堂教学中,在引导学生理解作者思想观点、体会课文道德情感的基础上进一步扩展与引申,使之内涵与外延更丰富,更易于与原有知识联系起来,形成更广阔的背景知识,在新的情境中加以运用。换言之,语文课堂教学,不但要引导学生理解作者所表达的思想观点,还应该引导学生学习作者思维方式来思考面临的各种问题,从而提高思维水平,不但引导学生体验作品的情感,而且引导学生把体验到的情感内化为自己的感情,从而提升自己的情感。

1. 提高思维

学习语文,不仅仅是了解作者的思想观点,更重要的是引导学生学习作者认识社会和自然、思考问题的方法,并在以后的学习生活中运用这种思维方法解决实际问题。正如维果茨基所指出的,教学能够激起和推动儿童一系列内部的发展过程,从而使儿童把人类经验内化为儿童自身内在的财富。要提高学生的思维,教师教学首先需要引导学生理解课文的思想内容,然后指导学生理清文章的思路,认识作者思考问题的方式,然后学习作者的思维方式思考类似的问题。特级教师董承理老师在执教《斑纹》一课时,就非常注意在课堂教学将要结束时引导学生学习作者的思维方法来思考生活问题,从而提高学生的思维能力。我们来看看董承理老师在这堂课教学结束阶段的教学活动。

【例 8-3】《斑纹》课堂教学实录片段

师:显然,E同学的理解应该是正确的,作者借斑纹,写了她对世界万物存在的状态和法则的一种理解和感想。换句话说,作者是从斑纹的角度来探索世界的存在法则的。但是我们知道,这个世界不只有斑纹,还有别的形状、别的东西。譬如:我们的祖先就是用金木水火土来解释世界的构成和运行法则的;物理学家,是从物质的运动状态来探索世界的运行规律的;数学家,是从数的角度来探索事物的关系的;等等。我们可以从无数个角度、从无数个点着眼,把自己对这个世界的认识和感受贯穿起来,就像周晓枫从“斑纹”角度所做的那样。我们能不能试着从别的角度来认识世界的存在法则呢?

生1:我觉得可以从圆的角度来认识世界。这个世界的任何东西都在一刻不停地做圆周运动,大到宇宙,小到电子,哪一样能离得了圆周运动?自然界是这样,人类社会也是这样,一个人到这个世界上转了一圈回归了自然,他的子子孙孙又接着做这样的运动;整个社会从原始共产主义向前发展，最后又向高级共产主义回归。我看圆周运动就是世界存在的法则。

师：很不错，很有思想。还有吗？

生 2：我看世界上的任何事物都是成双成对存在的：天和地，高山和大海，运动和静止，生存和死亡，雄的和雌的，强的和弱的，善的和恶的——几乎一切事物都是这样的，没有了这一方，另一方也就不存在了。我们的祖先用阴阳来解释一切事物的运动，我觉得是很有道理的。

师：你的看法已经进入哲学世界了，这一点，将来学习哲学知识时会懂得更多。还有吗？

生 3：我早上来学校时自行车的链条断了，车子就没法骑了。现在我想，这个世界是可以用链条去解释的。我们现在的世界是这个样子的，但它过去不是这个样子的，从过去的样子变成现在的样子，这是链条的两个环节；将来的世界会代替现在这个样子，将来的将来又会代替将来的世界。正是这种无穷无尽的链条，才构成整个宇宙的永恒。我看，所有的事物都是这样的，我可以用一根链条串起整个世界的一切。

师：你们都说得很好。每一个人，都可以从自己独特的视角去认识和解释世界，获得一份独特的感受。我们这样去想的时候，都可以有周晓枫写《斑纹》时的那种感受——我们本着这种体验再去读《斑纹》，就会有一种亲切感，不会像开始时那样觉得这篇作品难以理解，我们可以感觉到，写这类文章时，作者到底是想介绍科学知识呢，还是在表达自己对世界的认识和感受；阅读能力的欠缺，有时候需要写作体验去弥补。同学们下课以后，请就这节课中的体验或你对世界的认识方式写一篇作文，再认真阅读课文——理解以后再去阅读，一定会有更深的感受。

从上面的课堂教学结束阶段的教学中我们不难看出，董老师的阅读教学应该不仅仅停留在对课文的理解上，关键在于引导学生理解后的思想升华。在学生已经理解文章的基础上，董老师注重引导学生进一步提升认识。老师引导学生：“作者借斑纹，写了她对世界万物存在的状态和法则的一种理解和感想。换句话说，作者是从斑纹的角度来探索世界的存在法则的。但是我们知道，这个世界不只有斑纹，还有别的形状、别的东西。譬如：我们的祖先就是用金木水火土来解释世界的构成和运行法则的；物理学家，是从物质的运动状态来探索世界的运行规律的；数学家，是从数的角度来探索事物的关系的；等等。我们可以从无数个角度、从无数个点着眼，把自己对这个世界的认识和感受贯穿起来，就像周晓枫从‘斑纹’角度所做的那样。我们能不能试着从别的角度来认识世界的存在法则呢？”由此，学生的创造性思维被激发，有的学生从圆的角度来认识世界，有的学生从对称的角度来认识世界，有的学生从链条的角度来认识世界。一旦学生以适当的方式打开思维的闸门，就会呈现出缤纷的世界。思维活跃之后，需要及时加以整理，所以，董老师最后要求学生课外“就这节课中的体验或你对世界的认识方式写一篇作文，再认真阅读课文——理解以后再去阅读，一定会有更深的感受”。

2.提升情感

学习语文，同样不仅仅是了解课文的情感，更重要的是引导学生将理解的情感内化到自己的价值观、信念体系中去，并且以此来指导具体的行动，最终形成新的价值观、人生观，完善学生的性格，这就是通过教学提升情感。内化情感一般经过从理解课文的情感到评价课文的情感，再到选择内化情感的过程。其中，学生以自己的价值判断和经验为参照对面临的情感做出评判和抉择，是情感内化的关键的因素。学生只有能够评价情感，认清情感因素所包含的是非曲直，才能够深化、稳固这种情感，并将这种情感纳入原有的价值体系，或形成新的价值体系，进而用来引导自己的行为。语文教学中，有的教师只注重引导学生针对客体——课文的情感进行评价，而忽略了引导学生针对主体——学生自己的情感进行评价，这样学生的情感就难以得到升华。因为学生的自我情感的评价，是从评价他人和集体评价中逐渐形成的。通过这样的评价，能够帮助学生树立正确的人生观、价值观，能够帮助他们形成良好的自我评价，更好地深化和稳定自己的美好情感。

我们来观摩一位教师的教学片段。

【例 8-4】《孔融让梨》课堂教学实录片段

师：同学们，小学我们学习过《孔融让梨》的故事，哪一位同学能做扼要的复述。

生 1：说的是孔融很小就能把大的梨让给哥哥，自己吃小的。

生 2：孔融是东汉时期的文学家，很小的时候就懂得文明礼让。4 岁那年，有一次客人送来一筐梨子，兄弟几个都围在筐旁想吃梨，父亲让最小的孔融先挑，他挑了个最小的，父亲问他为什么，他说："我年纪最小，应该吃小的。"

师：两位同学都复述得好，一个简要，一个比较具体。但同学们知道这则故事关键在哪个字眼上？

生(异口同声)："让！"

师：好。同学们，千百年来，孔融让梨的故事，一直传颂下来，成为文明谦让品德的典范。如今社会竞争非常激烈，有人认为还需要谦让精神，有的却认为谦让落伍了，再也不能适应社会了。今天，老师带来了一幅漫画(画面上有句话"还讲这个《孔融让梨》，让孩子将来怎么适应社会")，大家分组讨论。

……

生 1：当今社会还需要谦让精神，有谦让方能适应社会。如：开学初发新书，往往都有一两本破损或起皱，如果同学间没有谦让精神，人人都不要皱的书，那这本破损或起皱的书怎么处置呢？幸好有些同学站起来说："老师，请把那本书给我吧！"所以社会需要谦让精神。

生 2：反对。在公共汽车上你把座位让出来给老人、孕妇坐，反倒被一些眼明手快的人抢先坐下了。这种谦让还有什么意义呢？

生 3：学习成绩在班里名列前茅的同学，你能对他说把名次让给我吗？或者说我的第一名这次就让给你了。这明摆着是不可能的，因此说谦让精神已不适应社会的需要。

生 4：这个观点应该看环境而定，有些无所谓的小事可以互相谦让，但是在一些重要的事物上，必须寸土必争。如在学习上应该展开竞争，才能互相促进。

生 5：我认为当今社会竞争很激烈，但是无论在学习上、工作上、社会上都需要这种"谦让"的美德。学习上有了谦让才能互相促进，共同进步，没有了会故步自封；工作上有了它能更好地开拓事业，没有了便会争个鱼死网破、两败俱伤；社会上有了它，能推进社会文明的进步，没有了它整个社会则无法发展，不进则退。

师：同学们都能踊跃发言，各抒己见，而且能把好的意见写下来，都能够开动脑筋想问题，特别是同学 E 他能很全面地谈论带有现实意义的社会问题。不过老师想补充一句："竞争和谦让精神并不矛盾，竞争中你大可当仁不让，切记有礼有节。竞争无论如何激烈，也必须学礼、识礼、守礼，方能提高效益。”课后同学们再把它整理成一篇小作文。

在这一课堂教学中，我们看到，教师在引导学生对课文思想感情理解和评价的基础上，进一步联系各自的生活认识，展示各自的看法，在不同视角观点之间相互启迪与补充，完善、加深对课文情感的认识，最后形成了共同的见解。在教学结束时，学生明白了：竞争和谦让精神并不矛盾，竞争中大可当仁不让，切记有礼有节。竞争无论如何激烈，也必须学礼、识礼、守礼，方能提高效益。正是通过这样日积月累的评价活动，消除消极情感，纠正糊涂认识，发扬积极情感，光大正确观点，学生才逐渐形成正确的价值观和人生观。

(四)实践练习

实践练习，是指教师经过一节课较为全面系统的教学、学生对所学的内容有了一定的认识后，在将要结束教学时设计必要的实践练习，让学生把所学的知识和能力加以巩固、消化。为此，教师要抓住教学的重点和关键性问题，从教学目的出发精心设计实践练习题，通过师生共同活动或学生亲自动手动脑，使学生当堂课的知识和能力得到及时巩固和消化，从而培养独立思考和分析、解决问题的能力，获得举一反三、触类旁通的效果。

例如特级教师邓彤老师执教《明湖居听书》一课，以音乐导入新课，然后分析小说结构，重点引导学生赏析描写音乐的段落，最后以引导学生欣赏音乐谈感受、练习描写音乐为教学的结束。我们来看看邓老师是怎样设计教学的结束的。

【例 8-5】《明湖居听书》课堂教学实录片段

师：我们分析了全文结构，也欣赏了作者对音乐的精彩描写。现在，让我们再欣赏一遍柴可夫斯基《如歌的行板》吧！听后，请同学们谈谈自己的感受。

(教师重播音乐，学生闭目聆听，有学生不时提笔记下瞬间感受。音乐结束后，教师不急于发问，有意留下3分钟空白，让学生沉浸在对乐曲的回味中，以期营造一种余音绕梁的氛围。)

师：说说你听音乐时想到的内容。

生1：我好像看到茫茫的俄罗斯平原，以及平原上散发着枯叶气息的白桦林，冰雪覆盖的世界，饥寒交迫、贫穷无助的凄苦的农人。

生2：我仿佛看见伏尔加河上一艘货船正逆流而上，船上的船夫正吃力地撑着船，春天料峭的寒风吹在他瘦削的脸上；船尾一个小女孩托着腮望着岸上开得很早的几点小黄花，脸上露出一丝微笑……

师：除了这些由音乐联想起的景象外，还可以从哪些方面谈？

生：听了这段音乐，我的心不由自主地紧缩，我好像喘不过气来，鼻子酸酸的，我想放声大哭！

……

(铃声响起。教师要求学生将以上感受整理成一段文字，并加上小标题，作为课后作文上交。)

《明湖居听书》一课是以音乐描写见长的课文，邓老师执教这篇课文时，删除一切旁枝，不讲通感夸张，略讲烘托渲染，将教学重点确定为“对无形音乐的传神描写”。以音乐导入课文，以分析音乐描写方法为课堂主体，以欣赏和描写音乐结束本课教学。邓老师在第三环节不厌其烦地引导学生赏析课文描写音乐的段落，就是通过范例的学习让学生从中总结出描写音乐的一些规律，这样，在课堂将要结束时引导学生欣赏音乐、尝试描写音乐，实际上就是让学生运用通过学习所获得的规律性知识。

（五）延伸阅读

延伸阅读，是指教师在讲完课文后，不是马上结束教学，而是根据课文的思想内容和人物线索，为学生介绍与课文内容密切相连的课外资料，引导学生由课内阅读向课外阅读延伸、拓展，使之成为联系第二课堂的纽带。这样，课堂教学就成为语文学习的加油站、中转点，语文学习就可以打破教室空间界限、课堂时间界限、教材素材界限，真正做到课内扬起语文学习风帆，课外畅游语文学习的海洋。

例如，一位教师执教莎士比亚名剧《威尼斯商人》，课堂教学的主要环节设计为：熟悉作品，把握情节；模拟表演，解读人物；合作交流，品味语言；归纳主题，引向课外。教师就是在学生熟悉了情节、人物的基础上讨论归纳作品的主题，并相机以适当的问题将学生的阅读焦点引向课外来结束全课。

【例 8-6】 《威尼斯商人》课堂教学实录片段

师：经过以上的学习，我们欣赏了本剧巧妙的情节设计、鲜明的人物个性和丰富的戏剧语言。这一切把一个冲突激烈的戏剧故事展现在我们面前，同学们从中领会到作者和剧本所要表达的意图了吗？大家再讨论讨论。（生讨论。）

生 1：这个剧本赞美了像安东尼奥那样的人为朋友担当风险、甘愿牺牲一切的可贵精神，讽刺了像夏洛克那样的人唯利是图、冷酷残忍的丑陋嘴脸。

生 2：这个剧本表达的是，只有依靠机智和聪慧才能战胜邪恶。

生 3：这个剧本的含义就是我们常说的那句话——邪不胜正。

师：看来，夏洛克在人们眼中就是邪恶的化身……

生 4（小声地）：我觉得夏洛克也挺可怜的。

师：你为什么会有这样的感觉呢？

生 4：虽然夏洛克冷酷无情，十分凶残，但是我从人物的对话中感觉到夏洛克好像一直就处在被周围人排挤的状态，他之所以这样应该也是有原因的吧。

师：你发现的问题很有意思也很有意义。究竟怎样理解和看待夏洛克这个人呢？其实《威尼斯商人》全剧中有很多情节和细节可以帮助我们更加深刻地理解夏洛克这个人物的内心世界，从而更加准确地评价这个人物。希望同学们下课后去完整地读一读全剧原著，就这个问题或者就自己在课堂学习中发现的问题、存在的疑惑去做一番研究和探讨，我深信，你们会真正成为莎士比亚的知音。值得一提的是，一直以来人们总是把本剧中的夏洛克与法国作家莫里哀笔下的阿巴贡、巴尔扎克笔下的葛朗台、俄国作家果戈理笔下的泼留希金并称为“四大吝啬鬼”。有兴趣的同学不妨也去了解一下其他三个人物形象的情况，看看这个说法的道理何在。

这样的结束语，与其说是课的结束，不如说是课的开始，“曲终收拨”却乐音未停，“余音绕梁”而兴趣不减，从课内教学延伸到课外阅读，使课内和课外有机结合起来，促使学生通过节选而读完全篇，从所学的这一篇课文而扩充到与之相关联的其他作品，培养课外阅读的兴趣。

(六)激发探究

激发探究，是教师在教学将要结束时，顺着学生思维深入、学习热情高涨的状况，提出新的研究问题，用以激励学生课外研究的兴趣。这种课堂教学结束形式，可以激发学生的好奇心、求知欲以及学习的积极性、主动性，使学生感到“学无止境”，课后继续扬起再学习的风帆。

例如，著名特级教师钱梦龙老师执教《死海不死》一文，在将要结束课堂教学任务时，适时激发学生的好奇心和求知欲，把学生从课堂学习引向了课外拓展探究活动。

【例 8-7】《死海不死》课堂教学实录片段

师：同学们，这堂课我们着重学习了知识小品的文体特点。在学习过程中，同学们的聪明和自信给我留下了很深的印象。最后还有一点时间，我还想出个难题考考大家，这可是个“高精尖”的大难题，你们如果这个问题也能解决了，我就真正佩服你们了；如果你们怕难，那我们来读几遍课文就算了。

生(七嘴八舌)：我们不怕难……

师：好，那现在我就宣布这道难题了？

生(七嘴八舌)：宣布吧……

师：宣布之前，请同学们先把课文最后一段一起朗读一遍。

(学生齐声朗读课文。)

师：课文最后这一段说死海数百年后可能干涸，我先问你们，作者推断的根据是什么？

生 1：近 10 年来死海每年水面下降 40 到 50 厘米……按照这样的速度下降，死海数百年后自然会干掉。

师：那么，死海水面下降的原因是什么？

生 1：因为这里炎热干燥。(师插问：你怎么知道?)地理课上学到过，课文里也说“艳阳高照”。因此死海海水的蒸发量大于约旦河输入的水量。蒸发多，输入少，所以海水每年下降。

师：说得很对。现在请大家听好了，我出的难题是：按照作者这样推算的思路和方法，死海真的会干涸吗？

生 2：我认为死海数百年后不可能干涸，因为到那时科学比现在更加发达，人类肯定有办法救活死海。

生 3：我认为他把老师的问题理解错了。我理解老师的意思是……(语顿。师插话：我知道你理解我的意思，不要急，慢慢说。)老师是问按照课文作者的办法推算，是不是一定会推算出死海会干涸的结果。

师：对，我就是这个意思，感谢这位同学把我的意思解释得十分准确。(对生 3)那你能回答这个问题吗？(生 3 不语。)看来有点为难你了。这样吧，我把问题再具体化一些：死海海水的蒸发量大于约旦河输入的水量，是作者认为死海将会干涸的原因，你认为死海的蒸发量是不是一个不变的常量?

生3:不是。(师插问:为什么?)在雨水多的年份蒸发量就会减少。

师:请注意,天气变化或地壳的变动等这类偶然的因素不在我们的考虑范围以内,何况死海盆地干旱少雨,全年的降水量加在一起不过50～60毫米。刚才你把我出的难题解释得很好,怎么自己倒忘了?请你从作者计算的思路这个角度去思考:按照作者的计算,死海的蒸发量会不会变化?

师:啊,好多同学都举手了,看来都找到答案了。请大家把手放下,让他(指生3)再想想,他很聪明,我相信他很快就会想出来的。

生3:蒸发量也就会变小。

师:为什么?

生3:死海的海水每年下降,死海的面积也会逐渐缩小。

师(向全班):大家说说,海水的蒸发量和海面面积是什么关系?

生(众):正比关系。

师:既然死海海水的蒸发量随着死海海面的逐渐缩小而减少,那么结果会怎样呢?

生3:当蒸发量小于约旦河水输入量的时候,死海就死不了了。

师:不一定要等到"小于"的那一天,再想想。

生3:等于。

师:对啦!当死海海水的蒸发量等于约旦河水的输入量的时候,死海就死不了。当然啰,那时的死海也不会像现在这样无边无际,波涛起伏,而是死也死不了,活也活得不像样,这是一种什么状况?

生(齐):半死不活!(笑声。)

师:对!就是半死不活!同学们果真智商很高,这个难题也没有难住你们。不过,死海究竟会不会死,恐怕不是一个计算的问题,而是一个现实问题。事实上,死海海水连年减少的原因,不全是海水的蒸发量大的原因,更主要的是人为的原因:以色列和约旦大量截流约旦河水用于灌溉和城市用水,致使约旦河输入死海的水量越来越少。这一严峻的事实已引起不少科学家、环境保护主义者的忧虑,一项名为"让死海继续活下去"的活动已经开始。死海处于地球陆地的最低点,人称"地球的肚脐",不仅有独特的旅游景观,而且它还蕴藏着极其丰富的矿物资源,尤其是氯化钾和溴。同学们虽然没有去过死海,但我相信大家都关心地球的命运,为此我建议大家用我们的智慧参与到"让死海继续活下去"的活动中去。请回去做两件事:第一,上网搜索关于死海的资料;第二,参考、运用网上资料,以《救救死海》或《死海不能死》为题写一篇文章,为拯救死海进行呼吁,或提出拯救死海的办法、建议。当然啦,我们的文章救不了死海,但至少可以表明我们关心地球命运的立场。我希望每一位同学长大后都能够成为一名自觉的环境保护主义者。

从上面的课例可以看出,钱老师激发学生从课内学习走向课外探究的方法十分巧妙。首先,教师在鼓励学生的基础上使用激将法:"在学习过程中,同学们的聪明和自信给我留下了很深的印象。最后还有一点时间,我还想出个难题考考大家,这可是个'高精尖'的大难题,你们如果这个问题也能解决了,我就真正佩服你们了;如果你们怕难,那我们来读几遍课文就算了。"都说初生牛犊不怕虎,学生果然被激发起探究的热情。接着,教师从课文存在的微瑕提出研究问题:“按照作者这样推算的思路和方法,死海真的会干涸吗?”然后引导学生准确理解问题的实质,提供探究的背景资料和研究方法。最后布置学生课外探究的具体任务。这样布置课外探究任务,既激发了学生探究的兴趣和热情,也指明了具体可行的探究途径,以保证学生课外喜欢探究,能够探究,真正探究。

(七)整理大概念图谱

大概念视野下的学科教学,不但需要在教学过程中引导学生深刻理解和运用学科大概念,还需要在教学结束后注意引导学生梳理、整合成大概念统领下的概念图谱,指导学生把一节课、一单元分散学习的知识要点整理为互相联系的知识综合体,形成系统化、结构化的知识网络。

下面是教师教完七年级下册第六单元后,引导学生进行的单元教学内容梳理和整合。

【例 8-8】　单元整理课课堂教学实录片段

师:本单元所有课文我们都学习完了,但这并不意味着这一学习内容就结束了。我们还需要做梳理和整理工作。做什么呢?用思维导图的方式整理本单元的阅读方法和文体知识。

具体过程如下:学生个人独立整理;小组交流、评议和修改;班级交流和评议;形成班级最终学习成果。

1.“浏览”概念图谱

具体如图 8-1 所示。

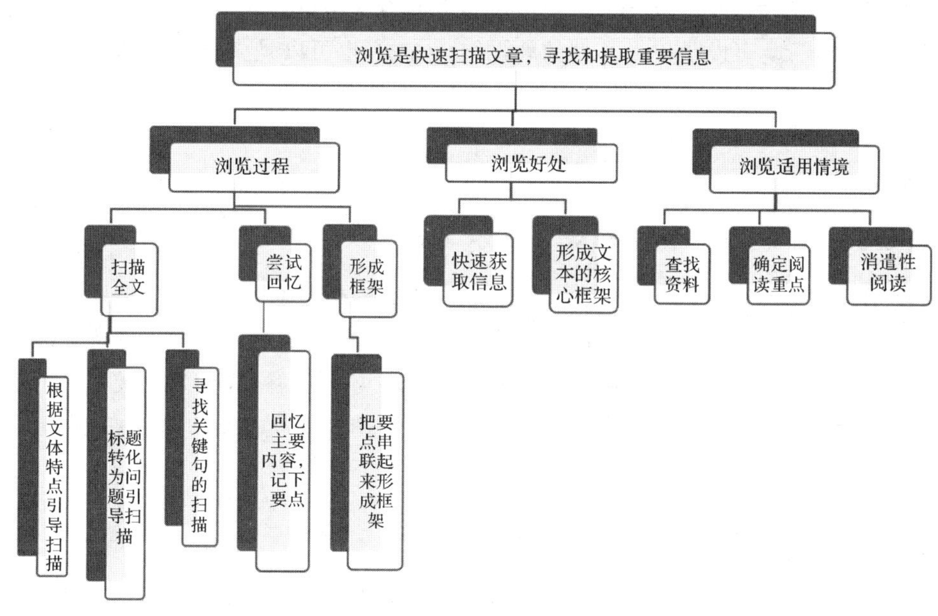

图 8-1　“浏览”概念图谱

2.“传记”大概念图谱(略)

3.“科幻”大概念图谱(略)

例 8-8 改变以往教学以做练习为一节课的终结的现象，在一节课、一个单元教学任务完成后，指导学生整理全部教学内容，在大概念的统领下建构起概念图谱。在这一教学过程中，首先，教师明确说明学习活动和要求。接着，学生个人独立梳理、整合主要学习内容。然后，小组讨论修改和完善。最后，全班交流，建构成最终大概念图谱。这种整理学习，目的是把分散学习的散点知识整合为互相联系的系统化的整体知识；整理的范围可以是一节课的教学内容，也可以是一单元、前后单元、一册书的相关学习内容，范围不断扩大；整理学习的主体是学生，教师切忌越俎代庖；整理的形式可以是思维导图、层级结构图、表格等。（参看第一章"导入技能"中的"提取大概念"，理解课堂教学的起始课和终结课前后呼应、一脉相承：导入以"大概念"的提取和理解为起点，结束以"大概念"图谱建构为终结，学生经历了"总—分—总"的学习过程。）

其实，结束方式无定式，好在巧用中。语文课堂教学结束的方式还有很多。只要我们始终牢记"以学生为本"的理念，用心揣摩，注重创新，就一定能够创设出丰富多彩的、画龙点睛般的教学完美结局。它不仅可以归结全篇，深化主题，而且可以把教学的内容提炼升华，将学生的思维引入更深入、更广阔的领域，并把学生从课堂教学引向更广泛的课外学习，从而真正提升学生的语文能力和素养。

四、教学结束技能的灵活运用

为了便于初学者更快更好地掌握语文课堂教学结束技能，上面所列举的六种教学结束范例，基本上都是以一种教学结束方式为主的教师教学活动。而在实际的课堂教学中，教学结束方式是多种多样的：既可以是以教师活动为主的教学结束方式，也可以是以学生活动为主的教学结束方式；既可以是单一类型的教学结束方式，也可以是多种类型结合的教学结束方式。下面我们介绍的特级教师董承理老师执教的《读〈伊索寓言〉》一课的教学结束方式，就是在教师引导下学生自己总结课堂所学习的理解文章的方法。

【例 8-9】《读〈伊索寓言〉》课堂教学实录片段

师：现在，同学们对这篇课文的基本内容和写作目的都有自己的看法了，原先对文章的理解都得到某种程度的修正了。只是，恐怕还有个遗憾：老师没有把这篇文章的主题写在黑板上，没有明确告诉大家这篇文章应该怎么理解。应该怎么理解，这不是我最关心的。能够形成自己的理解，并且能够检测和修正、完善自己的理解才是最重要的。现在，我请同学们总结一下这节课所学的检测方法。第一点，看什么？

生（齐）：文章的思路。

师：对。怎么看？

生 Z：竖着读，看话题是怎样发展的，把它们连成一个整体。

师：嗯。然后呢，该怎么做？

生 S1：靠近文章，仔细阅读原文，品味原文的语言，分析作者的写作意图，像我们刚才分析作者"纠正"《伊索寓言》那样。

师：如果感到还没有把握呢，该怎么做？

生 S1：再拉开距离，看作者的写作背景，看文集里其他文章的相关内容，看文章的环境。

师：谈得很好。对阅读来说，学会读书远比记住结论更重要，同时还要学会检测自己阅读时是否理解，一时理解错了也不要紧，只要懂得方法，自己会纠正过来的，钉子碰多了，慢慢就成熟起来了，理解的水平也就逐步提高了。下去之后，请同学们认真地品读《读〈伊索寓言〉》，好好欣赏作者的幽默。然后，再找几篇难一点的文章来读一读——我建议大家去读钱钟书的《写在人生边上》，形成自己的理解，然后自己检测理解的可靠性，不断完善自己的理解。

董老师在课堂将要结束时，没有自己去做教学总结，而是引导学生自己去做总结。引导学生自己去做总结，一方面真正体现了学习的主体是学生。所谓主体不是空洞的口号，而是体现在整个学习过程中的主人翁地位，也就是学生自己明确学习目标，自己开展学习活动，自我监控学习过程，自我激励学习进步，自我反思和总结学习结果。另一方面，通过学生自我总结，有利于教师及时了解学生对学习内容的掌握情况。学生总结顺畅、完整，说明准确而牢固地掌握学习内容；学生总结结结巴巴、挂一漏万，说明没有掌握学习内容。

这里尤其值得注意的是，董老师要求学生总结的不是语文课堂所学习的知识、所理解的课文内容或主旨，而是引导学生反思和总结整个课堂教学所采用的阅读方法。“现在，我请同学们总结一下这节课所学的检测方法。”在董老师的引导下，学生总结了刚才学习时所进行的认知活动：“看文章的思路”“看话题是怎样发展的，把它们连成一个整体”“靠近文章，仔细阅读原文，品味原文的语言，分析作者的写作意图”“再拉开距离，看作者的写作背景，看文集里其他文章的相关内容，看文章的环境”。这种重在引导学生反思和总结阅读方法的操作程序，培养了学生对自己认知活动过程的自我意识和自我监控能力，也就是所谓的元认知能力。这样的反思和总结是非常必要的，因为这些程序性知识是学生在一节课的学习过程中一点一滴探索感悟到的，如果不注意引导学生进行反思和总结，他们就有可能只获得碎片式的知识，使程序性知识以陈述性知识的特性储存在大脑里。而反思和总结则是让学生归纳、总结出所学习的程序性知识的特征，说出其操作时头脑里的思维活动过程，明确其操作过程的关键步骤，把碎片式的知识整理为系统性的知识，使之成为整体。这样，既增强学生对其思维过程的意识，使学生完整而清晰地掌握所学习的阅读方法，也为学生今后自主运用这些阅读方法并监控和调节运用的效果奠定基础。董老师的课堂教学还没有结束于此，而是进一步引导学生关注钱钟书《写在人生边上》中的其他文章，牵起了钱钟书著作的一个系列，勾起了学生阅读作者其他著作的欲望。这样结束教学，既概括课堂教学涉及的能力要点，又引导学生向课外阅读延伸，做到了一箭双雕。

五、教学结束技能练习设计

(一)语文课堂教学结束的要求

具体包括以下几方面。

第一，教学结束要紧扣教学目标和教学过程。一节课是一个完整的整体，教学结束是这个整体的一部分，因此不能孤立地设计教学结束环节，而需要在教学目标和整节课的教学过程中加以考虑。

第二，教学结束如果要强调重点、难点，概括要点，应注意深化和提高，切忌简单地重复；还要注意明确整堂课教学内容之间的联系，明确课内教学内容与学生原有知识之间的联系，明确现在所学的内容与之前学习的内容、将要学习的内容的联系。力求通过强调和概括形成知识和能力系统，便于学生记忆。

第三，教学结束要注意培养学生的思维能力。课堂教学不仅仅是学习知识，更重要的是通过知识的掌握培养学生的思维能力。在上课过程中，教师展示思维范例，提供思维的践行机会，引导学生反思思维的效果，创设新的问题情境，启动更深更广的思维，只有在教学各环节中多关注培养学生的思维能力，学生的思维能力才有可能真正得到提高。

第四，教学结束时要注意获取反馈信息，及时了解学生掌握的情况。教学的最终目的是"学"，而不是"教"，因为在教学过程中，学生是认识的主体。检验教师一堂课的教学效果如何，很重要的一项内容是看这节课最后的提问结果或学生练习情况。通过提问或练习，可以了解学生的学习情况，及时发现存在的问题，从而使教师随时修正和调整自己的教学，以补救学生学习的缺陷，取得更理想的教学效果。

第五，教学结束用语要简明扼要，优雅而富于变化。

（二）教学结束技能训练设计的方法

具体包括以下几方面。

第一，明确课堂教学目标和教学过程。教学结束虽然是教学过程的最后一个环节，但它是整个教学过程中环环相扣的一个环节，因此不能脱离教学目标和整个教学过程孤立地去设计教学结束的方法。教学目标制约着教学的全过程，设计教学结束的关键在于紧扣教学目标，顺接前面的教学环节。如果教学目标的重点是掌握知识，教学结束则可以重在整理知识，形成系统，以便记忆。如果教学目标的重点是训练能力，教学结束则可以反思能力操作过程，提供练习和迁移机会。如果教学目标的重点是情感熏陶，教学结束则可以进一步渲染情感，使学生得到更深的感悟。

第二，确定教学结束的类型。课堂教学结束的类型是丰富多样的，随着教学经验的不断丰富，教师可以随时根据教学内容、学生特点、具体的教学情境，灵活地动态生成和创设出适切的教学结束方式。但对于新教师来说，初次走上教学的讲台，首要的任务是掌握教学的基本技能，可以根据教学目标和教学过程中前面各环节特点，选择前面介绍的六种教学结束的方法之一，来设计教学结束类型。等熟练掌握基本的教学结束类型后，再谋求灵活变化。

第三，设计教学结束的具体方法。选定教学结束类型后则可以具体设计教学结束的流程。首先是设计教学结束环节的重点内容是什么；接着设计怎样从前一个教学环节过渡到教学结束环节；然后设计教学结束环节怎样推进，要提什么问题，需要开展哪些师生活动；最后是设计具体的教学结束语言。

第四，课前模拟练习。新教师或对教学结束方法掌握还不是很熟练的教师，最好课前能够在微格教室里进行教学结束模拟练习，了解自己设计的教学结束方式是否适合学生接受水平，是否与前面的教学环节衔接妥帖，内容是否具有逻辑性，师生活动是否协调，语言是否简练、清晰等等，以便发现问题，及时改进，保证教学结束的质量。

六、教学结束技能评价

运用表8-1评价教学结束的教学效果。

表8-1　教学结束技能评价

课题：　　　　　　　　　　讲课教师：　　　　　　　评价者：

项　目	优	中	差
能突出教学的重点、难点、精彩点	5	3	1
总结的要点有明确的联系，使知识、能力系统化	5	3	1
注意课内外沟通	5	3	1
与教学目标、前面各教学环节互相呼应，成为整体	5	3	1
既有教师活动，也有学生活动	5	3	1
能激发学生进一步探索的兴趣	5	3	1
布置作业要求明确，数量恰当，难度适中	5	3	1
教师语言简明扼要，优雅而富于变化	5	3	1
合计			

注：请听课后根据各项评价指标评出等级（在相应的等级上打钩），总分1～10为差，11～20为一般，21～30为中等，31～40为优良。

【微格训练】

一、教学结束案例分析：仔细阅读下面的教学结束课例，分析其优缺点。

1.《爸爸的花儿落了》的教学结束

师：好感动人的一幕，文中深深的父女情，像雨丝一样浸润我们的心田，使我们每个人的心都为之潮湿起来、感动起来，心灵深处最柔软的一角被掀开了。我想，此时此刻，同学们肯定有很多话要说，有很多情感要抒发。下面我们就有感情地说一说，进行一次仿句练习。（出示幻灯。）

师：这里有个句子："父爱是阳光，让我感到人间的温暖；父爱是灯塔，照亮我前行的路。"这两个句子写得不是很好，但是，我相信同学们会把它仿得非常棒。下面就请同学们拿出纸和笔仿写"父爱是……"

（学生仿写。）

师：好，下面，我们来交流一下吧！

生1：父爱是彩虹，引领我度过黎明前的黑暗；父爱是春雨，滋润着我，让我茁壮成长；父爱是桥梁，使我一步步地走向成功。

师：怎么样，不错吧？

生2：父爱是蜡烛，为我们尽心付出不求回报；父爱是北极星，指引我前进的方向。

师：北极星，这个比喻真棒。

生3：父爱是一条绳子，在我困难时，他会将我拉上来；父爱是燃烧的炭，在我失败时，会使我温暖。

生4：父爱是缤纷的彩石，为我铺下了美丽的道路；父爱是天上的彩虹，把我纯洁的天空装饰得美妙绝伦；父爱是西下的夕阳，让我知道即使看不见也不会真的消失。

师：怎么样，给点掌声吧！（问学生名字，然后说，相信日后你会成为一名作家。）

生5：父爱是微风，虽然悄无声息，却令人心旷神怡；无声却能悄悄袭来；父爱是细雨，虽然细小，却沁人心脾。

师：很美。

生6：父爱是勇气，告诉我遇到困难的时候应该如何面对。

生7：父爱是秋天，赐以我们深沉；父爱是奔驰的马儿，带着我们冲向胜利的远方。

生8：父爱是照明灯，指引我走向远方；父爱是东升西落的太阳，让我们知道失败了，还有机会再重来！

师（大声）：失败了，还有机会再重来！

生9：父爱是罗盘，指引我走向人生道路的辉煌。

生10：父爱是大路，指引我走向人生成长的跑道；父爱是勇气，让我担起成长的重任。

师（有感情地）：确实，父爱就像那大楼坚实的地基，支撑起我坚强的意志；父爱就像一棵大树，为我撑起一片蓝天。如果说成长是一首诗，那么父爱就是一条河。这是一条严厉的河，在你犯错时，使你警醒；这是一条温馨的河，在雨天会为你送来花夹袄；这又是一条激励的河，激励你勇敢地面对困难，硬着头皮去闯练；这更是一条希望的河，希望你快快长大，快快懂事。那么请让我们在成长的记忆长河中谨记："生命中，有一个人叫父亲，有一种爱叫父爱。"

师：下课，谢谢同学们。

2.《故乡》的教学结束

师：还有问题吗？没有了？那就回顾一下，经过两堂课，同学们在学习方法上有些什么体会？

生：把难题解决了，课文也读懂了。

生：经过讨论，印象特别深。

生：讨论讨论可以学到别的同学的长处。

生：提出问题等于解决问题的一半，我们要学会提出问题。

师：说得真好！你们问题提得好，解决得更好，两个方面都得满分。我再来补充一点：我知道，你们金华的孩子都很用功，如果再加上多思考问题，就会越学越聪明。学习刻苦是一只翅膀，而开动脑筋，是另一只翅膀，你们这些小老虎就会飞起来。这就叫作——

生：如虎添翼。（笑）

师：好，说得好！这样，你们将来走上工作岗位，也会成为顶呱呱的人才了。好，课上到这儿，我很满意。谢谢同学们，下课！

3.《新型玻璃》的教学结束

师：你们就是未来的发明家、创造者！你们想不想设计出更新型的玻璃为祖国现代化建设出力呢？说说看，你们有什么想法？

生：我想设计一种玻璃能使房间自动调节干湿度。

生：我要发明一种发光玻璃。天黑了，它能自动发光，室内不必再装电灯，可以为国家省很多电。

……

师：同学们的发明真多，而且都有价值，我想以后一定能实现。如果那时你发明成功了，可不要忘记打个电话告诉老师一声呵！好，现在请大家参照课文的写法把自己的设想写下来。

学生在饶有兴味的活动中，获得了全面的发展：语文工具和思想情感、想象和说话、读书和写作等等。

4.《秋魂》的教学结束

师：刚才四个小组的同学都品得不错，联想得也很好。现在要下课了，我们来总结一下。按照惯例，由轮到的同学分别总结：

生 1：我总结的是重点字词：除预习提示中的以外，还有“银装素裹”“槐”“弱不禁风”“蓇子”“秕子”“孤芳自赏”“众说纷纭”“各抒己见”“英雄气短”“情意绵绵”。

师：我补充几个句式。不是……也不是……更不是……；是……又不单是……；是……又不只是……；是……又不光是……；是……也不全是……；是……更不尽是……大家可以找一个话题进行仿写。

生 2：我总结的相关的名句有：“秋风扫落叶”“一分耕耘，一分收获”“种瓜得瓜，种豆得豆”“落红不是无情物，化作春泥更护花”。

生 3：我总结一下这篇课文的主要内容，这篇课文赞美了秋天的成熟、慈爱、无私、诚实、博大等精神品格。

生 4：我总结一下这篇课文的主要写作特点，用拟人的手法使秋天具有了生命，用排比的手法使句子很整齐，还用了反问、设问来引起人们的思考。

师：好，看来这节课大家的收获不小。下面布置两个作业，同学们任选其中一个做。一是就本课的一个品味点写一篇小小的语感随笔；二是把你喜爱的句子或段落摘录下来，并且熟读背诵。

5.《北冥有鱼》的教学结束

师：北冥之鱼是一条怎样的鱼呢？它原本生活在寒冷、黑暗、荒凉的北冥，却向往温暖、明亮、富饶的南冥，这是一条有理想、有追求的鱼。从北冥到南冥，路途遥远，作为一条鱼没有捷径，必须自我蜕变，由鱼变成鸟，这种蜕变是非常痛苦的，这是一条勇于突破自我的鱼。由鱼变成鸟，不是展开翅膀、扇动几下就可以飞翔的，需要“水击三千里”的持续奋斗，这是一条努力奋斗的鱼。由鱼变成鸟，要飞得高，还需要“抟扶摇而上”“去以六月息”，这是一条善假于物的鱼。即使能在高空飞翔，北冥之鱼也还时时自我质疑：“天之苍苍，其正色邪？”这是一条永不自满的鱼。

愿我们也像北冥之鱼：有理想、有追求，敢于自我蜕变，一直奋发，善假于物，永不满足。

二、教学结束技能微格模拟训练：从下面各题中选择一题，进行教学结束设计，然后在微格教室中进行模拟练习，分析其中的效果。

1.下面是《小石潭记》的课堂教学过程：导入新课；作者简介；朗读课文，疏通字词；再读课文，整体感知（本文是一篇游记，说说课文是按照什么顺序写的）；品读赏析，走进心灵。（在柳宗元眼里，小石潭很美，美在哪儿呢？柳宗元面对这样一个美丽而富有诗意的小石潭，又是怎样的一种情怀呢？如何理解“心乐之”和“凄神寒骨”的矛盾？）

请接着具体设计这课教学的结束方式，然后在微格教室进行模拟训练，评价设计效果，并具体说明设计的理由。

2.下面是《石壕吏》的课堂教学过程：第一遍读课文，以二胡曲《二泉映月》配乐朗读课文，思考可否用这首乐曲作为电视剧的主题曲。第二遍读课文，研究如何将课文改编成电视剧，包括三个统一的小问题：如何根据课文第一部分为四个人物设计特写动作，如何根据课文第二部分设计画面表现老妇人的话，如何根据课文第三部分设计画面、音响并补充情节。第三遍读课文，讨论根据《石壕吏》改编成的电视剧，其感情基调应该是“悲凉”还是“悲愤”。

请接着具体设计这课教学的结束方式，然后在微格教室进行模拟训练，评价设计效果，并具体说明设计的理由。

3.下面是《社戏》的课堂教学过程：导入新课；整体感知（解释戏的含义、简单介绍社戏）；文本探究（赏戏外戏、赏戏中事、赏戏中人、赏戏中景）；解读主题（反复朗读，两次看社戏的区别，寂寞何在）。

请接着具体设计这课教学的结束方式，然后在微格教室进行模拟训练，评价设计效果，并具体说明设计的理由。

4.下面是《乡愁》的课堂教学过程：情境导入；走近作者；走近作品（读懂诗意：这首诗表达了作者怎样的情感）；走入文本（读出诗情：四小节分别表达了作者怎样不同的情感，借助什么来表达的，如何读出丰富的感情）。

请接着具体设计这课教学的结束方式，然后在微格教室进行模拟训练，评价设计效果，并具体说明设计的理由。

第九章　课堂教学技能的综合运用

✲ 学习目标

1. 理解课堂教学综合运用的原则。
2. 学会全面地、多角度地分析一节课教学技能运用的案例。
3. 撰写一节课的教学设计，注意综合运用各种教学技能。

在实际教学中，教师开展一堂课的教学总是综合运用各种教学技能。因此，我们在学习教学技能时，不仅要掌握一个个单一的课堂教学技能，更需要学会根据教学目的、教学内容、学生特点，选择合适的教学技能，协调地、综合地运用于课堂教学。

一、语文课堂教学技能综合运用的原则

(一)计划性原则

教学是有目的、有计划地引导学生学习语文知识，训练语文能力，掌握语文学习方法，感受高尚的情感世界的过程。为了达到这些目标，教师在上每一节课前都需要精心设计教案，这包括深入研读文本，多角度了解学生，科学确定教学目标，精心选择教学内容，合理地安排教学过程，恰当地运用教学技能。但是，有些新教师在备课时常常更多地关注教学内容和教学过程，而对教学技能运用的设计注意不够，在教学中会出现教学策略单一，教学技能运用不适合而低效等现象。有时候有些教师观察优秀教师的课堂教学也会产生一种误解，似乎看到的是优秀教师在教学时灵机一动，即兴随意地运用教学技能，其实优秀教师能够达到这一境界，是因为他们长期对其教学进行精心设计，从而达到能根据教学具体情境熟练运用教学技能的程度。因此，新教师在备课时一定要根据教学内容和学生的特点计划好怎样运用相应的教学技能，例如，怎样根据教学内容和学生特点设计精彩的导入，什么时候应该简明扼要地讲授，在什么情景下应该组织学生合作探究，特别需要指出的是，精心设计提问更是教学设计最重要的组成部分。

(二)适配性原则

教学最难能可贵的地方在于教学技能的运用与教学内容、学生特点相适配。教学首先要确立教学目标和内容,然后灵活运用各种教学技能去引导学生学习。换言之,教学技能的运用,就是针对学生学习过程中存在的知识障碍、思维障碍与心理障碍,提供相应的排除故障的信息或思路,让学生进入一种突然的、说不出的、直觉的体验状态,促使学生开动脑筋,进一步思考与研究,最终寻找到解决问题的途径与方法,达到掌握知识、发展能力的教学目的。

(三)灵活性原则

新课改强调教学的预设与动态生成相结合。这就是说:教师一方面要在课前进行精心的备课,预设好教学方案;另一方面,又要在教学中根据学生的学习情况随时灵活地调整教学,有可能会动态生成新的教学目标、新的教学内容,这样,教师也就要及时调整教学技能的运用,例如动态生成新的问题、新的组织学生活动的方式等,这就是课堂教学的灵活性。

二、教学技能综合运用案例分析

【例 9-1】《太空一日游》课堂教学实录片段

师:这节课,我们学习运用浏览方法来阅读《太空一日》。什么是浏览呢?

生:浏览就是一目十行地扫视文段,迅速提取字里行间的主要信息。

师:很好。大家还记得单元提示的内容。昨天我们学习运用浏览方法阅读《伟大的悲剧》,是怎样浏览和提取信息的?

生:从上而下快速浏览,通过寻找叙事文章的四要素把握主要信息。

师:很好。今天我们再学习另一种浏览和提取信息的方法:标题引导法。这篇文章和前一篇文章形式上有什么不同?

生:文章中有小标题。

师:对。小标题是一种很好的阅读提示,我们可以利用小标题来引导浏览和提取重要信息。怎样做呢?就是先阅读标题和小标题,然后抓住标题的关键词提问,再根据提问寻找答案,也就能迅速提取主要信息了。下面,大家可以就标题和小标题自由发问。

(师生学习活动过程:学生提问,教师板书,然后引导学生把问题归类。获得如下问题。

(太空一日:一日是从什么时候到什么时候?发生了什么事情?为什么写这些事情?

(我以为自己要牺牲了:遇到什么事而认为要牺牲了?事情大概怎样?面对这样的事有什么表现?

(我看到了什么:看到了什么东西?为什么注意看这些东西?写看到的事物想表达什么感情?

(神秘的撞击声:听到的撞击声是怎样的?为什么是神秘的?听到这撞击声后做了什么?写这声音是为了表达什么?

(归途如此惊心动魄:归途时间多长?经过哪些过程?降落发生了什么惊心动魄的事?)

师：下面，请同学们以第二小节为例，跟随教师一起，以问题为引导，用两分钟时间浏览本节，快速找出问题的答案。

[师生阅读活动过程：①找一找。迅速浏览并寻找看到的物体。②想一想。浏览后合上课本回忆寻找到的要点。“他看到了地球并非呈现球状，而只是一段弧”“看到了地球上各大洲和国家（山脉的轮廓、海岸线的走向、河流的形状）”“看到了北京的白天和夜晚，也看到了祖国的各个省份”“看到了类似棉絮状的物体从舷窗外飘过”。③议一议。有学生发现文章不但写了看到的东西，还写了没看到的东西，为什么要写没看到的东西呢？讨论后认为是为了验证传说的真伪，表现严谨的科学精神。]

师：现在，我们把刚才阅读活动的过程做个小结。

（学生发言，教师板书。过程：①标题转换为问题；②找出问题答案，用一个词语做记忆线索；③阅读后尝试回忆要点；④思考要点独特之处。）

师：这就是“标题引导浏览法”。浏览的时候可以将标题转换为问题，以问题引导进行阅读。

师：下面，请同学们继续运用“标题引导浏览法”，快速浏览未阅读的其他内容。注意尽量按照前面的学习过程进行快速浏览，也就是：找一找，迅速提取主要信息；想一想，回忆信息要点；议一议，交流信息独特之处。

学生浏览课文，回忆要点，交流独特之处。（略）

最后，师生再次总结浏览活动的过程如下。

（1）浏览一遍（扫描式阅读全文）

有时间限制，只读一遍，不管读懂多少，必须尽可能快地在规定时间内扫描全文。

（2）尝试回想

读完之后，把书放下，闭上眼睛，像过电影一样把方才阅读时摄入脑海中的视觉印象回想一遍，边回想边用几个词语记下要点，形成总的印象。

（3）以要点形式或思维导图形式、表格形式写出文章大概内容

把回忆出来的几个词语要点扩展为一两句话，形成全文要点，如主要人物、事迹以及阅读感悟等。

（4）对照原文自我评估理解和记忆水平

例 9-1 是一篇课文的教学全过程（篇幅所限，做了一定删节）。从中可以窥探到优秀教师怎样灵活运用多种教学技能，帮助达成教学目标。本篇文章在教材中作为学习浏览的例子编入七年级下册第六单元。这里可以提炼出来的教学技能有：①导入回顾旧知，联系新知，把新知纳入旧知的图式，丰富和扩充了旧知。②讲解并示范，简明扼要说明本次学习的“浏览”认知活动过程是怎么操作的：“小标题是一种很好的阅读提示，我们可以利用小标题来引导浏览和提取重要信息。怎样做呢？就是先阅读标题和小标题，然后抓住标题的关键词提问，再根据提问寻找答案，也就能迅速提取主要信息了。”③引导深学。先是学生提问，教师板书，然后引导学生把问题归类。接着，教师指导学生以问题为引导，用两分钟时间浏览第二小节，快速找出问题的答案。然后，教师指导学生交流阅读所得，回忆主要信息，并讨论重要信息的含义。最后，引导学生反思、概括阅读的认知过程：“找一找、想一想、议一议。”④引导迁移。学习的最重要的目标是在学会的基础上能够迁移运用，所谓迁移是指“先前学

习的结果影响新情境中的学习或表现的过程”①。迁移分为近迁移和远迁移。近迁移，指在相似的情境间发生的迁移；远迁移，指在不相似的情境间发生的迁移。需要注意的是，学生并非都能自动做出迁移，需要教师在教学中创设迁移的学习环境，并提醒学生开展迁移学习。因此，教师的要求非常重要：“下面，请同学们继续运用‘标题引导浏览法’，快速浏览未阅读的其他内容。注意尽量按照前面的学习过程进行快速浏览，也就是：找一找，迅速提取主要信息；想一想，回忆信息要点；议一议，交流信息独特之处。”教师创设了和学习情境相似的迁移运用环境，让学生自主运用所学的知识技能，以便扎实掌握和运用。(5)结束时反思和概括策略要点，帮助学生巩固和内化认知操作过程。

【例 9-2】《读〈伊索寓言〉》的课堂教学实录片段②

师：《读〈伊索寓言〉》这篇文章，同学们在上课前已经读过了。现在，我们来讨论预习时请大家思考的两个问题：这篇文章是讲什么的？作者写这篇文章目的是什么？

生 1：我觉得这篇文章表面上讲的是寓言的问题，实质上是批评当时的社会现象。因为他在文章中列举了几则寓言，然后提出了自己对某些社会现象的看法。作者在文章中写了许多方面的内容，真正的目的在于对社会现象提出批评。

师：这位同学很勇敢，而且说得很肯定，充满了自信，很好。

生 2：我觉得这篇文章意在纠正《伊索寓言》的某些看法。作者强调了小孩子该不该读寓言，尤其是伊索的寓言。

师：好的，你的观点很明确，并且说得简单、扼要。

生 3：在这篇课文中，钱钟书剖析了《伊索寓言》，然后联系一些社会状况，发现跟寓言所说的不一样，于是谈到了对小孩子的教育问题，认为教育孩子一定要联系生活实际。作者觉得《伊索寓言》所说的故事不够切合生活实际，觉得有必要去纠正它。

师：好，你的意见与刚才那位同学有些相似，但也有所不同，不错。

生 4：作者认为应该为孩子良好地成长创造良好的社会环境。《伊索寓言》固然能教育孩子，但主要的还要看我们这个社会，社会环境对孩子的教育极其重要。

第一步，谈话导入，诊断学生初始阅读状况。在教学的开始阶段，教师要求学生：“思考两个问题：这篇文章是讲什么的？作者写这篇文章目的是什么？”让学生自由发言，谈对这篇文章写作宗旨的理解。这是了解学生对课文初步理解的情况，关心学生在教师未讲之前的阅读状况。学生对课文的初步理解产生了分歧，“一种认为本文是批评某些社会现象的，另一种认为是用寓言谈教育孩子的问题的，还有一种意见认为课文是纠正寓言的幼稚和简单的”。

---

① 查理德·迈耶. 教育心理学的生机——学科学习与教学心理学[M]. 姚梅林，严文蕃，等译. 南京：江苏教育出版社，2005：268.

② 张孔义，董承理. 语文课程的实践回归——董承理语文教学探索实录评析[M]. 长春：吉林大学出版社，2009：1-9.

师：把刚才的发言加以梳理、概括，实际上有这么些意见：一种认为本文是批评某些社会现象的，另一种认为是用寓言谈教育孩子的问题的，还有一种意见认为课文是纠正寓言的幼稚和简单的。不管持哪种观点，这些同学都读出了自己的看法，这是很可贵的。但是，就作者的本意来讲，在一篇短文里不可能有这么多不同的核心话题。也就是说，这些意见不可能都符合作者的本意，肯定有一些理解是不准确的。这就需要我们自己去检测——理解的过程也是自我检测的过程——为自己的理解寻找根据。怎样检测呢？第一步，是看文章的思路。怎样看思路？要学会竖着读。

（学生觉得奇怪，低声议论。）

第二步，确定目标，指明学习方向。教师虽然在备课阶段就有预设的教学目标，但最终的具体的教学目标是在课堂教学过程中根据学生的理解状况动态生成的。面对学生理解的分歧，教师让学生意识到真实的需要解决的问题情景：同学们对课文的理解彼此不同，但作者写一篇文章不可能有这些彼此矛盾的意思。“这些意见不可能都符合作者的本意，肯定有一些理解是不准确的。这就需要我们自己去检测——理解的过程也是自我检测的过程——为自己的理解寻找根据。”于是，根据学生的学习需要，确定接下来的具体的教学目标和教学重点，告诉学生“检测自己的理解是否正确”，选择的学习方法是“竖着读”。

师：大家对“竖着读”的说法感到新奇，是吗？

（学生微笑着点头。）

师：的确，我们习惯于横着读，就是一个字、一个词、一个句子地读过去。横读是阅读的基础。但很多时候，仅有横读是不够的，还需要竖着读，就是按照前后顺序，把文章的话题一个一个串起来，连成有机的整体，这就是全文的思路。现在，我们试着“竖读”：这篇文章有哪些话题？它们是怎样串成一个整体的？

（学生做“竖读”尝试。）

师：现在，我请一位同学谈谈这篇文章有哪些话题，是怎样串起来的。

生 1：课文先讲现在有些女性对待比自己年轻得多的女性比较宽容，而对年龄相近的就很刻薄，接着讲古代相当于小孩子时期。然后……然后，讲我们有必要纠正《伊索寓言》，接着就举了纠正的例子——

师：共举了几个例子？

（生 1 数例子。）

生 1：九个。最后，作者说《伊索寓言》不适合做现代儿童的读物。

师：刚才这位同学除了在一个地方卡住了，别的都谈得很利索。有补充或者不同意见的吗？

生 2：我认为第三段说的是《伊索寓言》至少给了我们三方面的安慰，然后得出结论，说我们要对它加以纠正。

师：你说得很好。只是，第三段和上文有什么联系吗？

（学生看书，思考。）

生 2：有的。作者说前面两段话，就是为了引出第三段。

师：你这样说，有什么根据吗？

生2:有。作者在第三段的开头就说:“这些感想是偶尔翻看《伊索寓言》引起的。”然后推出了三重安慰。

师:你说得太好了!你终于看到这两个话题之间的联系了。这可是个重要的发现啊!

生3:1同学对第二段的理解有些含糊。作者明明说我们思慕古代只是因为我们比古代进步得多,像大人喜欢小孩子那样宽容。前面两段差不多是一个话题。既然古代是小孩子,《伊索寓言》也就是这样的小孩子,我们需要宽容地纠正它的“浅薄见解”。

师:你说得太好了!最可贵的,是能够把这些段落很自然地融在一起,脉络清晰。现在,我请一位同学在刚才发言的基础上,把全文的思路顺畅地加以陈述。

(学生发言。)

师:这样看来,全文的重心就落在第三段带出的对《伊索寓言》的批评上,说它太简单了,把孩子们的脑子都教简单了。全文思路证明我们很多同学的理解是有根据的。

(很多学生现出欣慰的笑容。)

师:但是,仅有这样的检测是不够的,我们还需要深入原文,深入重点内容,看看作者到底说了些什么,怎么说的。我们看看,作者“纠正”九个寓言的浅薄,有什么共同点吗?

(学生看书。)

生4:有共同点,每段都先说寓言,然后再纠正它的浅薄。

师:你这么快就能发现特点,真不错。现在,我们先来看作者对第一个寓言的“纠正”。你们看过这则寓言吗?(学生摇头。)这则寓言原文的题目叫《蝙蝠与黄鼠狼的故事》。一只蝙蝠被黄鼠狼逮住了,这只黄鼠狼最恨兽类了,要吃它。蝙蝠说:“我不是兽类,我是鸟。”黄鼠狼于是就放过了蝙蝠。后来,这只蝙蝠又被另一只黄鼠狼逮住了,那只黄鼠狼最恨鸟类,要吃它。蝙蝠说:“我不是鸟类,我是兽类。”那只黄鼠狼也放过了它。最后,寓言告诉人们:随机应变,能使我们转危为安。

生5:我发现《伊索寓言》原文意思和课文说的有些不一样,而且下面作者所说的也和原寓言根本不是一回事。

师:你的反应真快!的确不是一回事。但作者所说的现象就是现在我们也能够看到,有些人为了某种目的,专门到外行人那里去充内行,招摇撞骗,形象十分丑恶。现在,我们再来看第二则寓言。同学们看过这则寓言吗?

(学生轻声问什么是“促织”,教师说是蟋蟀,学生茫然摇头。)

师:这则寓言的原题目叫《蝉和蚂蚁》——

(学生中出现轻轻的骚动,有学生说“读过”。)

师:既然读过,那我叫一位同学说说这则寓言。

生6:故事和课文上写的一样,只是主人公不是促织,而是知了。寓言告诉人们,做事不要只顾眼前,要有长远打算。

师:你说得真好!那么,作者是怎样评论这种现象的呢?我们先把课文原文读一下。

(学生读课文。)

师:“生前养不活自己的大作家,到了死后偏有一大批人靠他生活”,这种现象听说过吗?

生7:曹雪芹活着的时候,他的生活很艰难,但是他死了以后,研究他和《红楼梦》就成了一门学问。听说有人发现了曹雪芹的一根头发,就写了一大篇论文。

生8:杜甫、李白他们的生平都很坎坷,可是现在杜甫研究家、李白研究家,就都成了名人了。

师：对，这类现象在全世界都很普遍。同学们，你们注意到了吗？当我们起劲地谈着这些现象的时候，谁还记得《蝉和蚂蚁》这个寓言讲的是什么啊！早撇在一边了。

师：我们再来看下文的那只狗，寓言讲的是什么？作者由此引申出什么？

学生 9：狗看到了自己的影子，就想跟影子打架，结果把嘴里的肉都丢了。

师：再请语文课代表把作者发挥的这段文字读一读。

（课代表读课文。）

师：这里有个很有意思的现象，作者在称“某些人”的地方，统统称作“东西”。读着这些话，很容易使人想起鲁迅说过的类似的话，他说一些人攻击别人的隐私，有鼻子有眼，煞有介事。这些人是怎么知道的呢？原来，他们所说的那些东西都是自己的做法和想法——照镜子照的。鲁迅把这些人称作什么呢？“不是东西之流！”所以，这里作者认为那些缺德的人最好少照镜子，少干些无中生有、中伤别人的缺德事。

师：从这三则寓言看，我们大致可以得到这样的印象：寓言故事和作者所说的社会现象根本是两回事。那么，作者“纠正”这些寓言，目的何在？

生 10：重点不是讲寓言，而是为了引出下面对社会现象的议论。

第三步，示范方法，观察模仿。学生不知道什么是“竖着读”，感到奇怪。教师向学生描述“竖着读”的策略，即“看文章的思路”。告诉学生“竖着读”的好处：“我们习惯于横着读，就是一个字、一个词、一个句子地读过去。横读是阅读的基础。但很多时候，仅有横读是不够的，还需要竖着读，就是按照前后顺序，把文章的话题一个一个串起来，连成有机的整体，这就是全文的思路。”这里需要注意的是，“竖着读”是一种阅读技能，学生学习一种新技能需要经历感知、模仿的过程，所以，在教学的初始阶段，教师向学生清楚描述所学的阅读技能的特点，使内在的认知活动外化为学生可以观察得到的行为，以便学生模仿学习。在此基础上，教师再指导学生一步一步地开展“竖读”（即梳理文章思路）的学习活动。在学习过程中，教师还注意引导学生对自己学习过程的思考，以提高学生对自己思维的认识，并鼓励学生监控其思维活动是怎样进行的。教师为学生的学习提供及时的反馈，用表扬的方式强化学生的行为。从始至终，教师都没有说自己是怎样理解这篇文章的，但学生通过自己的探究自然形成了自己的理解——尽管彼此有差异，但大致不离文本。同时学生也基本掌握了相应的学习技能。

师：那么下面的六则寓言呢？现在，我们以很快的速度默读下面的六段文字。

（学生读课文。教师请最先读完、很有信心地等待发言的学生谈看法。）

生 Q：我看下面的六则寓言和前面的三则完全一样，重点都在寓言后边的议论。

师：你的阅读不仅很快，而且很有效，能很快形成结论。我还想告诉大家一件很有意思的事情：课文中的第六则，原题目叫《青蛙与牯牛》，但现存的《伊索寓言全集》357 则寓言中没有这个故事，而在《拉封丹寓言诗全集》和《克雷洛夫寓言》中倒可以见到。这可以说明什么问题？

生 R：作者在写这篇文章时没有仔细核对原文。

生 S：我看作者根本不关心所写的是不是《伊索寓言》里的故事。

师：这就触及本文的写作动机了，就是说，作者写这篇文章，到底想干什么？

生 T：我看“醉翁之意不在酒”，在“评论社会”。

生 W：我看作者是以寓言为切入点，借古喻今，抨击社会上那些丑恶现象。

第四步，指导练习，巩固学习。技能学习离不开一定的练习。教师的教学另一个可贵之处正在于，课文的前半部分教师指导学习“竖着读”的阅读技能，当学生基本掌握了“竖着读”的技能，达到对课文前半部分的理解后，教师放手让学生自己运用“竖着读”的方法，自己去阅读理解课文后半部分的内容。这既为学生提供了很好的学习运用机会，也起到了巩固前面技能学习的作用。

师：你们都说得很肯定，我无法反驳你们的意见。但是我觉得，这样获得的认识结论虽然说是有根据的，但总觉得还不够牢靠。要牢靠，需要拉开阅读距离，把这篇文章放到写作背景里来看。要了解写作背景，比较方便的办法是看这篇文章收在作者的哪本集子里，那是一本什么样的集子。这篇文章是从哪里选出来的？

生（齐）：《写在人生边上》

师：《写在人生边上》收了作者十篇文章。作者在序言里是这么说的：人生是一本书。一种人没读几页就发了一大堆评论了；还有一种人，他用消遣的方法读，偶尔有些感触，就随手在书边上写几个字。作者说自己的这些文章也就是写在书边上的那几行字。你们猜猜看，《写在人生边上》这本书是讲什么的？

学生 Y：大概是讲对人生的感触的。

师：如果你们心里还没底，那我告诉大家这个文集都讲了些什么。第一篇《魔鬼夜访钱钟书先生》，魔鬼来访问他，与他谈论人性。还有一篇是《论快乐》。什么是快乐？快乐是由人的精神决定的。再有一篇是《吃饭》，有些人根本不吃饭，他是冲着菜吃的。接着就是这篇《读〈伊索寓言〉》。此外还有《论快乐》《释文盲》《论文人》……总共十篇。《写在人生边上》这本集子的大环境应该能够帮助我们准确判断《读〈伊索寓言〉》是讲什么的。如果大家有兴趣，到图书馆里去借来看看。我看过，很有意思的。

（学生交头接耳，议论纷纷。）

第五步，拓展资料，深化学习。学生通过“竖着读”基本理解了作者的写作意图和写作主旨，教学也可以到此为止，但为了拓宽学生视野，提高学生的阅读兴趣，教师引导学生把阅读的视野辐射到钱钟书《写在人生边上》中的所有文章，通过讨论文集中写类似主题的其他文章，认识到这些文章讲的都是人生社会的问题，反映了作者对人生、社会的认识，牵起了钱钟书著作的一个系列。这既可以印证学生对课文的理解，也勾起了学生课后阅读作者其他著作的欲望。

师：现在，同学们对这篇课文的基本内容和写作目的都有自己的看法了，原先对文章的理解都得到某种程度的修正了。只是，恐怕还有个遗憾：老师没有把这篇文章的主题写在黑板上，没有明确告诉大家这篇文章应该怎么理解。应该怎么理解，这不是我最关心的。能够形成自己的理解，并且能够检测和修正、完善自己的理解才是最重要的。现在，我请同学们总结一下这节课所学的检测方法。第一点，看什么？

生(齐)：文章的思路。

师：对。怎么看？

生 Z：竖着读，看话题是怎样发展的，把它们连成一个整体。

师：嗯。然后呢，该怎么做？

生 S1：靠近文章，仔细阅读原文，品味原文的语言，分析作者的写作意图，像我们刚才分析作者“纠正”《伊索寓言》那样。

师：如果感到还没有把握呢，该怎么做？

生 S1：再拉开距离，看作者的写作背景，看文集里其他文章的相关内容，看文章的环境。

师：谈得很好。对阅读来说，学会读书远比记住结论重要，会检测自己的理解，一时理解错了也不要紧，只要懂得方法，自己会纠正过来的，钉子碰多了，慢慢就成熟起来了，理解的水平也就逐步提高了。下课之后，请同学们认真地品读《读〈伊索寓言〉》，好好欣赏作者的幽默。然后，再找几篇难一点的文章来读一读——我建议大家去读钱钟书的《写在人生边上》，形成自己的理解，然后自己检测理解的可靠性，不断完善自己的理解。

第六步，反思与小结，内化学习技能。在教学的最后阶段，教师注意引导学生自己来反思和总结学习所得。“现在，我请同学们总结一下这节课所学的检测方法。”在老师的引导下，学生总结了刚才学习时所进行的认知活动：“看文章的思路”“看话题是怎样发展的，把它们连成一个整体”“靠近文章，仔细阅读原文，品味原文的语言，分析作者的写作意图”“再拉开距离，看作者的写作背景，看文集里其他文章的相关内容，看文章的环境”。学生能够完整地总结这堂课所有学习程序，获得了程序性知识，说明他们对自己的认知活动过程具有自我意识和自我监控能力，也就是所谓的元认知能力。这样的反思和总结是非常必要的，因为这些程序性知识是学生在一节课的学习过程中一点一滴探索感悟到的，如果不注意引导学生进行反思和总结，他们就有可能只获得碎片式的知识，使程序性知识以陈述性知识的特性储存在大脑里。而反思和总结则是让学生归纳、总结出所学习的程序性知识的特征，说出其操作时头脑里的思维活动过程，明确其操作过程的关键步骤，把碎片式的知识整理为系统性的知识，使之成为整体。这样，既增强学生对其思维过程的意识，也为学生今后自主运用这些程序性知识并监控和调节运用的效果奠定基础。

【微格训练】

一、自选观摩优秀教师的课堂教学录像，感性体会优秀教师教学技能的综合运用。

二、下面是《中国现代诗歌散文欣赏》诗歌部分小结的教学设计，请仔细阅读，理性分析优秀教师教学技能的综合运用。

选修课《中国现代诗歌散文欣赏》诗歌部分小结的教学设计

教学目标

1. 总结诗歌部分的学习，对诗歌这种文学体裁有一种较全面的理性的认识。

2. 学习在感性认识的基础上总结出规律性的认识。

3. 带着理性认识回到对作品的感性体悟，从而加深对诗歌特点的了解。

4. 帮助学生认识：诗不仅是表达审美认识的一种体裁，还是人认识世界的一种思维方式，是人的精神生活的极为重要的内容；缺少诗，人生就缺了一只胳膊或一条腿。

教学重点、难点

1. 使感性认识和理性认识达成一致，将诗歌知识和具体作品的感知融会。

2. 将感受上升为理性认识对很多学生来说有较大难度。

教学的基本方法

1. 教师的主要任务是激活学生体验和领悟诗歌的思维活动，引导学生就自己的感受展开联想，帮助他们整理自己的想法，并总结方法。教学的过程将渗透诗歌的一般知识，欣赏的一般方法，但不是专门讲授这些知识让学生记忆，或者用这些知识去肢解作品。教学的基本思路，不是让课文中的作品成为讲解诗歌知识的例子，而是以对这些作品的阅读欣赏为基础，培育学生对诗歌和诗歌欣赏的感悟。

2. 不专门以一篇作品为解剖对象，而是由学生自行选择，就他们对自己有所感有所悟的作品的某一点入手，品味、联想、总结，然后得出自己的认识结论。

3. 教师可以而且应该示例，但示例不是教学的主要内容，而仅仅是认识方法的启示，是引子，主要作用是带动学生的认识活动。

4. 教师重视的不是对诗歌作品的理解，而是学生在学习的过程中对方法的掌握，对诗歌本身特点的感知和领悟，获得属于他们自己的那一份认知成果。

教学时间

1 课时。

教学流程

1. 导入：反思——什么是诗歌？

前面，我们学习了 5 个单元共 25 篇诗歌作品和 5 篇关于诗歌的知识短文；在必修课的 5 个模块中，我们学了不少古今中外的诗歌名作；在初中、小学，我们还学过大量的诗歌作品和一些关于诗歌的知识。从我们认得字开始阅读至今，在课外，我们读过很多古今中外的诗歌作品。现在，我们能不能凭自己阅读欣赏诗歌所形成的积累，就诗歌留给我们的印象，说一说到底什么是诗歌？

当然，文学常识已经告诉我们，诗歌是和小说、散文、戏剧并列的文学作品的一个体裁类型，它在形式上具有与众不同的特点。例如，诗歌一般都排成诗行，长的诗歌一般都会分为若干个诗节，大多数诗歌都是押韵的等等。除此之外，似乎很难再说出点什么了。为什么会这样呢？这是因为，诗歌感知世界的方式和一般的实用文章是不同的；尽管我们读过不少诗歌作品，但我们很少具体进入作品的意境去仔细品味和比较欣赏诗歌的想象跟一般文章的想象有什么不同，所以缺少具体的感受，也就很难真正理解诗歌知识所讲的内容。要真正懂得诗歌，就得学会仔细玩味作品，玩味自己的感受，从中领悟诗歌的特殊韵味。

2. 示例：教师谈自己对课文中诗歌的领悟。

譬如，我们读闻一多的《也许》，就感觉到它很美，而不是很悲。其实，诗人失去爱女，应该是撕心裂肺的痛楚：这样可爱的小女孩，竟然突然就没了，他是怎样都无法接受这个事实的。他要是像真实生活中那样，呼天抢地，或是捶胸顿足，叫喊着女儿的名字号啕大哭，或是伏案抽泣，饮食俱废，或是大病一场，形销骨立——这些也都是常有的事。但这是生活现象，不是诗；把这些情形写出来，当然也很感人，但这是纪实文章，不是诗。

诗人在痛定之后，情绪稳定下来了。他想着，我女儿不会死的，她怎么会死呢？她只是哭累了，睡着了，那就好好睡一觉吧。夜莺啊，你不要叫，蝙蝠啊，你不要飞，不要惊醒我的孩子。阳光啊，你不要刺她的眼，清风啊，你不要拂她的眉，我的可爱的孩子睡着了，你们不要惊醒她。孩子啊，你睡吧，松荫是遮蔽你的伞，蚯蚓翻泥、小草吸水声是陪伴你的最美妙的音乐，在这静谧的世界里，没有人来打搅你，你好好睡吧。诗人让自己的思绪安宁下来，把揪心的悲哀痛楚，把日夜驱之不去的对她在生之日的回忆，时时浮上心来的各种念头，堆放在一起，让它发酵，然后将形成的想法一再过滤，去掉杂质，使之变得更为清醇，更为浓郁，也更为浑厚。在理想光芒的观照下，生活的碎片在眼前变幻成一幅幅图景，凡人成为天使，万物皆为精灵。在这个过程中，五谷酿为美酒，沉痛化成长歌，生活感受净化为诗。

那么，什么是诗呢？

（板书：诗，是长歌当哭，是生活材料经过发酵、蒸馏、提纯后的美酒，是升华了的生活感受，是理想观照下的经过提炼的生活。——闻一多《也许》给我的启示。）

这是我对诗歌的领悟。

3.延伸：我们可以从无数个角度总结自己对诗歌的感受。

不同的诗歌，可以给我们不同的启示；即使是同一首诗，我们也可以从不同的角度获得多种启示。正是这些看起来点点滴滴的具体感受或启示，才积淀成我们对诗歌的相对完整、全面的认识。下面，我再简略地写出我们课文中的诗歌给予我的几点感悟。

［板书：

(1)爱有百样，诗也有百味；说得清的爱真诚有限，化得开的诗韵味不多。诗的魅力，就在于意蕴深厚、回味无穷。不断的咀嚼让你满口余香。——读《爱的心语》

(2)人从自然中提炼出了诗，又在诗中创造出了自然。诗中的自然熔铸进了人的灵魂，人在欣赏自然的同时又欣赏着自己的灵魂。——读郑敏的《金黄的稻束》

(3)我走进了诗的世界，在那里，琳琅满目的人和自然的万象让我迷醉。而在我沉醉的同时，诗的思、诗的味、诗的清泉又融入了我的世界，荡涤着我的灵魂。——读邹荻帆的《无题》］

4.学生尝试着就自己所感最深的一点谈对诗歌的领悟。

现在，请同学们就本学期所学诗歌作品给你的最强烈、最突出、最清晰的某一点，像我上面所做的那样，谈谈诗歌作品给你的感受或启示。先概括地写出你的感受或启示，然后加以说明。

（学生翻检课文，写出简短的感受，当众宣读，然后对自己的感悟做出简要的说明。）

（学生互相评论，主要指出别人感悟的独特之处。教师将学生的发言要点板书。）

（让学生尽可能多地发表自己的意见，在此基础上评出若干最有特色的发言）

5.小结。

同学们刚才都谈了自己对诗歌的领悟。我们可能都有这样的感觉：抽象地去思考诗歌，我们只能在想象中琢磨它的外部的形式特征——诗段、诗行、诗句的节奏、诗韵，别的就很难想象得到。但是，当我们就具体的诗作进行品味时，特别是就诗的内涵和生活、诗人的情感和理想、诗的情感表达的方式展开思考时，所得到的发现，远比我们印象中的“诗”要复杂得多，也有意思得多、美得多，简直是一个说不尽的话题，而且，每联系到一首作品，感觉都不一样。正是这种感受的积累，才使我们对诗的认识丰富起来、深刻起来；也正是在这个时候，我们才发现,诗是一个无法穷尽的话题。

从某种意义上说:诗,就是文学;小说、戏剧、散文莫不含有诗的成分。人的生活,一方面是物质的、现实的;另一方面又是精神的、理想的——也就是诗的。这两个方面,构成了我们生活最基本的内容。人要想提升自己的精神境界,得好好读诗,思考诗,从生活中去发现诗,让自己的精神含有诗意。这样,我们就能逐步脱离低级趣味,不断提高自己的精神品位,而成为一个有修养的高尚的人。

6.作业。

(1)再写几组从不同的角度对诗歌感悟的概括(像示例那样简短总结,不必展开)。

(2)就其中你最满意的一组,加以发挥,写成一篇短文。

三、选择一篇课文完整设计一节阅读课的教案,在微格教室进行说课和试讲,感受课堂教学技能的综合运用。

主要参考资料

[1]蔡敏."角色扮演式教学"的原理与评价[J].教育科学,2004(12).
[2]陈德明.数学课堂总结的五种形式[J].江西教育,1999(7-8).
[3]陈美勇,黄旭才.不应遗憾的结尾——小议课堂教学总结艺术[J].广西教育,2002(8).
[4]陈天金.浅谈语文自学辅导教学中教师的导[J].学科教育,1995(12).
[5]陈维嘉.讲解技能[J].佛山大学学报,1997(6).
[6]董素芳.对非指导性教学模式的教育心理学分析[J].科教文汇,2007(4上).
[7]冯生尧.发现学习模式的历史透视与评价[J].现代教育论丛,1998(3).
[8]高玲.关于加强师范生教学技能训练的思考[J].山东师范大学学报(社会科学版),1997(5).
[9]郭君.目标控制单元复习总结课的操作[J].教育实践与研究,2001(10).
[10]郭嗣会.论教师课堂讲授语言[J].上海大学学报(社会科学版),1998(5).
[11]郭友.对师范生教学技能培训模式的探讨[J].高等师范教育研究,1999(1).
[12]海唯一,曾祥权."启发式"教学中的启发途径初探[J].内江师范学院学报,2001(4).
[13]胡淑珍,胡清薇.教学技能观的辨析与思考[J].课程·教材·教法,2002(2).
[14]黄中益.改进讲授方法,促使学生乐学[J].中国教育学刊,1997(1).
[15]江玲,邹霞.微格教学与教学技能分类[J].四川师范大学学报(哲学社会科学版),1999(9).
[16]鞠鑫.认知结构理论研究述评[J].四川教育学院学报,2008(6).
[17]邝丽湛.论教师教学的应变能力[J].心理发展与教育,1995(4).
[18]李承奎."多角度立意"作文教学记[J].中学语文教学参考,1999(1-2).
[19]李克东.教师职业技能训练教程[M].北京:北京师范大学出版社,1994.
[20]李松林,李文林.教学活动理论的系统考察与方法论反思[J].外国中小学教育,2008(1).
[21]李颖.语文课的讲解技能[J].北京教育学院学报,1996(4).
[22]梁英,张大均.用新的知识观探讨高师生教学技能的形成[J].宁波大学学报(教育科学版),1999(4).
[23]刘连武.浅谈教师的课后总结[J].石油教育,2000(10).
[24]刘丽平.运用微格教学提高师范生课堂教学技能[J].成都大学学报(教育科学版),2008(8).

[25]卢洋.试论课堂教学机智[J].陕西师范大学学报(哲学社会科学版),1998(9).
[26]马多秀.教师的教育机智及其生成——马克斯·范梅南的现象学教育学思想的解读[J].江苏教育研究,2007(10).
[27]马增彩.罗杰斯"非指导性"教学的现代启示[J].天津市教科院学报,2002(2).
[28]孟宪恺.微格教学基本教程[M].北京:北京师范大学出版社,1992.
[29]彭豪祥.有效教学反馈的主要特征[J].教育研究与实验,2009(3).
[30]乔晖.近十年教学技能研究综述[J].盐城师范学院学报(人文社会科学版),2004(2).
[31]邱自侠,崔征.浅议总结教学[J].小学语文教学,2002(8).
[32]茹荣芳,王淑霞.教师教育中教学技能训练模式的探索[J].中国成人教育,2008(3).
[33]施良方,崔允漷.教学理论:课堂教学的原理、策略与研究[M].上海:华东师范大学出版社,1999.
[34]宋翠霞.小学语文教学中的导入讲授与总结[J].中国电化教育,1997(3).
[35]孙海.论课堂教学讲解技能的基本要求[J].许昌师专学报,2000(1).
[36]孙正川.课堂教学技能课程的探讨[J].黄石教育学院学报,1999(1).
[37]田玉萍.导入——高师数学教学技能的灵性作用[J].牡丹江师范学院学报(自然科学版),2009(1).
[38]王凡.课后总结的五种方法[J].小学语文教学,1997(10).
[39]王鸿熙,刘常涌.《学记》启发教学思想初探[J].山东教育科研,1999(9).
[40]汪家宝,刘丽.构建教学技能训练的新模式[J].广西高教研究,2002(4).
[41]王美岚,王琳.布鲁纳的发现学习及其启示[J].当代教育科学,2005(21).
[42]王树森.试论历史课堂教学中的总结技能[J].课程·教材·教法,1996(10).
[43]王晓平.概念的控制掌握与智力开发[J].心理科学通讯,1987(1).
[44]王云峰.对教学技能心理训练模式的再探索[J].首都师范大学学报(社会科学版),1995(4).
[45]吴丹青.语文,在诗意的土壤里[M].北京:大众文艺出版社,2005.
[46]邬秀萍.小学数学课总结七法[J].广西教育,2000(10).
[47]肖少北.布鲁纳的认知—发现学习理论与教学改革[J].外国中小学教育,2001(5).
[48]徐林祥,张悦群.中学语文课堂教学技能训练[M].长春:东北师范大学出版社,1999.
[49]闫建国,郝继峰.教师教学技能训练的初步探究[J].教学与管理,2001(10).
[50]严晓松.浅议课堂总结[J].中学生物教学,2002(5).
[51]叶长文.教学中偶发事件的分类及应变技巧[J].山东教育,2000(2122).
[52]叶飞.教育的机智——范梅南教育思想探析[J].当代教育科学,2006(1).
[53]余文森.略论课后总结和评价能力[J].吉林教育科学,1997(11).
[54]张国仁,杨金花.认知结构的概念形成及其理论发展探索[J].吉林省教育学院学报,2010(2).
[55]张建伟,陈琦.科学发现学习的新近研究[J].心理学动态,2001(4).
[56]张蕾,林雨风.中国语文人[M].北京:首都师范大学出版社,2010.
[57]张铁牛.论教学技能的形成与发展[J].许昌学院学报,2003(5).
[58]张玉兰,宁更柱.物理课堂总结八法[J].山西教育,1999(6).

[59]张熙.罗杰斯的“非指导性”教学模式和主导主体思想[J].教育研究,1996(2).
[60]赵春平,温金梅.浅谈教学机智在课堂教学中的运用[J].教育理论与实践,2001(5).
[61]赵正铭.略论课堂教学机智[J].中国教育学刊,2002(6).
[62]郑葳,王大为.超越学习的个体性和社会性之争——活动理论之于现代学习论的影响[J].全球教育展望,2005(1).
[63]钟启泉,欧培民.语文课程与教学论[M].杭州:浙江教育出版社,2003.
[64]周忠生,田宗友.罗杰斯的“非指导性教学”模式评述[J].外国中小学教育,2002(6).
[65]周治华.关于课堂讲授信息量的思考[J].四川师范大学学报(哲学社会科学版),1996(4).
[66]邹立君.职业教育教学技能的内涵与特征[J].河南职业技术师范学院学报(职业教育版),2003(6).
[67]邹翔安.漫谈语文教学的导语、讲授语和结束语[J].中学语文教学参考,1998(1-2).
[68]朱晓燕.高师生英语教学技能训练体系设计.广州师范学院学报(社会科学版),1997(2).

后 记

2009年春天，本人有幸应邀出席浙江大学出版社召开的高等院校师范类专业教学及教材建设研讨会，欣然接受了《语文课堂教学技能与微格训练》教材的编写任务。

本人由于长期从事师范学院中文系本科生的教学工作和语文教师继续教育工作，深感严格而有系统地训练语文教师的课堂教学技能是非常重要的。教师课堂教学技能是教师专业素质的重要构成因素，其获得和形成需要一个较长时间的历练过程。师范生实习前通过初步的严格训练，掌握最基本的课堂教学技能，以便在毕业后的课堂教学中站稳脚跟；新教师通过三年左右继续教育的入职培训，熟练地运用教学技能，从而胜任教学工作；骨干教师通过继续教育的提高培训，把教学技能提升为教学技巧或教学艺术，从而成为教学专家。也就是说，培养语文教师的教学技能需要长期规划，系统训练，逐步提升；而编写适用于师范生和新任教师的注重实践训练的教材是培养教师课堂教学技能的前提。

经过两年多的努力，本人整理和研究了平时开展教师职前和职后教育所积累的资料，终于完成了书稿。本书由本人与杭州市上城区教育学院吴丹青特级教师合作完成。吴老师就自己多年的教学和培训积累的丰富材料，撰写了“提问”技能这一章。

本书能够完成，非常感谢历年来参加浙江省骨干教师培训的许多语文教师，他们在培训期间留下的大量教学录像，成为语文教学技能培训的丰富案例。同时感谢杭州师范大学王光龙教授拨冗审阅，感谢浙江大学出版社的编辑们为本书的出版付出艰辛的劳动。在写作过程中，我们参阅了大量的相关资料，吸收了其中的最新研究成果，并尽可能一一注明所参考的资料，但由于有的资料积累的时间比较早，故已无法全部注明，在此表示感谢和歉意。

因为时间仓促，我们的水平也有限，书中不当之处，敬请专家同行批评指正。

张孔义

2011年6月于杭州浅水湾

修订版后记

党的二十大报告提出:“加快建设国家战略人才力量,努力培养造就更多大师、战略科学家、一流科技领军人才和创新团队、青年科技人才、卓越工程师、大国工匠、高技能人才。”其中,培养卓越师范生也是落实国家人才战略的一环,是“办好人民满意的教育”的基础。卓越师范生的成长离不开实践学习,课堂教学技能训练就是引导学生在模拟教学实践中运用知识技能解决问题,促进教师素质的提升。因此,建构实践导向的课堂教学技能训练教材就显得尤为重要。

《语文课堂教学技能与微格训练》一书于2011年出版以来,获得语文教师的厚爱,成为一些师范院校中文系职前教师教学实践培训用书和部分在职语文教师职后学习参考书。在这以后的十多年时间里,本人一直从事语文名师的培养工作,承担2012年度、2013年度、2014年度、2015年度四届浙江省初中语文学科带头人培训项目的策划和主讲教师;承担第一期、第三期、第四期、第五期、第七期、第八期浙派初中语文名师培养工程的首席导师和主要课程主讲教师,指导语文名师研究教学技能、教学风格、教学艺术的发展,在工作中又积累了不少有关教学技能和艺术提升的资料。恰好,浙江大学出版社黄兆宁老师联系我,提议修订再版《语文课堂教学技能与微格训练》,我欣然允诺。

这次修订,主要围绕以下几个方面进行增删:(1)《义务教育语文课程标准(2022年版)》刚好在修订本书的时候颁布,因此,把原来引自《义务教育语文课程标准(2011年版)》的观点,一律修改,重新引用2022年版的观点。(2)融入近几年来教学理论研究和教学改革的最新成果。例如,在导入和结束技能部分,分别增加了有关“大概念”教学的案例,让新教师了解以“大概念”引领教学的启动和形成大概念图谱结束一节课、一单元的教学。又如,在第五章“组织活动技能”中增加了“项目式学习案例”,及时把目前对教学影响很大的前沿教学理论充实到教材中,引导学生紧跟教学理论发展的步伐。(3)各章前面增加了“学习目标”,以便自学者把握研读重点。(4)改写了第四章“提问技能”的部分内容。第四节“提问技能的灵活运用”,改为“问题的灵活设计”,增加了“根据文本特点,发现提问的角度”“设计有层进联系的问题串”“设计有助于形成某种思维历程的问题链”等小节;第五节“提问技能设计要求”,改为“提问教学的灵活实施”。这些内容的增改,都是近年来和语文名师一起研究课堂执教能力提升时提炼出来的行之有效的策略,体现了提问技能培训由简单到复杂、由浅入深的原则。(5)根据部编新教材的变化替换一些教学案例和微格训练例子。(6)订正第一版个别差错之处。

经过四个月的修订完成了再版书稿，由于水平有限，研究还有不够周全的地方，书中难免有不当之处，敬请专家和一线教师不吝赐教。

张孔义

2024 年 2 月于海南白金海岸